Slavoj Žižek

Die bösen Geister des himmlischen Bereichs

Der linke Kampf um das 21. Jahrhundert

Aus dem Englischen von Frank Born

S. Fischer

MIX
Papier aus verantwortungsvollen Quellen
FSC® C014496
FSC
www.fsc.org

2. Auflage Dezember 2011

Satz: Druckerei C. H. Beck, Nördlingen
Druck: GGP Media GmbH, Pößneck
Printed in Germany
ISBN 978-3-10-092589-3

Inhalt

Einleitung: Scilicet

Die rhetorische Figur »das eine Mal als Tragödie, das andere Mal als Farce« beschäftigte Marx seit Beginn seiner kritischen Arbeit. Schon in seiner Schrift »Zur Kritik der Hegelschen Rechtsphilosophie« diagnostiziert er den Verfall des deutschen Ancien Régime in den 1830er und 40er Jahren als farcehafte Wiederholung des tragischen Sturzes des Ancien Régime in Frankreich:

»Es ist lehrreich für sie [die modernen Völker], das *ancien régime*, das bei ihnen seine *Tragödie* erlebte, als deutschen Revenant seine *Komödie* spielen zu sehen. *Tragisch* war seine Geschichte, solange es die präexistierende Gewalt der Welt, die Freiheit dagegen ein persönlicher Einfall war, mit einem Wort, solange es selbst an seine Berechtigung glaubte und glauben mußte. Solange das *ancien régime* als vorhandene Weltordnung mit einer erst werdenden Welt kämpfte, stand auf seiner Seite ein weltgeschichtlicher Irrtum, aber kein persönlicher. Sein Untergang war daher tragisch.

Das jetzige deutsche Regime dagegen, ein Anachronismus, ein flagranter Widerspruch gegen allgemein anerkannte Axiome, die zur Weltschau ausgestellte Nichtigkeit des *ancien régime*, bildet sich nur noch ein, an sich selbst zu glauben, und verlangt von der Welt dieselbe Einbildung. Wenn es an sein eignes *Wesen* glaubte, würde es dasselbe unter dem *Schein* eines fremden Wesens zu verstecken und seine Rettung in der Heuchelei und dem Sophisma suchen? Das moderne *ancien régime* ist nur mehr der *Komödiant* einer Weltordnung, deren *wirkliche Helden* gestorben sind. Die Geschichte ist gründlich und macht viele Phasen durch, wenn sie eine alte Gestalt zu Grabe trägt. Die letzte Phase einer weltgeschichtlichen Gestalt ist ihre *Komödie*. Die Götter Griechenlands, die schon einmal tragisch zu Tode verwundet waren im gefesselten Prometheus des Äschylus, mußten noch einmal komisch sterben in den Gesprächen Lucians. Warum dieser Gang der Geschichte? Damit die Menschheit *heiter* von ihrer Vergangenheit scheide. Diese *heitere* geschichtliche Bestimmung vindizieren wir den politischen Mächten Deutschlands.«[1]

Man beachte die präzise Charakterisierung des deutschen *Ancien Régime*: Es »bildet sich nur noch ein, an sich selbst zu glauben« – man kann sich an dieser Stelle sogar Gedanken über die Bedeutung der Tatsache machen, dass Kierkegaard etwa zur selben Zeit die These aufstellte, wir Menschen könnten niemals sicher sein, dass wir wirklich glauben: Letztlich »glauben wir nur, dass wir glauben« ... Die Formel des Regimes, das »sich nur noch ein[bildet], an sich selbst zu glauben« gibt sehr treffend die Auflösung der performativen Kraft (der »symbolischen Wirksamkeit«) der herrschenden Ideologie wieder: Diese hat aufgehört, als Grundstruktur der bestehenden Sozialität zu fungieren. Sind wir heute in der gleichen Situation? Bilden sich unsere Prediger und Praktiker der liberalen Demokratie ebenfalls nur noch ein, an sich selbst und an ihre eigenen Worte zu glauben? Treffender erscheint mir, den aktuell vorherrschenden Zynismus als exakte Umkehrung der Marx'schen Formel zu beschreiben: Wir bilden uns nur ein, nicht mehr »wirklich« an unsere Ideologie zu glauben – trotz dieser imaginären Distanz üben wir sie weiterhin aus. Wir glauben nicht weniger, sondern viel stärker als wir uns zu glauben einbilden. Insofern war Benjamin mit seiner Bemerkung, alles hänge davon ab, wie man an seinen Glauben glaubt, sehr vorausschauend.

Dieses ideologische Dilemma bildet den Ausgangspunkt für das vorliegende Buch. Es liefert keine nüchterne Analyse, sondern eine äußerst »parteiische«, engagierte Beurteilung – die Wahrheit ist parteiisch und nur zugänglich, wenn man einen Standpunkt einnimmt, doch wird sie dadurch nicht weniger universell. Der hier vertretene Standpunkt ist natürlich der des Kommunismus. Adorno beginnt seine *Drei Studien zu Hegel* mit einer Zurückweisung der traditionellen Frage nach der

1 Karl Marx, »Zur Kritik der Hegelschen Rechtsphilosophie. Einleitung«, in: Karl Marx und Friedrich Engels, *Werke, Band 1*, Berlin: Dietz 1976, S. 381 f.

aktuellen Bedeutung von Hegels Werk, wie sie exemplarisch im Titel von Benedetto Croces Buch *Lebendiges und Totes in Hegels Philosophie* zum Ausdruck kommt. Wer so fragt, maßt sich die arrogante Position eines Richters über die Vergangenheit an. Wenn wir uns mit einem wahrhaft großen Philosophen beschäftigen, muss die Frage nicht lauten, was dieser Philosoph uns heute noch zu sagen hat, was er für uns bedeutet, sondern umgekehrt was *wir* und unsere gegenwärtige Situation für ihn bedeuten, wie unser Zeitalter seinem Denken erschienen wäre. Und ebenso sollten wir auch mit dem Kommunismus verfahren: Anstatt die offensichtliche Frage zu stellen: »Ist die Idee des Kommunismus noch relevant, taugt er heute noch als Analyseinstrument und als politische Praxis?«, sollten wir umgekehrt fragen: »Wie stellt sich unser aktuelles Dilemma aus der Perspektive der kommunistischen Idee dar?« Dahinter steckt die Dialektik von Alt und Neu: Wer ständig neue Begriffe einführt, um zu erfassen, was heute vor sich geht (»postmoderne Gesellschaft«, »Risikogesellschaft«, »Informationsgesellschaft«, »postindustrielle Gesellschaft« usw.), der übersieht die Umrisse des eigentlich Neuen. Die Neuartigkeit des Neuen lässt sich nur begreifen, wenn man das, was vor sich geht, durch die Linse dessen analysiert, was am Alten »ewig« war. Wenn der Kommunismus wirklich eine »ewige« Idee ist, dann wirkt er im Sinne der Hegel'schen »konkreten Allgemeinheit«: Er ist ewig nicht im Sinne einer Reihe abstrakt-allgemeiner Eigenschaften, die auf jede Situation angewendet werden können, sondern in dem Sinne, dass er in jeder neuen historischen Situation jeweils neu erfunden werden muss.

In der guten alten Zeit des real existierenden Sozialismus kursierte in Dissidentenkreisen ein Witz, der die Nutzlosigkeit ihres Protests verdeutlichen sollte: Im von den Mongolen besetzten Russland des 15. Jahrhunderts geht ein Bauer mit seiner Frau eine staubige Landstraße entlang; plötzlich kommt ein mongolischer Krieger angeritten, hält neben ihnen und teilt dem Bauern mit, er werde jetzt seine Frau vergewaltigen; außerdem verlangt er: »Weil der Boden so staubig ist, sollst du meine Hoden hochhalten, während ich deine Frau vergewaltige, damit sie nicht schmutzig werden!« Als der Mongole fertig ist und wieder wegreitet, fängt der Bauer auf einmal an zu lachen und Freudensprünge zu machen; die überraschte Ehefrau fragt ihn: »Wie kannst du Freudensprünge machen, wo ich gerade in deiner Gegenwart brutal vergewaltigt worden bin?« Der Bauer antwortet: »Ich hab ihn drangekriegt! Seine Eier sind voller Staub!« Dieser traurige Witz spiegelt das Dilemma der Dissidenten wider: Sie dachten, sie würden der Parteinomenklatura schwere Schläge versetzen, dabei streuten sie ihr in Wirklichkeit nur ein bisschen Staub auf die Weichteile, während die Nomenklatura weiter das Volk vergewaltigte … Befindet sich die kritische Linke heute nicht in einer ähnlichen Lage? (Zu den aktuellen Bezeichnungen für das vorsichtige Beschmieren der Eier der Machthabenden mit Staub gehören definitiv »Dekonstruktion« und »Schutz individueller Freiheiten«.) In einem berühmten Wortwechsel an der Universität von Salamanca 1936 entgegnet Miguel de Unamuno den Frankisten: »Venceréis, pero no convenceréis« (Ihr werdet siegen, aber nicht überzeugen) – ist das alles, was die heutige Linke dem triumphierenden globalen Kapitalismus entgegenzusetzen hat? Ist es das Schicksal der Linken, weiterhin die Rolle derer zu spielen, die – umgekehrt – überzeugen, aber nicht siegen (und dann ganz besonders überzeugend darin sind, nachträglich die Gründe für ihr Scheitern zu erklären)? Unsere Aufgabe ist es, herauszufinden, wie wir einen Schritt weiter gehen können – unsere elfte These sollte lauten: Die kritische Linke hat die Eier der Mächtigen in unseren Gesellschaften nur mit Staub beschmutzt, es kommt aber darauf an, sie abzuschneiden.

Aber wie? Hier gilt es, aus den Fehlern der linken Politik des 20. Jahrhunderts zu lernen. Die Aufgabe ist nicht, den Mächtigen in einer direkten sich zuspitzenden Konfrontation die

Eier abzuschneiden, sondern ihre Position durch geduldige Ideologiekritik zu unterminieren, so dass wir, noch während sie an der Macht sind, plötzlich merken, dass sie, auch wenn sie uns wild attackieren, schon mit einer höheren Stimme sprechen … In den 1960er Jahren gründete Lacan eine Zeitschrift seiner Schule, die unregelmäßig und nur für kurze Zeit erschien, und gab ihr den Namen *Scilicet* – die Botschaft dahinter lag nicht in der heute vorherrschenden Bedeutung des Wortes (»nämlich«, »das heißt«, »und zwar«), sondern in dem eigentlichen Wortsinn »man darf wissen« (Was darf man wissen? Was die École Freudienne de Paris über das Unbewusste denkt …). Unsere Botschaft heute sollte dieselbe sein: Man darf wissen, was Kommunismus ist und sich ganz dafür einsetzen, man darf wieder ganz getreu der kommunistischen Idee handeln. Die liberale Permissivität gehört in den Bereich des *videlicet* – man darf sehen – und unsere Faszination für die Obszönität, die wir sehen dürfen, verhindert, dass wir wissen, was wir sehen.

Das vorliegende Buch ist daher ein Buch des Kampfes in Anlehnung an Paulus' überraschend aktuelle Definition des emanzipatorischen Kampfes: »Denn wir haben nicht gegen Menschen aus Fleisch und Blut zu kämpfen, sondern gegen die Fürsten und Gewalten, gegen die Beherrscher dieser finsteren Welt, gegen die bösen Geister des himmlischen Bereichs.« (Eph 6,12) Oder in die heutige Sprache übersetzt: »Wir kämpfen nicht gegen konkrete korrupte Individuen, sondern gegen die Mächtigen im Allgemeinen, gegen ihre Autorität, gegen die globale Ordnung und die ideologische Mystifikation, auf welcher sie beruht.« Sich auf diesen Kampf einzulassen bedeutet, Badious Motto »mieux vaut un désastre qu'un désêtre« anzuerkennen: Es ist besser, das Risiko der Treue zum Wahrheitsereignis einzugehen, auch wenn diese Treue in die Katastrophe führt, als in dem utilitaristisch-hedonistischen, ereignislosen Zustand der Nietzscheanischen letzten Menschen dahinzuvegetieren. Was Badiou ablehnt, ist jene liberal-viktimistische

Ideologie, für die Politik nur noch bedeutet, das Schlimmste zu verhindern, alle positiven Projekte aufzugeben und die am wenigsten schlechte Option zu verfolgen – oder, wie der jüdische Wiener Schriftsteller Arthur Feldmann bitter bemerkte: Wir überleben größtenteils auf Kosten des Lebens.

1 Radikale Intellektuelle oder: Warum Heidegger 1933 den richtigen Schritt machte[1]

Den Baum im Wald verbergen

Als Father Brown in G. K. Chestertons Erzählung »Das Zeichen des zerbrochenen Säbels« (aus dem Band *Father Browns Einfalt*)[2] seinem Freund Flambeau das Geheimnis der Geschichte enthüllt, beginnt er mit dem, »was alle Welt weiß«, nämlich dass

»Arthur St. Clare ein großer und erfolgreicher englischer General war. Man weiß, daß er nach glänzenden, aber sorgfältig geführten Feldzügen in Indien und Afrika das Kommando gegen Brasilien hatte, als der große brasilianische Patriot Olivier sein Ultimatum stellte. Man weiß, daß bei jener Gelegenheit St. Clare mit sehr schwachen Kräften Olivier mit sehr starken Kräften angriff und nach heldenhaftem Widerstand gefangengenommen wurde. Und man weiß, daß nach seiner Gefangennahme St. Clare zum Entsetzen der gesamten zivilisierten Welt am nächsten Baum aufgehängt worden ist. Man fand ihn dort baumelnd, nachdem die Brasilianer sich zurückgezogen hatten, mit dem zerbrochenen Säbel um den Hals.«[3]

Father Brown bemerkt allerdings, dass etwas an dieser allbekannten Geschichte nicht stimmen kann: St. Clare, als stets bedächtiger Befehlshaber bekannt, der »immer mehr für die Pflicht als für das Wagnis« war, unternimmt einen törichten Vorstoß, der in einem Desaster endet; und Olivier, der als »großmütig wie ein fahrender Ritter« gilt und Gefangene fast immer wieder laufen lässt, ermordet St. Clare auf grausame Weise. Um dieses Rätsel zu erklären, bedient sich Father Brown einer Metapher:

1 … wenn auch in die falsche Richtung.

2 G. K. Chesterton, *Father Browns Einfalt. Zwölf Geschichten*, Zürich: Haffmans 1991.

3 Ebd., S. 234.

»›Wo verbirgt der Weise ein Blatt? Im Wald. Aber was tut er, wenn da kein Wald ist?‹ […] ›Er läßt einen Wald wachsen, um es darin zu verbergen‹, sagte der Priester mit undeutlicher Stimme. ›Eine furchtbare Sünde.‹ […] ›Und wenn ein Mann eine Leiche zu verbergen hat, dann schafft er ein Feld von Leichen, sie darin zu verbergen.‹«[4]

Die Auflösung beruht auf der Annahme einer dunklen, verdorbenen Seite des englischen Helden. Sir Arthur St. Clare war

»ein Mann, der seine Bibel las. Das war es, was mit *ihm* los war. Wann werden die Menschen begreifen, daß es für einen Mann nutzlos ist, seine Bibel zu lesen, wenn er nicht auch aller anderen Bibel liest? Ein Drucker liest eine Bibel auf Setzfehler hin. Ein Mormone liest seine Bibel und findet darin Vielweiberei; ein Christian Scientist liest die seine und findet darin, daß wir keine Arme und Beine haben. St. Clare war ein alter protestantischer Angloindien-Soldat. […] Und natürlich findet er im Alten Testament alles, was er sich wünscht – Wollust, Tyrannei, Verrat. O ja, natürlich war er ein Ehrenmann, wie Sie das nennen. Aber welchen Wert hat es, wenn ein Mann in seiner Verehrung der Ehrlosigkeit Ehrenmann ist?«[5]

Unmittelbar vor der verhängnisvollen Schlacht im brasilianischen Urwald hatte der General plötzlich vor einem unerwarteten Problem gestanden: Sein begleitender, jüngerer Offizier, Major Murray, war irgendwie hinter die grässliche Wahrheit gekommen; und als sie langsam durch den Urwald gingen, hatte er Murray mit seinem Säbel getötet. Was sollte er nun mit dem unerklärlichen Leichnam tun? »›Er konnte den Leichnam weniger unerklärlich machen. Er konnte einen Hügel Leichname schaffen, um diesen einen zu bedecken. 20 Minuten danach marschierten 800 englische Soldaten in ihren Tod.‹«[6] Hier lief die Sache für den General allerdings schief: Die überlebenden englischen Soldaten hatten irgendwie erraten, was er getan hatte – *sie* waren es, die den General töteten, nicht Olivier. Nachdem sie sich diesem ergeben hatten, ließ der

4 Ebd., S. 239 – 246.
5 Ebd., S. 246 f.
6 Ebd., S. 249.

sie großmütig frei und zog sich mit seinen Truppen zurück. Daraufhin verurteilten und henkten die überlebenden Soldaten St. Clare, um anschließend zur Bewahrung des Ruhms der englischen Armee ihre Tat durch die Geschichte, Olivier habe ihn umgebracht, zu vertuschen.

Die Erzählung endet im Stile eines John-Ford-Westerns (denken wir etwa an *Bis zum letzten Mann*, als John Wayne am Ende den Journalisten seine Version des von Henry Fonda gespielten rücksichtslosen Generals schildert), wo die Heldenlegende mehr zählt als die Wahrheit: »Millionen, die ihn nie gekannt haben, werden ihn wie einen Vater lieben – diesen Mann, den die wenigen letzten, die ihn kannten, wie Mist behandelten. Er wird ein Heiliger sein; und die Wahrheit über ihn wird nie erzählt werden, denn ich habe mich endlich entschlossen.«[7] Worin liegt nun die hegelianische Lehre dieser Geschichte? Liegt sie darin, dass man die schlichte, zynisch-denunzierende Interpretation ablehnen sollte? Oder darin, dass der Blick, welcher die Verderbtheit des Generals auf die Wahrheit seiner Persönlichkeit reduziert, selbst gemein und niederträchtig ist? Hegel hat dies vor langer Zeit als die Falle der schönen Seele beschrieben, deren Blick alle großen Heldentaten auf die privaten, gemeinen Motive derer reduziert, die sie begehen:

»Es gibt keinen Helden für den Kammerdiener; nicht aber weil jener nicht ein Held, sondern weil dieser – der Kammerdiener ist, mit welchem jener nicht als Held, sondern als Essender, Trinkender, sich Kleidender, überhaupt in der Einzelheit des Bedürfnisses und der Vorstellung zu tun hat. So gibt es für das Beurteilen keine Handlung, in welcher es nicht die Seite der Einzelheit der Individualität der allgemeinen Seite der Handlung entgegensetzen und gegen den Handelnden den Kammerdiener der Moralität machen könnte.«[8]

Haben wir es somit bei Father Brown, wenn er auch kein solcher Kammerdiener der Moralität für seinen General ist,

[7] Ebd., S. 252.

[8] G. W. F. Hegel, *Werke in 20 Bänden. Band 3*, Frankfurt a. M.: Suhrkamp 1970, S. 489.

nicht doch zumindest mit einem Zyniker zu tun, der weiß, dass die unangenehme Wahrheit zugunsten des allgemeinen Wohls vertuscht werden muss? In der Beantwortung der Frage nach der Verantwortlichkeit für den allmählichen Sturz des Generals beweist Chesterton seine theologische Finesse: Es ist nicht etwa so, dass der General mit seiner moralischen Verdorbenheit aufgrund des Vorherrschens niederträchtiger, materialistischer Motive den christlichen Glauben verraten hat. Chesterton ist klug genug, die Ursache für den moralischen Niedergang des Generals als etwas zu erkennen, das dem Christentum inhärent ist: Der General war »ein Mann, der seine Bibel las. Das war es, was mit ihm los war.« Schuld war also die besondere – in diesem Fall protestantische – Interpretation. Und gilt nicht in etwa dasselbe für den Versuch Heideggers (aber auch Adornos und Horkheimers und sogar Agambens), die Schuld an den ethisch-politischen Katastrophen des 20. Jahrhunderts in der gesamten Tradition der »abendländischen Metaphysik« zu suchen, die mit ihrer instrumentellen Vernunft etc. in direkter Linie »von Plato zur NATO« (oder vielmehr zum Gulag) geführt habe? Sloterdijk schreibt über die globale Problematisierung der »westlichen Zivilisation« seitens der Linken:

»Dank maßloser Formen von Kulturkritik – etwa der Rückführung von Auschwitz bis zu Luther und Platon oder der Kriminalisierung der okzidentalen Zivilisation im ganzen – versuchte man, die Spuren zu verwischen, die verrieten, wie nahe man selbst einem klassengenozidalen System gestanden hatte.«[9]

Dem wäre lediglich hinzuzufügen, dass dasselbe auch auf Heidegger und andere Exfaschisten zutrifft: Auch sie verbargen ihre Nazi-Leichen in dem Hügel von Leichnamen namens abendländische Metaphysik … Müssen wir nicht in gleicher Weise die liberale Alltagsweisheit, Philosophen in der Politik stellten ein schreckliches Unglück dar, als eine vorschnelle

[9] Peter Sloterdijk, *Zorn und Zeit. Politisch-psychologischer Versuch*, Frankfurt a. M.: Suhrkamp 2006, S. 260.

Verallgemeinerung zurückweisen? Von Platon angefangen seien die Philosophen entweder kläglich gescheitert oder erfolgreich ... im Unterstützen von Tyrannen. Der Grund dafür sei, so heißt es, dass sie versuchten, der Wirklichkeit ihre Idee überzustülpen und ihr somit Gewalt antäten – kein Wunder also, dass es sich bei ihnen von Platon bis Heidegger um entschiedene Antidemokraten handele (mit Ausnahme einiger Empiriker und Pragmatiker), welche die Masse des »Volkes« als Opfer von Sophisten abtue, das einer kontingenten Pluralität ausgeliefert sei. Wenn nun also der Alltagsverstand von Marxisten hört, die Marx verteidigen, indem sie argumentieren, seine Ideen seien im Stalinismus nicht originalgetreu umgesetzt worden, so erwidert er: Gott sei Dank! Sie vollständig zu verwirklichen wäre ja noch schlimmer gewesen! Heidegger war immerhin gewillt, aus seiner katastrophalen Erfahrung Konsequenzen zu ziehen, und räumte ein, wer ontologisch denke, der müsse ontisch irren, die Kluft sei irreduzibel und es gebe keine echte »philosophische Politik«. Es scheint demnach, dass G. K. Chestertons ironischer Vorschlag vollkommen berechtigt war,

> »ein Spezialkorps von Polizeileuten [zu bilden] – von Polizeileuten, die Philosophen sind. Deren Geschäft ist es nun, die Anfänge der Verschwörung zu überwachen, und das nicht nur in einem kriminellen, sondern in einem kontroversen Sinn. [...] Die Leistung des philosophischen Schutzmanns [...] ist eine verwegenere und erfinderischere zugleich als die eines gewöhnlichen Detektivs. Der gewöhnliche Detektiv geht in die Kaschemmen, um Diebe zu arretieren. Wir gehen zu artistischen Teegesellschaften, um Pessimisten zu überwachen. Der gewöhnliche Detektiv ersieht aus dem Hauptbuch oder Journal, daß ein Verbrechen begangen worden ist. Wir indes lesen aus einem Sonettbande, daß ein Verbrechen begangen werden wird. Wir haben die Quellen aufzuspüren jener furchtbaren Gedanken, die die Mühlsteine des geistigen Fanatismus und des geistigen Verbrechens treiben.«[10]

[10] G. K. Chesterton, *Der Mann, der Donnerstag war. Eine Nachtmahr*, Stuttgart: Klett-Cotta 1982, S. 56.

Hätten nicht auch so unterschiedliche Denker wie Popper, Adorno oder Levinas einer leicht abgeänderten Version dieser Idee zugestimmt, nach der tatsächliche politische Verbrechen als »Totalitarismus« bezeichnet werden und das philosophische Verbrechen im Begriff der »Totalität« verdichtet wird? Es führt ein direkter Weg vom philosophischen Begriff der Totalität zum politischen Totalitarismus, und die Aufgabe der »philosophischen Polizei« besteht darin, aus einem Buch der platonischen Dialoge oder einer Abhandlung Rousseaus über den Gesellschaftsvertrag zu lesen, dass ein politisches Verbrechen begangen werden wird. Der gewöhnliche politische Polizist geht zu geheimen Organisationen, um Revolutionäre zu arretieren; der philosophische Polizist besucht philosophische Symposien, um Verfechter der Totalität zu überwachen. Der gewöhnliche antiterroristische Polizist sucht nach Tätern, die Anschläge auf Gebäude oder Brücken planen; der philosophische Polizist verfolgt diejenigen, die im Begriff sind, das religiöse und moralische Fundament unserer Gesellschaft zu zerstören …[11]

Die Haltung, die dahinter steckt, ist die der »Weisheit«: Der Weise weiß, dass man die Realität nicht »zwingen« sollte, dass ein wenig Korruption der beste Schutz gegen die große Korruption ist … Das Christentum ist in diesem Sinne Anti-Weisheit par excellence: eine verrückte Wette auf die Wahrheit, wohingegen das Heidentum letzten Endes auf die Weisheit setzt (»Alles kehrt zum Staub zurück, das Lebensrad dreht sich ewig weiter …«). Die verhängnisvolle Beschränkung dieser

[11] Denselben Gedanken formulierte schon Heinrich Heine in seiner *Geschichte der Religion und Philosophie in Deutschland* von 1834, wenn auch als positiven, bewunderungswürdigen Umstand: »Dieses merkt euch, ihr stolzen Männer der Tat. Ihr seid nichts als unbewußte Handlanger der Gedankenmänner, die oft in demütigster Stille euch all eu'r Tun aufs bestimmteste vorgezeichnet haben.« (Heinrich Heine, *Werke und Briefe in 10 Bänden, hg. v. Hans Kaufmann, Band 5*, Berlin: Aufbau 1961, S. 258)

Haltung der Weisheit liegt in dem Formalismus, welcher der Idee des Gleichgewichts und des Vermeidens von Extremen anhaftet. Das Problem, das sich bei Formulierungen wie »wir brauchen weder eine totale staatliche Kontrolle noch einen vollkommen unregulierten Liberalismus / Individualismus, sondern das rechte Maß zwischen diesen beiden Extremen« sofort auftut, ist *das Maß dieses Maßes* – der Punkt des Gleichgewichts wird immer stillschweigend vorausgesetzt. Was wäre beispielsweise, wenn jemand sagen würde: »Wir brauchen weder zu viel Respekt vor Juden noch den nationalsozialistischen Holocaust, sondern das rechte Maß dazwischen, eine gewisse Quotenregelung an den Universitäten und ein Verbot öffentlicher Ämter für Juden, um ihren übermäßigen Einfluss zu verhindern.« So jemandem könnte man nicht auf rein formaler Ebene antworten. Dies ist der Formalismus der Weisheit: Die eigentliche Aufgabe ist, das Maß selbst zu verändern, nicht nur zwischen dessen Extremen zu pendeln.

In seinem ansonsten bewundernswerten Buch *Holy Terror*[12] scheint Terry Eagleton in dieselbe Falle zu tappen, wenn er die Dialektik des Exzesses des Heiligen, des heiligen Terrors, als Exzess des Realen darstellt, welcher respektiert und befriedigt, aber auf Distanz gehalten werden sollte. Das Reale ist gleichzeitig generativ und destruktiv: destruktiv, wenn es freie Hand bekommt, aber auch wenn es verneint wird, da seine Verneinung eine Wut freisetzt, welche es imitiert – ein Zusammenfallen der Gegensätze. Eagleton betrachtet auch die Freiheit als einen solchen *pharmakós*, der zerstörerisch wirkt, sobald er freigesetzt wird. Aber kommt dies der konservativen Weisheit nicht allzu nahe? Ist es nicht höchst ironisch, dass Eagleton, der wohl schärfste und deutlichste Kritiker der Postmoderne, hier seine eigenen versteckten postmodernen Vorurteile offenbart, indem er eines der großen postmodernen Motive vertritt, nämlich das des realen *Dings*, zu dem man die

[12] Terry Eagleton, *Holy Terror*, Oxford: Oxford University Press 2005.

richtige Distanz wahren sollte? Kein Wunder, dass er seine Sympathie für einen Konservativen wie Edmund Burke und dessen Kritik der Französischen Revolution bekundet: Nicht dass diese ungerecht gewesen wäre etc., sondern dass sie die begründende exzessive Gewalt der Rechtsordnung enthüllte und so ans Licht brachte und wiederholte, was um jeden Preis verborgen bleiben sollte – das ist die Funktion traditioneller Mythen. Die Ablehnung dieser Mythen, das Vertrauen in die der Tradition kritisch gegenüberstehende reine Vernunft führt dabei zwangsläufig in den Wahnsinn und die zerstörerische Orgie der Unvernunft.[13]

Wo steht Lacan in Bezug auf dieses komplexe Thema, das unter der langweiligen und dummen Bezeichnung der »gesellschaftlichen Rolle der Intellektuellen« abgehandelt wird? Natürlich kann Lacans Theorie helfen, ein neues Licht auf zahlreiche politisch-ideologische Phänomene zu werfen, indem sie die verborgene libidinöse Ökonomie zum Vorschein bringt, die ihnen zugrunde liegt; hier geht es jedoch um eine grundlegendere und naivere Frage: Impliziert Lacans Theorie eine bestimmte politische Haltung? Manche Lacanianer (und nicht nur diese) versuchen zu zeigen, dass seine Theorie unmittelbar eine demokratische Politik begründet (so etwa Yannis Stavrakakis). Die Begriffe sind wohlbekannt: »Es gibt keinen großen Anderen« bedeutet, dass die symbolische Ordnung inkonsistent ist, dass sie keine endgültige Garantie darstellt, und Demokratie ist die Möglichkeit, dieses Fehlen einer Letztbegründung in das Machtgefüge zu integrieren. Insofern alle organischen Visionen eines harmonischen Ganzen der Gesellschaft auf einem Phantasma beruhen, scheint die Demokratie somit eine politische Haltung zu ermöglichen, die »das Phantasma durchquert«, das heißt das unmögliche Ideal einer nichtantagonistischen Gesellschaft aufgibt.

Ein politischer Theoretiker, der uns hier als zentraler Be-

[13] Ebd., S. 50 f.

zugspunkt dienen kann, ist Claude Lefort. Er wurde selbst von Lacan beeinflusst und verwendet dessen Terminologie für seine Definition der Demokratie. Diese zeichnet sich dadurch aus, dass sie die Kluft zwischen dem Symbolischen (der leeren Stelle der Macht) und dem Realen (dem Akteur, der diese Stelle besetzt) anerkennt und postuliert, dass es keinen empirischen Akteur gibt, der die leere Stelle der Macht »natürlich« ausfüllt. Andere Systeme sind unvollständig, sie müssen Kompromisse eingehen und sich gelegentlich umstrukturieren, um zu funktionieren; die Demokratie erhebt Unvollständigkeit zum Prinzip, sie institutionalisiert die regelmäßigen Umstrukturierungen in Gestalt von Wahlen. Kurz, S(A) ist der Signifikant der Demokratie. Hier geht die Demokratie weiter als die gewöhnliche »realistische« Weisheit, der zufolge man, um eine bestimmte politische Vision in die Tat umzusetzen, konkrete unvorhersehbare Umstände einkalkulieren und sich auf Kompromisse einstellen sollte, um Raum für menschliche Schwächen und Fehler zu lassen – die Demokratie macht die Unvollkommenheit selbst zum Begriff. Man sollte allerdings bedenken, dass das demokratische Subjekt durch eine gewaltsame Abstraktion von all seinen besonderen Wurzeln und Bestimmungen entsteht; es entspricht dem Lacan'schen durchgestrichenen Subjekt $\$$ und ist als solches unvereinbar mit dem Genießen, das ihm fremd ist:

»Demokratie als leere Stelle bedeutet für uns: Das Subjekt der Demokratie ist ein durchgestrichenes Subjekt. Unsere kleine Algebra lässt uns sofort erfassen, dass hier das kleine (a) fehlt; will sagen: alles, was sich um die Partikularität des Genießens dreht. Das leere durchgestrichene Subjekt der Demokratie hat Schwierigkeiten damit, sich mit all dem in Beziehung zu setzen, was wir mit dem bequemen kleinen Buchstaben, dem kleinen (a) bezeichnen und was darum herum geschieht, sich formt, zittert. Uns wird gesagt: Sobald es die leere Stelle gibt, kann jeder, der die Gesetze achtet, seine Traditionen und seine Werte einbringen. [...] Wir wissen jedoch, je leerer die Demokratie ist, desto mehr ist sie eine Wüste des Genießens und desto mehr verdichtet sich das Genießen entsprechend in bestimmten Elementen. [...] Je mehr der Signifikant ›unaffiziert‹ ist, wie andere es nennen, je mehr er gereinigt wird, je mehr er sich in der reinen Form des Gesetzes, der egalitären Demokratie, der Globalisierung des Marktes geltend macht, [...] desto mehr wächst die Leidenschaft, verstärkt sich der Hass, vermehren sich Integrismen, breitet sich Zerstörung aus, werden beispiellose Massaker verübt und ereignen sich nie da gewesene Katastrophen.«[14]

Dies bedeutet, dass die demokratische Leerstelle strikt korrelativ zum Diskurs der totalitären Fülle ist, es sind zwei Seiten derselben Medaille. Es wäre daher sinnlos, die eine gegen die andere auszuspielen und für eine »radikale« Demokratie einzutreten, die jene unschönen Zusätze vermeiden würde. Wenn also die Linke heute darüber klagt, nur die Rechte besitze noch die Leidenschaft und die Fähigkeit, ein neues, mobilisierendes Imaginäres anzuregen, während sie selbst nur verwalte, dann übersieht sie die strukturelle Notwendigkeit dessen, was sie für eine bloße taktische Schwäche ihrerseits hält. Kein Wunder, dass das heute vieldiskutierte europäische Projekt es nicht schafft, zu fesseln und Leidenschaften zu wecken. Es ist letztlich ein Projekt der Verwaltung, nicht der ideologischen Passion. Die einzige Passion ist die der Verteidigung Europas von Seiten der Rechten – sämtliche linken Versuche, der Idee des vereinten Europas politische Leidenschaft einzuhauchen (wie die Initiative von Habermas und Derrida im Sommer 2003), kommen nicht in Schwung. Der Grund für das Scheitern ist, dass die »fundamentalistische« Bindung an die *jouissance* die *Kehrseite, das phantasmatische Supplement der Demokratie selbst* ist.

Was ist nun also zu tun, wenn man die Konsequenzen aus diesem *Unbehagen* in der Demokratie zieht? Einige Lacanianer (und nicht nur Lacanianer) bemühen sich, Lacan die Rolle eines internen Kritikers der Demokratie zuzuschreiben, eines Provokateurs, der unbequeme Fragen stellt, ohne selbst ein politisches Projekt zu verfolgen. Die Politik als solche wird

14 Jacques-Alain Miller, *Le Neveu de Lacan*, Lagrasse: Verdier 2003, S. 146 f.

hierbei als ein Reich imaginärer und symbolischer Identifikationen abgewertet, da dem Selbst per definitionem eine Verkennung, eine Selbstverblendung innewohne. Lacan als Provokateur steht demnach in einer Linie mit Sokrates und Kierkegaard und erkennt die Illusionen und verborgenen metaphysischen Voraussetzungen der Demokratie. Das herausragende Beispiel für diese zweite Position ist Wendy Brown, die, obwohl sie keine Lacanianerin ist, eine äußerst wichtige und deutliche Nietzscheanische Kritik der politisch korrekten Politik der Viktimisierung, also der Fundierung der eigenen Identität in der Verletzung, entwickelt.

Eine Domestizierung Nietzsches

Brown interpretiert die postmoderne Identitätspolitik, deren Ausgangspunkt das bestimmten Gruppen jeweils zugefügte Unrecht ist (Sex – Gender – Rasse), als Ausdruck unseres zwiespältigen Verhältnisses zum guten alten liberaldemokratischen egalitären Grundsatz der Menschenrechte: Wir fühlen uns betrogen (in Bezug auf Frauen, Schwarze, Schwule etc. hat die universalistische liberale Rhetorik die Erwartungen nicht erfüllt, sie maskiert die fortwährende Exklusion und Ausbeutung), und bleiben diesen liberalen Idealen dennoch stark verhaftet. In ihrer genauen Analyse zeigt Brown, wie das Gefühl moralischer Empörung aus dem Versuch entsteht, einen gefährlichen Kompromiss zwischen einer Unmenge inkonsistenter und widersprüchlicher Einstellungen zu finden (Sadismus und Masochismus, Bindung und Zurückweisung, Schuldzuweisung an andere und das Gefühl der eigenen Schuld). Sie versteht die Moralisierung der Politik »nicht nur als Zeichen des hartnäckigen Festhaltens an einer gewissen Gleichsetzung von Wahrheit mit Machtlosigkeit oder als Ausleben eines gekränkten Willens, sondern als Symptom eines zerstörten Geschichtsnarrativs, zu dem uns noch keine Alternativen eingefallen sind«. (22 f.)[15] »Wenn der Telos des Guten verschwindet, die Sehnsucht danach aber bleibt, scheint Moralität in der Politik in Moralismus überzugehen.« (28) Als sich nach dem Ende der großen, allumfassenden linken Fortschrittsnarrative die politische Aktivität in eine Vielzahl von Identitätsfragen auflöste, konnte sich der Exzess über diese partikularen Kämpfe um Identitäten nur in machtloser moralistischer Empörung entladen.

Brown geht hier allerdings einen entscheidenden Schritt weiter und verfolgt sämtliche Paradoxien der Demokratie konsequent bis zum Ende, radikaler als Chantal Mouffe mit ihrem »demokratischen Paradox«. Schon mit Spinoza und Tocqueville wird deutlich, dass die Demokratie in sich unvollständig leer ist und ihr ein festes Prinzip fehlt – sie braucht einen antidemokratischen Inhalt, der ihre Form ausfüllt; in dieser Hinsicht ist sie tatsächlich konstitutiv »formal«. Den antidemokratischen Inhalt liefern Philosophie, Ideologie und Theorie – kein Wunder, dass die meisten großen Philosophen, von Platon bis Heidegger, misstrauisch gegenüber der Demokratie oder sogar direkt antidemokratisch waren:

»Was ist, wenn die demokratische Politik, die untheoretischste aller politischen Formen, paradoxerweise der Theorie bedarf, also eine Antithese zu sich selbst sowohl in der Form wie in der Substanz der Theorie braucht, um ihre Ambitionen auf die Schaffung einer freien und egalitären Ordnung zu befriedigen?« (122)

Brown entfaltet alle Paradoxien aus der Tatsache, dass »die Demokratie für ihre Gesundheit ein nichtdemokratisches Element braucht«. Eine Demokratie benötigt einen ständigen Zufluss antidemokratischer Selbstbefragung, *damit sie eine lebendige Demokratie bleiben kann* – das Heilmittel gegen ihre Krankheiten ist homöopathisch:

[15] Die Seitenzahlen in Klammern in diesem Abschnitt beziehen sich auf Wendy Brown, *Politics Out of History*, Princeton: Princeton University Press 2001.

»Wenn die Demokratie, wie die Überlegungen Spinozas und Tocquevilles nahelegen, zur Kathexis auf Prinzipien neigt, die ihr antithetisch gegenüberstehen, dann ist eine kritische Prüfung dieser Prinzipien und der von ihnen angeregten politischen Formationen für das Projekt einer Neugründung oder Wiederherstellung der Demokratie von entscheidender Bedeutung.« (128)

Brown definiert die Spannung zwischen Politik und Theorie als eine zwischen der politischen Notwendigkeit, Bedeutung zu fixieren, die textliche Abweichung in einem Formprinzip zu »vernähen«, welches allein unser Handeln leiten kann, und der permanenten »Dekonstruktion« der Theorie, die in keinem neuen positiven Programm aufgehen kann:

»Unter den menschlichen Praktiken ist die Politik besonders untheoretisch, weil das Greifen nach der Macht, welches sie konstituiert, notwendigerweise im Widerspruch zur Absicht der Theorie steht, Bedeutungen zu eröffnen und ›zum Gleiten zu bringen‹, um es mit Stuart Hall zu sagen. Diskursive Macht funktioniert durch das Verbergen ihrer Herstellungsbedingungen, daher rührt ihre Formbarkeit und Kontingenz; der Diskurs fixiert Bedeutung, indem er sie naturalisiert, andernfalls verliert er seinen Einfluss als Diskurs. Diese Fixierung oder Naturalisierung von Bedeutung ist das notwendige Idiom, in dem sich Politik vollzieht. Selbst die Politik der dekonstruktiven Verschiebung impliziert, zumindest provisorisch, eine solche Normativität.« (122 f.)

Theoretische Analysen, welche das Fehlen einer Letztbegründung, die prinzipielle Kontingenz und Unbeständigkeit aller normativen Konstrukte und politischen Projekte ans Licht bringen, »sind antipolitische Bestrebungen, insofern sie Bedeutung destabilisieren, ohne selbst alternative Codes oder Institutionen vorzuschlagen. Andererseits können sie auch wesentlich für den Erhalt eines bestehenden demokratischen Regimes sein, indem sie es neu beleben.« (128) Brown scheint folglich eine Art Kantischer »Kritik der dekonstruktiven (antidemokratischen) Vernunft« vorzubringen, indem sie zwischen deren legitimem und illegitimem Gebrauch unterscheidet. Es ist legitim, sie als negativ-regulatives Korrektiv, als Provokation usw. einzusetzen, aber illegitim, sie als konstitutives Prinzip zu benutzen, das als politisches Programm oder Projekt direkt auf die Realität angewendet wird. Dieselbe zwiespältige Verbindung entdeckt Brown auch im Verhältnis von Staat und Volk. So wie die Demokratie die Antidemokratie braucht, um sich neu zu beleben, braucht der Staat den Widerstand des Volkes:

»Nur durch den Staat konstituiert sich das Volk als Volk; nur im Widerstand gegen den Staat bleibt das Volk ein Volk. So wie die Demokratie der antidemokratischen Kritik bedarf, um demokratisch zu bleiben, braucht also auch der demokratische Staat eher demokratischen Widerstand als Treue, um nicht den Tod der Demokratie herbeizuführen. Entsprechend ist die Demokratie möglicherweise darauf angewiesen, dass ihr die Theorie unrealisierbare Kritiken und unerreichbare Ideale liefert.« (137)

Bei dieser Parallele der beiden Paare Demokratie/Antidemokratie und Staat/Volk verfängt sich Browns Argumentation gewissermaßen in einer merkwürdigen symptomalen Dynamik der Umkehrungen. Während die Demokratie die antidemokratische Kritik braucht, um lebendig zu bleiben und ihre falschen Gewissheiten zu erschüttern, braucht der demokratische *Staat* den demokratischen Widerstand des Volkes, *nicht* den antidemokratischen. Verwechselt Brown hier nicht zwei (oder vielmehr eine ganze Reihe von) Arten des Widerstands gegen den demokratischen Staat: den antidemokratischen »elitären« Widerstand des Theoretikers (Platon – Nietzsche – Heidegger), den demokratischen Volkswiderstand gegen das nicht hinreichend demokratische Gepräge des Staates usw.? Und gehört nicht zu jedem dieser beiden Widerstandsarten darüber hinaus noch jeweils ein dunkles, schattenhaftes Double: der brutale zynische Elitarismus, der die Machthabenden rechtfertigt; die Gewaltausbrüche eines Mobs? Was ist, wenn die beiden sich zusammentun und es zum *antidemokratischen Widerstand des Volkes selbst* (»autoritärer Populismus«) kommt?

Tut Brown nicht auch antidemokratische Denker wie Nietzsche allzu leichtfertig ab, wenn sie sagt, sie lieferten »unrealisierbare« Kritiken der Demokratie? Was ist, wenn doch ein Regime kommt und versucht, sie zu realisieren, wie der Nationalsozialismus? Ist es nicht zu einfach, Nietzsche aus der Verantwortung zu entlassen, indem man sagt, die Nazis hätten sein Denken verzerrt? Natürlich taten sie das, aber ebenso hat der Stalinismus Marx verzerrt und ebenso hat sich jede Theorie verändert (wurde »verraten«), wenn sie in die politische Praxis umgesetzt wurde; mit Hegel können wir hier anmerken, dass die »Wahrheit« in solchen Fällen nicht einfach auf Seiten der Theorie liegt – was ist, wenn der Versuch, eine Theorie zu realisieren, den objektiven Inhalt dieser Theorie sichtbar macht, der selbst dem Blick des Theoretikers verborgen war?

Die Schwäche von Browns Beschreibung liegt vielleicht darin, dass sie das undemokratische Element, das die Demokratie am Leben hält, nur in »verrückten« Theorien verortet, welche die Grundlagen der Demokratie von »unrealisierbaren« Prämissen aus in Frage stellen – was aber ist mit den sehr *realen* undemokratischen Elementen, welche die Demokratie stützen? Ist nicht die Hauptprämisse von Foucaults (Browns wichtigster Referenz) Analysen moderner Macht, dass demokratische Macht von einem komplexen Netzwerk kontrollierender und regulierender Mechanismen gestützt werden muss? In seinen *Notes Towards a Definition of Culture* hat T. S. Eliot, jener Archetyp des »edlen Konservativen«, überzeugend argumentiert, eine starke Adelsklasse sei ein notwendiger Bestandteil einer funktionierenden Demokratie. Die höchsten kulturellen Werte könnten nur gedeihen, wenn sie durch ein komplexes und beständiges Familien- und Gruppengeflecht übermittelt würden. Wenn Brown also sagt, dass »die Demokratie der antidemokratischen Kritik bedarf, um demokratisch zu bleiben«, können sich Liberalkonservative, die vor »deMOREcracy« warnen, vollauf einverstanden erklären: Zwischen Staat und Demokratie sollte eine Spannung bestehen, ein Staat sollte nicht einfach in der Demokratie aufgehen, er sollte den Exzess bedingungsloser Macht *über* das Volk, eine starke Herrschaft des Rechts bewahren, um seine eigene Auflösung zu verhindern. Wenn der demokratische Staat nicht von diesem Gespenst der bedingungslosen Machtausübung gestützt wird, fehlt ihm die Autorität, um zu funktionieren. Macht ist per definitionem exzessiv, andernfalls ist es keine Macht.

Die Frage ist: Wer oder was ergänzt hier wen oder was? Ist die Demokratie eine Ergänzung der grundsätzlich nichtdemokratischen Staatsmacht oder ist die undemokratische Theorie eine Ergänzung der Demokratie? An welchem Punkt wird aus dem Prädikat ein Subjekt? Und was das »Anhalten des Gleitens der Bedeutung« angeht: Lehnt die nichtdemokratische Theorie die Demokratie in der Regel nicht genau deshalb ab, weil sie sie als zu »sophistisch« (für Platon ...), als zu sehr in das Gleiten von Bedeutung verwickelt empfindet, und ist sie nicht weit davon entfernt, der Demokratie die Festigkeit der Bedeutung zum Vorwurf zu machen, sondern vielmehr verzweifelt bemüht, dem Gesellschaftsleben eine stabile Ordnung zu geben? Ist jenes »unaufhörliche Gleiten der Bedeutung« nicht schließlich bereits ein Merkmal der kapitalistischen Wirtschaft selbst, die in ihrer gegenwärtigen Dynamik Marx' altes Motto von der Auflösung aller festen Identitäten auf eine neue Stufe hebt?

Die von Brown dargestellte »homöopathische« Logik ist daher zwiespältig. Einerseits ist die theoretische antidemokratische Kritik von außen das Heilmittel gegen verknöcherte staatliche Demokratie, indem sie deren Gewissheiten erschüttert und sie wiederbelebt; andererseits gibt es aber auch die umgekehrte Homöopathie: Danach ist das einzig wahre Mittel gegen die offensichtlichen Krankheiten der Demokratie – noch mehr Demokratie. Wir haben es hier mit einer Abwandlung von Churchills berühmtem Ausspruch zu tun, die Demokratie sei die schlechteste aller Regierungsformen, das Problem sei nur, dass es keine bessere gebe. Das demokratische Projekt ist inkonsistent und schon von seiner Idee her ein »unvollendetes Projekt«, aber genau diese »Paradoxie« ist seine Stärke und ein Garant gegen die totalitäre Versuchung. Die eigene Unvollkommenheit ist schon in der Idee der Demokratie enthalten, und deshalb ist das einzige Mittel gegen ihre Mängel: mehr Demokratie.

Sämtliche in der Demokratie schlummernden Gefahren haben ihren Ursprung in diesen konstitutiven Widersprüchlichkeiten des demokratischen Projekts und in den verschiedenen Versuchen, mit ihnen fertig zu werden – auf die Gefahr, dass man beim Versuch, die Unvollkommenheiten der Demokratie, das heißt ihre nichtdemokratischen Bestandteile loszuwerden, unabsichtlich die Demokratie selbst einbüßt; man denke etwa daran, wie der populistische Aufruf zur direkten Äußerung des allgemeinen Volkswillens unter Umgehung aller Partikularinteressen und Streitereien letztlich das demokratische Leben selbst erstickt. In Anlehnung an Hegel ist man somit versucht, Browns Version als extreme Verschärfung des »demokratischen Paradoxons« bis zu dessen direkter Selbstwidersprüchlichkeit einzustufen. Worin könnte nun die Lösung dieses Gegensatzes zwischen »These« (Lacan als Theoretiker der Demokratie) und »Antithese« (Lacan als interner Kritiker) bestehen? In der gewagten, aber notwendigen Geste, die Idee der »Demokratie« selbst in Frage zu stellen, sich woandershin zu bewegen – das Risiko einzugehen, ein positives, *realisierbares* Projekt »jenseits der Demokratie« zu entwickeln.

Ist Brown nicht allzu un-Nietzscheanisch, wenn sie »Nietzsche« auf eine provozierende Korrektur der Demokratie reduziert, ja domestiziert, welche durch ihre Übertreibung die Widersprüche und Schwächen des demokratischen Projekts sichtbar mache? Geht sie, wenn sie Nietzsches implizites (und auch explizites) antidemokratisches Projekt für »unrealisierbar« erklärt, nicht allzu schnell darüber hinweg, dass es ganz reale politische Projekte mit direktem Bezug auf Nietzsche gab, bis hin zum Nationalsozialismus, und dass Nietzsche selbst sich ständig auf aktuelle politische Geschehnisse in seiner Umgebung bezog (so war etwa der »Sklavenaufstand«, der ihn erschütterte, die Pariser Kommune)?[16] Brown unternimmt also eine *Domestizierung* Nietzsches, sie verwandelt seine Theorie in ein Exerzitium der »inhärenten Transgression«: Provokationen, die nicht wirklich »ernst gemeint« sind, sondern uns mit ihrem »provokativen« Charakter aus unserem demokratisch-dogmatischen Schlummer aufwecken und so zur Wiederbelebung der Demokratie selbst beitragen sollen … So mag das Establishment »subversive« Denker: als lästige, aber harmlose Fliegen, die uns ab und zu stechen und so die Widersprüche und Unvollkommenheiten des demokratischen Unterfangens bewusst machen – aber es würde natürlich niemand auf die Idee kommen, ihr Projekt ernst zu nehmen, geschweige denn zu realisieren …

Michel Foucault und das iranische Ereignis

Eines der größten antitotalitaristischen Klischees ist das des »Intellektuellen« (in der berüchtigten Definition von Paul Johnson), der vom »authentischen« Touch gewaltsamer Spektakel und Ausbrüche verführt wird und die rücksichtslose Machtausübung liebt, um seine jämmerliche Existenz aufzubessern – er steht in einer langen Tradition von Platon über Rousseau zu Heidegger, ganz zu schweigen von der Liste der

[16] Nietzsche wird seltsamerweise regelmäßig von den gleichen Autoren dekontextualisiert/enthistorisiert, die ansonsten so eifrig bemüht sind, Lacan und andere zu kontextualisieren/historisieren, um deren metaphysische und repressive Voreingenommenheit aufzuzeigen. In Deleuzes paradigmatischer Nietzsche-Interpretation verschwindet diese Dimension völlig. (Während sich dieselben Autoren typischerweise ausführlich mit dem Antisemitismus von Nietzsches großem Widersacher Wagner befassen und ihn in seinen historischen Kontext einordnen …).

üblichen Verdächtigen, die auf den Stalinismus hereinfielen (Brecht, Sartre …). Als Lacanianer kann man auf einen solchen Vorwurf einfach erwidern: Das Mindeste, was sich über die Lacan'sche Psychoanalyse sagen lässt, ist, dass sie uns immun gegen solche »totalitaristischen Versuchungen« macht. Kein Lacanianer hat wohl jemals einen politischen Fehler der Art begangen, sich vom Trugbild der totalitären Revolution verführen zu lassen …

Aber so leicht wollen wir es uns gar nicht machen, sondern uns dieser »Bürde des weißen Intellektuellen« vielmehr mutig stellen. Beginnen wir gleich an der problematischsten Stelle: Die Konturen der Debatte über Heideggers NS-Engagement (War es nur ein Flüchtigkeitsfehler ohne theoretische Bedeutung oder ist es in seinem Denken begründet? Hatte es etwas mit der späteren Wende im Heidegger'schen Denken zu tun?) erinnern auf seltsame Weise an Michel Foucaults kurzes Engagement für die iranische Revolution.[17] In den folgenden Zeilen –

»Viele Foucault-Kenner betrachten diese Schriften [über den Iran] als Abweichung oder als Ergebnis eines politischen Fehlers. Wir meinen dagegen, dass Foucaults Schriften über den Iran ganz eng mit seinen allgemeinen theoretischen Schriften über den Diskurs der Macht und die Gefahren der Moderne verbunden sind. Wir sind auch der Ansicht, dass Foucaults Erfahrungen im Iran eine bleibende Wirkung auf sein folgendes Werk hinterlassen haben und dass man die plötzliche Wende in seinen Schriften in den 1980er Jahren nicht verstehen kann, ohne die Bedeutung der iranischen Episode und seiner generellen Beschäftigung mit dem Orient anzuerkennen.«[18]

[17] Diese Parallele hat natürlich ihre Grenzen, vor allem weil Foucaults Iran-Engagement als idiosynkratische Geste eines Einzelnen wahrgenommen wurde, die nicht im Einklang mit dem hegemonialen liberaldemokratischen Konsens stand, während Heideggers Beteiligung am Nationalsozialismus dem vorherrschenden Trend unter radikalkonservativen deutschen Intellektuellen folgte.

[18] Janet Afary und Kevin B. Anderson, *Foucault and the Iranian Revolution. Gender and the Seductions of Islamism*, Chicago: University of Chicago Press 2005, S. 3 f.

– ist die frappierende Parallele zu Heidegger kaum zu übersehen. In beiden Fällen sollte man die Standarderzählung umkehren, der zufolge das falsche Engagement dem Denker die Grenzen seiner vorherigen theoretischen Position zu Bewusstsein geführt und ihn gezwungen habe, sein Denken zu radikalisieren, eine »Kehre« zu vollziehen, um solche Fehler in Zukunft zu vermeiden (Heideggers Schritt zur *Gelassenheit*, Foucaults Verlagerung auf die Ästhetik des Selbst). Wie Heideggers NS-Engagement war Foucaults Iran-Engagement an sich (in seiner Form) eine richtige Geste, seine beste Tat, das Problem war nur, dass es (was den Inhalt betrifft) in die falsche Richtung ging.

Anstatt Foucault seinen »Fauxpas« vorzuwerfen, sollte man seine einige Jahre später erfolgte Hinwendung zu Kant als Reaktion auf jenes gescheiterte Engagement sehen. Foucault interessiert sich für den Begriff des Enthusiasmus, den Kant (in *Der Streit der Fakultäten*) in Bezug auf die Französische Revolution entfaltet. Deren wahre Bedeutung liege nicht in den tatsächlichen Geschehnissen in Paris – vieles dort war entsetzlich, es gab Ausbrüche mörderischer Leidenschaft –, sondern in der enthusiastischen Reaktion, die jene Ereignisse in den Augen der geneigten Zuschauer in ganz Europa hervorgerufen hätten … Lieferte Foucault damit nicht eine Art Metatheorie seines eigenen Enthusiasmus für die iranische Revolution 1978/79? Was zählte, war demnach nicht die traurige Wirklichkeit, aus der die Umwälzungen hervorgingen, die blutigen Konfrontationen, die neuen Unterdrückungsmaßnahmen usw., sondern der Enthusiasmus, den die Ereignisse im Iran im externen (westlichen) Beobachter auslösten und ihn in der Hoffnung bestärkten, dass eine neue Form eines spirituellen politischen Kollektivs möglich sein könnte.

War also der Iran für Foucault das Objekt der »interpassiven Authentizität«, jener mythische andere Ort, an dem Authentisches geschieht – Kuba, Nicaragua, Bolivien in der heutigen Zeit … – und nach dem westliche Intellektuelle ein unstillbares

Bedürfnis haben? Im Übrigen ließe sich in der gleichen Weise nicht nur der Enthusiasmus rehabilitieren, den das stalinistische Russland bei vielen westlichen Intellektuellen und Künstlern in den 1930er und 40er Jahren ausgelöst hat, sondern auch die Begeisterung für die maoistische Kulturrevolution, die sogar erbitterte Kritiker des Stalinismus erfasste. Was zählt, sind nicht brutale Gewalt und Schrecken in China, sondern der Enthusiasmus, der durch dieses Spektakel im westlichen Beobachter ausgelöst wurde ... (Und warum sollte man dann nicht auch die Faszination einiger westlicher Beobachter für Nazi-Deutschland in den ersten vier Jahren von Hitlers Herrschaft rehabilitieren, als die Arbeitslosigkeit rapide abnahm etc.?)

Das Problem bei dieser Lesart ist allerdings, dass Foucault bei seiner Interpretation der Ereignisse im Iran die Perspektive umkehrt und dem Enthusiasmus der an dem Ereignis Beteiligten den kühlen Blick des externen Beobachters gegenüberstellt, der den größeren Kausalzusammenhang, das Wechselspiel der Klassen und ihrer Interessen etc. erkennt. Diese Verlagerung des Enthusiasmus eines externen Beobachters auf den Enthusiasmus der an dem Ereignis aktiv Beteiligten ist entscheidend – wie soll man sich die Verbindung zwischen diesen beiden Orten des Enthusiasmus, dem Enthusiasmus der direkt Beteiligten und dem der externen und unbeteiligten (neutralen) Beobachter *vorstellen*? Die einzige Lösung besteht darin, die Unmittelbarkeit des Erlebens der direkt Beteiligten zu »dekonstruieren«. Was ist, wenn die Unmittelbarkeit schon von vornherein für einen Beobachter, für den Blick eines imaginierten Anderen inszeniert ist? Was, wenn die Vorstellung, beobachtet zu werden, schon zu ihrem innersten Erleben dazugehört? So stellt Foucault in seinem letzten Text über den Iran (»Nutzlos, sich zu erheben« vom Mai 1979) die historische Wirklichkeit eines komplexen Prozesses sozialer, kultureller, ökonomischer, politischer etc. Umwandlungen dem magischen Ereignis der Revolte gegenüber, welches das Spinnengewebe der historischen Kausalität irgendwie aufhebt und sich nicht darauf reduzieren lässt:

»Für den Menschen, der sich erhebt, gibt es letztlich keine Erklärung. Ein Mensch muss sich losreißen und den Faden der Geschichte samt ihren langen Kausalketten durchtrennen, um die Todesgefahr ›wirklich‹ der sicheren Pflicht zum Gehorsam vorziehen zu können.«[19]

Man muss sich die Kantische Konnotation dieser Aussagen vor Augen führen: Die Revolte ist ein Akt der Freiheit, welcher den Nexus historischer Kausalität vorübergehend aufhebt, das heißt in der Revolte zeigt sich die noumenale Dimension. Das Paradoxe daran ist natürlich, dass diese mit ihrem Gegenteil zusammenfällt: der reinen Oberfläche eines Phänomenons. Das Noumenon erscheint nicht nur, sondern das Noumenale ist dasjenige, was in einem Phänomenon nicht auf das Kausalnetzwerk der Realität, welches es erzeugt hat, reduziert werden kann, kurz: *das Noumenon ist das Phänomenon qua Phänomenon*. Es besteht ein deutlicher Zusammenhang zwischen dieser Irreduzibilität des Phänomenons und Deleuzes Begriff des Ereignisses als Fluss des Werdens, als Oberflächenerscheinung, die sich nicht auf ihre »körperlichen« Ursachen reduzieren lässt. Konservativen Kritikern, welche die kläglichen oder sogar schrecklichen tatsächlichen Folgen revolutionärer Umwälzungen verurteilen, hält Deleuze entgegen, dass sie die Augen vor der Dimension des Werdens verschlössen:

»Heute ist es in Mode, die Schrecken der Revolution anzuprangern. Das ist nicht einmal neu, die ganze englische Romantik ist voll von einem Nachdenken über Cromwell, das ganz analog zu dem über Stalin heute ist. Angeblich haben Revolutionen eine schlechte Zukunft. Aber dabei bringt man zwei Dinge durcheinander: die Zukunft der Revolutionen in der Geschichte und das Revolutionär-Werden der Menschen. Es sind nicht einmal dieselben Leute in beiden Fällen. Die einzige Chance der

19 Michel Foucault, »Nutzlos, sich zu erheben«, in: Ders., *Schriften in vier Bänden. Dits et Ecrits. Band III 1976–1979*, Frankfurt a. M.: Suhrkamp 2003, S. 987–992, S. 987 f.

Menschen liegt in einem Revolutionär-Werden, nur dadurch kann die Schande abgewendet oder auf das Unerträgliche geantwortet werden.«[20]

Die Art, wie Deleuze hier über revolutionäre Entladungen schreibt, weist deutliche Parallelen zu Foucault auf:

»Die iranische Bewegung ist nicht jener ›Gesetzmäßigkeit‹ der Revolutionen erlegen, wonach, wie es scheint, aus der blinden Begeisterung stets die Tyrannei hervorgeht, die insgeheim bereits darin angelegt ist. Der innerste und am intensivsten erlebte Teil der Erhebung grenzte an einen überlaufenen politischen Kampfplatz. Doch dieser Kontakt bedeutet keine Identität. Die Spiritualität, auf die sich die zum Tode Bereiten beriefen, ist ohne gemeinsames Maß mit der blutigen Herrschaft eines integralistischen Klerus. Die iranischen Geistlichen wollen ihrem Regime durch die Bedeutungen, die der Erhebung zukamen, Authentizität verleihen. Man tut nichts anderes als sie, wenn man die Erhebung durch den Hinweis disqualifiziert, dass es heute eine Regierung von Mullahs gibt. In beiden Fällen haben wir es mit ›Angst‹ zu tun. Mit der Angst vor dem, was vergangenen Herbst im Iran geschehen ist und das die Welt seit langem nicht mehr gesehen hatte.«[21]

Foucault erweist sich hier als Deleuzianer. Was ihn an den Ereignissen im Iran interessiert, ist nicht die Ebene der sozialen Wirklichkeit oder deren Kausalbeziehungen, sondern die Ereignisoberfläche, die reine Virtualität des »Lebensfunkens«, der nur die Einzigartigkeit des Ereignisses erklärt. Was im Zwischenraum zweier Zeitabschnitte der sozialen Wirklichkeit im Iran stattgefunden hat, war nicht die explosive Entladung des Volkes als substantieller, mit einer Reihe von Eigenschaften ausgestatteter Entität, sondern das Ereignis des Volk-Werdens. Es geht folglich nicht um einen Wechsel der Macht- und Herrschaftsbeziehungen wirklicher soziopolitischer Akteure, um die Neuregelung der sozialen Kontrolle oder Ähnliches, sondern um die Transzendierung – oder, besser gesagt, vorübergehende Aufhebung – eben genau dieses Bereichs, um die Entstehung

[20] Gilles Deleuze, *Unterhandlungen. 1972 – 1990*, Frankfurt a. M.: Suhrkamp 1993, S. 245.
[21] Foucault, »Nutzlos, sich zu erheben«, a. a. O., S. 990.

einer völlig neuen Sphäre des »gemeinschaftlichen Willens« als reines Sinn-Ereignis, in der alle Differenzen ausgelöscht und irrelevant geworden sind. Ein solches Ereignis ist nicht nur neu im Hinblick auf das, was vorher war, es ist neu »an sich« und bleibt daher für immer neu.[22] Hier wird die Sache – auf ganz sublime Weise – kompliziert. Foucault muss einräumen, dass die beteiligten Individuen innerlich gespalten sind:

»Nehmen wir den Anhänger einer beliebigen politischen Gruppe. Als er sich an einer der ersten Demonstrationen beteiligte, war er gleichsam doppelt präsent: als jemand, der seine eigenen politischen Ziele verfolgte, und als ein Mitglied der revolutionären Bewegung oder eher noch als Iraner, der sich gegen seinen König erhob. Aber zwischen beidem bestand keine Deckungsgleichheit. Er erhob sich nicht gegen seinen König, weil seine Partei bestimmte politische Ziele verfolgte.«[23]

Diese Spaltung zieht sich durch den gesamten Sozialkörper: Auf der Ebene der Realität gab es natürlich zahlreiche Akteure, ein komplexes Wechselspiel der Klassen, und eine Überdeterminierung unvereinbarer Kämpfe; auf der Ebene des eigentlichen revolutionären Ereignisses jedoch wurde all dies »aufgehoben« zu einem »absolut gemeinschaftlichen Willen«, der den gesamten Sozialkörper gegen den König und seine Clique vereinte. Es gab keine Spaltung des Sozialkörpers, keinen »Klassenkampf«; alle – vom armen Bauern bis zum Studenten, vom Geistlichen bis zum enttäuschten Kapitalisten – wollten dasselbe:

»Der gemeinschaftliche Wille ist ein politischer Mythos, mit dessen Hilfe Rechtswissenschaftler oder Philosophen Institutionen und der-

[22] Ist dieser magische Augenblick des Enthusiasmus, der Einheit und des gemeinschaftlichen Willens aber nicht ein exemplarischer Fall dessen, was Lacan die imaginäre Identifikation nennt? Man kann an diesem Beispiel sehr schön den Wechsel in Lacans Lehre ablesen: Vor 1950 hätte er diese enthusiastische Einheit zweifellos als imaginäre Verkennung einer symbolischen Überdeterminierung zurückgewiesen, während der späte Lacan darin die Eruption des Realen erkannt hätte.

[23] Michel Foucault, »Der Geist geistloser Zustände (Gespräch)«, in: Ders., *Schriften in vier Bänden. Dits et Ecrits. Band III 1976 – 1979*, Frankfurt a. M.: Suhrkamp 2003, S. 929 – 943, S. 938.

gleichen zu analysieren oder zu rechtfertigen versuchen. Er ist ein theoretisches Instrument. Den ›gemeinschaftlichen Willen‹ hat noch niemand gesehen, und ich selbst sah im gemeinschaftlichen Willen so etwas wie Gott oder die Seele, denen man niemals begegnet. Ich weiß nicht, ob ihr mir da zustimmt, aber in Teheran und im ganzen Iran sind wir dem gemeinschaftlichen Willen eines Volkes begegnet.«[24]

Foucault unterscheidet zwischen Revolte und Revolution: Die »Revolution« (im modernen europäischen Sinn) bezeichnet die Wiedereinschreibung einer Revolte in den Prozess des strategisch-politischen Kalküls. Sie ist ein Prozess, durch den die Revolte »kolonisiert und in den Rahmen der Realpolitik eingepasst« wird:

»Sie [die Revolution] gab der Erhebung eine Legitimation, unterschied zwischen guten und schlechten Formen, bestimmte die Gesetze ihres Ablaufs und definierte ihre Voraussetzungen, Ziele und Erfolgskriterien. Man definierte sogar den Beruf des Revolutionärs. Durch diese Repatriierung glaubte man, die Erhebung in ihrer Wahrheit erscheinen zu lassen und auf ihren realen Begriff zu bringen.«[25]

Kein Wunder, dass Foucault das Erscheinen eines gemeinschaftlichen Willens mit zwei von Kants noumenalen Dingen (Gott, Seele) vergleicht. Wenn das Noumenale erscheint, dann in Gestalt des äußersten Schreckens – Foucault ist sich dessen bewusst:

»Auf dieser Bühne mischt sich Bedeutendes mit Abscheulichem: die großartige Hoffnung, den Islam wieder zu einer lebendigen Zivilisation zu machen, mit virulenten Formen der Fremdenfeindlichkeit; geopolitische Ziele mit regionalen Rivalitäten. Mit dem Problem des Imperialismus. Mit der Unterdrückung der Frau usw.«[26]

»Zwei Dinge haben der Bewegung im Iran ihre besondere Intensität verliehen: ein politisch sehr ausgeprägter gemeinschaftlicher Wille und der Wunsch nach einer radikalen Veränderung des Daseins. Doch beides erfordert den Rückgriff auf Traditionen und Institutionen, die einen Gutteil Chauvinismus, Nationalismus und Ausschluss bergen

[24] Ebd., S. 933 f.
[25] Foucault, »Nutzlos, sich zu erheben«, a. a. O., S. 988.
[26] Ebd., S. 990.

und den Einzelnen wirklich mitzureißen vermögen. Wer einer derart schrecklich gerüsteten Macht die Stirn bieten will, darf sich weder allein fühlen noch bei null anfangen.«[27]

Das Bild verkompliziert sich. Zuerst nimmt Foucault Abstand von einer pauschalen Unterstützung der iranischen Erhebung (die von der Hoffnung getragen war, es werde eine völlig andere Gesellschaft daraus hervorgehen, die aus dem Raum der europäischen Moderne und deren Verklemmungen ausbrechen könnte) und lässt nur noch den enthusiastischen Augenblick der Revolte gelten. Die europäischen Liberalen, welche die iranische Revolte in Misskredit bringen wollen, weil sie zu einem repressiven Regime des Klerus geführt habe, bewegen sich demnach auf der gleichen Ebene wie dieser Klerus, der die Revolte für sich reklamiert, um seine Herrschaft zu rechtfertigen – beide versuchen, das Ereignis auf einen Faktor innerhalb eines politisch strategischen Interessenkampfes zu reduzieren. – Dann, subtiler und überraschender, macht Foucault eine *weitere* Ambiguität aus, die sich nicht auf den Unterschied zwischen den Ebenen der reinen Revolte und des vielfältigen gesellschaftspolitischen Wechselspiels reduzieren lässt: »Chauvinismus«, »virulente Fremdenfeindlichkeit«, die »Unterdrückung der Frau« usw. sind keine Zeichen der Verunreinigung des Ereignisses durch die gesellschaftspolitische Wirklichkeit, sondern eine inhärente Stütze des Ereignisses selbst, das heißt, ihre Mobilisierung gab dem Ereignis erst die Kraft, sich dem repressiven politischen Regime entgegenzustellen und nicht in die Fänge des politischen Kalküls zu geraten. Ebendieses Vertrauen in die »niedrigsten« rassistischen, antifeministischen usw. Motive gab der iranischen Revolution die Kraft, über einen bloßen pragmatischen Machtkampf hinauszugehen. Das authentische Ereignis wird somit ununterscheidbar vom Pseudo-Ereignis, um es mit Badiou zu sagen.

Haben wir es hier nicht mit einer Art Hegel'scher Triade zu

[27] Foucault, »Der Geist geistloser Zustände (Gespräch)«, a. a. O., S. 943.

tun, in welcher der äußere Gegensatz Schritt für Schritt internalisiert und in sich gespiegelt wird? Zuerst wird der äußere Gegensatz der iranischen Revolution an sich (ein einmaliges Ereignis) und die Art, wie sie Europäern erscheint, in die zwei Aspekte der Ereignisse selbst internalisiert: den pragmatischen Aspekt des Machtkampfs und den eines einmaligen politisch-spirituellen Ereignisses. Schließlich werden diese beiden Aspekte als Form und Inhalt desselben Ereignisses identifiziert: Die repressive, frauenfeindliche Ideologie, der Antisemitismus usw. sind das Einzige, was die Iraner ideologisch zur Verfügung haben, um die durch das Ereignis hervorgerufene wahrhaft metaphysische Begeisterung aufrechtzuerhalten. Das Ereignis wird zu einer rein formalen Eigenschaft, sein spezifischer historischer Inhalt wird gleichgültig. An diesem Punkt müsste man Foucault eigentlich die Frage stellen, die üblicherweise Badiou gestellt wird: Warum ist dann nicht auch Hitlers nationalsozialistische Revolution ein Ereignis? Hat sie nicht genau die gleichen Merkmale, die Foucault der iranischen Revolution zuschreibt? Gab es dort nicht auch eine spirituelle Einheit des Volkes ohne Untergruppen, die nur ihre Partikularinteressen verfolgten, eine Einheit, für die der Einzelne bereit war, sich aufzuopfern? Und wurde dieser Geist der Einheit nicht auch, genau wie im Iran, von den »niedrigsten« Elementen der Tradition (Rassismus etc.) getragen?

Hier hat man eigentlich nur noch die Möglichkeit, diese Form aufzugeben. Kein Wunder also, dass sich Foucault nach seinem Iran-Erlebnis auf das Thema der Sorge um sich und der Ästhetik der Existenz zurückzog (und politisch auf die Unterstützung verschiedener Menschenrechtsinitiativen, was ihn zum Liebling der neoliberal-humanitären Nouvelle Philosophie in Frankreich machte). Man kann die Hypothese wagen, dass dieser Sackgasse begrifflich Foucaults Schlüsselkonzept des »Dispositivs« zugrunde liegt. Auf den ersten Blick scheint Lacans »großer Anderer« eine Art armer Vetter des Foucault'schen »Dispositivs« zu sein, das weitaus ergiebiger für die

Gesellschaftsanalyse ist. Der Begriff führt allerdings in eine Sackgasse, was den Status des Subjekts angeht. Zuerst (in *Wahnsinn und Gesellschaft*) schließt Foucault den widerständigen Kern der Subjektivität tendenziell aus; dann macht er eine Kehrtwendung und vertritt die radikale Inklusion der widerständigen Subjektivität in das Dispositiv (die Macht selbst erzeugt Widerstand usw. – die Themen von *Überwachen und Strafen*); und schließlich versucht er, den Raum der »Sorge um sich« zu umreißen, der es dem Subjekt erlaubt, durch Selbstbezüglichkeit seine eigene »Lebensweise« innerhalb eines Dispositivs zu artikulieren und so eine minimale Distanz zu ihm wiederzugewinnen. Das Subjekt ist hier stets eine Krümmung, eine Störung des Dispositivs, der sprichwörtliche Sand in seinem Getriebe. Bei Lacans »großem Anderen« ist die Perspektive genau umgekehrt: Schon das »Setzen« des großen Anderen ist eine subjektive Geste, dieser ist mit anderen Worten ein virtuelles Gebilde, das nur aufgrund der Voraus-Setzung durch das Subjekt existiert. (Dieses Moment fehlt bei Althussers Idee der ideologischen Staatsapparate mit ihrer Betonung der »Materialität« des großen Anderen und dessen materieller Existenz in ideologischen Institutionen und ritualisierten Praktiken – Lacans großer Anderer ist dagegen letztlich virtuell und als solcher grundsätzlich »immateriell«.)

Aus dem Gesagten folgt natürlich keinesfalls, dass die iranische Revolution ein Pseudo-Ereignis (im Badiou'schen Sinn) war, vergleichbar mit der nationalsozialistischen Revolution. Sie war ein authentisches Ereignis, eine kurzzeitige *Öffnung*, welche unerhörte gesellschaftliche Transformationskräfte freisetzte, ein Moment, in dem »alles möglich schien«. Um diese Dimension aufzuspüren, muss man sich nur die Umbrüche und Verschiebungen der Ereignisse im Iran ansehen, die allmähliche Aufhebung der vielfältigen Arten von Selbstorganisation der protestierenden Massen infolge der Machtübernahme durch die neue islamische politische Führung. Nach der Machtübernahme der Nazis in Deutschland gab es nichts, das mit den überschwänglichen ersten Monaten nach dem Sturz des Schahs – es setzte eine fieberhafte Aktivität ein, es gab Debatten, utopische Pläne usw. – vergleichbar wäre (es *gab* allerdings etwas Vergleichbares in den ersten Jahren nach der Oktoberrevolution). Man sollte diesen qualitativen Unterschied nicht für etwas halten, das nur die formale Ebene des Ereignisses betrifft (oder, was noch schlimmer wäre, die gruppenpsychologische Ebene, als ob die Explosion im Iran »aufrichtiger« gewesen wäre als die der Nazis) – die entscheidende Dimension ist vielmehr die des gesellschaftspolitischen Inhalts. Was die iranische Explosion zu einem Ereignis macht, ist das kurzzeitige Auftauchen von etwas Neuem im Bemühen, eine Alternative außerhalb der bestehenden Optionen – westliche liberale Demokratie oder Rückkehr zur vormodernen Tradition – zu formulieren. Die »Revolution« der Nationalsozialisten war *niemals* in diesem authentischen Sinne »offen«.

Foucault betont ebenfalls zu Recht, dass der schiitische Islam das Potential hat, als ideologisches Vehikel einer demokratisch-egalitären Bewegung zu fungieren. Politisch betrachtet entspricht der Gegensatz zwischen Sunniten und Schiiten dem zwischen hierarchischer Staatsorganisation und der egalitären Öffnung des Ereignisses. Im Gegensatz zu den beiden anderen Buchreligionen, Judentum und Christentum, schließt der Islam Gott aus dem Bereich der väterlichen Logik aus: Allah ist kein Vater, nicht einmal ein symbolischer – Gott als der Eine ist weder geboren, noch bringt er Geschöpfe zur Welt. *Im Islam ist kein Platz für eine Heilige Familie.* Deshalb betont der Islam auch so sehr, dass Mohammed Waise war; und hier liegt auch der Grund dafür, dass dort Gott immer in Augenblicken der Suspendierung, des Rückzugs, Scheiterns oder »Blackouts« der Vaterfunktion eingreift (wenn Mutter oder Kind vom biologischen Vater verlassen oder vernachlässigt werden). Gott bleibt demnach vollkommen im Bereich des Unmöglich-Realen: Er ist das Unmöglich-Reale außerhalb des Vaters, es gibt somit eine »genealogische Wüste zwischen

Mensch und Gott«.[28] (Hier liegt auch Freuds Problem mit dem Islam begründet, da seine gesamte Religionstheorie auf der Parallele Gott – Vater beruht.) Noch wichtiger ist die Tatsache, dass dadurch die Politik fest in den Kern des Islam eingeschrieben ist, denn die »genealogische Wüste« macht es unmöglich, eine Gemeinschaft auf elterliche oder andere Strukturen der Blutsverwandtschaft zu gründen. »Die Wüste zwischen Gott und Vater ist der Ort, an dem sich das Politische instituiert.«[29] Im Islam ist keine Gemeinschaftsgründung nach dem Muster von *Totem und Tabu* mehr möglich, also durch den Mord am Vater, der zu einem Schuldgefühl und dann zum Zusammenschluss der Brüder führt – daher die unerwartete Aktualität des Islam. Dieses Problem steckt im Kern der berühmt-berüchtigten *Umma*, der muslimischen »Gemeinschaft der Gläubigen«; es erklärt die Überschneidung von Religion und Politik (die Gemeinschaft soll direkt auf Gottes Wort gegründet werden) ebenso wie die Tatsache, dass der Islam »am besten« ist, wenn er die Gemeinschaftsbildung »aus dem Nichts« schafft, in der genealogischen Wüste als egalitär-revolutionäre Bruderschaft – kein Wunder, dass der Islam an den Stellen erfolgreich ist, wo junge Männer das traditionelle Sicherheitsnetz der Familie vermissen.

Dies zwingt uns auch, die Homologie zwischen Foucaults Unterstützung der iranischen Revolution und Heideggers NS-Engagement zu modifizieren und einzuschränken: Foucault engagierte sich *zu Recht*, er hat das emanzipatorische Potential der Ereignisse *richtig* erkannt; alle Anspielungen liberaler Kritiker, sein Engagement sei nur ein weiteres Kapitel in der traurigen Geschichte radikaler Intellektueller aus dem Westen, die ihre Phantasien auf exotische Umstürze in fernen Ländern projizierten, um so *gleichzeitig* ihre emanzipatorischen Wün-

[28] Fethi Benslama, *La psychanalyse à l'épreuve de l'Islam*, Paris: Aubier 2002, S. 320.
[29] Ebd.

sche *und* ihr heimliches »masochistisches« Verlangen nach strenger Disziplin und Unterdrückung befriedigen zu können, gehen völlig an der Sache vorbei. Was war nun also sein Fehler? Man könnte sagen, dass er das Richtige aus den falschen Gründen tat: Die Art, wie er versuchte, sein Engagement theoretisch zu rechtfertigen, ist irreführend. Seine Analyse der Situation im Iran bewegt sich im Rahmen des Gegensatzes zwischen dem revolutionären Ereignis, dem erhabenen Enthusiasmus des vereinten Volkes, in dem alle internen Differenzen vorübergehend aufgehoben sind, und der pragmatischen Dimension aus Interessenpolitik, strategischem Machtkalkül usw. – einem Gegensatz, der, wie wir bereits gesehen haben, unmittelbar Kants Unterscheidung des Noumenalen (oder, genauer, des Erhabenen, welches die noumenale Dimension evoziert) und des Phänomenalen hervorruft. Unsere These lautet hier ganz präzise: Dieser allgemeine Rahmen ist zu »abstrakt«, er kann nicht zwischen verschiedenen Arten von kollektiver Begeisterung unterscheiden, etwa zwischen der nationalsozialistischen Begeisterung des in der Abweisung der Juden vereinten Volkes (und die Auswirkungen dieser Abweisung waren zweifellos real), der Begeisterung des gegen das stagnierende kommunistische Regime vereinten Volkes und dem echten revolutionären Enthusiasmus. Der Unterschied ist einfach der, dass die beiden ersten keine Ereignisse, sondern bloße Pseudo-Ereignisse sind, weil ihnen das Moment der wahrhaft utopischen Öffnung fehlt. Diese Differenz ist der enthusiastischen Einheit strikt immanent. Nur im letzten Fall ist der gemeinsame Nenner der Einheit der »Anteil der Anteillosen«, die »Geknechteten«, die Mitglieder der Gesellschaft ohne richtigen Platz in ihr, die aus diesem Grund als »universale Singularität« fungieren und unmittelbar die Dimension der Allgemeinheit verkörpern.

Daher deckt auch das Oppositionspaar aus noumenaler Begeisterung und partikularen strategischen Interessen nicht das gesamte Feld ab – wäre es so, würden wir auf ewig in dem Gegensatz zwischen emanzipatorischen Ausbrüchen und dem ernüchternden »Tag danach«, wenn das Leben wieder seinen normalen, pragmatischen Gang geht, gefangen bleiben. Aus dieser eingeschränkten Perspektive läuft jeder Versuch, die ernüchternde Rückkehr zum normalen Lauf der Dinge zu vermeiden/aufzuschieben, auf Terror und das Umschlagen der Begeisterung in Monstrosität hinaus. Aber was ist, wenn es in einem wahrhaft emanzipatorischen Prozess genau *darauf* ankommt? Wie lassen sich, in Jacques Rancières Worten, das Politische und die Polizei vereinen, wie lässt sich der politische emanzipatorische Ausbruch in konkrete polizeiliche Regulierung überführen? Was könnte erhabener sein als die Schaffung eines neuen »befreiten Territoriums«, einer positiven Seinsordnung, die sich dem Zugriff der bestehenden Ordnung entzieht?

Badiou hat daher recht, wenn er es ablehnt, dem enthusiastisch gefeierten Zusammenbruch der kommunistischen Regimes den Status eines Ereignisses zuzuerkennen. Als in den letzten Monaten des Jahres 2001 das Milošević-Regime in Serbien endlich gestürzt worden war, fragten viele Marxisten im Westen: »Was ist mit den Bergarbeitern, deren Streik zur Unterbrechung der Stromversorgung und dadurch letztlich zum Fall von Milošević geführt hat? War das nicht eine echte Arbeiterbewegung, die dann von den nationalistischen oder vom CIA korrumpierten Politikern manipuliert wurde?« Dieselbe symptomatische Ansicht taucht bei jedem neuen Fall von sozialer Umwälzung auf (wie auch beim Zerfall des real existierenden Sozialismus). In jedem dieser Fälle wird irgendeine Arbeiterbewegung mit angeblich echtem revolutionärem oder zumindest sozialistischem Potential ausgemacht, die zuerst ausgebeutet und dann von pro-kapitalistischen bzw. nationalistischen Kräften verraten worden ist. Auf diese Weise kann man weiter davon träumen, dass die Revolution vor der Tür steht: Wir bräuchten nur eine authentische Führung, die das revolutionäre Potential der Arbeiter organisieren könnte. Glaubt man diesen Leuten, so war Solidarnosc ursprünglich eine demokratisch-sozialistische Arbeiterbewegung, die später durch ihre von Kirche und CIA korrumpierte Führung »verraten« wurde … Es steckt natürlich etwas Wahres in diesem Ansatz. Die ultimative Ironie des Zusammenbruchs des Kommunismus liegt darin, dass die großen Revolten (DDR 1953, Ungarn 1956, Solidarność in Polen) ursprünglich Arbeiteraufstände waren, die erst danach den Weg für die »antikommunistischen« Bewegungen ebneten – bevor es dem »äußeren« Feind unterlag, erhielt das Regime Hinweise auf seine Falschheit von denjenigen, welche diese »Arbeiter- und Bauernstaaten« selbst als ihre soziale Basis beschworen. Dieser Umstand zeigt aber auch, dass diesen Arbeiteraufständen jedes echte sozialistische Engagement fehlte. In allen Fällen wurde die Bewegung, sobald sie ausgebrochen war, reibungslos von der bürgerlichen Standardideologie (politische Freiheit, Privateigentum, nationale Souveränität usw.) hegemonisiert.

Immer Ärger mit Heidegger

Wie sieht es nun mit Heideggers Engagement aus? War es, anders als bei Foucault, wirklich nicht nur ein klarer Fehler, sondern auch einer, der in seiner Philosophie begründet liegt? Der Zwang vieler liberaldemokratischer Kritiker Heideggers zu beweisen, dass dessen Beteiligung am Nationalsozialismus nicht bloß ein vorübergehender Irrtum war, sondern vielmehr im Einklang mit den Grundlagen seines Denkens steht, hat etwas zutiefst Symptomatisches. Durch diese Argumentation lässt sich Heidegger quasi als theoretisch unbedeutend abtun, was uns der Mühe enthebt, mit ihm und durch ihn zu *denken* und sich den unangenehmen Fragen zu stellen, die er in Bezug auf solch grundlegende Prinzipien der Moderne wie »Humanismus«, »Demokratie«, »Fortschritt« usw. aufgeworfen hat. Sobald Heidegger von der Bildfläche verschwunden ist, können wir wieder zum Tagesgeschäft übergehen und uns die üblichen

Sorgen über die ethischen Probleme der Biogenetik machen oder darüber, wie sich die kapitalistische Globalisierung wohl mit einem sinnvollen Gemeinschaftsleben in Einklang bringen ließe – kurz: Wir ersparen uns die Auseinandersetzung mit dem, was an der Globalisierung oder der biogenetischen Forschung wirklich neu ist, und messen diese Phänomene einfach weiter mit den alten Maßstäben in der wilden Hoffnung, zu einer Synthese zu gelangen, die es uns erlaubt, das Beste aus beiden Welten zu behalten.

Hiermit soll natürlich keinesfalls der Verteidigung von Heideggers NS-Verstrickungen das Wort geredet werden, die, kaum überraschend, dem altbekannten Muster der Geschichte vom geliehenen Kessel folgt: (1) Heidegger war nie wirklich ein Nazi, er ging lediglich ein paar unbedeutende Kompromisse ein, um die Eigenständigkeit der Universität so weit wie möglich zu erhalten; als er merkte, dass das Spiel so nicht lief, legte er konsequenterweise sein Amt nieder und zog sich aus dem öffentlichen Leben zurück. (2) Heidegger war für einen begrenzten Zeitraum ein engagierter Nazi; als er seinen Irrtum erkannte, trat er allerdings sofort zurück; außerdem war es gerade die Bekanntschaft mit der NS-Machtausübung, die ihn den Nihilismus der modernen Technik als Entfaltung des unbedingten Willens zur Macht erkennen ließ. (3) Heidegger war ein Nazi und das kann man ihm nicht zum Vorwurf machen. Unter den Umständen der frühen 1930er Jahre war das eine völlig legitime und nachvollziehbare Entscheidung. Dies ist die Position Ernst Noltes. Es lohnt sich, sein Buch über Heidegger in Erinnerung zu rufen, brachte es doch frischen Wind in die ewige Debatte über »Heidegger und das Politische« – und zwar genau wegen der von ihm gewählten »unannehmbaren« Option: Er entschuldigt Heideggers berühmt-berüchtigte politische Entscheidung von 1933 keineswegs, aber er rechtfertigt sie oder entdämonisiert sie zumindest, indem er sie als gangbare und sinnvolle Alternative darstellt. Anders als die üblichen Heidegger-Apologeten, deren Mantra lautet, Heideggers NS-

Engagement sei ein persönlicher Fehler ohne grundlegende Konsequenzen für sein Denken gewesen, akzeptiert Nolte die Grundbehauptung der Heidegger-Kritiker, seine Beteiligung sei in seinem Denken verwurzelt, allerdings mit einer entscheidenden Wendung: Statt sein Denken zu problematisieren, rechtfertigt Nolte Heideggers politische Entscheidung als gangbare Option in der Situation des wirtschaftlichen Chaos und der kommunistischen Bedrohung der späten 1920er und frühen 1930er Jahre:

»Sofern er dem [kommunistischen] ›großen Lösungsversuch‹ Widerstand leistete, war Heidegger – wie zahllose andere – im historischen Recht [...]. Dadurch, daß er sich für die [nationalsozialistische] ›kleine Lösung‹ engagierte, wurde er vielleicht zum ›Faschisten‹, aber er geriet deshalb keineswegs von vornherein ins historische Unrecht.«[30]

Die zweite Position formuliert beispielhaft Mark Wrathall:

»Heideggers Werk nach dem Krieg trug einiges zur Überwindung der politischen Naivität bei, die zu seiner unseligen Verstrickung in den Nationalsozialismus geführt hatte. Dies geschah, indem er sich zunächst sehr viel klarer über die Gefahren der modernen Welt wurde als zuvor – die Gefahren, die ihn auf den Gedanken brachten, dass wir eine neue Welterschließung brauchen. Sobald er die Gefahr der Moderne als eine der Technik formulieren konnte, wurde klar, dass der Nationalsozialismus auch nur eine weitere moderne technische Bewegung war (auch wenn er die Technik für reaktionäre Zwecke einsetzte).«[31]

Der Absatz verrät mehr, als es auf den ersten Blick scheinen mag – das Entscheidende sind die harmlosen Worte »auch nur

30 Ernst Nolte, *Martin Heidegger. Politik und Geschichte im Leben und Denken*, Berlin, Frankfurt a. M.: Propyläen 1992, S. 296. Die gleiche Verteidigungsstrategie für Heideggers NS-Engagement verfolgt übrigens schon Jean Beaufret in einem Brief von 1963 (vgl. Emmanuel Faye, *Heidegger. Die Einführung des Nationalsozialismus in die Philosophie; im Umkreis der unveröffentlichten Seminare zwischen 1933 und 1935*, Berlin: Matthes & Seitz 2009, S. 415 ff.).

31 Mark Wrathall, *How to Read Heidegger*, London: Granta Books 2005, S. 87.

eine weitere«; steckt dahinter nicht der Gedanke: »Selbst das beste politische Projekt, der radikalste Versuch, dem Nihilismus entgegenzutreten, war auch nur eine weitere in der Technik gefangene nihilistische Bewegung«? Hier gibt es kein Grauen vor dem Nationalsozialismus, dieser ist »auch nur ein weiterer« in der Reihe, die Differenz ist ontologisch bedeutungslos (weswegen der Sieg der Alliierten im Zweiten Weltkrieg für Heidegger nichts wirklich entschieden hat). Hier kommt Heideggers Referenz auf Hölderlins berühmte Zeilen ins Spiel: »Wo aber Gefahr ist, wächst das Rettende auch.« Um die Gefahr zu überwinden, müssen wir uns bis zum Äußersten in sie hineinbegeben, kurz: Um zur ontologischen Wahrheit zu gelangen, musste Heidegger ontisch irren. Wenn Wrathall also in Bezug auf Heideggers NS-Engagement schreibt: »Es ist gelinde gesagt befremdlich, dass sich Heidegger, der vorgab, ein einzigartiges Verständnis für die Bewegung der Weltgeschichte zu haben, als so entsetzlich blind für die Bedeutung der Ereignisse erwies, die sich direkt vor seinen Augen abspielten.«[32] – könnte ein Heideggerianer sein Argument mit Leichtigkeit umdrehen: Die »ontische« Blindheit für die Wahrheit des NS-Regimes war eine positive Bedingung für Heideggers »ontologisches« Verständnis. Wenn freilich Heidegger-Apologeten behaupten, gerade die Bekanntschaft mit der NS-Machtausübung habe ihn den Nihilismus der modernen Technik als Entfaltung des unbedingten Willens zur Macht erkennen lassen, so klingt diese Argumentation doch sehr nach der sprichwörtlichen Prostituierten, die, zur Predigerin bekehrt, nun wild gegen die Sünden des Fleisches wettert, weil sie aus eigener Erfahrung wisse, wie verderblich sie seien. Steve Fuller schreibt:

»Ironischerweise hat die altehrwürdige Praxis des ›Lernens vom Gegner‹, in der sich Sieger nach einem Krieg gerne ergehen, womöglich sogar zu Heideggers intellektuellem Format *beigetragen*. Insofern könn-

[32] Ebd., S. 86.

te Heideggers politisches ›Genie‹ darin liegen, lange genug bei den Nazis geblieben zu sein, um von den Amerikanern bei der Entnazifizierung entdeckt zu werden, ohne jedoch als unberührbarer Kriegsverbrecher eingestuft zu werden, dessen Werke hätten verboten werden müssen. Als engagierte Nazigegner in den alliierten Ländern mussten sich Heideggers existentialistische Rivalen weder solch genauen Prüfungen unterziehen, noch erlangten sie anschließend diesen geheimnisvollen Nimbus der Tiefe und Gefahr.«[33]

Hier geht es allerdings nicht einfach darum, dass Heidegger das Glück hatte, hinsichtlich der Tiefe seiner NS-Verstrickung genau das richtige Maß eingehalten zu haben. Die Wahrheit ist komplexer und schwer zu akzeptieren: Heidegger ist *nicht trotz, sondern wegen* seines NS-Engagements »groß«, seine Beteiligung ist ein wesentliches Element seiner »Größe«. Stellen Sie sich einen Heidegger ohne diese Verstrickung vor oder einen, der sich, wie es viele Kollegen von ihm erwarteten, nach dem Zweiten Weltkrieg öffentlich von seinem NS-Engagement distanziert und entschuldigt hätte – würde das nicht der Radikalität seines Denkens widersprechen? Würde es ihn nicht auf die humanitären politischen Belange einengen, die er so sehr verachtete? Miguel de Beistegui legt in Bezug auf die fundamentale Ambiguität von Heideggers Enttäuschtsein vom Nationalsozialismus dar, es handele sich dabei um die »Resignation und Desillusionierung über das, was er bis zum Ende seines Lebens und mit einem Anflug des Bedauerns darüber, nicht erlebt zu haben, was daraus hätte werden können, als ›die Bewegung‹ bezeichnete«.[34] Aber liegt hier nicht auch der Grund, warum man Heideggers späteren Rückzug vom Politischen nicht allein aus seinem Verständnis des Nihilismus der aktuellen Politik heraus erklären kann? Am Ende seines Buches stellt de Beistegui fest, Heidegger werde sich

[33] Steve Fuller, *Kuhn vs. Popper. The Struggle for the Soul of Science*, Cambridge: Icon Books 2006, S. 191.

[34] Miguel de Beistegui, *The New Heidegger*, London: Continuum 2005, S. 7.

»nicht zweimal dabei erwischen lassen, [an die erlösende Kraft des politischen Engagements zu glauben]: Nachdem er sich an der Politik die Finger verbrannt hat und sich aufgrund des Scheiterns des Nazismus an der Bewältigung eines Projekts von seinsmäßig-schicksalhafter Bedeutung keine Illusionen mehr macht, richtet sich seine Hoffnung nun auf die verborgenen Möglichkeiten des Denkens, der Kunst und der Poesie, deren geschichtliche und schicksalhafte Kraft als weit größer gilt als die der Politik.«[35]

Aber ist Heideggers Versuch, sich nicht zum zweiten Mal bei einem politischen Engagement die Finger zu verbrennen, nicht die negative Form seiner anhaltenden melancholischen Verbundenheit mit der nationalsozialistischen »Bewegung«? (Mit seiner Weigerung, sich noch einmal in der Politik zu engagieren, ähnelt er somit dem enttäuschten Liebhaber, der nach dem Scheitern der Beziehung die Liebe als solche ablehnt und weitere Beziehungen vermeidet, womit er auf negative Weise seine anhaltende Bindung an die gescheiterte Beziehung bestätigt.) Ist die Prämisse von Heideggers Weigerung nicht, dass die NS-Beteiligung für ihn bis zum Tod das einzige politische Engagement blieb, welches zumindest versuchte, das richtige Problem in Angriff zu nehmen, und somit das Scheitern des Nationalsozialismus dem Scheitern des Politischen als solchem gleichkommt? Kam es Heidegger nie in den Sinn, im Scheitern des Nationalsozialismus das bloße Scheitern einer bestimmten Form des Engagements zu sehen, welches die »Ausführung eines Projekts von seinsmäßig-schicksalhafter Bedeutung« auf das Politische übertragen wollte, so dass als Lehre daraus einfach eine *bescheidenere* Politik folgen könnte? Ist mit anderen Worten aus dem Scheitern von Heideggers politischem Engagement zu schließen, dass man sich von der Erwartung verabschieden sollte, politisches Engagement habe schicksalhaft ontologische Konsequenzen, und sich stattdessen mit »bloß ontischer« Politik beschäftigen sollte, die nämlich der Notwendigkeit einer tieferen ontologischen Betrachtung keinesfalls im

35 Ebd., S. 175 f.

Weg steht, sondern im Gegenteil einen Freiraum dafür schafft? Was ist, wenn Heidegger sogar in seiner ganz späten Phase, als er Zweifel darüber äußert, ob die Demokratie die dem Wesen der modernen Technik angemessenste politische Ordnung sei, die Lektion aus seiner NS-Beteiligung immer noch nicht gelernt hat, da er sich immer noch an die Hoffnung klammert, einen (ontischen) politischen Weg zu finden, der dem ontologischen Projekt der modernen Technik angemessen (mit ihm auf einer Ebene) ist? (Unser Ausgangspunkt ist natürlich, dass der liberale Weg nicht die einzige Alternative darstellt: Heidegger hatte mit seinem Zweifel an der liberalen Demokratie ganz recht; was er nicht in Betracht ziehen wollte, war ein radikal linkes Engagement.)

Die Bedeutung des komplizierten Verhältnisses zwischen Heidegger und Hannah Arendt liegt nicht in den Eigenheiten ihrer privaten Liaison, sondern in Heideggers oft gescholtener Abneigung gegen den Liberalismus und die (liberale) Demokratie, die er fortwährend und bis zum Ende als »uneigentlich« zurückwies. Arendt stand Heidegger nicht nur auf der Doppelachse Frau/Mann und »weltliche« Jüdin/»provinzieller« Deutscher gegenüber, sie war (was weitaus entscheidender ist) *die erste liberale Heideggerianerin*, die erste Person, die versuchte, Heideggers Einsichten wieder mit dem liberaldemokratischen Universum zusammenzuführen. Bei genauerer Lektüre kann man natürlich leicht feststellen, was es Arendt ermöglichte, den Liberalismus zu unterstützen und dennoch im Grunde Heideggers Einsichten weiter treu zu bleiben: ihre antibürgerliche Haltung, ihre Ablehnung von Politik als von »Interessengruppen« gelenkt, als Ausdruck der auf Konkurrenz und Erwerb ausgerichteten Gesellschaft der Bourgeoisie. Sie teilte die große Unzufriedenheit vieler Konservativer über den Mangel an Heroismus und die pragmatisch-utilitaristische Ausrichtung der bürgerlichen Gesellschaft:

»Diesen leidenschaftlichen Ekel vor der Vorkriegszeit und alle späteren Versuche, sie zu restaurieren – von Nietzsche und Sorel bis Pareto, von Rimbaud und T. E. Lawrence bis Jünger, Brecht und Malraux, von Bakunin und Netschajew bis Alexander Blok –, einfach als Ausbrüche des Nihilismus abzutun, ist schwerlich erlaubt, wenn man sich vergegenwärtigt, wie die gute Gesellschaft der Vorkriegszeit, die heute angesichts der neuesten Katastrophen gerne idealisiert dargestellt wird, wirklich ausgesehen hat.«[36]

Der Gegensatz, den Arendt hier aufmacht, ist der zwischen *Citoyen* und *Bourgeois*: Der Erste bewegt sich in der Sphäre des gesellschaftspolitischen Engagements für das Gemeinwohl, der Beteiligung an aktuellen öffentlichen Angelegenheiten, der Zweite dagegen ist ein egoistischer Utilitarist, der vollständig im Produktionsprozess aufgeht und alle anderen Dimensionen des Lebens auf die eigene Rolle beim reibungslosen Ablauf dieses Prozesses reduziert. Aristotelisch gesprochen handelt es sich um den Gegensatz zwischen *praxis* und *poiesis*, zwischen der »hohen« Ausübung von Tugenden im öffentlichen Leben und der »niedrigen« Instrumentalität der Arbeit – das Echo dieses Gegensatzes klingt nicht nur bei Habermas und seiner Unterscheidung zwischen kommunikativem und instrumentellem Handeln wider, sondern sogar in Badious Begriff des Ereignisses (und der damit einhergehenden Erklärung, dass ein Ereignis nicht im Bereich der Produktion stattfinden kann). Erinnern wir uns, wie Arendt in Badiou'scher Manier die Aufhebung des Zeitlichen als entscheidendes ontologisches Merkmal ontischen politischen Handelns beschreibt: Handeln als die Fähigkeit des Menschen, »aus dem Nichts« einen Anfang zu setzen, lässt sich nicht auf eine kalkulierte strategische Reaktion auf eine bestimmte Situation reduzieren, sondern ereignet sich in der nicht-zeitlichen *Lücke* zwischen Vergangenheit und Zukunft, dem Zwischenraum zwischen dem Ende der

[36] Hannah Arendt, *Elemente und Ursprünge totaler Herrschaft. Antisemitismus, Imperialismus, totale Herrschaft*, München, Zürich: Piper 1986, S. 705 f.

alten Ordnung und dem Anfang der neuen, der historisch betrachtet exakt den Moment der Revolution markiert.[37] – Ein solcher Gegensatz wirft natürlich eine grundlegende Frage auf, die Robert Pippin wie folgt formuliert:

»Wie kann sich Arendt herauspicken, was sie an der bürgerlichen Kultur bewundert – den Konstitutionalismus, die Anerkennung grundlegender Menschenrechte, die Gleichheit vor dem Gesetz, das Beharren auf einer Privatsphäre des menschlichen Lebens außerhalb des Politischen, die religiöse Toleranz –, und verurteilen, womit sie nicht einverstanden ist – den Säkularismus, die zynische Annahme der allgemeinen Verbreitung des Eigeninteresses, den verderblichen Einfluss des Geldes auf die menschlichen Werte, die Entpolitisierungstendenzen und die Bedrohung für Tradition und Heimatgefühl?«[38]

Handelt es sich mit anderen Worten nicht um zwei Seiten desselben Phänomens? So ist es kein Wunder, dass Arendt, als sie erläutern soll, wie die echte »Sorge um die Welt« als politische Praxis, die nicht vom utilitaristisch pragmatischen Interessenkalkül verseucht ist, aussehen könnte, nichts anderes einfällt als die Selbstorganisationen in revolutionären Situationen, von der frühen amerikanischen Tradition der Versammlung aller Bürger in Town-Hall-Meetings bis hin zu revolutionären Räten in der deutschen Novemberrevolution. Es ist nicht so, dass diese Beispiele nicht politisch gerechtfertigt wären – das Problem ist vielmehr, dass sie »utopisch« sind, das heißt, dass sie sich nicht mit der liberaldemokratischen politischen Ordnung versöhnen lassen, der Arendt weiterhin die Treue hält. So fällt sie gewissermaßen hinsichtlich der liberalen Demokratie derselben Täuschung zum Opfer wie die demokratischen Kommunisten, die inmitten des real existierenden Sozialismus für dessen wirklich demokratische Version kämpften. Arendt hat auch recht, wenn sie (implizit gegen Heidegger) darauf hinweist, dass der Faschismus zwar eine Reaktion auf

37 Vgl. Hannah Arendt, *Über die Revolution*, München: Piper 1963, S. 275 f.

38 Robert Pippin, *The Persistence of Subjectivity. On the Kantian Aftermath*, Cambridge: Cambridge University Press 2005, S. 165.

die bürgerliche Banalität darstellt, aber innerhalb des Horizonts der bürgerlichen Gesellschaft – als deren inhärente Negation – bleibt: Das wahre Problem am Nazismus ist nicht, dass er in seiner subjektivistisch-nihilistischen Hybris der totalen Machtausübung »zu weit ging«, sondern dass er *nicht* weit genug ging, weil seine Gewalt nur ein ohnmächtiges Ausagieren war, das letztlich genau der Ordnung diente, die er verachtete. (Allerdings hätte auch Heidegger Arendts aristotelische Politik mit Recht zurückweisen können, weil sie nicht radikal genug war, um aus dem nihilistischen Raum der europäischen Moderne auszubrechen.)

Arendt könnte Pippins allzu einfacher Version eines zeitgenössischen politischen Hegelianismus daher mit Recht widersprechen; seine Grundbehauptung lautet, Hegels Idee des Vernunftstaats sei zwar aus heutiger Sicht nicht mehr haltbar und ihre Beschränkungen offensichtlich, ebendiese Beschränkungen sollten aber in hegelianischer Weise angegangen werden:

»In einem ziemlich offensichtlichen Sinne und in der historischen Hinsicht, die er aus seiner eigenen Philosophie heraus akzeptieren müsste, hat er sich geirrt. Keine der institutionellen Verwirklichungen sieht heute so stabil, so vernünftig oder auch so empfänglich für die Ansprüche freier Subjekte aus, wie von Hegel behauptet, auch wenn solche Kritik oft selbst im Namen dieser Freiheit vorgebracht wird. Die Natur dieses Irrtums ist allerdings, so behaupte ich, ebenfalls hegelianisch, etwas Unvollständiges, nicht ganz Falsches.«[39]

Kurz, es geht um die *Aufhebung*, die immanente Selbstkritik und Selbstüberwindung dieser Lösungen, nicht um deren glatte Ablehnung … Dennoch muss der »formalistische« Charakter von Pippins Formel ins Auge fallen: Er liefert keinerlei konkreten Beispiele, die sie einsatzfähig machen würden. Die Frage ist natürlich, wie weit wir mit dieser *Aufhebung* gehen müssen, wenn wir Hegels Projekt des rationalen Freiheitsstaats den heutigen Bedingungen anpassen wollen – wie »tief« ist die

[39] Ebd., S. 22.

Irrationalität in die heutige Bürgergesellschaft eingeschrieben? Lässt sie sich trotz der Kritik noch verteidigen? Müssen wir innerhalb des kapitalistischen Systems bleiben oder den Schritt heraus wagen? Das sind freilich nicht Heideggers Probleme. Ihm geht es in Bezug auf den kritischen historischen Moment in erster Linie darum, die fundamentale Gleichheit der zur Wahl stehenden (ideologischen, politischen, ökonomischen …) Alternativen zu betonen:

»Aus der Sicht ihres seinsgeschichtlichen Ursprungs gibt es keinen *wirklichen* oder *grundlegenden* Unterschied zwischen der christlichen Lehre und dem Bolschewismus, zwischen dem Biologismus und Imperialismus des Nationalsozialismus und der Macht des Kapitals (die heute alle Bereiche des Lebens durchdringt) sowie zwischen Vitalismus und Spiritualismus. Dies ist, so glaube ich, zugleich die Stärke und die außerordentliche Schwäche und Beschränkung von Heideggers Position. Denn auf der einen Seite können wir dadurch Kontinuitäten und Komplizenschaften nachweisen, wo wir vorher Unvereinbarkeiten vermuteten, und den Schwerpunkt der Differenz auf ein anderes Terrain verlagern (das des ›Sinns‹ oder der ›Wahrheit‹ des Seins). Indem er diese Differenzen als Pseudodifferenzen entlarvt, neutralisiert er auf der anderen Seite aber auch die Beschlüsse und Entscheidungen, die diese häufig fordern, und zerstört so den traditionellen Raum der Politik und der Ethik.«[40]

Leider bleibt de Beisteguis Lösung für dieses Dilemma zu allgemeinverbindlich – ein ausgewogener Ansatz, der die berechtigten Ansprüche beider Seiten berücksichtigt:

»Wie sehr wir uns auch der Dekonstruktion der Metaphysik und dem Ringen um darüber hinausgehende oder in ihrem Grenzbereich liegende neue Denk- und Handlungsmöglichkeiten verpflichtet fühlen mögen, wir leben doch nach wie vor innerhalb des metaphysischen, technischen Rahmens und müssen daher die vielen verschiedenen Differenzen, Entscheidungen und Situationen ernst nehmen und voneinander unterscheiden, mit denen wir auf historischer, politischer, religiöser und künstlerischer Ebene konfrontiert werden. […] Die freie Beziehung zur Technik, für die sich Heidegger ausspricht, beinhaltet schließlich auch die aktive Teilnahme an intra-metaphysischen Prozessen und

[40] De Beistegui, *The New Heidegger*, a. a. O., S. 182.

nicht nur eine Meditation über ihr Wesen. Denn es gibt innerhalb der Technik wichtige Differenzen, vor denen wir nicht die Augen verschließen können – und dürfen. Mit einem kritischen und einem dekonstruktivistischen Auge sind wir vielleicht besser in der Lage, die tückischen Gewässer unserer Zeit zu durchfahren.«[41]

Aber was ist, wenn zwischen dem Ontologischen und dem Ontischen eine fundamentale Dissonanz besteht, so dass, wie Heidegger sagt, wer zur ontologischen Wahrheit gelangt, im Ontischen irren muss? Was, wenn, um mit dem ontologischen Auge sehen zu können, unser ontisches Auge blind sein muss?

Ontologische Differenz

Wenn Heidegger davon spricht, Unwahrheit / Verborgenheit / Entzug seien dem Wahrheitsereignis selbst schon inhärent, dann hat er dabei zwei Ebenen im Sinn:

– zum einen die Art und Weise wie jemand, der mit innerweltlichen Angelegenheiten beschäftigt ist, den Sinnhorizont vergisst, innerhalb dessen er lebt, und sogar dieses Vergessen vergisst (exemplarisch ist hier die »Regression« des griechischen Denkens mit dem Aufkommen der Sophisten: Was einst die Auseinandersetzung mit der Grundlage unseres Seins war, verwandelt sich in ein oberflächliches Spiel mit verschiedenen Argumentationslinien ohne inneren Bezug zur Wahrheit);

– zum anderen die Art, wie dieser Sinnhorizont selbst, insofern er ein epochales Ereignis ist, vor dem Hintergrund des unwägbaren Geheimnisses seiner Entstehung auftaucht – und dieses dadurch verbirgt –, ganz wie eine Lichtung im Wald vom dunklen Dickicht der Bäume umgeben ist.

Diese Ambiguität wiederholt sich im Zusammenhang mit der Erde als dem, was widersteht, was für immer im Dunkel und unauslotbar bleibt: »Es gibt immer etwas, das unserem

41 Ebd.

Tun Widerstand und Unterstützung bietet, und dieses Etwas ist sehr real.«[42] Die Erde bezeichnet also einerseits, was der sinnvollen Totalität einer geschichtlichen Welt widersteht:

»Strebt eine Welt danach, in die Erde zurückzuwachsen, stößt sie auf Widerstand. Dabei erscheint die Erde in einer ganz bestimmten Weise als der Widerstand, auf den die Welt stößt. Beim Dombau entdecken wir, auf welche besonderen Arten unser Tun beschränkt und eingeengt ist. […] Unsere Welten und damit auch unsere sinnhaften Beziehungen zu den Dingen beruhen immer auf etwas, das vermittels der vorherrschenden verstehbaren Struktur der Welt nicht erklärbar ist.«[43]

Andererseits ist die *Grundstruktur der Welt selbst* das Undurchdringlichste überhaupt. Wenn wir beispielsweise sagen, die Modernisierung Japans sei wünschenswert gewesen, weil sie für ein höheres Bruttosozialprodukt und Pro-Kopf-Einkommen gesorgt habe, müssten wir eigentlich eine grundlegendere Frage stellen:

»Aber warum man ausgerechnet diese Präferenzen haben sollte, ist genau die Frage – würde man das Tempo und den Stil des Lebens im vormodernen Japan einem Anstieg des Pro-Kopf-Einkommens vorziehen, dann wäre es wenig überzeugend zu argumentieren, Japan solle sich der modernen Zeit anpassen, damit das Durchschnittseinkommen steigt. […] Es scheint also, dass die Stärke des Antriebs, eine neue Welt aufzubauen und die alte zu zerstören, von etwas abhängt, das sich unserem Blick entzieht – das so selbstverständlich wird, dass es nicht mehr in Frage gestellt wird: nämlich die Erwünschtheit der neuen Welt selbst. Diese Erwünschtheit ist etwas Irdisches: Sie entzieht und schützt die Welt, die sie trägt. […] Unsere Welt wird von unseren elementarsten Vorlieben getragen – einer Neigung zu Effizienz und Flexibilität –, die weitestgehend aus dem Blick geraten sind.«[44]

Die Erde ist entweder die undurchdringliche Tiefe des Ontischen, die sich der ontologischen Erschließung entzieht, oder der Horizont dieser Erschließung selbst, der aufgrund seiner

[42] Wrathall, *How to Read Heidegger*, a. a. O., S. 82.
[43] Ebd., S. 79 f.
[44] Ebd., S. 81 f.

exzessiven Selbstverständlichkeit unsichtbar ist – wir sehen ihn nicht als solchen, weil er genau das Medium ist, durch das wir alles sehen. Hier gilt es, ganz hegelianisch die beiden Ebenen zu identifizieren: das Jenseits und das Hindernis / den Schirm, der unseren Zugang zum Jenseits verzerrt. Dies ist nicht einfach Heideggers Fehler oder Irrtum (der damit beseitigt oder korrigiert werden könnte, dass man eine weitere begriffliche Unterscheidung einführte: einen Begriff für die Erde als die Dunkelheit, die sich der Erschließung widersetzt, und einen anderen für die Unsichtbarkeit des Erschließungshorizonts). Das Oszillieren zwischen diesen beiden Ebenen ist genau das, was die Erde definiert.

Heidegger scheint nicht bereit gewesen zu sein, alle Konsequenzen aus der notwendigen Doppelbedeutung der »Unverborgenheit« zu ziehen, ansonsten hätte er wohl akzeptieren müssen, dass »ontologische Differenz« letztlich nichts anderes ist als ein Riss in der ontischen Ordnung (übrigens exakt parallel zu Badious zentralem Eingeständnis, dass das Ereignis letztlich nichts weiter als eine Verdrehung in der Ordnung des Seins ist). Diese Einschränkung zieht eine Reihe von philosophischen und ethisch-politischen Konsequenzen nach sich. Philosophisch führt sie zu Heideggers Idee des geschichtlichen Schicksals oder Geschicks, welches verschiedene Horizonte der Erschließung des Seins liefert und in keiner Weise von ontischen Geschehnissen abhängig sein oder beeinflusst werden kann und soll. In ethisch-politischer Hinsicht erklärt sie Heideggers (nicht einfach ethische, sondern wirklich ontologische) Indifferenz gegenüber dem Holocaust, den er (in seinen »Bremer Reden« von 1949) als »Fabrikation von Leichen« bezeichnet und mit anderen Fällen der technischen Fabrikation gleichsetzt. Die Ausnahmestellung / Einzigartigkeit des Holocaust anzuerkennen würde bedeuten, dass er darin ein Trauma erkennt, welches die ontologischen Koordinaten des Seins erschüttert. Macht ihn diese Indifferenz zum Nazi?

Schlagende Beweise gegen Heidegger?

Das offizielle Bild, dem zufolge sich Heidegger dem NS-Regime nur äußerlich anpasste, um die Autonomie der Universität so weit wie möglich zu erhalten, wird durch zwei seiner Seminare deutlich getrübt: *Über Wesen und Begriff von Natur, Geschichte und Staat* (Wintersemester 1933–34, das Protokoll ist im Deutschen Literaturarchiv in Marbach am Neckar aufbewahrt) und *Hegel, über den Staat* (Wintersemester 1934–35, Protokoll ebenfalls im DLA). Das erste der beiden ist bezeichnenderweise *nicht* in der offiziellen »Gesamtausgabe« des Klostermann-Verlags enthalten – was diese Bezeichnung daher äußerst fragwürdig erscheinen lässt.[45] Mit den beiden Seminaren hat man so etwas wie den sprichwörtlichen »schlagenden Beweis« in der Hand, belegen sie doch genau das, was laut offizieller Heidegger-Doxa nie stattgefunden hat, haben kann und haben soll: die innerhalb von Heideggers ureigenster Philosophie formulierte und begründete umfassende Unterstützung des Nationalsozialismus. (Dennoch sollte man nicht allzu viel Wert darauf legen, bei Philosophen nach solchen »schlagenden Beweisen« zu suchen, bestätigen sie doch nur, was in der formalen Struktur eines Gedankens ohnehin schon vorhanden ist.) Nun sollte man aber nicht gleich die Nerven verlieren und sich der liberalen Standardverurteilung anschließen. Heideggers Fehler ist nicht so leicht zu bestimmen, wie es zunächst scheinen mag. Der politische Ton seiner Texte und Seminare aus den 1930er Jahren (die Beispiele, die er verwendet, usw.) ist erwartungsgemäß beunruhigend – es reicht, wenn man sich den Anfang des Abschnitts über die Frage nach dem Sein des Staates in Erinnerung ruft: »Ein Staat – er *ist*. Worin besteht dessen Sein? Darin, daß die Staatspolizei einen Verdächtigen

[45] Alle Verweise und Zitate aus den beiden genannten Seminaren entstammen Faye, *Heidegger*, a. a. O. Seitenangaben im Folgenden in Klammern im Text.

verhaftet […]?«[46] Auch das Beispiel, das er zur Erläuterung von Hegels Satz von der spekulativen Identität des Vernünftigen und des Wirklichen verwendet, lässt nichts Gutes ahnen: »Der Vertrag von Versailles ist wirklich, aber doch nicht vernünftig.« (294)

Heideggers Ausgangspunkt ist eine Verteidigung Hegels gegen den berühmten Ausspruch von Carl Schmitt (der verkündet hatte, Hegel sei 1933 mit der Machtübernahme Hitlers gestorben): »Man hat gesagt, 1933 ist Hegel gestorben; im Gegenteil: er hat erst angefangen zu leben.« (273) Aber warum hat Hegel erst 1933 angefangen zu leben? Heidegger bekräftigt Hegels These des Staates als höchster Form der sozialen Existenz: »Die höchste Verwirklichung menschlichen Seins geschieht im Staat.« (205) Er nimmt sogar eine direkte »Ontologisierung« des Staates vor und definiert das Verhältnis zwischen Volk und Staat als ontologische Differenz: »Das Volk, das Seiende hat ein ganz bestimmtes Verhältnis zu seinem Sein, zum Staat.« (180)

Aus dem Folgenden wird freilich schnell klar, dass Heidegger Hegel nur braucht, um den aufkommenden nationalsozialistischen »totalen Staat« gegen die liberale Idee des Staates als Mittel zur Regelung der Beziehungen in der bürgerlichen Gesellschaft zu behaupten. Er beruft sich auf die von Hegel genannten Beschränkungen des »äußeren« Staats, des »Notstaats«, des »Verstandesstaats« und des Systems der bürgerlichen Gesellschaft (315): »(…) was Hegel unter Freiheit versteht, [können] wir nicht begreifen (…), wenn wir es als Wesensbestimmung eines *einzelnen* Ich nehmen (…) Freiheit [ist] nur wirklich (…), wo eine Gemeinschaft von Ichen, Subjekten da ist.« (302) Aber Hegel versteht unter Freiheit noch mehr: Er besteht auf dem »modernen« Prinzip des »unendlichen Rechts« des Einzelnen. Für Hegel ist die bürgerliche Gesell-

[46] Martin Heidegger, *Gesamtausgabe, Band 40: Einführung in die Metaphysik*, Frankfurt a. M.: Klostermann 1983, S. 38.

schaft *die* große moderne Errungenschaft, die Bedingung wirklicher Freiheit, die materielle Basis gegenseitiger Anerkennung, und sein Problem besteht genau darin, wie sich die Einheit des Staates und die dynamische Vermittlung der bürgerlichen Gesellschaft *vereinen* lassen, ohne die Rechte der bürgerlichen Gesellschaft zu beschneiden. Der junge Hegel war, besonders in seinem Text *System der Sittlichkeit*, noch von der griechischen Polis als organischer Einheit von Individuum und Gesellschaft fasziniert. Hier steht die soziale Substanz den Individuen noch nicht als von außen aufgezwungene, kalte, abstrakte, objektive Legalität gegenüber, sondern erscheint als lebendige Einheit von »Sitten« und eines gemeinschaftlichen ethischen Lebens, in dem der Einzelne »zu Hause« ist und das er als seine eigene Substanz erkennt. Aus dieser Perspektive ist die kalte, allgemeine Legalität ein Rückschritt gegenüber der organischen Einheit der Sitten – der Rückschritt vom griechischen zum römischen Reich. Obwohl Hegel bald einsah, dass die subjektive Freiheit der Moderne unumgänglich und die organische Einheit der Polis für immer verloren war, hielt er dennoch an der Notwendigkeit einer Art Rückkehr zu einer neuen organischen Einheit, einer neuen Polis fest, die dem Einzelnen ein tieferes Gefühl der sozialen Solidarität böte, welches über die »mechanistischen« Interaktionen und das individualistische Konkurrenzdenken der bürgerlichen Gesellschaft hinausginge.

Den entscheidenden Entwicklungsschritt vollzieht Hegel, als er sich endgültig »vom Paradigma der Polis verabschiedet«,[47] indem er die Rolle der bürgerlichen Gesellschaft rekonzeptualisiert. Die bürgerliche Gesellschaft ist für Hegel zuerst der »Verstandesstaat«, der im Wesentlichen aus dem Polizeiapparat besteht; er regelt die chaotischen Beziehungen Einzelner,

[47] Jean-François Kervégan, »›La vie éthique perdue dans ses extrêmes …‹ Scission et réconciliation dans la théorie hégélienne de la Sittlichkeit«, in: Olivier Tinland (Hg.), *Lectures de Hegel. Ouvrage collectif*, Paris: Livre de Poche 2005, S. 283.

welche jeweils ihre eigenen egoistischen Interessen verfolgen. Ein solch individualistisch-atomistischer Freiheitsbegriff korreliert strikt mit der Vorstellung einer Rechtsordnung, die dem Einzelnen als Beschränkung seiner Freiheit aufgezwungen wird. Somit entsteht die Notwendigkeit, von diesem »Verstandesstaat« zum echten »Vernunftstaat« zu gelangen, in dem die subjektiven Neigungen des Einzelnen mit dem gesellschaftlichen Ganzen versöhnt werden und die Individuen die soziale Substanz als ihre eigene erkennen. Der zentrale Punkt ist dabei die Vermittlerrolle der bürgerlichen Gesellschaft: Das »System vielseitiger Abhängigkeit«, dessen ultimative moderne Form die Marktwirtschaft ist, das System, in dem Besonderes und Allgemeines getrennt und gegensätzlich sind, in dem jedes Individuum nur seine eigenen Zwecke verfolgt und in dem die organische gesellschaftliche Einheit in äußerliche mechanische Wechselbeziehungen zerfällt, ist an sich schon die Versöhnung von Besonderem und Allgemeinem in Gestalt der berühmten »unsichtbaren Hand« des Marktes, weswegen jeder Einzelne dadurch, dass er private Interessen auf Kosten anderer verfolgt, zum Wohl aller beiträgt. Es ist daher nicht einfach so, dass die mechanischen / äußerlichen Beziehungen der bürgerlichen Gesellschaft in einer höheren organischen Einheit »überwunden« werden müssen. Die bürgerliche Gesellschaft und ihr Zerfall nehmen eine wichtige Vermittlerrolle ein; echte Versöhnung (in der die moderne subjektive Freiheit nicht abgeschafft wird) heißt daher auch zu erkennen, dass der Zerfall sein Gegenteil – eine integrative Kraft – schon in sich trägt. Versöhnung ist radikal *immanent*: Sie impliziert eine Verschiebung der Perspektive auf das, was zunächst als Zerfall erscheint. Insofern als die bürgerliche Gesellschaft die Sphäre der Entfremdung und der Trennung von Subjektivität, die als abstrakte Individualität persistiert, und objektiver Sozialordnung ist, die jener als äußere, ihre Freiheit beschneidende Notwendigkeit entgegensteht, sind die Mittel zur Versöhnung *in ebendieser Sphäre zu finden (und zwar an einer Stelle inner-*

halb dieser Sphäre, die »auf den ersten Blick am ungeistigsten und entfremdendsten [erscheint]: dem System der Bedürfnisse«[48]), und nicht im Übergang zu einer anderen, »höheren« Sphäre. Die Struktur dieser Versöhnung beim reifen Hegel gleicht einmal mehr der des Witzes über Rabinowitsch: »Es gibt zwei Gründe, warum die moderne Gesellschaft mit sich selbst versöhnt ist. Der erste sind die Wechselbeziehungen in der bürgerlichen Gesellschaft …« »Aber die bestehen doch nur aus Streit, sie sind der Mechanismus des Zerfalls und des rücksichtslosen Wettbewerbs!« »Tja, das ist der zweite Grund, denn genau dieser Streit und der ständige Wettbewerb machen die Individuen vollkommen voneinander abhängig und erzeugen so die ultimative soziale Bindung …«

Somit ändert sich die ganze Perspektive: Man kann nicht mehr sagen, dass sich die organische Sittlichkeit der Polis unter dem zerstörerischen Einfluss der vielfältigen Erscheinungsformen der modernen abstrakten Individualität (Marktwirtschaft, Protestantismus usw.) auflöst und dass diese Einheit auf einer höheren Stufe wiederhergestellt werden sollte. Worum es in Hegels Analysen der Antike geht, besonders beispielhaft in seinen wiederholten Interpretationen der *Antigone*, ist, dass die griechische Polis schon von verhängnisvollen immanenten Antagonismen gezeichnet und durchschnitten ist (öffentlich – privat, männlich – weiblich, menschlich – göttlich, frei – versklavt usw.), die im Widerspruch zu ihrer organischen Einheit stehen. Der abstrakt allgemeine Individualismus (das Christentum) war nicht die Ursache des Zerfalls der organischen Einheit des antiken Griechenlands, sondern, ganz im Gegenteil, der notwendige erste Schritt zur wahren Versöhnung. Der Markt ist auch nicht einfach nur eine zerstörerische Kraft, vielmehr setzen die Marktbeziehungen erst den Vermittlungsprozess in Gang, welcher die Grundlage für die wahre Versöhnung von Allgemeinem und Singulärem bildet; marktwirtschaftlicher

[48] Ebd., S. 291.

Wettbewerb bringt die Menschen wirklich zusammen, während organische Einheit sie entzweit.

Das beste Anzeichen für dieses Umdenken beim reifen Hegel hat mit dem Gegensatz von Sitten und Gesetz zu tun. Für den frühen Hegel entspricht die Umwandlung von Sitten in institutionalisiertes Recht einem Rückschritt von der organischen Einheit zur Entfremdung (die Norm wird nicht mehr als Teil der eigenen substantiellen ethischen Natur erlebt, sondern als äußere Kraft, die meine Freiheit einschränkt), während sie für den reifen Hegel einen entscheidenden Fortschritt bedeutet, indem sie Raum für die moderne subjektive Freiheit schafft.[49] – Heideggers Idee des »totalen Staats« steht in vollkommenem Gegensatz zu diesen Einsichten Hegels:

»Wir sprechen wohl vom *totalen* Staat. Er sei nicht ein besonderer *Bereich* (neben anderen), keine Apparatur, dazu da, die Gesellschaft zu schützen (vor dem Staat *selbst*), ein Bereich, mit dem nur bestimmte Leute sich abzugeben hätten.« (310)

»[…] so will und liebt das Volk den Staat als seine Art und Weise, als Volk zu sein. Das Volk ist beherrscht vom Drang, vom *eros* zum Staat.« (184)

Zu diesem Eros gehört natürlich die Personifizierung: Liebe ist immer die Liebe zum Einen, zum Führer:

[49] Die Frage ist natürlich, ob die Marktdynamik wirklich hält, was sie verspricht. Sorgt sie nicht für eine ständige Destabilisierung des Sozialkörpers, insbesondere indem sie Klassenunterschiede vergrößert und die Entstehung eines »Pöbels« verursacht, dem die Lebensgrundlage entzogen wird? Hegel hatte hier eine sehr pragmatische Lösung – er entschied sich für sekundäre Palliativmaßnahmen wie die koloniale Expansion und besonders die Vermittlerrolle der Stände. Und heute, 200 Jahre später, stehen wir immer noch vor diesem Dilemma Hegels. Das deutlichste Anzeichen für die historische Beschränkung Hegels ist sein doppelter Gebrauch des Wortes *Sitten*: Es steht einmal für die unmittelbare organische Einheit, die man hinter sich lassen muss (das Ideal der griechischen Antike) und zum anderen für die höhere organische Einheit, die in einem modernen Staat erreicht werden soll.

»Der Führerstaat – wie wir ihn haben – bedeutet die Vollendung der geschichtlichen Entwicklung: die Verwirklichung des Volkes im Führer.« (205)

»Der Führerwillen schafft allererst die anderen zu einer Gefolgschaft um, aus der die Gemeinschaft entspringt. Aus dieser lebendigen Verbundenheit geht ihr Opfer und Dienst hervor, nicht aus Gehorsam und Zwang von Institutionen.« (200)

»Führer hat es mit Volkswillen zu tun, dieser ist nicht Summe der Einzelwillen, sondern ein Ganzes von ursprünglicher Eigentümlichkeit. Die Frage nach dem Willensbewußtsein der Gemeinschaft ist ein Problem in allen Demokratien, das freilich aber erst fruchtbar werden kann, wenn Führerwille und Volkswille in ihrer Wesenheit erkannt sind. Heute gilt es, das Grundverhältnis unseres gemeinsamen Seins auf diese Wirklichkeit von Volk und Führer einzurichten, wobei beide als eine Wirklichkeit nicht zu trennen sind. Erst dann, wenn dieses Grundschema durch Anwandlung im Wesentlichen erfolgt ist, ist eine wahre Führerschaft möglich.« (198)

Auch dies steht natürlich in krassem Gegensatz zu Hegel, für den das Oberhaupt des Vernunftstaats kein Führer, sondern ein König sein sollte – warum? Werfen wir einen Blick auf Hegels berühmt-berüchtigte Ableitung der rationalen Notwendigkeit der Erbmonarchie: Die bürokratische Wissenskette muss ergänzt werden um die Entscheidung des Königs als der »vollkommen konkreten Objektivität des Willens«, welche

»alle Besonderheiten in dem einfachen Selbst aufhebt, das Abwägen der Gründe und Gegengründe, zwischen denen sich immer herüber und hinüber schwanken läßt, abbricht und sie durch das ›Ich will‹ *beschließt* und alle Handlung und Wirklichkeit anfängt«.[50]

Aus diesem Grund ist der »Begriff des Monarchen [...] der schwerste Begriff für das Räsonnement, das heißt für die reflektierende Verstandesbetrachtung«.[51] Im nächsten Abschnitt führt Hegel die spekulative Notwendigkeit des Monarchen weiter aus:

50 G. W. F. Hegel, *Werke in 20 Bänden. Band 7*, Frankfurt a. M.: Suhrkamp 1970, S. 445.
51 Ebd., S. 446.

»Dieses letzte Selbst des Staatswillens ist in dieser seiner Abstraktion einfach und daher *unmittelbare* Einzelheit; in seinem Begriffe selbst liegt hiermit die Bestimmung der *Natürlichkeit*; der Monarch ist daher wesentlich als *dieses* Individuum, abstrahiert von allem anderen Inhalte, und dieses Individuum auf unmittelbare natürliche Weise, durch die natürliche Geburt, zur Würde des Monarchen bestimmt.«[52]

Das spekulative Moment, welches der Verstand nicht erfassen kann, ist der »Übergang vom Begriff der reinen Selbstbestimmung in die Unmittelbarkeit des Seins und damit in die Natürlichkeit«.[53] Mit anderen Worten: Der Verstand kann zwar durchaus die allgemeine Vermittlung einer lebendigen Totalität erfassen, nicht aber den Umstand, dass *diese Totalität, um sich selbst zu verwirklichen, wirkliche Existenz in Gestalt einer unmittelbaren »natürlichen« Singularität erlangen muss.*[54] Der Begriff »natürlich« sollte hier ernst genommen werden: In derselben Weise, in der am Ende der Logik die vollendete Selbstvermittlung der Idee die Natur entäußert, in die äußerliche Unmittelbarkeit der Natur verfällt, muss auch die rationale Selbstvermittlung des Staates wirkliche Existenz erlangen in einem Willen, der als direkt natürlich, unvermittelt und im strengen Sinne »irrational« bestimmt ist.

Als Hegel nach der Schlacht von 1807 Napoleon durch die Straßen von Jena reiten sieht, bemerkt er, es sei, als habe er den Weltgeist reiten gesehen. Die christologischen Implikationen dieser Äußerung liegen auf der Hand: Im Fall Jesus Christus ging Gott selbst, der Schöpfer unseres gesamten Universums, als einfacher Mensch umher. Dieses Mysterium der Menschwerdung lässt sich auf verschiedenen Ebenen ausmachen, bis

52 Ebd., S. 449 f.

53 Ebd., S. 450.

54 Zahlten die Marxisten, die Hegel nachäfften, nicht den Preis für ihre Nachlässigkeit mit einem Führer, der die rationale Totalität nicht nur unmittelbar, sondern, als allwissende Gestalt, vollkommen verkörperte, nicht nur als idiotisches i-Tüpfelchen? Ein stalinistischer Führer ist, anders gesagt, *kein* Monarch, und das macht ihn viel schlimmer …

hin zu dem spekulativen Urteil von Eltern angesichts ihres Kindes: »Da geht unsere Liebe!«, das für die Hegel'sche Umkehrung von der bestimmenden Reflexion zur Reflexionsbestimmung steht – so auch im Fall des Königs, der beim Spaziergang von einem Untertan gesehen wird: »Da geht unser Staat.« Marx' Evokation der Reflexionsbestimmung (in der berühmten Fußnote im ersten Kapitel des *Kapital*) greift hier ebenfalls zu kurz: Demnach behandeln Individuen jemanden als König, weil sie glauben, dass er aus sich heraus König sei, in Wirklichkeit ist er aber nur König, weil sie ihn als solchen behandeln. Der entscheidende Punkt jedoch ist, dass diese »Verdinglichung« einer Sozialbeziehung in einer Person nicht einfach als »fetischistische Fehlwahrnehmung« abgetan werden kann; dadurch würde man nämlich übersehen, was man vielleicht als »Hegel'sches Performativ« bezeichnen könnte: Natürlich ist ein König »an sich« nur ein armseliges Individuum, natürlich ist er nur insofern König, als ihn seine Untertanen als solchen behandeln; worum es aber geht, ist, dass der »fetischistischen Täuschung«, die unserer Verehrung des Königs zugrunde liegt, selbst eine performative Dimension innewohnt – *die Einheit des Staates, also genau das, was der König »verkörpert«, verwirklicht sich nur in der Person des Königs.* Es ist daher nicht damit getan, immer wieder zu betonen, dass die »fetischistische Falle« unbedingt zu vermeiden sei und zwischen der kontingenten Person eines Königs und dem, wofür er steht, unterschieden werden müsse: Das, wofür der König steht, kann nur in seiner Person entstehen, ebenso wie die Liebe eines Paares (jedenfalls von einem gewissen traditionellen Standpunkt aus betrachtet) nur in dessen Nachkommen Wirklichkeit werden kann. – So weit scheint Hegel dasselbe zu sagen wie Heidegger; es gibt allerdings einen entscheidenden Unterschied, der im Zusatz zum Paragraphen 280 deutlich wird:

»*Zusatz.* Wenn man oft gegen den Monarchen behauptet, daß es durch ihn von der Zufälligkeit abhänge, wie es im Staate zugehe, da der Monarch übel gebildet sein könne, da er vielleicht nicht wert sei, an der

Spitze desselben zu stehen, und daß es widersinnig sei, daß ein solcher Zustand als ein vernünftiger existieren solle, so ist eben die Voraussetzung hier nichtig, daß es auf die Besonderheit des Charakters ankomme. Es ist bei einer vollendeten Organisation nur um die Spitze formellen Entscheidens zu tun, und man braucht zu einem Monarchen nur einen Menschen, der ›Ja‹ sagt und den Punkt auf das i setzt; denn die Spitze soll so sein, daß die Besonderheit des Charakters nicht das Bedeutende ist. [...] In einer wohlgeordneten Monarchie kommt dem Gesetz allein die objektive Seite zu, welchem der Monarch nur das subjektive ›Ich will‹ hinzuzusetzen hat.«[55]

Bei Heidegger fehlt diese Reduktion der Funktion des Monarchen auf die rein formale Aufgabe, »den Punkt auf das i« zu setzen, das heißt die Trennung zwischen dem »konstativen« und dem »performativen« Aspekt, wie wir heute sagen würden (oder, in Lacans Worten, der Wissenskette und dem Herren-Signifikanten): dem »objektiven Aspekt« des Regierens, dem Inhalt von Gesetzen und Maßnahmen (dies ist Sache der fachkundigen Bürokratie) und dessen Umwandlung in eine »subjektive« Entscheidung des Staates, die umgesetzt werden soll. Heideggers Führerbegriff vermischt genau die beiden Dimensionen, die Hegel auseinanderhalten will. Ein weiteres Paradox bei Hegels Monarchiebegriff liegt darin, dass der König die konstitutive Ausnahme ist, die als solche die allgemeine rechtliche Gleichstellung aller anderen Subjekte garantiert; kein Wunder, dass Heidegger, im Gegensatz zu Hegel, Gleichheit ausdrücklich ablehnt und sich für eine vom Führer durchgesetzte »Rangordnung« ausspricht:

»Zur Herrschaft gehört Macht, die eine Rangordnung schafft durch die Willensdurchsetzung des Herrschenden, sofern er wirklich mächtig ist, d. h. weist den Beherrschten.« (199)

Entgegen dem Vorwurf, er lasse die »grausamen« Aspekte der griechischen Antike (Sklaverei etc.) außer Acht, lenkt Heidegger die Aufmerksamkeit ganz offen darauf, dass »Rang und Herrschaft« direkt in einer Entbergung des Seins gründen und

55 Ebd., S. 451.

damit sozialen Herrschaftsbeziehungen ein direktes ontologisches Fundament liefern:

»Wenn man schon bisweilen heute allzu eifrig die Polis der Griechen bemüht, sollte man diese Seite nicht unterschlagen, sonst wird der Begriff der Polis leicht harmlos und sentimental. Das Rangmäßige ist das Stärkere. Deshalb ist das Sein, der Logos, als der gesammelte Einklang, nicht leicht und in gleicher Münze für jedermann zugänglich, sondern entgegen jenem Einklang, der jeweils nur Ausgleich, Vernichtung der Spannung, Einebnung ist, verborgen.«[56]

Wer ist nun der Feind einer solchen hierarchischen Ordnung? Der Januskopf des nichthierarchischen Egalitarismus mit seinen zwei Gesichtern, dem bürgerlich-liberalen Individualismus und dem kommunistischen Egalitarismus, die beide in der »jüdisch-christlichen« Spiritualität gründen, welche daher die gemeinsame Quelle und Grundlage beider entgegengesetzter Strömungen der modernen Politik sind: »Die *jüdisch-christliche* Herrschaft treibt (…) ihrer Art gemäß ein Doppelspiel und steht zugleich auf der Seite der ›Diktatur des Proletariats‹ und auf der Seite der liberal-demokratischen Kulturbeflissenheit; dieses Doppelspiel verschleiert noch eine Zeitlang die schon bestehende Entwurzelung und Unkraft zu wesentlichen Entscheidungen.« (379) Heidegger geht gegen die liberaldemokratische Doxa sogar noch einen Schritt weiter. Im Vergleich zwischen Kommunismus und Liberalismus sei der »englische« demokratische Liberalismus die gefährlichere Alternative: »Die bürgerlich-christliche Form des englischen ›Bolschewismus‹ ist die gefährlichste. Ohne die Vernichtung dieser bleibt die Neuzeit weiter erhalten.« (387)

Das Misstrauen gegen die Demokratie zieht sich beständig durch Heideggers Denken, auch noch nach der *Kehre*; wir finden es in seinen Nietzsche-Vorlesungen von 1936–37 (wo er schreibt: »Europa will sich immer noch an die ›Demokra-

56 Heidegger, *Einführung in die Metaphysik*, a. a. O., S. 141 f.

tie‹ klammern und will nicht sehen lernen, daß diese sein geschichtlicher Tod würde.«),[57] ebenso wie in dem posthum veröffentlichten *Spiegel*-Interview, wo er seine Zweifel äußert, ob die Demokratie die Politikform ist, die der modernen Technik am besten gerecht wird.

Die Wiederholung und das Neue

Damit sind wir wieder bei Chestertons Idee, eine Leiche in einem Feld von Leichen zu verbergen. Wenn man Heideggers gesamtes philosophisches Gebäude als »faschistisch« verdammt, dann verschleiert man damit die eigene Unfähigkeit, *eine* Leiche auszumachen – das einzelne ideologische Merkmal, welches allen anderen eine faschistische Note gibt –, indem man einen *Haufen* von Leichen, genannt »Heideggers faschistisches Denken«, schafft. Auf diese Weise macht man dem Feind zu viele Zugeständnisse. Es ist nichts »in sich Faschistisches« an Begriffen wie Ent-scheidung, Wiederholung, Annahme des eigenen Schicksals usw. (oder, mehr auf die »gewöhnliche« Politik bezogen, an Begriffen wie Massendisziplin, Opfer für die Gemeinschaft usw.). Kurz: Wir sollten dem Gegner nicht gestatten, das Schlachtfeld abzustecken, um ihm dann abstrakt entgegenzutreten und eine negative Kopie dessen, was er will, zu unterstützen. Als Hermann Göring von einem fanatischen Parteigenossen Anfang der 1940er Jahre gefragt wurde, warum er einen bekannten Juden vor der Deportation bewahre, lautete seine Antwort: »In dieser Stadt entscheide ich, wer Jude ist!« (Eine Antwort, die übrigens auch schon einigen anderen Deutschen zugeschrieben worden ist, die ihre privilegierten Juden schützten, von Bismarck bis zu Karl Lueger). Wir müssen aus dieser Antwort lernen: In dieser Stadt entscheiden wir, was links

[57] Martin Heidegger, *Gesamtausgabe, Band 43: Nietzsche: Der Wille zur Macht als Kunst*, Frankfurt a. M.: Klostermann 1985, S. 193.

ist, und deshalb sollten wir liberale Anschuldigungen hinsichtlich unserer »Inkonsistenz« einfach ignorieren. So merkt beispielsweise Paul Berman in seiner Rezension des Guevara-Films *Die Reise des jungen Che* kritisch an:

»Konzept und Ton des gesamten Films sind durchdrungen von einem christologischen Märtyrerkult, einem Verehrungskult um die spirituell überlegene Person, die auf den Tod zusteuert – genau der Art von Verehrung, welche die katholische Kirche Lateinamerikas jahrhundertelang gefördert hat – mit traurigen Folgen. Die Rebellion gegen den reaktionären Katholizismus in diesem Film ist selbst Ausdruck eines reaktionären Katholizismus. Die traditionellen Kirchen Lateinamerikas sind voll mit grausigen Statuen blutender Heiliger. Und es ist exakt die masochistische Faszination dieser Statuen, die uns der Film in vielen Szenen des jungen Che zeigt, wenn dieser sich vor Asthma die Lunge aus dem Leib hustet oder in kaltem Wasser schwimmt, um sich selbst auf die Probe zu stellen.«[58]

Darauf sollte man einfach antworten: Stimmt, aber – was soll's? Warum sollte die revolutionäre Politik denn nicht den katholischen Märtyrerkult übernehmen? Man sollte auch nicht davor zurückschrecken, hier ganz konsequent zu bleiben und (für so manchen Liberalen sicherlich undenkbar) dasselbe auch für Leni Riefenstahl gelten zu lassen. Ihr Werk schien sich immer auf sein düsteres Ende zuzubewegen und legt eine teleologische Interpretation nahe. Wir erhalten sozusagen eine Kurve, die eindeutig von oben nach unten zu verlaufen scheint: Von den Mühen der Individuen auf den Gipfeln der Berge geht es schrittweise abwärts bis zum amorphen Wachstum des Lebens selbst auf dem Grund des Meeres – ist das, was ihr dort unten begegnet, nicht ihr ultimatives Ziel: das obszöne und unwiderstehlich gedeihende ewige Leben, nach dem sie immer auf der Suche war? Und trifft dies nicht auch auf ihre eigene Person zu? Die bange Frage ihrer Anhänger schien ja nicht mehr zu lauten »Wann wird sie sterben?«, sondern »Wird sie *jemals* sterben?« – auch wenn man natürlich wusste,

[58] Im Internet auf Englisch abrufbar unter www.slate.com/id/2107100.

dass es bald zu Ende gehen würde, glaubte man es nie wirklich und war insgeheim überzeugt, sie werde einfach immer weitermachen, so dass ihr Tod dann eine echte Überraschung war.

Diese Kontinuität wird üblicherweise »protofaschistisch« zurechtgebogen, wie es exemplarisch in Susan Sontags berühmtem Riefenstahl-Essay »Fascinating Fascism«[59] der Fall ist. Dahinter steckt die Idee, dass auch in ihren vor und nach dem Nationalsozialismus entstandenen Filmen eine »protofaschistische« Lebenssicht zum Ausdruck komme. Lenis Faschismus gehe über das direkte Bejubeln des Nationalsozialismus hinaus, er sitze tiefer und wohne schon ihrer vorpolitischen Ästhetik des Lebens, ihrer Faszination für schöne Körper, die ihre disziplinierten Bewegungen zur Schau stellen, inne … Vielleicht ist es an der Zeit, dieses Thema einmal zu problematisieren. Nehmen wir *Das blaue Licht*: Könnte man den Film nicht auch genau andersherum interpretieren? Ist Junta, das einsame, wilde Bergmädchen, nicht eine Ausgestoßene, die beinahe Opfer eines Pogroms der Dorfbewohner wird – welches eigentlich jeden Zuschauer sofort an die antisemitischen Pogrome erinnern muss? Vielleicht ist es ja kein Zufall, dass Lenis damaliger Geliebter Béla Balász, der mit ihr zusammen das Drehbuch geschrieben hatte, Marxist war …

Das Problem, mit dem wir es hier zu tun haben, ist viel allgemeiner und geht weit über Leni hinaus. Sehen wir uns ihr genaues Gegenteil an, Arnold Schönberg: Im zweiten Teil der *Harmonielehre*, seinem bedeutenden theoretischen Manifest von 1911, stellt er seine Opposition zur tonalen Musik in Begriffen dar, die oberflächlich betrachtet schon fast an spätere antisemitische Traktate der Nazis erinnern könnten: Die tonale Musik sei zu einer »kranken«, »degenerierten« Welt geworden, die der Reinigung bedürfe; das tonale System habe sich

[59] Im Internet auf Englisch abrufbar unter http://www.nybooks.com/articles/archives/1975/feb/06/fascinating-fascism.

auf »Inzucht und Inzest« eingelassen; romantische Akkorde wie die verminderte Septime seien »zwitterhaft«, »vagierend« und »kosmopolitisch« … Nun könnte man natürlich behaupten, eine solch messianisch-apokalyptische Haltung gehöre zu derselben »geistigen Situation«, die auch zur nationalsozialistischen »Endlösung« geführt habe. Das ist freilich genau die Schlussfolgerung, die man *vermeiden* sollte: Das Widerwärtige am Nationalsozialismus ist nicht die Rhetorik der Endlösung *als solche*, sondern deren Konkretisierung.

Entsprechend sollte man sich auch entschieden gegen die Vorstellung wenden, dass Disziplin (von der Selbstbeherrschung bis zur Körperertüchtigung) eine »protofaschistische« Eigenschaft sei – das Prädikat »protofaschistisch« sollte generell aufgegeben werden; es ist ein typisches Beispiel für einen Scheinbegriff, dessen Funktion es ist, die begriffliche Analyse zu blockieren. Wenn man sagt, das organisierte Schauspiel Tausender Körper (oder die Bewunderung für Sportarten, die sehr viel Einsatz und Selbstbeherrschung erfordern, wie das Bergsteigen) sei »protofaschistisch«, dann sagt man damit eigentlich gar nichts, sondern gibt nur einer vagen Assoziation Ausdruck, um die eigene Ignoranz zu verbergen. Die Kung-Fu-Filme, die vor dreißig Jahren populär waren (Bruce Lee etc.), handelten von Jugendlichen, deren einzige Chance auf Erfolg in der disziplinierten Ausbildung ihres einzigen Besitzes – des eigenen Körpers – bestand, und es war wohl jedem klar, dass es dabei um die Ideologie der Arbeiterklasse ging. Spontaneität, Sich-gehen-Lassen und das Schwelgen in exzessiven Freiheiten sind die Haltungen derer, die es sich leisten können – wer nichts hat, hat nur seine Disziplin. Die »schlechte« körperliche Disziplin finden wir, wenn überhaupt, nicht beim kollektiven Training, sondern vielmehr beim Jogging oder Bodybuilding als Teil des New-Age-Mythos der Verwirklichung des eigenen inneren Potentials – kein Wunder, dass die Besessenheit vom eigenen Körper fast schon obligatorisch dazugehört, wenn ehemals radikale Linke auf dem Weg zur

»Reife« der praktischen Politik sind; ob Jane Fonda oder Joschka Fischer: Die »Latenzzeit« zwischen den beiden Phasen ist geprägt von der Konzentration auf den eigenen Körper.

In Bezug auf Leni Riefenstahl bedeutet dies nicht, dass wir ihr NS-Engagement als begrenzte, unglückliche Episode abtun sollten. Das wahre Problem ist, die Spannung auszuhalten, die ihr Werk zerteilt, die Spannung zwischen künstlerischer Perfektion und ideologischer »Vereinnahmung«. Warum sollte sich ihr Fall von dem eines Ezra Pound, William Butler Yeats oder anderer moderner Künstler mit faschistischen Anwandlungen unterscheiden, die wir schon lange in unseren künstlerischen Kanon aufgenommen haben? Die Suche nach Lenis »wahrer ideologischer Identität« ist womöglich irreführend. Es gibt keine solche Identität, die Riefenstahl war wirklich hin und her gerissen, inkonsistent, ein Spielball widerstreitender Kräfte.

Um wieder auf Heidegger zurückzukommen: Sein NS-Engagement war nicht »völlig falsch« – das Tragische ist, dass es *fast richtig* war, indem es die Struktur eines revolutionären Akts aufwies, die dann aber durch ihre faschistische Verzerrung zerstört wurde. Heidegger war der Wahrheit genau da am nächsten, wo er am meisten irrte, nämlich in seinen Schriften zwischen Ende der 1920er und Mitte der 1930er Jahre. Unsere Aufgabe ist es, Heidegger zu *wiederholen* und diese verlorene Dimension / Möglichkeit seines Denkens wiederzugewinnen. 1937 / 38 schreibt er:

»Das ›Konservative‹ bleibt im Historischen stecken; nur das Revolutionäre erreicht den Tiefgang der Geschichte, wobei Revolution nicht bloßen Umsturz und Zerstörung meint, sondern umschaffende Umwälzung des Gewohnten, damit der Anfang wieder zur Gestalt komme. Und weil zum Anfang das Ursprüngliche gehört, ist das Wiedergestalten des Anfangs niemals der Abklatsch des Früheren, sondern das ganz Andere und dennoch Selbe.«[60]

[60] Martin Heidegger, *Gesamtausgabe, Band 45: Grundfragen der Philosophie*, Frankfurt a. M.: Klostermann 1984, S. 41.

Ist diese Beschreibung der Revolution für sich genommen nicht ganz im Sinne Walter Benjamins? Nur die Wiederholung bringt die reine Differenz zum Vorschein. Wenn Heidegger in seiner berühmten Analyse in *Sein und Zeit* die ek-statische Struktur der Zeitlichkeit des Daseins als eine kreisförmige Bewegung von der Zukunft über die Vergangenheit zur Gegenwart beschreibt, dann ist diese Bewegung nicht nur so zu verstehen, dass ich von der Zukunft (meinen Möglichkeiten, Zielen, Projekten etc.) ausgehend in die Vergangenheit zurückkehre (die Textur der historischen Situation analysiere, in die ich »geworfen« wurde, in der ich mich befinde) und von dort aus in meiner Gegenwart aktiv werde, um meine Pläne zu verwirklichen. Indem er die Zukunft als »gewesene« oder, genauer, als »gewesende« charakterisiert, verortet Heidegger diese selbst in der Vergangenheit. Damit ist natürlich nicht gemeint, dass wir in einem geschlossenen Universum leben, in dem jede künftige Möglichkeit bereits in der Vergangenheit enthalten ist, so dass wir nur noch wiederholen und verwirklichen können, was schon in der ererbten Textur *ist*; es geht vielmehr, in einem radikaleren Sinne, um die der Vergangenheit innewohnende »Offenheit«. Die Vergangenheit ist nicht einfach das, »was war«, sie enthält auch immer versteckte, nicht realisierte Möglichkeiten, und die eigentliche Zukunft ist die Wiederholung / Wiedererlangung *dieser* Vergangenheit, nicht dessen, was wirklich stattgefunden hat, sondern des Anteils, den die wirkliche Vergangenheit selbst verraten, erstickt und nicht realisiert hat. Das ist auch mit der aktuellen Forderung, »Lenin zu wiederholen«, gemeint: Wir sollten uns (um Heidegger zu paraphrasieren) Lenin als »Helden« wählen, nicht um ihm zu folgen und das Gleiche noch einmal zu tun, sondern um in der Wiederholung / Wiedergewinnung die nicht realisierten Möglichkeiten des Leninismus ans Licht zu bringen.

Wir sollten uns auch nicht scheuen, das heikle Thema der Verstrickung Heideggers in den Nationalsozialismus auf dieser Grundlage zu bewerten. Es ist natürlich richtig, dass man zwar von einem »real existierenden Sozialismus«, nicht aber von einem »real existierenden Faschismus« spricht (weil der »wirkliche« Faschismus nicht als Verrat an seinen emanzipatorischen Möglichkeiten empfunden wird); und doch gibt es einen Philosophen, der tatsächlich so etwas wie Kritik am »real existierenden Nationalsozialismus« übte und sich dabei auf dessen wahres Potential, seine »innere Größe« berief, die von der rassistisch-technologischen, nihilistischen Realität verraten worden sei – und dieser Philosoph ist natürlich niemand anderes als Heidegger. Nach seiner vieldiskutierten Enttäuschung über die Realität des Naziregimes im Jahr 1934 bemühte sich Heidegger praktisch die gesamten 1930er Jahre hindurch, jene verratene »innere Größe«, das welthistorische Potential der NS-Bewegung zu retten – daher auch seine endlosen Variationen des Themas Hölderlin und des Schicksals Deutschlands.[61]

Im Jahr 1968 besuchte eine Abordnung der protestierenden Studenten Heidegger, der, so erinnert sich eines der führenden Mitglieder der deutschen Studentenbewegung,[62] den Studenten bei dieser Gelegenheit seine volle Zustimmung und Unterstützung bekundet habe; die Studenten täten jetzt, 1968, was er 1933 als Rektor in Freiburg versucht habe, wenn auch unter

[61] Obwohl Heidegger sein Deutschtum und die einzigartige Rolle der deutschen Sprache stets betonte, musste er seine ethnischen Wurzeln doch in gewisser Weise verraten: Sein gesamtes Denken ist von der Spannung zwischen dem Griechischen und dem Deutschen geprägt. Die deutschen Wurzeln mussten auf die griechischen bezogen werden; sie ließen sich nicht einfach in einer linearen Geschichte der Entwicklung der abendländischen Metaphysik vereinen. Die deutschen Wurzeln haben ihren eigenen Inhalt, der sich nicht auf griechische Wurzeln reduzieren lässt (so analysiert er etwa in *Unterwegs zur Sprache* den Geist als eine »Flamme, die sich selbst entzündet« und den Weg für die Idee der sich selbst setzenden Subjektivität des deutschen Idealismus ebnet – Heidegger stellt heraus, dass sich dieser Geistesbegriff im Griechischen *nicht* finden lässt); das Griechische bleibt eine *Fremd*sprache, die es zu entziffern gilt.

[62] Persönliche Mitteilung von Prof. Wolfgang Schirmacher, New York/Saas-Fee.

anderen politischen Vorzeichen. Man sollte diese Äußerung nicht als heuchlerische Illusion Heideggers abtun. Was Heidegger im Nationalsozialismus zu finden glaubte (und zwar, um es noch einmal klar zu sagen, nicht nur aufgrund einer persönlichen Fehleinschätzung, sondern wegen der Fehler in seinem Theoriegebäude), war ein revolutionäres Ereignis und einige Maßnahmen, die er während seiner kurzen Rektoratszeit in Freiburg durchsetzte, zeugen von seiner Absicht, dort eine Art »Kulturrevolution« in die Wege zu leiten (Studenten wurden mit Arbeitern und Soldaten zusammengebracht, was für sich genommen keine faschistische Maßnahme ist, sondern auch von den Maoisten in deren Kulturrevolution versucht wurde). Man ist somit versucht, eine sarkastische Bemerkung André Gides über Théophile Gautier auf Heidegger umzumünzen: Er spielte 1933 eine entscheidende Rolle in der deutschen Hochschulpolitik, nur war er dieser Rolle leider nicht gewachsen.

Von Heidegger zum Trieb

Obwohl sich Heideggers fast schon phobische Überempfindlichkeit gegenüber der Moral leicht als implizites Eingeständnis seines eigenen abstoßenden Verhaltens und Fehlens einer ethischen Grundhaltung erklären lässt, ist das Insistieren seiner Gegner auf diesen Merkmalen Heideggers als Person dennoch falsch – als ob man sich durch den Beweis des Fehlens ethischer Grundsätze bei der Person Heidegger die mühsame Aufgabe ersparen könnte, sich den Fragen, die sein Denken aufwirft, zu stellen. Dennoch hat Heideggers sprichwörtliche Allergie gegen jeden Anflug moralischer Erwägungen etwas Verstörendes; in seiner Platon-Interpretation im Rahmen der Vorlesung im Wintersemester 1931/32 versucht er sogar, durch einen geschickten Hinweis auf die alltägliche Verwendung des Ausspruchs »gut!« das platonische *to agathon* von allen Verbindungen zum moralischen Guten zu reinigen: »›gut!‹ heißt: es wird gemacht! es ist entschieden! Es hat nichts von der Bedeutung des *sittlich* Guten; die Ethik hat die Grundbedeutung dieses Wortes verdorben.«[63] Man kann sich leicht vorstellen, wie Reinhard Heydrich am Ende der Wannsee-Konferenz ausruft: »Gut!« und das Wort im »eigentlichen« platonischen Sinne gebraucht (»es wird gemacht! es ist entschieden!«) … Die Tatsache, dass wir es hier mit einem echten philosophischen Problem zu tun haben, lässt sich durch eine genaue Lektüre von Heideggers Vorlesung über Schellings Abhandlung »Über das Wesen der menschlichen Freiheit« zeigen, in der Heidegger eine Dimension des radikal Bösen einräumen muss, die sich nicht historisieren, das heißt auf den Nihilismus der modernen Technik reduzieren lässt. Bret Davis kommt das Verdienst zu, diese Sackgasse in Heideggers Denken ausführlich analysiert zu haben.

Derrida versuchte in seiner eingehenden Heidegger-Interpretation zu zeigen, dass der Signifikant »Geist« der nicht dekonstruierte symptomale Punkt in Heideggers Gebäude ist;[64] Bret Davis hat dasselbe für den Begriff des Willens geleistet.[65] In der Heidegger-Forschung setzt sich mehr und mehr die Auffassung durch, dass es nicht zwei, sondern drei verschiedene Phasen seines Denkens gibt: die Frühphase der Analyse des Daseins (*Sein und Zeit*); die mittlere Phase der Behauptung einer heroischen Geschichtlichkeit (von dem Vortrag *Was ist Metaphysik* über das Manuskript *Vom Ereignis* zum Schlüsseltext *Einführung in die Metaphysik*); und die

[63] Martin Heidegger, *Gesamtausgabe Band 34: Vom Wesen der Wahrheit. Zu Platons Höhlengleichnis und Theätet*, Frankfurt a. M.: Klostermann 1988, S. 106.

[64] Vgl. Jacques Derrida, *Vom Geist. Heidegger und die Frage*, Frankfurt a. M.: Suhrkamp 1988.

[65] Bret W. Davis, *Heidegger and the Will. On the Way to* Gelassenheit, Evanston: Northwestern University Press 2007 (die Seitenzahlen in Klammern im folgenden Abschnitt verweisen auf dieses Buch).

letzte Phase des Rückzugs vom technischen Nihilismus und der Hinwendung zu Dichtung und Denken unter dem Zeichen der *Gelassenheit*. In der ersten Phase ignoriert Heidegger das Phänomen des Willens; in der zweiten Phase wird es, weit über Heideggers NS-Engagement hinaus, energisch geltend gemacht (noch in dem Manuskript *Vom Ereignis*, das nach allgemeiner Ansicht den Beginn seines Spätwerks markiert, spricht Heidegger vom »Willen zum Ereignis«); in der letzten Phase dagegen – als Resultat seiner Auseinandersetzung mit Nietzsche – erklärt Heidegger den Willen zum Kern moderner Subjektivität und damit zu etwas, das überwunden werden muss, wenn der Mensch den Nihilismus, der ihn in seinem Wesen bedroht, hinter sich lassen will. In seiner klaren und eingehenden Analyse zeigt Davis, dass diese Dreiteilung keineswegs durchgängig ist. Der Wille wird zwar nicht explizit thematisiert, doch er lauert schon in der ersten Phase im Hintergrund und, was entscheidender ist, taucht bis zum Ende immer wieder in mysteriöser und überraschender Weise auf.

In der Frage, wie diese seltsame Beharrlichkeit des Willens, der Heidegger selbst dann noch verfolgt, als er dessen Überwindung zum Mittelpunkt seines Denkens macht, zu interpretieren ist, sind wir allerdings anderer Meinung als Davis. Beeinflusst von seiner gründlichen Kenntnis des japanischen Zen-Buddhismus deutet dieser das Persistieren des Willens als ein Zeichen von »Gelassenheit als unvollendetes Projekt«. Es zeige im Wesentlichen, dass es Heidegger nicht gelungen sei, den Willen vollkommen zu »dekonstruieren«, so dass es nun an uns sei, seinen Weg weiterzugehen, die Aufgabe zu vollenden und alle Konsequenzen aus der Gelassenheit zu ziehen. Wir halten dagegen, dass die von Davis so brillant herausgearbeitete Beharrlichkeit des Willens selbst beim ganz späten Heidegger eher die Unzulänglichkeit seiner kritischen Analyse der modernen Subjektivität beweist – nicht im Sinne von »Heidegger ging nicht weit genug und konnte der Subjektivität selbst nie entkommen«, sondern in dem Sinne, dass er einen nichtmetaphysischen Kern der modernen Subjektivität übersah: Die grundlegendste Dimension des Abgrunds der Subjektivität lässt sich mit einem Begriff von Subjektivität als Haltung der technischen Beherrschung nicht erfassen.[66] Sie ist mit anderen Worten das *Symptom* der Gelassenheit, ein Zeichen für die Beschränktheit dieses Begriffs und nicht nur für unsere Unfähigkeit, dessen Möglichkeiten voll auszuschöpfen.[67]

Davis schlägt eine Unterscheidung vor »zwischen (1) dem, was Heidegger ›den Willen‹ der Subjektivität nennt, einer Grundstimmung, die in einer besonderen Epoche der Geschichte der Metaphysik aufkam und vorherrschend war und (2) dem, was wir (als interpretierende Ergänzung Heideggers) ›Ur-Wollen‹ genannt haben: ein nichthistorisches Unwesen, welches das eigentliche Wesen des Nicht-Wollens heimsucht (303)«. Heidegger geht bei seiner Interpretation eines Spruchs des Anaximander über Ordnung und Unordnung direkt auf diesen Punkt ein; er erwägt darin die Möglichkeit, dass etwas

> »gar auf seiner Weile bestehen [kann], einzig um dadurch anwesender zu bleiben im Sinne des Beständigen. Das Je-Weilige beharrt auf seinem Anwesen. Dergestalt nimmt es sich aus seiner übergänglichen Weile heraus. Es spreizt sich in den Eigensinn des Beharrens auf. Es kehrt sich nicht mehr an das andere Anwesende. Es versteift sich, als sei dies das Verweilen, auf die Beständigkeit des Fortbestehens.«[68]

[66] Siehe Kapitel 1 in Slavoj Žižek, *Die Tücke des Subjekts*, Frankfurt a. M.: Suhrkamp 2001, S. 15 ff.

[67] Um den Eindruck zu vermeiden, wir würden nicht genügend berücksichtigen, dass der Begriff des Willens nicht nur dem technischen Schub in Richtung Kontrolle und Herrschaft, sondern auch der militaristischen Gesinnung von Kampf und Opfer zugrunde liegt, möchten wir daran erinnern, dass Gelassenheit uns in keiner Weise vor den verheerendsten technischen und militärischen Beteiligungen schützen kann – das Schicksal des Zen-Buddhismus in Japan macht dies überdeutlich.

[68] Martin Heidegger, *Gesamtausgabe Band 5: Holzwege*, Frankfurt a. M.: Klostermann 1977, S. 355.

Davis vertritt die These, dass dieses »Aufständische der Weile« auf ein nichthistorisches Ur-Wollen verweise, ein Wollen, das nicht auf das Zeitalter der modernen Subjektivität und dessen Willen zur Macht beschränkt sei, sondern zum Innersten des Seins selbst gehöre. Er kritisiert daher auch zu Recht Hannah Arendts Deutung des »Eigensinns des Beharrens«, weil sie diesen Eigensinn auf die traditionelle theologische Vorstellung eines »willentlichen Aufstands gegen die ›Ordnung‹ der Schöpfung als solcher«[69] reduziere. Das Ur-Wollen ist kein egoistischer Selbstrückzug eines einzelnen Geschöpfs aus der globalen Ordnung, sondern eine in diese Ordnung selbst eingeschriebene »Verkehrtheit«:

»Gibt es nicht ein Problem des ›Wollens‹, welches ein unauslöschlicher Aspekt der unauslöschlichen Endlichkeit des Menschen ist? Würde nicht ein Problem des ›Wollens‹ – wenn auch nicht das seiner spezifischen historischen Bestimmungen / Verschlimmerungen in den Zeiten der Metaphysik – selbst am anderen Anfang weiterbestehen?« (282)

Was Heidegger deutlich sah, hatten auch schon große Mystiker vor ihm (Meister Eckhart, Jakob Böhme) erkannt: Die Formel vom Bösen als Entfernung oder Abfall vom göttlichen Guten reicht nicht aus; die Frage ist: Wie kann es zu dieser Entfernung kommen? Und die einzig konsequente Antwort lautet: Es muss eine »Umkehrung« in Gott selbst geben, einen Kampf, eine Unstimmigkeit, die schon dem göttlichen Ursprung innewohnt. Ebenso sieht Heidegger den Grund für den Exzess der Subjektivität, ihre nihilistische Seinsvergessenheit, in einem Streit / Unfrieden im Innersten des Seins. – Davis zieht denselben Schluss aus Heideggers Unschlüssigkeit in seiner Interpretation von Schellings *Abhandlung über die Freiheit*: Am schonungslosesten zeige sich das radikal Böse

»nicht in der *gesichtslos auslöschenden* Technologie der Vernichtungslager, sondern vielmehr darin, dass es einer Person möglich ist […]

69 Hannah Arendt, *Vom Leben des Geistes. Band II: Das Wollen*, München, Zürich: Piper 1979, S. 185.

einer anderen Person ins Gesicht zu schauen, den Rückzug der Innerlichkeit deutlich zu spüren und willentlich den Abzug zu betätigen oder mit dem Finger in Richtung der Gaskammern zu zeigen. Die Bosheit dieser *Auslöschung von Angesicht zu Angesicht* – dieser boshafte Wille zur Macht, der den Mord der Anderen als *Anderen* will, der, mit anderen Worten, ein Erkennen der Anderen gerade deshalb aufrechterhalten will, um diabolische Freude dabei empfinden zu können, deren Andersheit zu vernichten – übersteigt radikal das Böse der berechnenden Machenschaften der Technologie.

[…] Die gedankenlose Reduktion der Anderen auf Rädchen im Getriebe technologischer Machenschaften ist noch nicht der böse Wille zur Macht, der ein Erkennen der Alterität der Anderen gerade deshalb aufrechterhält, um diabolische Freude daran empfinden zu können, ihren Widerstand zu bezwingen und ihren Schmerz mitzuerleben. Dieses schreckliche Faktum des Bösen lässt sich nicht technologisch erklären.

Heideggers Geschichte der Metaphysik, welche im technologischen Willen zum Willen […] mündet, geht am Abgrund dieses bösen Willens zur Macht vorbei. Nach Heidegger müssen wir folglich einen Schritt zurückgehen und das originäre Unwesen des Ur-Wollens als Grundpotential nicht nur des gesichtslos auslöschenden technologischen Willens zum Willen, sondern auch dieses bösen, von Angesicht zu Angesicht auslöschenden Willens zur Macht denken. Insofern die menschliche Freiheit nicht von einer Verantwortlichkeit hinsichtlich dieses nichttechnologischen bösen Willens zur Macht getrennt werden kann, würde eine Beschränkung in Heideggers Denken über das Böse darüber hinaus auch eine Beschränkung in seinem Denken über die menschliche Freiheit markieren.« (297 f.)

Das also war Heideggers Fehler, als er infamerweise den Holocaust in eine Reihe mit der Ausbeutung der Natur durch die Landwirtschaft stellte. »Das ›skandalös Unangemessene‹ daran ist, dass Heideggers Denken offenbar nicht in der Lage ist, zwischen der Reduktion von Gemüse auf einen Bestand für die Produktion und den Verzehr von Nahrungsmitteln und dem Aufreihen von Personen, um sie systematisch umzubringen, einen wesentlichen Unterschied zu markieren.« (297) Was ist nun von dem Gegenargument zu seiner Verteidigung zu halten, nicht er, Heidegger, sondern die moderne Technik selbst erniedrige Pflanzen und Menschen gleichermaßen auf die Stufe von verfügbaren / disponiblen Objekten? Die Antwort ist klar: Es ist schlicht (und in entscheidender Weise) *falsch*, wenn Heidegger den Holocaust auf die technische Produktion von Leichen reduziert; Ereignisse wie dieses beinhalten ein entscheidendes Element des Willens, den anderen zu erniedrigen und zu verletzen. Das Opfer wird in reflexiver Weise als Objekt behandelt, um es weiter erniedrigen zu können, ganz anders als bei der industriellen Gemüseproduktion, wo dieser Vorsatz zu verletzen fehlt – in der industriellen Landwirtschaft *wird* die Pflanze einfach zum Objekt technischer Verarbeitung reduziert.

Aus diesem Grund hat auch der Traumabegriff keinen Platz in Heideggers Universum. Bezeichnet der Begriff des Traumas und der traumatischen Begegnung für ihn nicht genau jenen undenkbaren Punkt, an dem das Eindringen des Ontischen so stark wird, dass es den ontologischen Horizont zerstört, welcher die Koordinaten liefert, innerhalb deren uns die Wirklichkeit erschlossen ist? Deshalb zieht eine traumatische Begegnung einen »Realitätsverlust« nach sich, der im strengen philosophischen Sinn als Verlust des ontologischen Horizonts zu verstehen ist – im Trauma sind wir für einen Moment dem »rohen«, noch nicht vom ontologischen Horizont bedeckten/abgeschirmten ontischen Ding ausgesetzt. Genau das geschieht natürlich, wenn wir so etwas Entsetzliches wie den Holocaust erleben: Die Welt selbst verfinstert sich. Man sollte diese Äußerung ganz wörtlich verstehen: Ein Akt des durch und durch Bösen bedroht die Welterschließung.

Davis' Lösung – »klar zu unterscheiden [...] zwischen der ontologischen Notwendigkeit der Irre und dem vermessenen Exzess, ›sich beirren zu lassen‹« (299) – kommt der allzu einfachen Unterscheidung zwischen dem ontologisch notwendigen »normalen« Grad des Bösen und dem ontischen »Exzess« über dieses »normale« Maß hinaus gefährlich nahe (ähnlich wie Herbert Marcuses Unterscheidung zwischen »notwendiger« libidinöser und unnötiger exzessiver Repression). Das

Problem bei dieser Lösung ist, dass sie ihr Ziel gleich doppelt verfehlt. Erstens verkennt sie das Argument Heideggers, für den ja der wahre Exzess das ontologische »Böse« des technischen Nihilismus ist – verglichen damit sind die »ontischen« Exzesse bloß ein kleines Missgeschick; man könnte sogar – etwas geschmacklos – mit Heidegger die berühmten Worte Brechts paraphrasieren: »Was ist das Abschlachten Tausender Feinde gegen die Erniedrigung des Menschen zum bloßen Objekt technischer Manipulation!« Und zweitens verkennt sie eine Dimension, die bereits die deutsche Mystik seit Meister Eckhart benannt hat: Das nichthistorische, »exzessive«, grundlegende menschliche Böse (die Absicht, den anderen zu verletzen und zu erniedrigen) ist nicht einfach ein Abfall vom ontologischen Wesen des Menschen, sondern muss in diesem ontologischen Wesen begründet liegen.

Es stellen sich noch zwei weitere (miteinander zusammenhängende) Fragen. Die erste lautet, naiv, aber notwendig: Enthebt es den Menschen nicht letztlich seiner Verantwortung für das konkrete Böse, wenn das Böse in den Windungen des Seins selbst begründet liegt? Die Frage ist, mit anderen Worten, »ob Heidegger, indem er den Ursprung des Bösen einer Negativität im Sein selbst zuschreibt, das Böse implizit als ontologisch notwendige Irre rechtfertigt« (289). Die zweite, fundamentalontologischere Frage: Ist jener Streit im Innersten des Seins Teil von dessen Harmonie in dem Sinn, dass das Sein die versteckte Übereinstimmung der widerstreitenden Pole ist, oder handelt es sich um eine radikalere Unstimmigkeit, etwas, das die Harmonie des Seins selbst zerstört? Oder, um es mit Davis zu sagen: »Ist das Sein eine Fuge, in der letztlich alle Unstimmigkeit notwendigerweise harmonisiert wird? Oder sucht das Böse das Geschenk des Seins als dessen nicht aufhebbares Unwesen heim?« (294) Gegen Davis' Behauptung, die erste Option führe »Heideggers Denken zurück in die Systematik des Idealismus« (294), ist freilich einzuwenden, dass es im Gegenteil das vormoderne (vor-idealistische) »Heidentum« ist, dessen äußerster Horizont die höhere Harmonie der streitenden Kräfte ist, und dass »Subjektivität« im Grunde genau das »Unwesen« bezeichnet, das sich nicht vereinnahmen und in eine höhere Harmonie der substanziellen Seinsordnung überführen lässt.

Um diese Fragen zu beantworten, reicht es nicht, »mit Heidegger gegen Heidegger« zu denken, das heißt das »unvollendete Projekt Heidegger« zum Abschluss zu bringen. Immanente Kritik genügt hier nicht; wir müssen Heideggers Grundprämisse einer teuflischen Umkehrung der »Seynsfuge« aufgeben. Kehren wir zurück zu Heideggers Anaximander-Interpretation. Wer sich auch nur ein bisschen mit Freud und Lacan auskennt, muss bei Heideggers Deutung von Anaximanders »Unordnung« sofort an den Freud'schen *Trieb* denken. Seine Formulierung gibt perfekt das »Feststecken« wieder, die Fixierung des Triebs auf einen bestimmten unmöglichen Punkt, um den er, einem »Wiederholungszwang« gehorchend, kreist. Im Grunde ist der Trieb ein »aufständisches Weilen«, das den »natürlichen« Fluss überfließen lässt. Was ist, wenn es im strengen Sinne gar keine Welt, keine Erschließung des Seins vor diesem »Feststecken« gibt? Wenn es keine Gelassenheit gibt, die vom Exzess des Wollens gestört wird, sondern der Raum für die Gelassenheit erst von diesem Exzess / Feststecken erschlossen wird? Was ist, wenn der Mensch sich nur vor dem Hintergrund dieses Feststeckens als endlich / sterblich erleben kann, wohingegen das Tier einfach sterblich ist?

Die Urtatsache ist also nicht die Seynsfuge (oder der innere Friede der Gelassenheit), die dann durch das Aufkommen des Ur-Wollens gestört / verkehrt werden kann; die Urtatsache ist dieses Ur-Wollen selbst und seine Störung der »natürlichen« Fuge. Anders ausgedrückt: Damit ein Mensch sich vom völligen Eintauchen in seine Lebensumgebung in den inneren Frieden der Gelassenheit zurückziehen kann, muss dieses Eintauchen zuerst durch das exzessive »Feststecken« des Triebs durchbrochen werden.

Es ergeben sich noch zwei weitere Konsequenzen: Erstens, dass die Endlichkeit des Menschen der Unendlichkeit genau gleicht, nämlich der obszönen »Unsterblichkeit«/Unendlichkeit des Triebs, die »jenseits von Leben und Tod« weiterbesteht. Zweitens: Der Name jenes teuflischen Exzesses des Wollens, der die Ordnung des Seins »verkehrt«, ist Subjekt. Das Subjekt lässt sich nicht auf das Zeitalter der modernen Subjektivität mit seiner Ausrichtung auf technische Beherrschung reduzieren – es gibt, diesem zugrundeliegend, ein »nichthistorisches« Subjekt.

Heideggers »göttliche Gewalt«

Wenn es eine These gibt, gegen die sich unsere gesamte Interpretation richtet, dann die, dass »Heidegger seine romantische Vernarrtheit in den Kampf und in mythische politische Taten und Opfer zugunsten einer sanfteren und empfänglicheren Form der Offenheit gegenüber Erde und Himmel, Sterblichen und Göttlichen aufgab«.[70] Das vorliegende Kapitel könnte den Untertitel tragen: »Vorsicht vor sanfter Offenheit!«

In Bezug auf die drei Phasen des Heidegger'schen Denkens bedeutet das, dass es in der zweiten Phase einen potentiellen Durchbruch in eine andere Dimension gab, der in der dritten verlorengeht. Wo Heidegger am meisten irrte (bei seinem NS-Engagement), kam er der Wahrheit am nächsten. Die dritte Phase löst nicht die Widersprüchlichkeiten der zweiten, sondern stellt ein neues Paradigma vor, das sie unsichtbar macht. Statt sich auf den späten, grünen Heidegger der Gelassenheit zu konzentrieren, sollte man also gerade den Heidegger der Gewalt, der politischen Taten und Opfer nach Neuem durchforschen. Auf der Ebene der Textanalyse hat Gregory Fried bereits

70 Wrathall, *How to Read Heidegger*, a. a. O., S. 87.

Großes geleistet.[71] Er interpretiert Heideggers gesamtes Werk in überaus treffender Weise vor dem Hintergrund von dessen Verweis auf Heraklits Begriff des *polemos* (Krieg, Kampf, bei Heidegger auch Auseinandersetzung) aus dem berühmten Fragment 53: »Krieg ist aller Dinge Vater, aller Dinge König. Die einen macht er zu Göttern, die anderen zu Menschen, die einen zu Sklaven, die anderen zu Freien.«[72]

Wie jeder Heraklit-Interpret weiß, ist das Fragment als Umkehrung der religiösen Sichtweise zu lesen, wonach die Welt von einer göttlichen Macht geschaffen wurde und regiert wird. Hesiod etwa würde sagen: »Gott (Zeus) aller Dinge Vater ist!« Ersetzt man Zeus mit Kampf (Krieg), erhält man ein völlig neues Bild des gesamten Universums: kein hierarchisches Ganzes, dessen lokale Spannungen und Kämpfe von der väterlichen Gewalt des übermächtigen einen Gottes kontrolliert werden, sondern der fortwährende Prozess des Kampfes selbst als höchste Wirklichkeit, aus dem alle Wesen ebenso wie deren (zeitweilige) Ordnung hervorgehen. Es ist nicht nur so, dass die stabile Identität jedes einzelnen Wesens nur vorübergehend ist und sie über kurz oder lang alle verschwinden, sich auflösen und in das ursprüngliche Chaos zurückkehren; ihre (zeitweilige) Identität selbst entsteht erst durch den Kampf, das heißt, eine stabile Identität ist etwas, das man durch die harte Prüfung des Kampfes gewinnt, in der Auseinandersetzung mit dem/den anderen behauptet … das kommt Ihnen bekannt vor? Und ob es das tut – in Heideggers Deutung des Fragments heißt es:

71 Vgl. Gregory Fried, *Heidegger's Polemos: From Being to Politics*, New Haven: Yale University Press 2000.

72 Im griechischen Original steht das Verb, wie im Griechischen üblich, am Satzende, und so erinnert der Anfang des Fragments auf merkwürdige Weise an die jedem Freund der Popkultur vertraute Sprechweise des heraklitischen Gnoms Yoda aus *Krieg der Sterne*, dessen tiefsinnige Äußerungen ebenfalls diese Satzstellung aufweisen; wir sollten den Anfang des Zitats (*polemos panton men pater esti*) daher in Yoda-Sprache übersetzen: »Der Krieg aller Dinge Vater ist …«.

»Der hier gemeinte Kampf ist ursprünglicher Kampf; denn er läßt die Kämpfenden allererst als solche entspringen«[73] – ist das nicht weniger das übliche *Heidegger avec Hitler*, sondern vielmehr ein unerwartetes *Heidegger avec Staline*? Denn auch Stalin sah Natur und Geschichte als große, andauernde Prozesse eines ewigen »Kampfs der Gegensätze«:

»Im Gegensatz zur Metaphysik geht die Dialektik davon aus, dass den Naturdingen, den Naturerscheinungen innere Widersprüche eigen sind, denn sie alle haben ihre negative und positive Seite, ihre Vergangenheit und Zukunft, ihr Ablebendes und sich Entwickelndes, dass der Kampf dieser Gegensätze, der Kampf zwischen Altem und Neuem, zwischen Absterbendem und neu Entstehendem, zwischen Ablebendem und sich Entwickelndem, den inneren Gehalt des Entwicklungsprozesses, den inneren Gehalt des Umschlagens quantitativer Veränderungen in qualitative bildet.

Darum ergibt sich aus der dialektischen Methode, dass der Prozess der Entwicklung von Niederem zu Höherem nicht in Form einer harmonischen Entfaltung der Erscheinungen verläuft, sondern in Form eines Hervorbrechens der Widersprüche, die den Dingen und Erscheinungen eigen sind, in Form eines ›Kampfes‹ gegensätzlicher Tendenzen, die auf der Grundlage dieser Widersprüche wirksam sind.«[74]

Selbst den »Klassenkampf« finden wir schon bei Heraklit, nämlich als Kampf, der »die einen zu Sklaven, die anderen zu Freien« macht. Einigen Quellen zufolge soll ein Besucher Heideggers in den letzten Jahren des Zweiten Weltkriegs auf dessen Schreibtisch überraschenderweise Bücher über marxistische Philosophie vorgefunden haben. Heidegger soll dazu gesagt haben, da die Sowjetunion den Krieg gewinnen werde, müsse er sich auf seine Rolle in der neuen Gesellschaft vorbereiten … Ob diese Anekdote nun stimmt oder nicht, sie offenbart eine innere Logik, die auf dem unerwarteten Zusammenklingen des Höchsten mit dem Niedrigsten beruht: der knappen poetischen

[73] Heidegger, *Einführung in die Metaphysik*, a. a. O., S. 66.

[74] Josef Stalin, »Über dialektischen und historischen Materialismus«, im Internet abrufbar unter http://www.stalinwerke.de/geschichte/geschichte-021.html.

Schönheit und Präzision von Heraklits alter Weisheit und der schlichten Brutalität von Stalins dialektisch-materialistischer »Weltanschauung«. Die andere griechische Schlüsselstelle zum Thema Gewalt, auf die sich Heidegger wiederholt bezieht, ist das berühmte Chorlied aus *Antigone* über den »unheimlichen / dämonischen« Charakter des Menschen. In seiner Auslegung dieser Stelle in der *Einführung in die Metaphysik* entfaltet Heidegger den Begriff der »ontologischen« Gewalt, welche jeder Gründungsgeste der neuen gemeinschaftlichen Welt eines Volkes anhafte und von Dichtern, Denkern und Staatsmännern ausgeübt werde:

»Wir geben hier dem Wort Gewalt-tätigkeit einen wesenhaften Sinn, der grundsätzlich über die gewöhnliche Bedeutung hinausreicht, gemäß der es meist soviel wie bloße Roheit und Willkür meint. Die Gewalt wird dann aus dem Bereich her gesehen, in dem die Verabredung auf Ausgleich und gegenseitige Versorgung den Maßstab des Daseins abgibt und demgemäß jede Gewalt notwendig nur als Störung und Verletzung abgeschätzt ist.

[...] Der *Gewalt-tätige*, der Schaffende, der in das Un-gesagte ausrückt, in das Un-gedachte einbricht, der das Ungeschehene erzwingt und das Ungeschaute erscheinen macht, dieser Gewalt-tätige steht jederzeit im Wagnis [...].

Deshalb kennt der Gewalt-tätige nicht Güte und Begütigung (im gewöhnlichen Sinne), keine Beschwichtigung und Beruhigung durch Erfolge oder Geltung und durch die Bestätigung einer solchen. [...] Der Untergang ist ihm das tiefste und weiteste Ja zum Überwältigenden. [...]

Solches wesentliche Entscheiden muß jedoch im Vollzug und im Aushalten gegen die ständig andrängende Verstrickung im Alltäglichen und Gewöhnlichen Gewalt brauchen. Die Gewalttat des so entschiedenen Ausrückens auf den Weg zum Sein des Seienden rückt den Menschen aus dem Heimischen des gerade Nächsten und Üblichen heraus.«[75]

Als solcher ist der Schaffende »*hupsipolis apolis*« (*Antigone*, Zeile 370): Er steht außerhalb und über der *Polis* und deren *Ethos*, er ist von jeglichen Regeln der »Moralität« (welche nur

[75] Heidegger, *Einführung in die Metaphysik*, a. a. O., S. 159 – 177.

eine degenerative Form des Ethos ist) entbunden; nur so kann er eine neue Form von Ethos, von gemeinschaftlichem Sein in der Polis begründen … Hier klingt natürlich der Topos der die Herrschaft des Rechts erst begründenden »ungesetzlichen« Gewalt an, der zur gleichen Zeit auf unterschiedliche Weise von Walter Benjamin und Carl Schmitt aufgeworfen wurde. (Heidegger beeilt sich natürlich gleich hinzuzufügen, dass das erste Opfer dieser Gewalt der Schaffende selbst ist, der mit dem Beginn der neuen Ordnung, die er begründet hat, beseitigt werden muss; die Beseitigung kann unterschiedliche Formen haben, von der physischen Vernichtung – wir wissen seit Moses und Julius Caesar, dass die Gründergestalt ermordet werden muss – bis zum Rückfall in den Wahnsinn, wie im Fall Hölderlins. Das Frösteln, das diese Textstellen hervorrufen, rührt daher, dass Heidegger hier nicht nur eine neue Variante seiner rhetorischen Standardfigur der Umkehrung liefert (»Das Wesen der Gewalt hat nichts mit ontischer Gewalt, Leiden, Krieg, Zerstörung usw. zu tun; es beruht vielmehr auf dem gewaltsamen Charakter der Verhängung / Gründung der neuen Wesensart – Entbergung des gemeinschaftlichen Seins – selbst«); vielmehr deutet Heidegger diese wesentliche Gewalt (implizit, aber deutlich) als etwas, das die Ausbrüche ontischer Gewalt selbst begründet (oder zumindest den Raum dafür eröffnet) … Liberale Kritiker Heideggers stellen mit Verweis auf diese Zeilen gerne fest, Heidegger legitimiere hier, indem er selbst die Mindestkriterien der Moral aufhebe, die brutalste »ontische« Gewalt des Staatmannes / Schaffenden und bereite so den Weg für sein NS-Engagement und die Unterstützung Hitlers als eines solchen Staatsmannes / Schaffenden, der, außerhalb und über der Gemeinschaft der dem Untergang geweihten Weimarer Republik stehend, furchtlos deren Koordinaten zerschlagen und damit gewaltsam ein neues gemeinschaftliches Sein begründet habe: das des in der nationalsozialistischen Revolution wiedererwachten Deutschlands …

Man ist freilich versucht zu ergänzen, dass die Gewaltkonstellation im Fall des Nationalsozialismus (und des Faschismus im Allgemeinen) eher umgekehrt ist. Auch wenn es verrückt oder sogar geschmacklos klingt: Das Problem ist, dass Hitler *nicht gewaltsam genug*, dass seine Gewalt nicht »wesentlich« genug war. Der Nationalsozialismus war nicht radikal genug, er hat es nicht gewagt, die Grundstruktur des modernen kapitalistischen sozialen Raums anzutasten (weswegen er einen äußeren Feind erfinden und vernichten musste, die Juden).

Wenn also jemand meint, Hitler sei zwar ein übler Kerl gewesen, der Millionen auf dem Gewissen habe, aber immerhin habe er den Mumm gehabt, seine Pläne mit eisernem Willen durchzusetzen, dann ist das nicht nur ethisch widerlich, sondern auch schlicht und einfach *falsch*: Nein, Hitler hatte *nicht* den Mumm, wirklich etwas zu verändern; er hat *nicht* wirklich agiert, alle seine Aktionen waren im Grunde *Reaktionen*, das heißt, er handelte so, dass sich nichts wirklich änderte, er inszenierte ein großes Revolutionsspektakel, damit die kapitalistische Ordnung fortbestehen konnte. Sucht man wirklich nach einem Akt, der ein echtes Wagnis war, für den man wirklich den Mumm brauchte, das Unmögliche zu versuchen, der aber gleichzeitig eine grauenhafte Tat war, die unvorstellbares Leid verursacht hat, dann war das Stalins Zwangskollektivierung Ende der 1920er Jahre in der Sowjetunion – doch selbst da gilt derselbe Vorwurf: Das Paradox der »stalinistischen Revolution« von 1928 ist, dass sie in ihrer ganzen brutalen Radikalität *nicht radikal genug* darin war, die soziale Substanz wirklich umzuformen. Ihre brutale Zerstörungskraft ist als ohnmächtiger *passage à l'acte* zu verstehen. Der stalinistische »Totalitarismus« steht keineswegs für die totale Durchsetzung des nichtbenennbaren Realen im Namen der Wahrheit, sondern kennzeichnet vielmehr die Haltung eines absolut rücksichtslosen »Pragmatismus«, bei dem sämtliche »Prinzipien« zugunsten des Machterhalts manipuliert und geopfert werden.

So gesehen liegt die Ironie darin, dass die großen Gesten

Hitlers, wie seine Verachtung der bürgerlichen Selbstzufriedenheit usw., letztlich dazu dienten, ebenjene Selbstzufriedenheit aufrechtzuerhalten. Weit davon entfernt, die vielgeschmähte »dekadente« bürgerliche Ordnung zu stören oder die Deutschen aus ihrer Selbstzufriedenheit aufzurütteln, war der Nationalsozialismus in Wirklichkeit ein Traum, der es ermöglichte, das Aufwachen aufzuschieben – Deutschland erwachte erst wirklich bei seiner Niederlage 1945. Badious Begriff des »Mutes« (den man braucht, um die Treue zum Ereignis zu praktizieren) ruft in liberalen Köpfen eine gewisse Besorgnis hervor: Wie sollen wir denn »guten« (wirklich ereignishaften) von »schlechtem« Mut unterscheiden? Waren etwa die Nazis, die im Winter 1944–45 Berlin verteidigten, oder die islamistischen Terroristen, die sich bei Selbstmordanschlägen in die Luft sprengen, nicht ebenfalls wahrhaft mutig? Hier sollten wir ganz deutlich betonen, dass es so etwas wie »schlechten Mut« nicht gibt: dahinter steckt immer eine Form der Feigheit. Hinter dem »Mut« der Nazis steckte die Feigheit davor, das Schlüsselproblem ihrer Gesellschaft anzugehen, die kapitalistischen Produktionsverhältnisse; der »Mut« der Terroristen stützt sich auf den »großen Anderen«, als dessen Werkzeuge sie sich empfinden. Der wahre Mut eines Akts ist immer der Mut, die Nichtexistenz des großen Anderen zu akzeptieren, das heißt die bestehende Ordnung an der Stelle ihres symptomalen Knotens anzugreifen.

Wieder auf Heidegger bezogen bedeutet das, dass Hitlers Gewalt selbst in ihrer schrecklichsten Form (der Ermordung von Millionen Juden) zu »ontisch«, das heißt ein ohnmächtiger *passage à l'acte* war, welcher die Unfähigkeit der NS-Bewegung offenbarte, wirklich »*apolis*« zu sein und die Grundkoordinaten des bürgerlichen gemeinschaftlichen Seins in Frage zu stellen und zu erschüttern. Und vielleicht ist ja auch Heideggers eigenes NS-Engagement als *passage à l'acte* zu verstehen: ein gewaltsamer Ausbruch als Zeichen seiner Unfähigkeit aus der theoretischen Sackgasse zu entkommen, in der er sich befand. Die Frage nach dem Verhältnis zwischen Heideggers NS-Engagement und seiner Philosophie sollte daher neu gestellt werden. Es geht nicht mehr um die *adaequatio* (Korrespondenz) zwischen Heideggers Denken und seinem politischen Handeln, sondern um eine inhärente theoretische Ausweglosigkeit (die an sich nichts mit dem Nationalsozialismus zu tun hat) und den gewaltsamen *passage* als einzige Möglichkeit, ihr zu entkommen.

Auch ein anderes altes Dilemma sollte vor diesem Hintergrund neu betrachtet werden: War am Anfang das Wort oder die Tat? Logisch betrachtet begann alles mit dem Wort; die Tat, die dann folgte, war ein ohnmächtiger Ausbruch, der die Ausweglosigkeit des Wortes bezeugte. Und dasselbe gilt auch für den Akt par excellence, den göttlichen Schöpfungsakt. Auch dieser zeigt an, dass Gott mit seinem Räsonnement in eine Sackgasse geraten ist. Kurz gesagt, es gilt hier auch der negative Aspekt des ontologischen Gottesbeweises: Die Tatsache, dass Gott die Welt erschaffen hat, offenbart nicht seine Allmacht und übergroße Güte, sondern seine lähmende Beschränkung.

2 Revolutionärer Schrecken von Robespierre bis Mao

»Was wollt ihr denn?«

In seinem Buch *Logiken der Welten* erörtert Alain Badiou[1] die ewige Idee einer Politik der revolutionären Gerechtigkeit, die sich von den altchinesischen »Legalisten« über die Jakobiner bis hin zu Lenin und Mao zieht und vier Punkte beinhaltet: *Voluntarismus* (der Glaube, »Berge versetzen« zu können; »objektive« Gesetze und Hindernisse werden dabei ignoriert), *Terror* (der rücksichtslose Wille, die Feinde des Volkes zu zerschmettern), *egalitäre Gerechtigkeit* (die sofortige brutale Durchsetzung des Rechts ohne Rücksicht auf die »komplexen Umstände«, die uns angeblich zu langsamem und schrittweisem Vorgehen zwingen) und, last but not least, *Vertrauen in das Volk* – zwei Beispiele mögen hier genügen: Robespierres »große Wahrheit« (»eine Volksregierung muss Vertrauen haben zum Volk und muss streng sein mit sich selber«) sowie Maos Kritik an Stalins *Ökonomischen Problemen des Sozialismus in der UdSSR*; Mao charakterisiert dort Stalins Standpunkt als »fast völlig falsch. Der Hauptfehler ist das Misstrauen gegen die Bauern.«[2]

Die ersten, die in der jüngeren Geschichte Europas die Politik der revolutionären Gerechtigkeit verwirklichten, waren

[1] Vgl. das »Vorwort« in Alain Badiou, *Logiken der Welten. Das Sein und das Ereignis 2*, Zürich: diaphanes 2010, S. 17 ff.

[2] Der Haken an der Sache ist natürlich die Doppeldeutigkeit des Wortes »Volk«: Sind damit die »empirischen« Menschen gemeint, oder *das* Volk, in dessen Namen man den Terror im Namen des Volkes gegen die Feinde des Volkes in den Terror gegen einzelne Menschen verwandeln kann? Bietet die ökologische Herausforderung nicht die einzigartige Gelegenheit, diese »ewige Idee« neu zu erfinden?

die Jakobiner in der Französischen Revolution.[3] Als sich der chinesische Ministerpräsident Zhou Enlai 1953 während des Koreakriegs zu Friedensverhandlungen in Genf aufhielt, wurde er von einem Journalisten gefragt, was er von der Französischen Revolution halte; Zhou antwortete: »Es ist noch zu früh, das zu sagen.« In gewissem Sinn hatte er recht: Mit dem Zusammenbruch der »Volksdemokratien« Ende der 1990er Jahre flammte der Streit um den historischen Rang der Französischen Revolution wieder auf. Die liberalen Revisionisten versuchten die Vorstellung durchzusetzen, der Untergang des Kommunismus habe sich 1989 genau im richtigen Moment ereignet. Er markiere das Ende einer Ära, die 1789 begonnen habe, das finale Scheitern des etatistisch-revolutionären Modells, welches erstmals mit den Jakobinern auf der Bildfläche erschienen sei.

Nirgends ist das Diktum »jede Geschichte ist eine Geschichte der Gegenwart« wahrer als im Fall der Französischen Revolution. Ihre historiographische Rezeption war stets ein Spiegelbild der jeweiligen politischen Auseinandersetzungen. Das Erkennungszeichen der Konservativen ist ihre glatte Ablehnung: Die Französische Revolution war von Anfang an eine Katastrophe und das Produkt des gottlosen modernen Geistes, sie muss als Gottes Strafe für die Schlechtigkeit des Menschen verstanden und daher so vollständig wie möglich ungeschehen gemacht werden. Die typische liberale Haltung ist differenzierter; ihre Formel lautet »1789 ohne 1793«. Kurz, was die sensiblen Liberalen wollen, ist eine koffeinfreie Revolution, eine, die nicht nach Revolution riecht. François Furet und andere versuchen daher, der Französischen Revolution ihren Status als Gründungsereignis der modernen Demokratie abzuerkennen und sie zu einer bloßen historischen Anomalie zu erklären: Es bestand eine historische Notwendigkeit, die modernen

[3] Ansätze waren natürlich auch schon bei den früheren »millenaristischen« Revolutionären (von den tschechischen Hussiten bis zu Thomas Müntzer) sowie in Cromwells Commonwealth erkennbar.

Grundsätze der persönlichen Freiheit usw. zu behaupten, dasselbe hätte sich aber, wie das Beispiel England zeigt, auch viel effizienter auf friedlicherem Wege erreichen lassen … Radikale dagegen sind besessen von dem, was Alain Badiou die »Passion des Realen« nennt: Wer A sagt – Gleichheit, Menschenrechte und Freiheit –, sollte nicht vor den Folgen zurückschrecken und den Mut aufbringen, auch B zu sagen – um A wirklich verteidigen und behaupten zu können, braucht es den Terror.[4]

Dasselbe gilt auch für die Erinnerung an den Mai 1968. Tage vor der zweiten Runde der Präsidentschaftswahl 2007 formulierte Nicolas Sarkozy, die eigentliche Entscheidung sei die über die Austreibung des Geistes von 1968: »Bei dieser Wahl werden wir erfahren, ob das Erbe vom Mai 1968 weitergeführt oder ein für allemal liquidiert werden soll. Ich möchte das Kapitel Mai ’68 schließen.« Auch wenn man die Erinnerung an 1968 wahren sollte, darf man nicht vergessen, dass der Inhalt dieser Erinnerung Gegenstand eines ideologischen Kampfes ist – so schrieben Daniel Bensaïd und Alain Krivine kürzlich: »Es gibt ihren Mai und unseren.«[5] Der vorherrschende liberale Diskurs vereinnahmte die Ereignisse vom Mai ’68 und erklärte sie zum Anfang vom Ende der traditionellen Linken, zur Explosion jugendlicher Energie und Kreativität, zu Frankreichs »verspätetem Eintritt in die hedonistische Moderne«. Für die Linke dagegen war der Mai ’68 der einmalige Augenblick des Generalstreiks, der Frankreich lahmlegte und das Gespenst des Zerfalls der Staatsmacht beschwor, der Moment der Vereinigung der Studentenproteste mit denen der Arbeiter und Teil einer größeren Bewegung, welche auch Studentenunruhen in den USA, Deutschland und Italien umfasste.

[4] Für eine ausgewogene Beschreibung des Schreckens siehe David Andress, *The Terror. Civil War in the French Revolution*, London: Little, Brown 2005.

[5] Daniel Bensaïd und Alain Krivine, »La haine de 68«, in: *Liberation* vom 3. Mai 2007, im Internet abrufbar unter http://www.liberation.fr/tribune/0101101085-la-haine-de-68.

Es wäre freilich zu kurz gegriffen, würde man der heutigen Linken raten, diesen Weg einfach weiterzugehen. Tatsächlich hat 1990 so etwas wie ein historischer Einschnitt stattgefunden: Jeder, einschließlich der heutigen »radikalen Linken«, schämt sich irgendwie des jakobinischen Vermächtnisses des revolutionären Terrors zentralstaatlicher Prägung, weswegen das allgemeine Motto lautet, die Linke solle sich, um wieder eine politische Wirkung zu erzielen, von Grund auf neu erfinden und das sogenannte »jakobinische Paradigma« endgültig aufgeben. In unserer postmodernen Zeit der »emergierenden Eigenschaften«, der chaotischen Interaktion multipler Subjektivitäten, des freien Austauschs anstelle einer zentralisierten Hierarchie und der Meinungsvielfalt anstelle der *einen* Wahrheit ist die jakobinische Diktatur ganz grundlegend »nicht nach unserem Geschmack« (das Wort »Geschmack« ist hier mit all seinem historischen Gewicht zu verstehen, als ein Name für eine ideologische Grunddisposition). Kann man sich etwas vorstellen, das unserer Welt der Meinungsfreiheit, des marktwirtschaftlichen Wettbewerbs, der nomadischen, pluralistischen Interaktion etc. fremder wäre als Robespierres Politik der absoluten Wahrheit, deren erklärtes Ziel es ist, »das Schicksal der Freiheit wieder in die Hände der Wahrheit zu legen«? Eine solche Wahrheit kann nur mit den Mitteln des Terrors durchgesetzt werden:

> »Wenn in friedlichen Zeiten der Kraftquell der Volksregierung die Tugend ist, so sind es in Zeiten der Revolution Tugend und Terror zusammen. Ohne die Tugend ist der Terror verhängnisvoll, ohne den Terror ist die Tugend machtlos. Der Terror ist nichts anderes als die unmittelbare, strenge und unbeugsame Gerechtigkeit; er ist also eine Emanation der Tugend; und er ist nicht so sehr ein besonderer Grundsatz als vielmehr die Folge des allgemeinen Grundsatzes der Demokratie, angewandt auf die dringendsten Bedürfnisse des Vaterlandes.«[6]

[6] Maximilien Robespierre, *Ausgewählte Texte*, Hamburg: Merlin 1971, S. 594 f. (Seitenzahlen im Folgenden in Klammern im Text.)

Diese Argumentationslinie Robespierres erreicht ihren Höhepunkt in der paradoxen Gleichsetzung der Gegensätze: Durch den revolutionären Terror wird der Widerspruch zwischen Bestrafung und Wohltat »aufgehoben« – die gerechte und harte Strafe *ist* die größte Wohltat, in der Strenge und Wohltätigkeit zusammenfallen:

»Die Unterdrücker der Menschheit zu bestrafen, ist Wohltat; ihnen zu verzeihen, ist Barbarei. Die Tyrannen sind streng nur um der Strenge willen; die Strenge der republikanischen Regierung wird von der Wohltätigkeit bestimmt.« (599)

Haben wir noch Ohren für ein solches revolutionäres »Zusammenfallen der Gegensätze« – von Strafe und Wohltätigkeit, von Terror und Freiheit? Das allgemeine Bild von Robespierre gleicht in gewisser Weise dem von David Lynchs *Elefantenmensch*, nur umgekehrt: Während dieser einen grässlich deformierten Körper besaß, in dem eine gütige, intelligente Seele wohnte, war jener nach außen ein netter, höflicher Mensch, in dem sich jedoch, wie seine grünen Augen signalisierten, eiskalte, grausame Entschlossenheit verbarg … So nützt Robespierre den antitotalitaristischen Liberalen von heute perfekt, die ihn nicht mehr, wie noch im 19. Jahrhundert, als höhnisch grinsendes, grausames Monster darstellen müssen. Jeder ist bereit, Robespierres moralische Integrität und vollkommene Hingabe an die Sache der Revolution anzuerkennen, denn seine Reinheit ist genau das Problem, die Wurzel allen Übels. »Fatale Reinheit« lautet denn auch der Titel einer neuen Robespierre-Biographie von Ruth Scurr.[7] Und damit es auch jeder mitbekommt, zieht die Rezensentin Antonia Fraser aus diesem Buch »eine ernüchternde Lehre für uns heute«: Robespierre war als Mensch aufrichtig und ehrlich, aber das »Blutvergießen, das dieser ›aufrichtige‹ Mann verursacht hat, ist uns eine Warnung, dass der ausschließliche Glaube an unsere eigene

[7] Ruth Scurr, *Fatal Purity. Robespierre and the French Revolution*, London: Chatto & Windus 2006.

Rechtschaffenheit ebenso gefährlich sein kann wie die zynischeren Beweggründe eines vorsätzlichen Tyrannen.«[8] Was für ein Glück, dass wir unter zynischen Manipulatoren der öffentlichen Meinung leben und nicht unter aufrichtigen muslimischen Fundamentalisten, die bereit sind, sich voll und ganz für ihre Ziele einzusetzen … Gibt es einen besseren Beweis für die ethisch-politische Misere, in der wir stecken, wenn unser ultimativer Antriebsgrund das Misstrauen in die Tugend ist?

Was soll nun jemand, der dem Erbe der radikalen Linken treu bleibt, mit alldem anfangen? Mindestens zwei Dinge: Erstens müssen wir die terroristische Vergangenheit als die *unsere* annehmen, auch wenn – oder gerade weil – wir sie kritisch ablehnen. Die einzige Alternative zu der halbherzigen Defensivhaltung, in der wir uns unseren liberalen oder rechtsgerichteten Kritikern gegenüber schuldig fühlen, ist: Wir müssen die Kritik besser betreiben als unsere Gegner. Das ist freilich noch nicht die ganze Geschichte. Wir sollten unseren Gegnern auch nicht erlauben, das Feld und das Thema der Auseinandersetzung zu bestimmen. Das heißt, die schonungslose Selbstkritik sollte einhergehen mit dem furchtlosen Eingeständnis dessen, was man in Anlehnung an Marx' Urteil über die Hegel'sche Dialektik den »vernünftigen Kern« des jakobinischen Terrors zu nennen versucht ist:

»Ohne besondere Freude nimmt die materialistische Dialektik an, dass bis heute kein politisches Subjekt ohne Momente von Schrecken zur Ewigkeit der von ihm entfalteten Wahrheit gelangt ist. Denn, wie Saint-Just fragt: ›Was wollen die, die weder die Tugend noch den Schrecken wollen?‹ Seine Antwort ist bekannt: Sie wollen die Korruption – ein anderer Name für die Niederlage des Subjekts.«[9]

8 Antonia Fraser, »Head of the revolution«, in: *The Times*, 22. April 2006, Books, S. 9.

9 Badiou, *Logiken der Welten*, a. a. O., S. 108.

Oder, wie Saint-Just prägnant bemerkte: »Was das Gemeinwohl hervorbringt, ist immer schrecklich.«[10] Diese Worte sind nicht als Warnung vor der Versuchung, das Gemeinwohl in einer Gesellschaft gewaltsam durchzusetzen, aufzufassen, sondern im Gegenteil als eine bittere Wahrheit, die es rückhaltlos zu unterstützen gilt. – Ein weiterer entscheidender Punkt, den es zu berücksichtigen gilt, ist, dass der Schrecken der Revolution für Robespierre das Gegenteil des Krieges bedeutet. Robespierre war Pazifist, nicht aus Heuchelei oder humanitärem Feingefühl, sondern weil er sich bewusst war, dass Kriege *zwischen* Staaten in der Regel eine Schwächung für den revolutionären Kampf *innerhalb* eines Staates bedeuten. Seine Rede »Über den Krieg« ist heute von besonderer Bedeutung. Sie zeigt ihn als wahren Pazifisten, der den patriotischen Aufruf zum Krieg schonungslos verurteilt, selbst wenn der Krieg als Verteidigung der Revolution dargestellt wird, als Versuch derer, die eine »Revolution ohne Revolution« wollen, die Radikalisierung des revolutionären Prozesses abzuwenden. Damit vertritt er genau die gegenteilige Haltung wie jene, die den Krieg brauchen, um das Sozialleben militarisieren und diktatorisch kontrollieren zu können.[11] Deshalb wandte sich Robespierre auch gegen die Versuchung, die Revolution in andere Länder zu exportieren und diese mit Gewalt zu »befreien«: »Die Franzosen sind keineswegs so vermessen, irgendeine Nation gegen ihren Willen glücklich und frei machen zu wollen.

[10] Louis Antoine de Saint-Just, *Œuvres choisies*, Paris: Gallimard 1968, S. 330.

[11] Und er sollte recht behalten: Wie wir heute wissen, stand König Ludwig XVI. in den letzten Tagen seiner Freiheit in Verhandlungen mit ausländischen Mächten über den Beginn eines Krieges Frankreichs gegen das europäische Ausland, in dem sich der König als Patriot hätte hinstellen können, der die französische Armee anführt, um dann mit den europäischen Mächten einen ehrenhaften Frieden für sein Land auszuhandeln und so seine volle Autorität wiederzugewinnen – kurz: Der »sanfte« Ludwig XVI. war bereit, Europa in den Krieg zu stürzen, um seinen Thron zu retten …

Alle Könige der Welt könnten auf ihren blutigen Thronen ungestraft weiterleben und sterben, wenn sie die Unabhängigkeit des französischen Volkes respektiert hätten.« (555 f.)

Die revolutionäre Schreckensherrschaft der Jakobiner wird manchmal als »Gründungsverbrechen« der bürgerlichen Welt von Recht und Ordnung, in welcher die Bürger in Frieden ihre Interessen verfolgen können, (teilweise) gerechtfertigt. Dies ist in zweifacher Hinsicht abzulehnen. Es ist nicht nur sachlich falsch (viele Konservative haben zu Recht darauf hingewiesen, dass sich Recht und Ordnung im bürgerlichen Sinne auch ohne den Exzess des Schreckens herstellen lassen, wie im Fall Großbritanniens – dort gab es freilich Cromwell …); viel wichtiger ist, dass der Schrecken der Revolution von 1792 – 1794 kein Beispiel dessen war, was Walter Benjamin und andere rechtsetzende Gewalt nannten, sondern ein Fall von »göttlicher Gewalt«.[12] Unter Benjamin-Interpreten wird diskutiert, was mit der »göttlichen Gewalt« genau gemeint sein könnte – ist sie nur ein weiterer linker Traum eines »reinen« Ereignisses, das nie wirklich stattfinden wird? Wir sollten uns hier an Friedrich Engels' Verweis auf die Pariser Kommune als Beispiel für die Diktatur des Proletariats erinnern:

»Der deutsche Philister ist neuerdings wieder in heilsamen Schrecken geraten bei dem Wort: Diktatur des Proletariats. Nun gut, ihr Herren, wollt ihr wissen, wie diese Diktatur aussieht? Seht euch die Pariser Kommune an. Das war die Diktatur des Proletariats.«[13]

Dies sollten wir, mutatis mutandis, in Bezug auf die göttliche Gewalt wiederholen: »Nun gut, ihr Herren und kritischen Theoretiker, wollt ihr wissen, wie diese göttliche Gewalt aussieht? Seht euch den revolutionären Terror von 1792 – 1794 an.

12 Vgl. Walter Benjamin, »Zur Kritik der Gewalt«, in: Ders., *Gesammelte Schriften*, hg. v. Rolf Tiedemann und Hermann Schweppenhäuser, Band II/1, Frankfurt a. M.: Suhrkamp 1991, S. 179 – 204.

13 Friedrich Engels, »Einleitung zur Ausgabe von 1891« von Karl Marx, *Der Bürgerkrieg in Frankreich*, in Karl Marx, Friedrich Engels, *Werke. Band 17*, Berlin (Ost): Dietz 1962, S. 625.

Das war göttliche Gewalt.« (Und die Reihe ließe sich fortführen: der rote Terror von 1919 …) Das heißt, man sollte sich nicht scheuen, die göttliche Gewalt mit wirklich existierenden historischen Phänomenen zu identifizieren und so jegliche obskurantistische Mystifikation vermeiden. Wenn Menschen außerhalb der Sozialstruktur »blind« zuschlagen und sofortige Gerechtigkeit / Rache verlangen *und* ausüben, dann ist das »göttliche Gewalt« – erinnern wir uns an die Panik, die vor ein oder zwei Jahren in Rio de Janeiro ausbrach, als Menschen in Massen aus den Favelas in die reichen Stadtteile strömten und anfingen, Supermärkte zu plündern und anzuzünden – *das* war »göttliche Gewalt«. Wie die biblischen Heuschrecken, die göttliche Strafe für die Sündhaftigkeit des Menschen, schlägt sie aus dem Nichts zu, ein Mittel ohne Zweck – oder wie Robespierre es in seiner Rede ausdrückt, in der er die Exekution Ludwigs XVI fordert: »Die Völker richten nicht auf die gleiche Weise wie die Gerichtshöfe; sie fällen keine Urteile, sondern sie schleudern Blitze; sie verurteilen die Könige nicht, sondern werfen sie ins Nichts zurück; und diese Art, Gerechtigkeit walten zu lassen, wiegt sicher die der Gerichte auf.« (316 f.)

Die Bezeichnung »Diktatur des Proletariats« ist demnach ein anderer Name für die Benjamin'sche »göttliche Gewalt« außerhalb des Gesetzes, eine als brutale Rache / Gerechtigkeit ausgeübte Gewalt – warum »göttlich«? »Göttlich« verweist auf die Dimension des »Unmenschlichen«; man sollte folglich eine doppelte Gleichung aufstellen: göttliche Gewalt = unmenschlicher Terror = Diktatur des Proletariats. Das »Göttliche« in Benjamins Begriff sollte genau so aufgefasst werden wie in der alten lateinischen Sentenz *vox populi, vox dei*: nicht in dem perversen Sinn von »wir tun es als bloße Werkzeuge des Volkswillens«, sondern als heroische Annahme der Einsamkeit der souveränen Entscheidung. Es ist eine Entscheidung (zu töten, das eigene Leben zu riskieren oder zu verlieren), die in absoluter Einsamkeit getroffen wird, ohne die Deckung des großen Anderen. Sie ist zwar außermoralisch, aber nicht unmoralisch, sie stattet den Akteur nicht einfach mit engelhafter Unschuld und der Lizenz zum Töten aus. Das Motto der göttlichen Gewalt ist *fiat iustitia, et pereat mundus*: Es ist die *Gerechtigkeit*, der Punkt der Nichtunterscheidung zwischen Gerechtigkeit und Rache, in der das »Volk« (der anonyme Anteil der Anteillosen) seinen Terror ausübt und andere Teile dafür bezahlen lässt – der Tag des Jüngsten Gerichts in der langen Geschichte der Unterdrückung, der Ausbeutung und des Leidens oder, wie Robespierre selbst treffend bemerkte:

»Was wollt ihr denn, die ihr verlangt, die Wahrheit solle auf den Lippen der Vertreter des französischen Volkes machtlos sein? Die Wahrheit hat unzweifelhaft ihre Macht, sie hat ihren Zorn, ihre eigene Despotie; sie hat rührende Töne und schreckliche, welche im reinen Herzen ebenso kraftvoll widerhallen wie im schuldigen Gewissen und welche die Unwahrheit so wenig nachahmen kann wie Salome die Blitze des Himmels; aber klagt die Natur deswegen an, klagt das Volk an, welches sie will und liebt.«[14]

Wenn Robespierre den Gemäßigten vorwirft, sie wollten in Wirklichkeit eine »Revolution ohne Revolution«, dann meint er damit eine Revolution ohne den Exzess, der Demokratie und Terror zusammenfallen lässt, eine Revolution, die gesellschaftliche Regeln respektiert und sich bestehenden Normen unterwirft, eine Revolution, der die »göttliche« Dimension der Gewalt fehlt und die daher nichts weiter ist als eine strategische Intervention, welche präzisen und begrenzten Zielen dient:

»Bürger, wolltet ihr eine Revolution ohne Revolution? Was soll dieser Verfolgungsgeist, der die Revolution, die unsere Ketten zerbrach, sozusagen revidieren will? Wie kann man denn die Wirkungen mit Sicherheit beurteilen, die durch diese großen Bewegungen herbeigeführt werden können? Wie kann man nachträglich den genauen Punkt bezeichnen, an dem sich die Fluten des Volksaufstandes brechen sollten? Welches Volk könnte unter solchen Umständen jemals das Joch des Despotismus abwerfen? Denn wenn es wahr ist, daß eine große

[14] Maximilien Robespierre, *Virtue and Terror*, London: Verso 2007, S. 130.

Nation sich nicht in einer gleichzeitigen Bewegung erheben kann, und daß die Tyrannei nur von dem Teile der Bürger gebrochen werden kann, der ihr am meisten unterworfen ist, wie könnten diese Bürger es wagen, diese Tyrannei anzugreifen, wenn nach dem Siege Abgeordnete aus den entfernteren Teilen des Staates kämen, um sie für die Dauer oder die Heftigkeit der politischen Marter verantwortlich zu machen, die doch das Vaterland gerettet hat? Sie müssen vom ganzen Volke als stillschweigend bevollmächtigt gelten! In diesem Sinne haben jene Franzosen, jene Freunde der Freiheit, die sich in Paris im letzten August vereinten, im Namen aller Departements gehandelt; man muß sie ganz anerkennen oder ganz verwerfen. Ihnen aus einigen scheinbaren oder wirklichen Wirren, die bei einer großen Erschütterung nicht vermeidbar sind, ein Verbrechen zu machen, hieße, sie für ihre Aufopferung strafen …« (267 f.)

Diese authentische revolutionäre Logik ist bereits auf der Ebene der rhetorischen Figuren erkennbar. Robespierre kehrt gern die gängige Vorgehensweise um, bei der zuerst eine scheinbar »realistische« Position vorgeführt wird, um dann deren illusorischen Charakter offenzulegen – er beginnt seine Reden oft mit der absurden Übertreibung einer Position oder Situationsbeschreibung, einer Fiktion, und macht seinen Zuhörern dann klar, dass das auf den ersten Blick scheinbar Fiktionale tatsächlich die Wahrheit ist: »Aber was sage ich? Was ich als absurde Hypothese darstellte, ist nur zu sehr Wirklichkeit.« (266) Diese radikal revolutionäre Haltung erlaubt es Robespierre auch, die »humanitäre« Sorge um die Opfer der revolutionären »göttlichen Gewalt« zu verurteilen: »Eine Empfindsamkeit, die fast ausschließlich die Feinde der Freiheit beklagt, ist mir verdächtig. Hört auf, mir ständig das blutige Kleid des Tyrannen zu zeigen, denn sonst muß ich glauben, daß ihr Rom wieder in Ketten schmieden wollt.« (277 f.)

Das Unmenschliche geltend machen

Die kritische Analyse und die Bereitschaft, das historische Erbe der Jakobiner anzunehmen, überschneiden sich in einer entscheidenden Frage: Zwingt uns die (oft beklagenswerte) Wirklichkeit des revolutionären Terrors dazu, die Idee rundweg aufzugeben, oder gibt es eine Möglichkeit, sie in der aktuellen veränderten historischen Konstellation zu *wiederholen* und ihren virtuellen Inhalt von ihrer Verwirklichung abzulösen? Es *kann* und es *sollte* getan werden, und die prägnanteste Formel für die Wiederholung des mit dem Namen »Robespierre« verbundenen Ereignisses lautet: Übergang vom humanistischen Terror (Robespierres) zum antihumanistischen (oder besser: unmenschlichen) Terror.

In seinem Buch *Das Jahrhundert* macht Alain Badiou als ein Zeichen der politischen Regression zum Ende des 20. Jahrhunderts den Wandel von »Humanismus und Terror« zu »Humanismus oder Terror« aus.[15] 1946 verfasste Maurice Merleau-Ponty seine Verteidigungsschrift des Sowjetkommunismus *Humanismus und Terror*, die eine Art Pascal'sche Wette beinhaltet und bereits das Thema ankündigt, das Bernard Williams später unter dem Begriff des »moralischen Zufalls« entwickeln sollte: Der gegenwärtige Terror wird im Nachhinein gerechtfertigt werden, wenn die Gesellschaft, die daraus hervorgeht, wirklich menschlich ist. Heute ist eine solche Verbindung von Terror und Humanismus völlig undenkbar, die herrschende liberale Sichtweise ersetzt »und« durch »oder«: entweder Humanismus oder Terror … Es gibt, genauer gesagt, vier Variationen dieses Motivs: Humanismus *und* Terror, Humanismus *oder* Terror, jede jeweils im »positiven« oder »negativen« Sinn. »Humanismus und Terror« im positiven Sinn ist das, was Merleau-Ponty entwickelt hat; es unterstützt den Stalinismus (die energische – »terroristische« – Hervorbringung des neuen Menschen) und ist schon in der Französischen Revolution deutlich erkennbar als Verbindung von Tugend und Terror durch Robespierre. Diese Verbindung kann nun auf zwei Arten negiert werden. Sie kann zur Wahl »Humanismus *oder* Terror«

15 Vgl. Alain Badiou, *Das Jahrhundert*, Zürich: diaphanes 2006.

werden, also zum liberal-humanistischen Projekt in all seinen Varianten, vom antistalinistischen Humanismus der Dissidenten bis zu den heutigen Neo-Habermasianern (Luc Ferry und Alain Renault in Frankreich) und anderen Verteidigern der Menschenrechte *gegen* den (totalitären, fundamentalistischen) Terror. Oder die Verbindung »Humanismus *und* Terror« bleibt erhalten, aber in negativer Weise. Das sind all jene philosophischen und ideologischen Ausrichtungen, von Heidegger über die konservativen Christen bis zu den Anhängern der orientalischen Spiritualität und der Tiefenökologie, die den Terror als die Wahrheit – als letzte Konsequenz – des humanistischen Projekts selbst und dessen *Hybris* betrachten.

Es gibt aber eben noch eine vierte Variation, die meist beiseitegelassen wird: die Wahl »Humanismus *oder* Terror«, wobei jedoch »Terror« und nicht »Humanismus« der positive Begriff ist. Dies ist eine radikale Position, die schwer aufrechtzuerhalten, aber vielleicht unsere einzige Hoffnung ist. Gemeint ist nicht die obszöne und wahnwitzige Idee, offen eine »terroristische und unmenschliche« Politik zu verfolgen, sondern etwas weit weniger Vorstellbares. Im aktuellen »postdekonstruktivistischen« Denken (wenn man diese lächerliche Bezeichnung wagen möchte, die wie ihre eigene Parodie klingt) hat der Begriff »unmenschlich« ein neues Gewicht bekommen, insbesondere in den Werken von Agamben und Badiou. Am besten nähert man sich ihm über Freuds Ablehnung des Gebots »Liebe deinen Nächsten!« Die Versuchung, der es hier zu widerstehen gilt, ist die der ethischen Domestizierung des Nächsten – die etwa Emmanuel Levinas mit seinem Begriff des Nächsten als dem abgründigen Punkt, von dem der Ruf der ethischen Verantwortlichkeit ausgeht, vorgenommen hat. Was Levinas dabei verschleiert, ist die Monstrosität des Nächsten, aufgrund deren Lacan auf diesen den Begriff *das Ding* anwendet, der bei Freud das ultimative Objekt unseres Begehrens in seiner unerträglichen Intensität und Undurchdringlichkeit bezeichnet. Der Begriff steckt voller Konnotationen aus dem

Horror-Genre: Der Nächste ist das (böse) Ding, das potentiell hinter jedem freundlichen menschlichen Gesicht lauert. Denken wir nur an Stephen Kings Roman *Shining*, in dem der Vater, ein bescheidener, gescheiterter Schriftsteller, sich allmählich in eine teuflisch grinsende, mordende Bestie verwandelt und nach und nach seine ganze Familie niedermetzelt. Was Levinas vor lauter Begeisterung für die Andersheit nicht berücksichtigt, ist nicht irgendeine fundamentale Gleichheit aller Menschen, sondern – und das ist ein wahrhaft dialektisches Paradox – die radikal »unmenschliche« Andersheit selbst: die Andersheit eines auf das Unmenschliche reduzierten Menschen, wie sie beispielhaft von der schrecklichen Figur des *Muselmannes* verkörpert wird, des »lebenden Toten« in den Konzentrationslagern. Dasselbe gilt, auf einer anderen Ebene, für den stalinistischen Kommunismus. Im stalinistischen Standardnarrativ waren selbst die Konzentrationslager Orte des antifaschistischen Kampfes, in denen gefangene Kommunisten Netzwerke des heroischen Widerstands organisierten – in einer solchen Welt ist natürlich kein Platz für die Grenzerfahrung des Muselmannes, des lebenden Toten, dem man die Fähigkeit zu menschlichem Engagement genommen hat – kein Wunder, dass die stalinistischen Kommunisten es so eilig hatten, die Lager zu Stätten des antifaschistischen Widerstands zu »normalisieren« und die Muselmänner einfach als Menschen abzutun, die zu schwach für den Kampf waren.

Vor diesem Hintergrund kann man verstehen, warum Lacan vom *unmenschlichen* Kern des Nächsten spricht. In den 1960er Jahren, dem Zeitalter des Strukturalismus, führte Louis Althusser die berüchtigte Formel des »theoretischen Antihumanismus« ein, der von einem *praktischen Humanismus* ergänzt werden konnte, ja sollte. In der Praxis sollten wir als Humanisten handeln, andere respektieren und als würdevolle, freie Menschen und Schöpfer ihrer Welt behandeln. In der Theorie dagegen sollten wir stets daran denken, dass der Humanismus eine Ideologie ist, die Art, wie wir unsere Zwangslage spontan erleben, und dass die wahre Erkenntnis des Menschen und seiner Geschichte Individuen nicht als autonome Subjekte behandeln sollte, sondern als Elemente innerhalb einer Struktur, die ihren eigenen Gesetzen folgt. Im Gegensatz zu Althusser vollzieht Lacan den Übergang vom theoretischen zum *praktischen Antihumanismus*, das heißt zu einer Ethik, die über die Dimension dessen hinausgeht, was Nietzsche »Menschliches, Allzumenschliches« nannte, und sich mit dem unmenschlichen Kern des Menschlichen auseinandersetzt. Diese Ethik leugnet nicht, sondern berücksichtigt furchtlos die latente Monstrosität des Menschseins, die diabolische Dimension, die in Phänomenen zum Ausbruch kam, welche üblicherweise mit dem Konzeptnamen »Auschwitz« belegt werden – es ist eine Ethik, die auch nach Auschwitz noch möglich ist, um Adorno zu paraphrasieren. Darüber hinaus ist diese unmenschliche Dimension für Lacan gleichzeitig die letzte Stütze der Ethik.

Nach philosophischer Definition ist die »unmenschliche« Dimension diejenige eines Subjekts, von dem jede Form von »Individualität« oder »Persönlichkeit« subtrahiert wurde (weswegen die exemplarische Figur des reinen Subjekts in der heutigen Populärkultur ein nichtmenschliches Wesen – Alien, Cyborg – ist, welches seine Aufgabe treuer erfüllt, mehr Würde zeigt und freier erscheint als sein menschliches Pendant; Beispiele sind Arnold Schwarzenegger als Titelfigur in *Terminator* oder Rutger Hauer als Androide in *Blade Runner*). Vor dem Hintergrund dieses Themas der souveränen Annahme des Todes sollte man die rhetorische Wende neu interpretieren, die oft als Beweis für Robespierres »totalitäre« Manipulation seines Publikums angeführt wird.[16] Diese Wende ereignete sich während seiner Rede vor der Nationalversammlung vom 11. Ger-

[16] Vgl. die ausführliche Analyse in Claude Lefort, »The Revolutionary Terror«, in: Ders., *Democracy and Political Theory*, Minneapolis: University of Minnesota Press 1988, S. 50 – 88.

minal des Jahres II (31. März 1794); in der Nacht zuvor waren Danton, Camille Desmoulins und einige andere verhaftet worden, so dass viele Mitglieder der Versammlung verständlicherweise fürchteten, auch sie könnten bald an der Reihe sein. Robespierre geht direkt auf die Bedeutung des Augenblicks ein: »Bürger, der Augenblick ist gekommen, die Wahrheit zu sagen.« Er greift die Furcht auf, die im Raum schwebt:

»Man will [*on veut*] euch Angst machen vor Machtmissbräuchen, vor der nationalen Macht, die ihr ausgeübt habt. [...] Man will uns Angst machen, das Volk könnte den Komitees zum Opfer fallen [...] Man fürchtet, dass die Gefangenen unterdrückt werden [...].«[17]

Es besteht hier ein Gegensatz zwischen dem unpersönlichen »man« (die Auslöser der Angst werden nicht beim Namen genannt) und dem unter Druck gesetzten Kollektiv, welches fast unmerklich von der zweiten Person Plural »ihr [*vous*]« zur ersten Person »uns« wechselt (Robespierre schließt sich galant in das Kollektiv mit ein). Die letzte Formulierung enthält dann allerdings eine ominöse Wendung: Plötzlich heißt es nicht mehr, »man will euch/uns Angst machen«, sondern »man fürchtet«, was bedeutet, dass der Feind, der die Angst schürt, sich nicht mehr außerhalb von »euch/uns«, den Mitgliedern der Versammlung, befindet, sondern unter ihnen, inmitten des von Robespierre angesprochenen »euch«, von wo aus er »unsere« Einheit zersetzt. Genau in diesem Augenblick wird Robespierre in einem wahren Geniestreich vollständig zum Subjekt – er wartet kurz und lässt seine Worte wirken, um dann in der ersten Person *Singular* fortzufahren:

»Ich sage, dass jeder, der in diesem Augenblick zittert, schuldig ist, denn die Unschuld fürchtet nie die öffentliche Prüfung.«[18]

Was könnte »totalitärer« sein als diese geschlossene Schleife des »genau eure Angst davor, schuldig zu sein, macht euch schuldig«? Es handelt sich um eine bizarre Über-Ich-Variante

[17] Zitiert nach Lefort, »The Revolutionary Terror«, a. a. O., S. 63.
[18] Zitiert nach ebd., S. 65.

des bekannten Mottos »das Einzige, wovor wir Angst haben müssen, ist die Angst selbst«. Dennoch sollte man Robespierres rhetorische Strategie nicht vorschnell als »terroristische Schuldzuweisung« verurteilen, sondern auch das Moment der Wahrheit in ihr erkennen: In den entscheidenden Augenblicken der revolutionären Entscheidung gibt es keine unschuldigen Zuschauer, weil in solchen Augenblicken die Unschuld selbst – sich aus der Entscheidung herauszuhalten und so zu tun, als ginge einen der Kampf, den man gerade miterlebt, eigentlich nichts an – der höchste Verrat *ist*. Die Angst davor, des Verrats beschuldigt zu werden, *ist* mein Verrat, denn selbst wenn ich »nichts gegen die Revolution unternommen« habe, beweist diese Angst, die Tatsache, dass sie in mir aufgekeimt ist, dass meine subjektive Position außerhalb der Revolution ist und ich »Revolution« als äußere Kraft erlebe, die mich bedroht.

Was in dieser einzigartigen Rede geschieht, lässt jedoch noch mehr Aufschlüsse zu. Robespierre spricht die heikle Frage direkt an, die sein Publikum sich zweifellos stellt – wie kann er sicher sein, dass er nicht selbst der Nächste ist, der angeklagt wird? Er ist nicht der aus dem Kollektiv ausgenommene Herr, das »Ich« außerhalb des »Wir« – schließlich stand er Danton einmal sehr nahe und nun hat man diese mächtige Gestalt verhaftet; kann es nicht sein, dass man seine Nähe zu Danton schon morgen gegen ihn verwenden wird? Kurz gesagt, wie kann Robespierre sicher sein, dass der Prozess, den er in Gang gesetzt hat, ihn nicht verschlingen wird? Dies ist die Stelle, an der seine Position ihre erhabene Größe erlangt – er nimmt die Gefahr vollkommen auf sich, ihm ist völlig klar, dass, was heute Danton droht, morgen ihm drohen kann. Der Grund dafür, dass er so gelassen ist und sein Schicksal nicht fürchtet, ist nicht, dass Danton ein Verräter, er, Robespierre, hingegen rein und eine direkte Verkörperung des Volkswillens ist; der Grund ist, dass er *keine Angst hat zu sterben* – sein Tod wird ein bloßer Zufall sein, der nichts zählt:

»Was bedeutet mir Gefahr? Mein Leben gehört dem Vaterland; mein Herz ist frei von Furcht; und wenn ich sterben müsste, so täte ich es ohne Vorwurf und ohne Schande.«[19]

Insofern sich der Übergang vom »Wir« zum »Ich« als der Moment bestimmen lässt, in dem die demokratische Maske fällt und Robespierre sich offen als Herr präsentiert (bis hierhin folgen wir Leforts Analyse), muss der Begriff in seiner vollen Hegel'schen Bedeutung verstanden werden: Der Herr ist die Figur der Souveränität, derjenige, der keine Angst vor dem Sterben hat und bereit ist, alles zu riskieren. Mit anderen Worten, Robespierres erste Person Singular (»ich«) bedeutet letztlich: Ich habe keine Angst zu sterben. Was ihn autorisiert, ist nur dies, kein direkter Zugang zum großen Anderen, das heißt, er behauptet nicht, einen direkten Bezug zum Volkswillen zu haben, der durch ihn spricht. Vor diesem Hintergrund sollte man Mao Zedongs Botschaft an die Hunderte Millionen Unterdrückten ins Feld führen, eine einfache und bewegende Botschaft des Mutes – habt keine Angst vor den großen Mächten: »Größe ist nichts, wovor man sich fürchten muss. Die Großen werden von den Kleinen gestürzt werden. Die Kleinen werden groß werden.« Die gleiche Botschaft des Mutes liegt auch Maos berühmt berüchtigter Haltung zu einem neuen, atomaren Weltkrieg zugrunde:

»Wir setzen uns entschieden für den Frieden und gegen den Krieg ein. Aber wenn die Imperialisten unbedingt einen Krieg entfesseln wollen, brauchen wir ihn auch nicht zu fürchten. Unsere Haltung in dieser Frage ist die gleiche wie zu allen Unruhen: erstens, wir sind dagegen; und zweitens, wir fürchten uns nicht. Auf den ersten Weltkrieg folgte die Entstehung der Sowjetunion mit einer Bevölkerung von 200 Millionen. Der zweite Weltkrieg brachte die Entstehung des sozialistischen Lagers mit einer Gesamtbevölkerung von 900 Millionen. Man kann mit Bestimmtheit voraussagen: Sollten die Imperialisten dennoch einen dritten Weltkrieg entfesseln, werden im Ergebnis des Krieges unaus-

[19] Zitiert nach ebd., S. 64.

bleiblich weitere Hunderte Millionen Menschen auf die Seite des Sozialismus treten, und dem Imperialismus wird nicht viel Raum mehr bleiben […].«[20]

Es wäre zu einfach, diese Zeilen als leeres Getue eines Führers abzutun, der bereit ist, Millionen Menschen für seine politischen Ziele zu opfern (die Ausweitung ad absurdum seiner rücksichtslosen Entscheidung in den späten 1950er Jahren zig Millionen verhungern zu lassen) – die andere Seite dieser abschätzigen Haltung ist die grundlegende Botschaft: »Wir sollten uns nicht fürchten.« Ist das nicht die *einzig* richtige Haltung zum Krieg: »erstens, wir sind dagegen; und zweitens, wir fürchten uns nicht«? (Maos Argument folgt hier einer ganz präzisen Logik: Sein »wir sind zwar gegen den Krieg, fürchten uns aber nicht davor« dreht die wahre Haltung der »Imperialisten« um, welche lautet: »Wir sind zwar für den Krieg, aber wir fürchten uns davor« – Imperialisten sind die Nietzscheanischen Sklaven, sie brauchen Kriege, haben aber Angst, darin ihre Besitztümer zu verlieren, an denen sie hängen, während die Proletarier die wahren aristokratischen Herren sind, die keinen Krieg wollen (sie brauchen ihn nicht), aber auch keine Angst davor haben, weil sie im Krieg nichts zu verlieren haben …). Die entsetzliche Schlussfolgerung aus Maos Argument lautet:

»Die Vereinigten Staaten können die chinesische Nation mit ihrer kleinen Menge an Atombomben nicht vernichten. Selbst wenn die US-amerikanischen Atombomben so stark wären, dass sie bei ihrem Abwurf auf China ein Loch durch die Erde bohren oder diese sogar sprengen würden, wäre das für das Weltall als Ganzes kaum von Bedeutung, auch wenn es vielleicht ein Großereignis für das Sonnensystem wäre.«[21]

Das Argument zeugt ganz offensichtlich von einem »unmenschlichen Wahnsinn«. Ist die Tatsache, dass die Zerstö-

[20] Mao Tse-tung: »Worte des Vorsitzenden Mao Tse-tung«, http://www.infopartisan.net/archive/maowerke/Mao_Worte_des_Vorsitzenden.htm#link5.

[21] Mao Zedong, *On Practice and Contradiction*, London: Verso 2007, S. 87.

rung des Planeten Erde »für das Weltall als Ganzes kaum von Bedeutung« wäre, nicht ein ziemlich schwacher Trost für die ausgelöschte Menschheit? Das Argument zieht nur, wenn man, in kantianischer Manier, ein reines transzendentales Subjekt unterstellt, das von dieser Katastrophe nicht betroffen wäre – ein Subjekt, das zwar in der Realität nicht existiert, als virtueller Bezugspunkt aber wirksam *ist*. Erinnern wir uns an Husserls düsteren Traum aus den *Cartesianischen Meditationen*: Würde eine universale Pest die gesamte Menschheit vernichten, bliebe das transzendentale Cogito unbeeinträchtigt. Anhand dieses Beispiels ließe sich natürlich leicht über den selbstzerstörerischen Hintergrund der transzendentalen Subjektivität herziehen und darüber, dass Husserl die Paradoxie der Verbindung entgeht, die Foucault in *Die Ordnung der Dinge* die »transzendental-empirische Dublette« nennt und durch die das transzendentale Ego für immer an das empirische Ego geknüpft ist, so dass die Vernichtung des Letzteren per definitionem den Untergang des Ersteren zur Folge hätte. Aber was ist, wenn wir diese Abhängigkeit als Tatsache völlig anerkennen (und nur als das: eine dumme Seinstatsache), und dennoch auf der Wahrheit ihrer Negation bestehen, der Wahrheit der Behauptung der Unabhängigkeit des Subjekts in Bezug auf das empirische Individuum als Lebewesen? Che Guevara verfolgte einen ähnlichen Gedankengang, als er sich auf dem Höhepunkt der Kubakrise dafür aussprach, einen neuen Weltkrieg zu riskieren, der (mindestens) die totale Vernichtung des kubanischen Volkes bedeutet hätte – er rühmte die heroische Bereitschaft des kubanischen Volkes, sein eigenes Verschwinden zu riskieren.

Natürlich hat auch diese Haltung etwas Schreckliches, aber dieser Schrecken ist nichts Geringeres als die Bedingung der Freiheit. Der Zen-Priester Yamamoto Jocho schreibt über die richtige Einstellung eines Kriegers: »Jeden Tag stelle man sich unbedingt vor, dass man tot ist. Die Älteren sagen: ›Tritt unter dem Dachgesims hervor und du bist ein toter Mann. Geh aus dem Tor und der Feind wartet schon.‹ Das ist keine Sache der Vorsicht. Es geht darum, sich schon im Voraus für tot zu halten.«[22] Für Hillis Lory ist das der Grund, warum viele japanische Soldaten im Zweiten Weltkrieg ihre eigene Beerdigung veranstalteten, bevor sie in die Schlacht zogen:

»Viele der Soldaten im gegenwärtigen Krieg sind so entschlossen, auf dem Schlachtfeld zu sterben, dass sie ihre eigene Beerdigung öffentlich begehen, ehe sie an die Front ziehen. Für Japaner ist daran nichts Lächerliches. Man bewundert vielmehr den Geist des wahren Samurai, der ohne jeden Gedanken an Rückkehr in die Schlacht geht.«[23]

Diese vorauseilende Selbstexklusion aus dem Reich der Lebenden macht den Soldaten natürlich zu einer wahrhaft erhabenen Figur. Statt diese Eigenschaft als Teil eines faschistischen Militarismus abzutun, sollte man erkennen, dass sie auch konstitutiv für eine radikal revolutionäre Position ist, die, wie es in Senecas Fassung des Ödipus heißt, vom Subjekt verlangt, einen Weg zu suchen, »auf dem du nicht mit den Begrabenen vereint, den Lebenden dennoch entzogen irregehen sollst«.[24]

Als der geheimnisvolle Keyser Söze in Bryan Singers Film *Die üblichen Verdächtigen* in einer Rückblende nach Hause kommt und seine Frau und seine kleine Tochter in der Gewalt einer rivalisierenden Bande vorfindet, erschießt er eigenhändig Frau und Kind, um anschließend den Mitgliedern der Bande zu drohen, er werde sie gnadenlos verfolgen und sie, ihre Familien, Eltern und Freunde allesamt umbringen … In einer Situation der erzwungenen Wahl trifft das Subjekt Söze die verrückte, unmögliche Entscheidung, gewissermaßen sich selbst zu schlagen und seine Liebsten zu töten; seine Tat ist keineswegs ein Fall von ohnmächtiger, gegen sich selbst gerichteter Aggressivi-

22 Zitiert nach Brian Daizen Victoria, *Zen War Stories*, London: Routledge 2003, S. 132.

23 Ebd., S. 106 f.

24 »quaeratur via qua nec sepultis mixtus et vivis tamen exemptus erres« (Seneca, *Oedipus*, in: Ders., *Sämtliche Tragödien. Lateinisch und Deutsch. Band II*, Zürich, Stuttgart: Artemis 1969, S. 29 – 103, Z. 949 – 951).

tät, sondern verändert die Koordinaten der Situation, in der das Subjekt steckt. Indem es sich von dem kostbaren Objekt löst, durch dessen Besitz der Feind es in Schach halten konnte, verschafft sich das Subjekt Handlungsspielraum. Der Preis dieser Freiheit ist natürlich entsetzlich. Die einzige Möglichkeit, wie das Subjekt die Schuld ausgleichen kann, sein kostbarstes Objekt (seine kostbarsten Objekte) geopfert zu haben, besteht darin, zu einer Art »lebendem Toten« zu werden, auf alle persönlichen Eigenarten zu verzichten und sein gesamtes Leben der Vernichtung derer zu widmen, die es gezwungen haben, die Opfertat zu begehen. Eine solche »unmenschliche« Position der absoluten Freiheit (in meiner Einsamkeit kann ich tun und lassen, was ich will, niemand hat Gewalt über mich) gepaart mit absoluter Hingabe an eine Aufgabe (der einzige Sinn meines Lebens besteht darin, Rache zu üben) charakterisiert vielleicht am treffendsten das revolutionäre Subjekt.

Eine weitere »unmenschliche« Dimension des von Robespierre geförderten Paares Tugend – Terror ist die Ablehnung der Gewohnheit (als Instanz realistischer Kompromisse). Jede Rechtsordnung (oder jede explizit normative Ordnung) stützt sich auf ein komplexes »reflexives« Netz informeller Regeln, die uns sagen, wie wir mit den expliziten Regeln umzugehen und wie wir sie anzuwenden haben: in welchem Maße wir sie wörtlich nehmen müssen, wie und wann es erlaubt (oder sogar geboten) ist, sie zu missachten usw. – das ist das Reich der Gewohnheit. Wer die Gewohnheiten einer Gesellschaft kennt, der *kennt die Metaregeln für die Anwendung ihrer expliziten Normen*: Wann sind sie anzuwenden und wann nicht? Wann muss man sie verletzen? Wann darf man eine angebotene Wahlmöglichkeit nicht annehmen? Wann ist man im Grunde zu einem bestimmten Handeln gezwungen, muss aber so tun, als handle man aus freien Stücken (wie im Fall des Potlatch)? Denken wir an das höfliche Angebot, das dazu gedacht ist, abgelehnt zu werden: Es ist eine »Gewohnheit«, ein solches Angebot auszuschlagen, und wer es annimmt, begeht einen schlimmen Fauxpas. Dasselbe gilt für viele politische Situationen, in denen eine Wahl angeboten wird – *unter der Bedingung, dass wir die richtige Wahl treffen*: Wir werden feierlich daran erinnert, dass wir nein sagen können – aber man erwartet von uns, dass wir das Angebot ablehnen und begeistert ja sagen. Bei vielen sexuellen Verboten ist es genau umgekehrt: Hinter dem expliziten »Nein« steckt in Wahrheit das implizite Gebot »Tu es, aber tu es diskret!« Verglichen damit sind revolutionär-egalitäre Figuren wie Robespierre oder John Brown (zumindest potentiell) *Figuren ohne Gewohnheiten*: Sie lehnen es ab, die Gewohnheit zu berücksichtigen, welche die Funktion einer allgemeinen Regel einschränken:

»Es ist die sehr natürliche Macht der Gewohnheit, daß wir die willkürlichsten Konventionen und manchmal sogar die mangelhaftesten Institutionen als absolute Regel des Wahren oder des Falschen, des Gerechten oder des Ungerechten betrachten. Wir bedenken nicht einmal, daß die meisten dieser Dinge notwendigerweise aus den Vorurteilen hervorgegangen sind, die uns der Despotismus eingegeben hat. Wir waren so lange unter sein Joch gebeugt, daß wir uns nur schwer zu den ewigen Grundsätzen der Vernunft erheben, daß alles, was auf die heilige Quelle aller Rechte zurückgeht, vor unseren Augen einen unrechtmäßigen Charakter anzunehmen scheint und daß selbst die Ordnung der Natur uns als Unordnung erscheint. Die majestätischen Bewegungen eines großen Volkes und die erhabene Begeisterung der Tugend stellen sich oft unseren scheuen Augen als die Eruptionen eines Vulkans dar oder als ein Umsturz der politischen Gesellschaft; und für unsere augenblicklichen Unruhen ist sicherlich nicht der unwesentlichste Grund dieser Widerspruch zwischen der Schwäche unserer Sitten und der Verderbtheit unserer Verstandeskräfte einerseits und andererseits der Reinheit der Grundsätze und der Stärke der Charaktere, wie sie die freie Regierung voraussetzt, die zu sein wir zu behaupten wagen.« (314 f.)

Das Joch der Gewohnheiten zu zerbrechen heißt: Wenn alle Menschen gleich sind, dann müssen auch alle gleich behandelt werden; wenn Schwarze auch Menschen sind, sollten sie unverzüglich als solche behandelt werden. Erinnern wir uns an die Frühphase der Bekämpfung der Sklaverei in den USA, die, noch vor dem Bürgerkrieg, im bewaffneten Konflikt zwischen dem Gradualismus mitfühlender Liberaler und der einzigartigen Figur des John Brown gipfelte:

»Afroamerikaner waren Karikaturen von Menschen, sie wurden als Possenreißer und Minstrels dargestellt, sie waren die Zielscheibe des Spotts der amerikanischen Gesellschaft. Und selbst die Abolitionisten, so sehr sie auch gegen die Sklaverei waren, betrachteten Afroamerikaner mehrheitlich nicht als ihresgleichen. Die meisten von ihnen, und darüber beklagten sich Afroamerikaner ständig, waren zwar bereit, auf das Ende der Sklaverei im Süden hinzuwirken, nicht aber auf das Ende der Diskriminierung im Norden. [...] John Brown war anders. Für ihn war praktizierter Egalitarismus der erste Schritt zur Beendigung der Sklaverei. Und Afroamerikaner, die mit ihm in Kontakt kamen, wussten dies auf der Stelle. Er machte ganz deutlich, dass er keinen Unterschied sah, und er machte es nicht dadurch deutlich, dass er es sagte, sondern durch das, was er tat ...«[25]

Aus diesem Grund ist John Brown eine politische Schlüsselfigur in der US-amerikanischen Geschichte. Mit seinem leidenschaftlich christlichen »radikalen Abolitionismus« kam er einer Einführung der jakobinischen Logik in die politische Landschaft der USA am nächsten. »John Brown betrachtete sich selbst als vollkommenen Egalitaristen. Und es war ihm sehr wichtig, Egalitarismus auf allen Ebenen zu praktizieren.«[26] Sogar heute noch, lange nach Abschaffung der Sklaverei, ist Brown *die* kontroverse Gestalt im kollektiven Gedächtnis Amerikas; umso wertvoller sind daher die Weißen, die ihn unterstützen – unter ihnen überraschenderweise Henry David Thoreau, der große Gegner der Gewalt. Entgegen der gängigen Abqualifizierung Browns als blutrünstig, töricht und irrsinnig zeichnet Thoreau[27] das Bild eines einzigartigen Mannes, dessen Engagement für eine Sache beispiellos war; er geht sogar so

[25] Margaret Washington, »Brown's egalitarianism«, http://www.pbs.org/wgbh/amex/brown/filmmore/reference/interview/washington05.html.
[26] Ebd.
[27] Vgl. Henry David Thoreau, *Civil Disobedience and Other Essays*, New York: Dover Publications 1993.

weit, Browns Hinrichtung (er erklärt, dass er Brown schon vor dessen eigentlichem Tod für tot halte) mit der von Christus zu vergleichen. Thoreau wettert gegen jene, die ihr Missfallen und ihre Verachtung für John Brown kundtun: Diese Menschen könnten wegen ihrer konkreten Haltungen und ihrer »toten« Existenzen nichts mit Brown anfangen; in Wahrheit lebten sie nicht, nur eine Handvoll Menschen hätten je gelebt.

Ebendieser konsequente Egalitarismus ist freilich gleichzeitig auch die Beschränkung der jakobinischen Politik. Erinnern wir uns an Marx' grundlegenden Gedanken über die »bürgerliche« Beschränkung der Logik der Gleichheit: Die kapitalistischen Ungleichheiten (»Exploitationen«) sind keine »skrupellosen Verletzungen des Gleichheitsgrundsatzes«, sondern der Logik der Gleichheit absolut inhärent, sie sind das paradoxe Resultat ihrer konsequenten Verwirklichung. Dabei geht es nicht nur um das alte, langweilige Thema, dass der Marktaustausch formal/rechtlich gleichgestellte Subjekte voraussetzt, die auf dem Markt zusammentreffen und interagieren können; das Entscheidende an Marx' Kritik der »bürgerlichen« Sozialisten ist, dass die kapitalistische Ausbeutung keinerlei »ungleichen« Austausch zwischen Arbeiter und Kapitalist beinhaltet – dieser Austausch ist vollkommen gleich und »gerecht«; im Idealfall erhält der Arbeiter als Bezahlung den vollen Wert der Ware, die er verkauft (seine Arbeitskraft). Die radikalen bürgerlichen Revolutionäre sind sich dieser Beschränkung natürlich bewusst; sie versuchen sie allerdings durch eine direkte »terroristische« Durchsetzung von immer mehr tatsächlicher Gleichheit aufzuheben (gleiche Löhne, gleiche medizinische Versorgung …), was sich nur auf Kosten neuer Formen formaler Ungleichheit erreichen lässt (verschiedene Arten der Vorzugsbehandlung der Unterprivilegierten). Das Axiom der »Gleichheit« bedeutet, kurz gesagt, entweder nicht genug (es bleibt die abstrakte Form effektiver Ungleichheit) oder zu viel (Erzwingung »terroristischer« Gleichheit) – es ist ein formalistischer Begriff im strengen dialektischen Sinn, das heißt seine Beschränkung liegt exakt darin, dass seine Form nicht konkret genug ist, sondern nur ein neutraler Behälter für einen Inhalt, der sich dieser Form entzieht.

Das Problem ist nicht der Terror als solcher – unsere Aufgabe besteht heute vielmehr genau darin, den emanzipatorischen Terror neu zu erfinden. Das Problem liegt woanders: Der egalitaristische politische »Extremismus« oder »exzessive Radikalismus« sollte immer als Phänomen der politisch-ideologischen *Verschiebung* verstanden werden: als ein Indiz für sein Gegenteil, für eine Beschränkung, ja im Grunde für die Weigerung, »bis zum Ende zu gehen«. Was war die Zuflucht der Jakobiner im radikalen »Terror« anderes als eine Art hysterisches Abreagieren, ein Ausdruck ihrer Unfähigkeit, an den Fundamenten der Wirtschaftsordnung (Privateigentum usw.) zu rütteln? Und ließe sich dasselbe nicht sogar über die »Exzesse« der politischen Korrektheit sagen? Zeugen sie nicht ebenfalls von einem Rückzug von der Bekämpfung der eigentlichen (ökonomischen usw.) Ursachen von Rassismus und Sexismus? Vielleicht ist es daher an der Zeit, den Standardtopos der »postmodernen« Linken in Frage zu stellen, demzufolge politischer »Totalitarismus« irgendwie aus der Vorherrschaft der materiellen Produktion und Technik über die intersubjektive Kommunikation beziehungsweise symbolische Praxis resultiert, als ob die Wurzel des politischen Terrors darin liegen würde, dass das »Prinzip« der instrumentellen Vernunft, der technischen Ausbeutung der Natur, auch auf die Gesellschaft ausgeweitet wird und die Menschen als Rohmaterial behandelt werden, aus dem ein neuer Mensch geformt werden soll. Was ist, wenn genau das *Gegenteil* zutrifft? Was, wenn der politische »Terror« anzeigt, dass die Sphäre der (materiellen) Produktion in ihrer Eigenständigkeit *verleugnet* und der politischen Logik *untergeordnet* wird? Ist es nicht so, dass jeder politische »Terror«, von den Jakobinern bis zu Maos Kulturrevolution, die Verwerfung der eigentlichen Produktion und die Reduktion auf das Feld des politischen Kampfes zur Voraussetzung hat? Es handelt sich, mit anderen Worten, um nicht weniger als die Preisgabe der Marx'schen Erkenntnis, wonach der politische Kampf ein Schauspiel ist, welches, will man es entschlüsseln, mit dem Bereich der Wirtschaft in Beziehung gesetzt werden muss (»liegt nicht der analytische Wert des Marxismus für die *politische* Theorie gerade in seinem Beharren darauf, dass das Problem der Freiheit in den im liberalen Diskurs implizit für ›unpolitisch‹ erklärten – das heißt naturalisierten – zwischenmenschlichen Beziehungen enthalten ist?«).[28]

Das ist die Ebene, auf der man nach dem entscheidenden Augenblick eines revolutionären Prozesses suchen sollte. Im Falle der Oktoberrevolution wäre dies beispielsweise nicht die Explosion von 1917–18, nicht einmal der darauf folgende Bürgerkrieg, sondern das angestrengte Experimentieren zu Beginn der 1920er Jahre, die (verzweifelten, oft lächerlichen) Versuche, neue Alltagsrituale zu erfinden: Womit sollte man das vorrevolutionäre Verhalten bei Hochzeiten und Beerdigungen ersetzen? Wie sollte man die alltäglichsten Interaktionen in einer Fabrik oder in einem Wohnblock organisieren? Das ist die Ebene – man ist versucht, in Abgrenzung zum »abstrakten Terror« der »großen« politischen Revolution vom »konkreten Terror« der Durchsetzung einer neuen Ordnung im täglichen Leben zu sprechen –, auf der die Jakobiner und die sowjetische wie die chinesische Revolution letztlich scheiterten; dabei hat es mit Sicherheit nicht an Versuchen in dieser Richtung gemangelt. Die größte Stärke der Jakobiner war nicht die Theatralik des Terrors, sondern ihre utopisch ausufernde politische Vorstellungskraft, was die Neuorganisation des Alltags anging; alles, wirklich alles wurde während der fieberhaften Aktivität weniger Jahre vorgeschlagen: von der Selbstorganisation von Frauen bis zu Gemeindeheimen, in denen die

[28] Wendy Brown, *States of Injury. Power and Freedom in Late Modernity*, Princeton: Princeton University Press 1995, S. 14.

Alten ihre letzten Jahre in Frieden und Würde verbringen können sollten.[29] Die harte Konsequenz, die es hier zu akzeptieren gilt, ist, dass dieser Exzess der egalitaristischen Demokratie über das demokratische Verfahren hinaus sich nur in Gestalt seines Gegenteils, als revolutionär-demokratischer *Terror* »institutionalisieren« kann.

Transsubstantiationen des Marxismus

Die Politik des revolutionären Schreckens in der jüngeren Geschichte wirft ihren Schatten über eine Epoche, die sich von Robespierre bis zu Mao oder, allgemeiner, bis zum Zusammenbruch des kommunistischen Blocks im Jahr 1990 erstreckt und deren letzte Episode die maoistische Kulturrevolution ist.

Der soziohistorische Kontext verändert sich natürlich zwischen der Französischen Revolution und der Kulturrevolution radikal – was die beiden, platonisch gesprochen, eint, ist einzig und allein die gemeinsame »ewige« Idee der revolutionären Gerechtigkeit. Im Falle Maos ist sogar fraglich, ob es überhaupt legitim ist, ihn zu den Marxisten zu zählen, denn die soziale Basis der maoistischen Revolution war nicht die Arbeiterklasse.

Eine der tückischsten Fallen, in die man als marxistischer Theoretiker tappen kann, ist der Versuch, den genauen Zeitpunkt des »Sündenfalls« zu bestimmen, von dem an die Dinge aus marxistischer Sicht in die falsche Richtung liefen: War es schon der späte Engels mit seinem eher positivistisch-evolutio-

[29] Wie steht es mit Robespierres ziemlich lächerlichem Versuch, eine neue Staatsreligion durchzusetzen, die ein Höchstes Wesen verehrte? Er selbst hat den Hauptgrund für seine Ablehnung des Atheismus kurz und bündig benannt: »Der Atheismus ist aristokratisch.« (Maximilien Robespierre, *Œuvres Complètes*, Paris: Leroux 1910–1967, Band 10, S. 195.) Atheismus war für ihn die Ideologie der zynisch-hedonistischen Aristokraten, die jeden Sinn für die historische Mission verloren hatten.

nären Verständnis des historischen Materialismus? Waren es der Revisionismus und die Orthodoxie der Zweiten Internationale? War es Lenin?[30] Oder war es etwa Marx selbst mit seinem Spätwerk, als er seinen jugendlichen Humanismus abgelegt hatte (wie einige »humanistische Marxisten« vor Jahrzehnten behaupteten)? Die ganze Frage ist von Grund auf abzulehnen: Es gibt hier keinen Gegensatz, der Niedergang muss schon in den Ursprung mit eingeschrieben sein. (Um es noch zugespitzter zu formulieren: Eine solche Suche nach dem Eindringling, der das ursprüngliche Modell infiziert und dessen Entartung in Gang gesetzt hat, ruft zwangsläufig die Logik des Antisemitismus hervor.) Auch oder gerade wenn wir die marxistische Vergangenheit einer schonungslosen Kritik unterziehen, müssen wir sie zunächst einmal als die »eigene« anerkennen und die volle Verantwortung dafür übernehmen, anstatt uns der »schlechten« Entwicklung bequem zu entledigen, indem wir sie einem fremden Eindringling ankreiden (der »schlechte« Engels, der zu dumm war, um Marx' Dialektik zu verstehen, der »schlechte« Lenin, der den Kern von Marx' Theorie nicht kapiert hat, der »schlechte« Stalin, der die edlen Pläne des »guten« Lenin verpfuscht hat usw.).

Als Erstes muss man daher die Verschiebung in der Geschichte des Marxismus vollständig anerkennen, die sich auf zwei große Übergänge (oder vielmehr gewaltsame Einschnitte) konzentriert: den Übergang von Marx zu Lenin und den Übergang von Lenin zu Mao. In beiden Fällen finden Verschiebun-

[30] So führten etwa einige westliche Marxisten den Stalinismus darauf zurück, dass Russland der Sphäre der »asiatischen Produktionsweise« angehört habe und sahen darin eine neue Form von »orientalischer Despotie« – die Ironie daran ist, dass für traditionelle Russen das genaue Gegenteil gilt: »Es war immer eine Grille des Westens, Lenin und Stalin als ›orientalische‹ Despoten zu sehen. Die großen russischen Tyrannen des 18. und des 20. Jahrhunderts waren Westler.« (Lesley Chamberlain, *The Philosophy Steamer. Lenin and the Exile of the Intelligentsia*, London: Atlantic Books 2006, S. 270)

gen der Ausgangskonstellation statt: vom fortschrittlichsten Land (wie es von Marx erwartet wurde) zu einem relativ rückständigen Land – die Revolution »fand im falschen Land statt«; von den Arbeitern zu (armen) Bauern als Hauptakteuren der Revolution usw. Ebenso wie Christus den »Verrat« durch Paulus brauchte, damit sich das Christentum als universale Kirche entwickeln konnte (erinnern wir uns, dass Paulus unter den zwölf Aposteln den Platz des Verräters Judas einnimmt, den er ersetzt!), brauchte Marx Lenins »Verrat«, damit die erste marxistische Revolution stattfinden konnte. Es ist eine innere Notwendigkeit der »ursprünglichen« Lehre, diesen »Verrat« auszuhalten und zu überstehen, sie muss den gewaltsamen Akt überleben, aus ihrem Ursprungskontext gerissen und in eine fremde Umgebung geworfen zu werden, in der sie sich neu erfinden muss – *nur so kann Universalität entstehen.*

Hinsichtlich des zweiten gewaltsamen Übergangs würde es zu kurz greifen, Maos Neuerfindung des Marxismus als theoretisch unzulänglich zu verdammen, als Rückschritt im Vergleich zum Marx'schen Maßstab (Bauern besitzen, wie sich leicht zeigen lässt, nicht die substanzlose Subjektivität des Proletariats); ebenso wäre es aber auch zu einfach, die Gewalt des Schnitts zu verwischen und Maos Neuerfindung als logische Fortsetzung oder »Anwendung« des Marxismus hinzunehmen (indem man, wie es gewöhnlich der Fall ist, den Klassenkampfbegriff einfach metaphorisch ausweitet: »Der heute vorherrschende Klassenkampf findet nicht mehr zwischen Kapitalisten und Proletariat in den einzelnen Ländern statt, sondern hat sich auf den Kampf der Dritten gegen die Erste Welt, der proletarischen gegen die bürgerlichen Nationen verschoben.«). Maos Leistung ist hier ungeheuer: Sein Name steht für die politische Mobilisierung Hunderter Millionen anonymer Menschen aus der Dritten Welt, deren eintönige, harte Arbeit die unsichtbare »Substanz«, den Hintergrund der historischen Entwicklung lieferte – die Mobilisierung all derer, die selbst ein Poet der »Andersheit« wie Levinas als »gelbe Gefahr« abgetan hatte; in seinem wohl merkwürdigsten Text, »Die russisch-chinesische Debatte und die Dialektik« (1960), kommentiert er den sowjetisch-chinesischen Konflikt wie folgt:

»Die gelbe Gefahr! Sie liegt nicht in der Rasse, sondern im Geistigen begründet. Es geht dabei keineswegs um eine Minderwertigkeit, sondern vielmehr um eine radikale Fremdheit, die fremd ist aufgrund der ganzen Dichte ihrer Vergangenheit, durch die nicht die Spur eines vertrauten sprachlichen Lauts sickert, einer Vergangenheit auf dem Mond oder dem Mars.«[31]

Erinnert dies nicht an Heideggers in den 1930er Jahren immer wieder vorgebrachte Mahnung, die Hauptaufgabe des abendländischen Denkens bestehe heute in der Verteidigung des griechischen Durchbruchs, der Gründungsgeste des »Abendlands«, der Überwindung des präphilosophischen, mythischen, »asiatischen« Universums? Demnach gelte es, sich gegen die neuerliche »asiatische« Bedrohung zu wehren – der größte Gegensatz des Abendlandes sei »das Mythische überhaupt und das Asiatische im besonderen«.[32] Es ist *diese* asiatische »radikale Fremdheit«, die von Mao Zedongs kommunistischer Bewegung mobilisiert und politisiert wurde. Hegel äußert in der *Phänomenologie des Geistes* erstmals seine Vorstellung, dass die Frau »die ewige Ironie des Gemeinwesens« sei: Die Weiblichkeit »verändert durch die Intrige den allgemeinen Zweck der Regierung in einen Privatzweck, verwandelt ihre allgemeine Tätigkeit in ein Werk dieses bestimmten Individuums und verkehrt das allgemeine Eigentum des Staats zu einem Besitz und Putz der Familie«.[33] Im Gegensatz zum Mann strebe die Frau die Macht nur an, um ihre eigenen kleinen Familieninteressen oder, schlimmer noch, ihre persön-

[31] Emmanuel Lévinas, *Die Unvorhersehbarkeiten der Geschichte*, Freiburg, München: Alber 2006, S. 146.

[32] Martin Heidegger, *Gesamtausgabe, Band 42: Schelling: Vom Wesen der menschlichen Freiheit (1809)*, Frankfurt a. M.: Klostermann 1988, S. 175.

[33] G. W. F. Hegel, *Werke in 20 Bänden. Band 3*, a. a. O., S. 352 f.

lichen Launen zu verfolgen, denn schließlich sei sie unfähig, die allgemeine Dimension der Staatspolitik zu verstehen. Wie sollte man sich da nicht an Schellings Wort erinnern, wonach »dasselbe Princip in seiner Unwirksamkeit uns trägt und hält, das in seiner Wirksamkeit uns verzehren und vernichten würde«.[34] Eine Kraft, die gutartig und beschwichtigend sein kann, solange sie an dem ihr zugedachten Platz bleibt, verwandelt sich in ihr krasses Gegenteil, in zerstörerische Wut, sobald sie sich auf einer höheren Ebene einmischt, einer Ebene, die nicht die ihre ist: *Dieselbe* Weiblichkeit, die innerhalb des engen Familienkreises die Kraft der schützenden Liebe selbst ist, wird zur obszönen Raserei, wenn sie auf der Ebene der öffentlichen und staatlichen Angelegenheiten demonstriert wird … kurz gesagt, es ist in Ordnung, wenn eine Frau im Interesse der Rechte von Familie und Verwandtschaft gegen die öffentliche Staatsmacht protestiert; aber wehe der Gesellschaft, in der Frauen versuchen, Entscheidungen direkt zu beeinflussen, in denen es um staatliche Angelegenheiten geht, in der sie ihre schwachen männlichen Partner manipulieren und sie im Grunde entmannen … Hat all dies nicht große Ähnlichkeit mit dem Schrecken, den die Aussicht auf ein Erwachen der anonymen asiatischen Massen erregt? Es ist in Ordnung, wenn sie gegen ihr Schicksal protestieren und uns erlauben, ihnen zu helfen (durch großzügige humanitäre Aktionen …), aber sich unmittelbar selbst zu »bemächtigen«, zum Entsetzen der mitfühlenden Liberalen, die jederzeit bereit sind, den Aufstand der Armen und Besitzlosen zu unterstützen, solange die sich gut benehmen …?

Georgi M. Derluguians Buch *Bourdieu's Secret Admirer in the Caucasus*[35] erzählt die außergewöhnliche Geschichte von

[34] F. W. J. Schelling, *Die Weltalter. Fragmente. In den Urfassungen von 1811 und 1813*, hg. v. Manfred Schröter, München: Biederstein & Leibniz 1946, S. 13.
[35] Georgi M. Derluguian, *Bourdieu's Secret Admirer in the Caucasus. A World-System Biography*, Chicago: University of Chicago Press 2005.

Musa Shanib, einem der führenden Intellektuellen aus der turbulenten Region Abchasien, und dessen unglaublichem Werdegang vom sowjetischen intellektuellen Dissidenten zum demokratischen politischen Reformer und zum muslimisch fundamentalistischen Kriegsherrn bis hin zum angesehenen Philosophieprofessor, wobei seine gesamte Laufbahn von einer merkwürdigen Bewunderung für das Denken Pierre Bourdieus geprägt war. Es gibt zwei Möglichkeiten, sich einer solchen Figur zu nähern. Die erste Reaktion ist, sie als regionale Exzentrizität abzutun und mit wohlwollender Ironie zu behandeln: »Bourdieu, was für eine merkwürdige Wahl – wer weiß, was dieser folkloristische Typ in Bourdieu sieht ...« Die zweite Reaktion ist, sofort auf den universellen Geltungsbereich der Theorie abzuheben: »Da sieht man es: Jeder Intellektuelle von Paris bis Tschetschenien und Abchasien kann seine Theorien diskutieren ...« In Wahrheit geht es natürlich darum, beide Optionen zu vermeiden und die Universalität einer Theorie als Resultat harter theoretischer Mühen und Kämpfe zu erkennen, die nicht außerhalb der Theorie stattfinden: Der Punkt ist nicht (nur), dass Shanib sehr hart arbeiten musste, um die lokalen Zwänge zu durchbrechen und Bourdieu zu durchdringen – diese Aneignung Bourdieus durch einen abchasischen Intellektuellen berührt auch die Substanz der Theorie selbst und verlagert sie in einen neuen Raum. Hat nicht Lenin, mutatis mutandis, etwas Ähnliches mit Marx gemacht? Bei dem Wechsel Maos in Bezug auf Lenin *und* Stalin geht es um das Verhältnis von Arbeitern und Bauern: Sowohl Lenin als auch Stalin waren sehr misstrauisch gegenüber den Bauern; sie betrachteten es als eine der Hauptaufgaben der Sowjetmacht, die Trägheit der Bauern und ihre substantielle Verbundenheit mit dem Land zu durchbrechen, sie zu »proletarisieren« und so ganz der Dynamik der Modernisierung auszusetzen – ganz im Gegensatz zu Mao, der, wie weiter oben bereits erwähnt, in seinen kritischen Anmerkungen zu Stalins *Ökonomischen Problemen des Sozialismus in der UdSSR* (von 1958) schrieb: »Stalins

Standpunkt ist […] fast völlig falsch. Der Hauptfehler ist das Misstrauen gegen die Bauern.« Die theoretischen und politischen Konsequenzen dieses Wandels sind wahrlich erschütternd. Sie erfordern nicht weniger als eine gründliche Neubearbeitung von Marx' hegelianischer Idee der proletarischen Position als Position derer, die auf eine »substanzlose Subjektivität«, auf den Abgrund ihrer Subjektivität reduziert sind.

Wer sich noch an den Marxismus erinnert, weiß, dass der Knackpunkt seines Theoriegebäudes in der Annahme liegt, der Kapitalismus schaffe selbst die Bedingungen seiner Überwindung durch die proletarische Revolution – wie ist das gemeint? Als lineare Entwicklung? Sollen wir es so verstehen, dass die Revolution stattfindet, wenn der Kapitalismus sein ganzes Potential entfaltet und alle seine Möglichkeiten ausgeschöpft hat, an dem mythischen Punkt, an dem er auf seinen zentralen Antagonismus (»Widerspruch«) in seiner reinsten, nackten Form trifft? Und reicht es aus, die »subjektive« Komponente hinzuzufügen und zu betonen, dass die Arbeiterklasse nicht einfach nur warten sollte, bis die Zeit »reif« ist, sondern sich durch langen Kampf »bilden« sollte? Ebenfalls bekannt ist, dass Lenins Theorie des »schwächsten Glieds in der Kette« eine Art Kompromisslösung war: Selbst wenn sie akzeptierte, dass die erste Revolution nicht im am weitesten entwickelten Land stattfinden konnte, sondern in einem, in dem die Antagonismen der kapitalistischen Entwicklung verschärft waren, wenn es auch weniger entwickelt war (Russland, das einzelne konzentrierte moderne kapitalistisch-industrielle Inseln mit agrarischer Rückständigkeit und einer vordemokratischen, autoritären Regierung kombinierte), sah sie die Oktoberrevolution dennoch als riskanten Durchbruch, der nur gelingen konnte, wenn ihm schnell eine große westeuropäische Revolution folgen würde (alle Augen waren dabei auf Deutschland gerichtet). Dieses Modell wurde erst unter Mao aufgegeben, nach dessen Ansicht die proletarische Revolution im weniger entwickelten Teil der Welt stattfinden sollte, unter den großen

Massen verarmter Bauern, Arbeiter und sogar der »patriotischen Bourgeoisie« in der Dritten Welt, die unter den Nachwehen der kapitalistischen Globalisierung zu leiden hatte und deren Wut und Verzweiflung man nutzen konnte. In völliger Umkehrung (ja: Verkehrung) des Marx'schen Vorbilds wird der Klassenkampf damit zu einem Kampf zwischen den »bürgerlichen Nationen« der Ersten und den »proletarischen Nationen« der Dritten Welt umformuliert. Es entsteht ein wahrhaft dialektisches Paradoxon, vielleicht die ultimative Anwendung von Maos Lehren über den Widerspruch: Gerade die Unterentwickeltheit (und damit »Unreife« zur Revolution) eines Landes macht es »reif« für die Revolution. Weil jedoch solche »unreifen« ökonomischen Bedingungen keinen Aufbau eines echten postkapitalistischen Sozialismus zulassen, tritt als notwendiges Korrelat die Anwendung des »Primats der Politik über die Wirtschaft« hinzu: Das siegreiche revolutionäre Subjekt handelt nicht als Werkzeug der ökonomischen Notwendigkeit und setzt sein Potential frei, dessen Entwicklung durch die kapitalistischen Widersprüche vereitelt worden war; es ist vielmehr ein voluntaristischer Akteur, der *gegen* die »spontane« ökonomische Notwendigkeit handelt und der Wirklichkeit seine Sicht durch revolutionären Terror aufzwingt.

Man sollte hier die die fundamentale Lehre aus Hegels »konkreter Allgemeinheit« berücksichtigen: Die allgemeine Notwendigkeit ist keine teleologische Kraft, die von Anfang an wirkt, die Fäden zieht, den Ablauf steuert und ein glückliches Ende garantiert; sie ist im Gegenteil immer rückwirkend, sie entsteht aus der radikalen Kontingenz des Prozesses und signalisiert den Moment der Selbstaufhebung der Kontingenz. Sobald der (kontingente) Übergang vom Leninismus zum Maoismus einmal stattgefunden hatte, musste er als »notwendig« erscheinen, das heißt man konnte dann die »innere Notwendigkeit« des Maoismus als nächste »Stufe« der Entwicklung des Marxismus (re)konstruieren. Um diesen Umschlag der Kontingenz in die Notwendigkeit besser zu verstehen, sollte man sich vom üblichen Modell der linearen historischen Zeit, die als Verwirklichung von Möglichkeiten strukturiert ist, verabschieden (zum Zeitpunkt X gibt es viele verschiedene Richtungen, welche die Geschichte einschlagen kann, und das, was dann tatsächlich geschieht, ist die Verwirklichung einer dieser Möglichkeiten). Was diese lineare Zeit nicht erfassen kann, ist das Paradoxon einer kontingenten, wirklichen Notlage, die sich rückwirkend ihre eigene Möglichkeit schafft: Erst wenn sie sich ereignet, können wir »sehen«, wie sie möglich war.

Die ziemlich langweilige Debatte über die Ursprünge des Maoismus (oder Stalinismus) oszilliert um drei Hauptoptionen: (1) Die »harten« Antikommunisten und die »harten« Anhänger des Stalinismus postulieren eine direkte immanente Logik, die von Marx zu Lenin und von Lenin zu Stalin (und dann von Stalin zu Mao) führt; (2) die »weichen« Kritiker sagen, die stalinistische (oder davor die leninistische) Wende sei eine der historischen Möglichkeiten, die schon in Marx' Theoriegebäude angelegt gewesen seien – es hätte auch anders kommen können, aber die stalinistische Katastrophe ist als Möglichkeit auf jeden Fall in die ursprüngliche Theorie selbst mit eingeschrieben; (3) die Verfechter der Reinheit von »Marx' ursprünglicher Lehre« schließlich weisen den Stalinismus (oder schon den Leninismus) schlicht als Verzerrung beziehungsweise Verrat zurück und betonen den radikalen Bruch, der zwischen den beiden stattgefunden habe: Lenin und Stalin hätten Marx' Theorie einfach »gekidnappt« und für Zwecke missbraucht, die mit dem Original völlig unvereinbar seien. Man sollte alle drei Versionen ablehnen, weil sie alle auf demselben linear-historizistischen Zeitbegriff beruhen, und sich für die vierte Version entscheiden, jenseits der falschen Frage »In welchem Maße ist Marx für die stalinistische Katastrophe verantwortlich?« Marx *ist* voll verantwortlich, allerdings *rückwirkend*, das heißt, für Stalin gilt das Gleiche, was nach Jorge Luis Borges für Kafka gilt: Beide kreierten ihre eigenen Vorläufer.

Dies ist die Bewegung der »konkreten Allgemeinheit«, diese radikale »Transsubstantiation«, durch welche die Ursprungstheorie sich in einem neuen Kontext neu erfinden muss; nur wenn sie diese Transplantation überlebt, kann sie wirklich allgemein werden. Und es geht hier natürlich nicht um den pseudohegelianischen Prozess von »Entfremdung« und »Ent-Entfremdung«, also darum, dass die Ursprungstheorie »verfremdet« würde und dann den fremden Kontext in sich aufnehmen, sich wiederaneignen und unterordnen müsste; ein solcher pseudohegelianischer Blick übersieht, wie diese gewaltsame Verpflanzung in einen fremden Kontext die Ursprungstheorie selbst radikal beeinflusst und, wenn die Theorie »zu sich selbst in ihrer Andersheit zurückkehrt« (sich in dem fremden Kontext neu erfindet), in ihrer Substanz verändert – und dennoch ist dieser Wandel nicht bloß die Reaktion auf einen äußeren Schock, er bleibt eine inhärente Transformation *derselben* Theorie der Überwindung des Kapitalismus. Darum ist der Kapitalismus eine »konkrete Allgemeinheit«: Es geht nicht darum zu bestimmen, was alle besonderen Formen des Kapitalismus gemeinsam haben und diese gemeinsamen allgemeinen Merkmale zu isolieren, sondern darum, diese Matrix als eigenständige positive Kraft zu begreifen, als etwas, dem alle wirklichen besonderen Formen entgegenzuwirken und deren zerstörerische Wirkung sie zu zügeln versuchen.

Die Grenzen von Maos Dialektik

Maos wohl wichtigster Beitrag zur marxistischen Philosophie waren seine Überlegungen zum Begriff des Widerspruchs. Man sollte sie nicht als wertlose philosophische Regression abtun (was, wie sich leicht zeigen lässt, auf einem vagen Begriff von »Widerspruch« beruht, das einfach »Kampf entgegengesetzter Richtungen« bedeutet). Die Hauptthese des großartigen Textes »Über den Widerspruch«, in dem es um die beiden

Facetten von Widersprüchen geht, »die Haupt- und Nebenwidersprüche in einem Prozess sowie die hauptsächliche und die sekundäre Seite eines Widerspruchs«, verdient eine genaue Betrachtung. Maos Vorwurf an die »dogmatischen Marxisten« lautet: »Sie verstehen nicht, dass die Allgemeinheit des Widerspruchs gerade in dessen Besonderheit liegt.«

»So bilden zum Beispiel in der kapitalistischen Gesellschaft die beiden gegensätzlichen Kräfte, das Proletariat und die Bourgeoisie, den Hauptwiderspruch. Die anderen Widersprüche wie zum Beispiel der Widerspruch zwischen den Überresten der Feudalklasse und der Bourgeoisie, der Widerspruch zwischen den bäuerlichen Kleineigentümern und der Bourgeoisie, der Widerspruch zwischen dem Proletariat und den bäuerlichen Kleineigentümern, der Widerspruch zwischen der nichtmonopolistischen und der monopolistischen Bourgeoisie, der Widerspruch zwischen der bürgerlichen Demokratie und dem Faschismus der Bourgeoisie, die Widersprüche unter den kapitalistischen Ländern, die Widersprüche zwischen dem Imperialismus und den Kolonien sowie alle übrigen Widersprüche – sie alle werden vom Hauptwiderspruch bestimmt, stehen unter seinem Einfluß. [...]

Im Falle eines Aggressionskriegs der Imperialisten gegen ein solches Land können sich seine verschiedenen Klassen – mit Ausnahme einer Handvoll Verräter an der Nation – zeitweilig zu einem nationalen Krieg gegen den Imperialismus zusammenschließen. Dann wird der Widerspruch zwischen dem Imperialismus und dem betreffenden Land zum Hauptwiderspruch, während alle Widersprüche zwischen den verschiedenen Klassen innerhalb dieses Landes (einschließlich des Hauptwiderspruchs unter ihnen, nämlich des Widerspruchs zwischen dem Feudalsystem und den Volksmassen) vorübergehend auf den zweiten Platz verwiesen sind und eine untergeordnete Stellung einnehmen ...«[36]

Das ist Maos entscheidender Punkt: Der (allgemeine) Hauptwiderspruch deckt sich nicht mit dem Widerspruch, der in einer besonderen Situation vorrangig behandelt werden sollte – die allgemeine Dimension steckt buchstäblich in diesem besonderen Widerspruch. In jeder konkreten Situation herrscht jeweils ein anderer »besonderer« Widerspruch vor, das heißt,

36 Mao Zedong, »Über den Widerspruch«, www.marxists.org/deutsch/referenz/mao/1937/wider/04-teil4.htm.

um den Kampf um die Auflösung des Hauptwiderspruchs zu gewinnen, muss man einen besonderen Widerspruch als den vorherrschenden behandeln, dem alle anderen Kämpfe unterzuordnen sind. Während der japanischen Besetzung Chinas war die patriotische Einheit gegen die Japaner der vorrangige Punkt, wenn die Kommunisten den Klassenkampf für sich entscheiden wollten – *unter diesen Bedingungen hätte jede direkte Konzentration auf den Klassenkampf diesem entgegengewirkt.* (Darin liegt vielleicht das Hauptmerkmal des »dogmatischen Opportunismus«: im falschen Moment auf der zentralen Bedeutung des Hauptwiderspruchs zu beharren.) – Der andere entscheidende Punkt betrifft die hauptsächliche *Seite* eines Widerspruchs; was zum Beispiel den Widerspruch zwischen den Produktivkräften und den Produktionsverhältnissen angeht,

»spielen die Produktivkräfte, die Praxis und die ökonomische Basis im allgemeinen die hauptsächliche, entscheidende Rolle, und wer das leugnet, ist kein Materialist. Man muß jedoch auch anerkennen, daß unter bestimmten Bedingungen die Produktionsverhältnisse, die Theorie und der Überbau an die Reihe kommen können, die entscheidende, die Hauptrolle zu spielen. Wenn sich ohne eine Änderung der Produktionsverhältnisse die Produktivkräfte nicht weiter entwickeln können, dann spielt die Änderung der Produktionsverhältnisse die hauptsächliche, entscheidende Rolle.«[37]

Politisch steht hier sehr viel auf dem Spiel. Maos Ziel ist die Anerkennung der Wichtigkeit dessen, was in der marxistischen Tradition üblicherweise als der »subjektive Faktor« bezeichnet wird – Theorie, Überbau –, für den politischen Kampf. Dies hat Stalin nach Maos Ansicht vernachlässigt: »Stalins Schrift *Ökonomische Probleme des Sozialismus in der UdSSR* sagt von Anfang bis Ende nichts über den Überbau. Sie kümmert sich nicht um den Menschen; sie behandelt Dinge, nicht Menschen. [...] [Sie spricht] nur von den Produktionsverhältnissen, nicht vom Überbau oder der Politik oder der Rolle des

[37] Ebd.

Volkes. Der Kommunismus wird sich nicht erreichen lassen, wenn es keine kommunistische Bewegung gibt.«[38]

Alain Badiou erweist sich als wahrer Maoist, wenn er dies auf die heutige Situation anwendet; er geht dabei der Konzentration auf den antikapitalistischen Kampf aus dem Weg, macht sich sogar über dessen gegenwärtige Haupterscheinungsform (die Antiglobalisierungsbewegung) lustig und definiert den emanzipatorischen Kampf rein politisch als Kampf gegen die (liberale) Demokratie, der aktuell vorherrschenden ideologisch-politischen Form: »Der Feind heißt heute nicht Empire oder Kapital. Er heißt Demokratie.«[39] Was die radikale Infragestellung des Kapitalismus heute verhindert, ist *der Glaube an die demokratische Form des Kampfes gegen den Kapitalismus.* Lenins Haltung gegen den Ökonomismus wie auch gegen die »reine« Politik ist heute entscheidend angesichts der gespaltenen Meinung über die Ökonomie in der heutigen Linken (oder was davon noch übrig ist): Da gibt es auf der einen Seite die »reinen Politiker«, welche die Ökonomie als Ort des Kampfs und der Intervention aufgeben, und auf der anderen Seite die »Ökonomisten«, die, fasziniert vom Funktionieren der heutigen Weltwirtschaft, jede Möglichkeit einer echten politischen Intervention von vornherein ausschließen. Hinsichtlich dieser Spaltung sollten wir heute mehr denn je zu Lenin zurückkehren: Ja, die Ökonomie ist der Schlüsselbereich, dort wird die Schlacht entschieden werden, es gilt, den Bann des globalen Kapitalismus zu brechen – *aber* die Intervention muss *politisch* sein, nicht ökonomisch. Heute, wo alles und jeder »antikapitalistisch« ist, sogar die »sozialkritischen« Verschwörungsfilme aus Hollywood (von *Der Staatsfeind Nr. 1* bis *Insider*), in denen die großen Konzerne mit ihrem skrupellosen Gewinnstreben der Feind sind, hat der Signifikant »Antikapi-

38 Mao, *On Practice and Contradiction*, a. a. O., S. 117 f.

39 Alain Badiou, »Prefazione all'edizione italiana«, in: Ders., *Metapolitica*, Napoli: Cronopio 2002, S. 14.

talismus« seinen subversiven Biss verloren. Was man problematisieren sollte, ist das offenkundige Gegenteil dieses »Antikapitalismus«: das Vertrauen in die demokratische Substanz der ehrlichen Amerikaner, die Verschwörung zu durchbrechen. *Das* ist der harte Kern unserer Welt des globalen Kapitalismus und ihr wahrer Herren-Signifikant: die Demokratie.[40] – Maos weitere Ausführungen zum Begriff des Widerspruchs in seinem Text »Über die richtige Behandlung von Widersprüchen im Volke« (1957) können ebenfalls nicht auf dessen bekanntestes Merkmal, die eher dem gesunden Menschenverstand folgende Unterscheidung zwischen antagonistischen und nichtantagonistischen Widersprüchen, reduziert werden:

»Die Widersprüche zwischen uns und dem Feind sind antagonistische Widersprüche. Was die Widersprüche in den Reihen des Volkes betrifft, sind die unter den Werktätigen nicht antagonistisch, während die Widersprüche zwischen den Klassen der Ausgebeuteten und der Ausbeuter neben ihrem antagonistischen auch einen nichtantagonistischen Aspekt haben. [...] Unter der demokratischen Diktatur des Volkes sollten zwei verschiedene Methoden angewandt werden, die eine diktatorisch, die andere demokratisch, um die beiden Arten von Widersprüchen zu lösen, welche sich ihrem Wesen nach unterscheiden – diejenigen zwischen uns und dem Feind und diejenigen im Volk.«[41]

Man sollte diese Unterscheidung stets zusammen mit ihrer »beunruhigenderen« Ergänzung lesen, einer Warnung, dass die beiden Aspekte sich überschneiden könnten: »Unter normalen Umständen sind Widersprüche im Volk nicht antago-

[40] Und sind nicht die jüngsten Äußerungen von Toni Negri und Michael Hardt eine Art unerwartete Bestätigung dieses Badiou'schen Gedankens? Einer paradoxen Notwendigkeit folgend hat ausgerechnet ihr (Fokussieren des) Antikapitalismus sie dazu gebracht, die revolutionäre Kraft des Kapitalismus anzuerkennen, so dass man, wie sie es jüngst ausdrückten, den Kapitalismus nicht mehr bekämpfen müsse, weil er schon aus sich heraus kommunistische Potentiale erzeuge – ein »Kommunistisch-Werden des Kapitalismus«, um mit Deleuze zu sprechen ...

[41] Mao, *On Practice and Contradiction*, a. a. O., S. 131 u. 137.

nistisch. Wenn man sie jedoch nicht richtig behandelt oder wenn man in seiner Wachsamkeit nachlässt und sorglos wird, dann kann ein Antagonismus entstehen.« Der demokratische Dialog, die friedliche Koexistenz verschiedener Orientierungen in der Arbeiterklasse, ist nicht einfach gegeben, ist kein natürlicher Zustand, sondern etwas, das durch Wachsamkeit und Kampf errungen und aufrechterhalten werden muss. Auch hier hat der Kampf Vorrang gegenüber der Einheit: Der Raum für die Einheit muss überhaupt erst durch den Kampf gewonnen werden.

Was sollen wir nun mit diesen Ausführungen anfangen? Man sollte sehr präzise auf der abstrakten Theorieebene diagnostizieren, wo Mao recht hatte und wo er falschlag. Mao hatte recht, die Standardauffassung der »dialektischen Synthese« als »Versöhnung« der Gegensätze, als höhere, deren Kampf umfassende Einheit abzulehnen; er hatte unrecht, diese Ablehnung, dieses Beharren auf der Priorität des Kampfes und der Teilung gegenüber jeder Synthese oder Einheit als allgemeine Kosmologie-Ontologie des »ewigen Kampfes der Gegensätze« zu formulieren – aus diesem Grund verfing er sich in der allzu simplen, wahrhaft *nichtdialektischen* Vorstellung der »schlechten Unendlichkeit« des Kampfes. Hier bewegt er sich deutlich zurück zu primitiven heidnischen »Weisheiten« darüber, dass jede Kreatur, jede bestimmte Lebensform früher oder später ihr Ende findet: »Das eine vernichtet das andere; Entstehung, Entwicklung, Vernichtung, so geht es mit allen Dingen. Wer nicht von andern vernichtet wird, der geht von selbst unter.«[42] Eines muss man Mao jedoch lassen: Er führt diesen Weg konsequent zu Ende und wendet dieses Prinzip auch auf den Kommunismus selbst an – in der folgenden Passage vollführt er einen riesigen ontologischen »Sprung nach vorn« von der Teilung des Atomkerns in Protonen, Antiprotonen usw. bis

42 Mao Tse-tung, »Rede über Fragen der Philosophie«, www.infopartisan.net/archive/maowerke/maosonst3.htm.

hin zur unvermeidlichen Teilung des Kommunismus in verschiedene Stadien:

»Ich glaube nicht, daß sich die kommunistische Gesellschaft nicht in Stadien teilen und es keine qualitativen Veränderungen geben wird. Lenin hat gesagt, alles sei teilbar. Er nannte das Atom als Beispiel und sagte, daß nicht nur das Atom teilbar sei, sondern auch das Elektron. Früher hielt man es allerdings für unteilbar, und die Wissenschaft von der Spaltung der Atomkerne ist auch noch sehr jung, erst 20, 30 Jahre alt. Seit einigen Jahrzehnten zerlegen die Wissenschaftler den Atomkern, da gibt es Protonen und Antiprotonen, Neutronen und Antineutronen, Mesonen und Antimesonen.«[43]

Er geht sogar noch einen Schritt weiter, ja, über die Menschheit selbst hinaus und sieht in bester Nietzsche-Manier die »Überwindung« des Menschen vorher:

»Das Leben der Dialektik, das ist ständiges Umwenden ins Gegenteil. Auch für die Menschheit wird es schließlich einen letzten Tag geben. Wie Theologen vom Jüngsten Gericht reden, das ist pessimistisch und furchterregend. Wenn wir sagen, daß die Menschheit untergeht, bedeutet dies, daß etwas noch Fortschrittlicheres als die Menschheit entstehen wird. Die heutige Menschheit steckt noch in den Kinderschuhen.«[44]

Doch damit immer noch nicht genug: Auch die Entstehung eines (heute nur dem Menschen zugestandenen) Bewusstseins bei (einigen) Tieren steht offenbar bevor:

»Tiere werden sich auch in Zukunft weiterentwickeln. Ich glaube nicht daß nur der Mensch zwei Hände haben kann. Unterliegen Pferde, Rinder, Schafe nicht mehr der Evolution, sondern unterliegen ihr nur die Affen? Und ist es unter den Affen wiederum nur eine Spezies, die sich fortentwickeln kann, und die anderen können es nicht? Wird es in einer Million Jahren, in zehn Millionen Jahren noch die heutigen Pferde. Rinder und Schafe geben? Ich meine, sie werden sich noch verändern. Pferde, Rinder, Schafe und Insekten werden sich alle verändern.«[45]

43 Ebd.
44 Ebd.
45 Ebd.

Zwei Dinge sollten dieser »kosmischen Perspektive« hinzugefügt werden: Erstens sollte man bedenken, dass Mao hier zum inneren Zirkel der Parteiideologen spricht; das erklärt den geheimnistuerischen Ton der Rede, so als würde Mao seine »geheimen Lehren« enthüllen, die nicht an die Öffentlichkeit gelangen dürfen – und tatsächlich finden sich in seinen Spekulationen starke Anklänge an den sogenannten »Biokosmismus«, eine seltsame Kombination aus Vulgärmaterialismus und gnostischer Spiritualität, die eine okkulte Schattenideologie, die obszöne Geheimlehre, des sowjetischen Marxismus bildete. Während der mittleren Periode des Sowjetstaats wurde der Biokosmismus aus der öffentlichen Wahrnehmung verdrängt und wurde nur im ersten und den beiden letzten Jahrzehnten der sowjetischen Herrschaft offen propagiert; seine Hauptthesen sind: Die Ziele der Religion (kollektives Paradies, Überwindung aller Leiden, vollkommene Unsterblichkeit des Einzelnen, Auferstehung der Toten, Sieg über Zeit und Tod, Eroberung des Weltalls weit über das Sonnensystem hinaus) können durch die Entwicklung der modernen Wissenschaft und Technik im irdischen Leben verwirklicht werden. In der Zukunft wird nicht nur der Geschlechtsunterschied abgeschafft und es werden keusche, posthumane Wesen entstehen, die sich durch biotechnische Reproduktion fortpflanzen; es wird auch möglich sein, die Toten der Vergangenheit wieder zum Leben zu erwecken (indem man aus den sterblichen Überresten ihre biologische Formel bestimmt und sie dann neu erzeugt – DNA kannte man damals noch nicht …), wodurch dann sogar alle vergangenen Ungerechtigkeiten ausgelöscht und Leid und Zerstörung »ungeschehen« gemacht werden können. In dieser strahlenden biopolitischen kommunistischen Zukunft werden nicht nur Menschen, sondern auch Tiere und alle übrigen Lebewesen an einer unmittelbar kollektivierten Vernunft des Kosmos teilhaben … Was immer man gegen Lenins schonungslose Kritik von Maxim Gorkis »Gotterbauertum« (*bogostroitel'stvo*), der direkten Deifikation des Menschen, einwenden kann, man sollte bedenken, dass Gorki auch mit Biokosmisten kollaborierte. Interessanterweise lassen sich Ähnlichkeiten zwischen diesen »Biokosmisten« und der heutigen Technognosis feststellen.

Zweitens ist diese »kosmische Perspektive« für Mao nicht nur ein unbedeutender philosophischer Vorbehalt; sie hat durchaus ethisch-politische Konsequenzen. Wenn Mao die Bedrohung durch die Atombombe selbstherrlich abtut, dann will er damit nicht das Ausmaß der Gefahr kleinreden – ihm ist vollkommen bewusst, dass ein Atomkrieg die gesamte Menschheit auslöschen könnte; um also seinen trotzigen Standpunkt zu rechtfertigen, muss er die »kosmische Perspektive« einnehmen, aus der heraus das Ende des Lebens auf der Erde »für das Weltall als Ganzes kaum von Bedeutung« wäre. Diese »kosmische Perspektive« begründet auch seine abschätzige Haltung gegenüber den menschlichen Opfern ökonomischer und politischer Bestrebungen. Glaubt man einer unlängst erschienenen Mao-Biographie,[46] dann verursachte dieser die größte Hungersnot der Geschichte, weil er Nahrungsmittel nach Russland exportierte, um Atomanlagen und Rüstungsbetriebe zu kaufen: Zwischen 1958 und 1961 starben 38 Millionen Menschen vor Hunger oder wurden zu Tode geschunden. Mao wusste genau, was vorging, er sagte: »Es kann gut sein, dass halb China sterben muss.« Dies ist die radikalste Form der instrumentellen Einstellung: Töten als Teil des rücksichtslosen Versuchs, sein Ziel zu erreichen, wobei Menschen nur noch als Dispositionsmittel betrachtet werden – und dabei ist festzuhalten, dass der nationalsozialistische Holocaust *nicht* dasselbe war: Die Ermordung der Juden war kein Teil einer rationalen Strategie, sondern Selbstzweck, ein akribisch geplanter »irrationaler« Exzess (man denke nur an die Deportation der letzten Juden von den griechischen Inseln 1944, kurz vor dem deutschen Rück-

[46] Jung Chang und Jon Halliday, *Mao. Das Leben eines Mannes, das Schicksal eines Volkes*, München: Pantheon 2007.

zug, oder den massiven Einsatz von Zügen zum Transport von Juden anstelle von Kriegsmaterial ebenfalls im Jahr 1944). Daher hat Heidegger unrecht, wenn er den Holocaust auf die Fabrikation von Leichen reduziert. Das war er *nicht*, der stalinistische Kommunismus hingegen war genau das.[47]

Die konzeptionelle Folge dieser mit dem vulgären Evolutionismus verbundenen »schlechten Unendlichkeit« ist, dass Mao die »Negation der Negation« als allgemeines dialektisches Gesetz konsequent ablehnt. Er polemisiert explizit gegen Engels (und folgt darin übrigens Stalin, der in seiner Schrift »Über dialektischen und historischen Materialismus« ebenfalls die »Negation der Negation« nicht zu den »vier Grundzügen der marxistischen Dialektik« zählt).

»Engels hat über die drei Kategorien gesprochen. Ich glaube aber nicht an zwei dieser Kategorien. (Die Einheit der Gegensätze ist das elementarste Gesetz, das Umschlagen quantitativer in qualitative Veränderungen ist die Einheit des Gegensatzes von Qualität und Quantität. Die Negation der Negation gibt es überhaupt nicht.) [...] So etwas wie Negation der Negation gibt es nicht. Affirmation, Negation, Affirmation, Negation ... in der Entwicklung der Dinge stellt jedes einzelne Kettenglied sowohl eine Affirmation wie auch eine Negation dar. Die Sklavenhaltergesellschaft negierte die Urgesellschaft, stellte aber eine Affirmation gegenüber der Feudalgesellschaft dar. Die Feudalgesellschaft war die Negation der Sklavenhaltergesellschaft, stellte aber eine Affirmation gegenüber der kapitalistischen Gesellschaft dar. Der Kapitalismus ist die Negation des Feudalismus und wiederum die Affirmation gegenüber dem Sozialismus.«[48]

Entsprechend lehnt Mao die Kategorie der »dialektischen Synthese« der Gegensätze entschieden ab und entwickelt seine eigene Version einer »negativen Dialektik« – jede Synthese ist

[47] Auch mit seinem Brief an Herbert Marcuse hat Heidegger unrecht, wenn er den Holocaust mit der Vertreibung von Deutschen aus Osteuropa 1946–47 vergleicht. Marcuses Antwort trifft es genau: Der Unterschied zwischen dem Schicksal der Juden und dem der deutschen Vertriebenen war zu jenem Zeitpunkt der schmale Grat zwischen Barbarei und Zivilisation.
[48] Mao, »Rede über Fragen der Philosophie«, a. a. O.

für ihn letztlich das, was Adorno in seiner Lukács-Kritik als »erpresste Versöhnung« bezeichnet hat: bestenfalls eine vorübergehende Pause im fortwährenden Kampf, die nicht eintritt, weil die Gegensätze vereint sind, sondern weil die eine Seite die andere schlicht besiegt:

»Wie ist eine Synthese zu erreichen? Wie sich die Guomindang und die Kommunistische Partei, die beiden Gegensätze, auf dem Festland zu einer Synthese zusammengefügt haben, habt ihr alle gesehen. Die Synthese kam nämlich so zustande: Sie rückten mit ihren Truppen an, und wir haben sie geschluckt, Stück für Stück geschluckt. [...] Der eine frißt den andern, der große Fisch den kleinen, das ist Synthese. So hat es noch in keinem Buch gestanden. In meinen Büchern steht es auch nicht. Yang Xianzhen versteht aufgrund seiner These des ›zwei zu einem vereinen‹ die Synthese als untrennbare Verbindung zweier verschiedener Dinge. Wo gibt es auf der Welt aber schon untrennbare Verbindungen! Es gibt Verbindungen, aber sie sind grundsätzlich trennbar. Es gibt nichts, das untrennbar wäre.«[49]

(Auch hier können wir wieder jenen geheimnistuerischen Ton feststellen, in dem Mao etwas mitteilt, das nicht nach draußen gelangen soll, die grausam-realistische Lektion, die den fröhlichen öffentlichen Optimismus unterminiert ...) Dies bildete den Kern der berühmten Debatte Ende der 1950er Jahre über das Eine und die Zwei (werden die Zwei in dem Einen vereint oder wird das Eine in Zwei geteilt?): »Für jedes konkrete Ding ist die Einheit der Gegensätze bedingt, zeitweilig, vorübergehend und daher relativ, während der Kampf zwischen den Gegensätzen absolut ist.«[50] Damit sind wir bei dem, was man versucht ist, Maos ethisch-politisches Gebot zu nennen – um die letzten Worte aus Becketts Roman *Der Namenlose* zu paraphrasieren: Im Schweigen weiß man nicht, man muss weiter trennen, ich kann nicht weitermachen, ich werde weiter trennen.[51] Die Paradoxie von Maos radikaler

49 Ebd.

50 Mao, »Worte des Vorsitzenden Mao Tse-tung«, a. a. O.

51 Vgl. Samuel Beckett, *Werke, Band III: Romane*, Frankfurt a. M.: Suhrkamp 1976, S. 566.

Politik der endlos andauernden Teilung, die nie den Endpunkt des Friedens erreicht, ist, dass sie wieder mit ihrem Gegenteil zusammentrifft, dem sozialdemokratischen Revisionismus, von dessen Begründer Eduard Bernstein die bekannte Formel stammt: »Das, was man gemeinhin Endziel des Sozialismus nennt, ist mir nichts, die Bewegung alles.«[52]

Wo liegt nun Maos Fehler? In der Art wie er diesem Gebot zu trennen, zu teilen, zur dialektischen Synthese *entgegentritt.*

Wenn Mao über die »Synthetisierung« als Vernichtung oder Unterwerfung des Feindes spottet, dann ist sein Fehler genau diese spöttische Haltung – er versteht nicht, dass genau das die wahre Hegel'sche Synthese *ist* … Was ist denn eigentlich die Hegel'sche »Negation der Negation«? Erst wird die alte Ordnung innerhalb ihrer eigenen ideologisch-politischen Form negiert; dann muss die Form selbst negiert werden. Wer schwankt, wer sich fürchtet, den nächsten Schritt der Überwindung der Form selbst zu machen, der will (um noch einmal Robespierre zu zitieren) eine »Revolution ohne Revolution« – und Lenin demonstriert die ganze Stärke seiner »Hermeneutik des Verdachts«, indem er die verschiedenen Formen dieses Rückzugs erkennt. Der wahre Sieg (die wahre »Negation der Negation«) tritt ein, wenn der Gegner die eigene Sprache spricht. So gesehen ist ein wahrer Sieg ein Sieg in der Niederlage: Er ereignet sich, wenn die eigene spezifische Botschaft als allgemeine Grundlage akzeptiert wird, sogar vom Gegner. (Der wahre Sieg der Wissenschaft in der Auseinandersetzung mit dem Glauben wäre beispielsweise dann errungen, wenn die Kirche anfinge, sich in der Sprache der Wissenschaft zu verteidigen.)

Dies ist dann ironischerweise die »Synthese« von Kapitalismus und Kommunismus in Maos Sinn. In einem historisch einmaligen Fall von ausgleichender Gerechtigkeit hat der Kapitalismus den maoistischen Kommunismus »synthetisiert«.

52 Eduard Bernstein, *Die Voraussetzungen des Sozialismus und die Aufgaben der Sozialdemokratie*, Berlin: Dietz 1991, S. 201.

Die wichtigste Neuigkeit der letzten Jahre aus China ist einerseits, dass eine Arbeiterbewegung im großen Stil entsteht, die gegen die Arbeitsbedingungen protestiert, die wiederum der Preis dafür sind, dass sich China rasend schnell zum weltweit führenden Produktionsstandort entwickeln konnte, andererseits aber auch, mit welcher Brutalität die Machthaber gegen diese Bewegung vorgingen – ein weiterer Beweis, wenn es noch eines solchen bedürfte, dass China derzeit der ideale kapitalistische Staat ist: Er bietet Freiheit für das Kapital und erledigt gleichzeitig die »Drecksarbeit«, indem er die Arbeiter unter Kontrolle hält. Als angehende Supermacht des 21. Jahrhunderts scheint China somit eine neue Art des Kapitalismus zu verkörpern: Ökologische Konsequenzen und Arbeiterrechte werden missachtet, und alles wird dem rücksichtslosen Drang untergeordnet, sich weiterzuentwickeln und die neue Supermacht zu werden. Die große Frage lautet: Wie wird China sich in Bezug auf die biogenetische Revolution verhalten? Können wir nicht darauf wetten, dass die Chinesen uneingeschränkt Genmanipulationen an Pflanzen, Tieren und Menschen vornehmen werden, ohne sich um unsere »abendländischen« moralischen Vorurteile und Einschränkungen zu kümmern?

Das ist letzten Endes der Preis für Maos theoretischen Fehler, die »Negation der Negation« abzulehnen, für seine Unfähigkeit, zu begreifen, dass die »Negation der Negation« kein Kompromiss zwischen einer Position und deren zu radikaler Negation ist, sondern im Gegenteil die einzig wahre Negation.[53] Und weil er nicht in der Lage ist, die selbstbezügliche

[53] So ist es auch kein Wunder, dass Mao bei der Beschreibung der »demokratischen Methode der Lösung von Widersprüchen im Volke« seine eigene Version der »Negation der Negation« liefern *muss*, die sich in der Formel »Einheit – Kritik – Einheit« verbirgt: »Von dem Wunsch nach Einheit ausgehen, durch Kritik oder Kampf die Widersprüche lösen, um damit eine neue Einheit auf neuer Grundlage zu erreichen. Unsere Erfahrung zeigt, daß das eine richtige Methode zur Lösung der Widersprüche im Volke ist.« (Mao, »Worte des Vorsitzenden Mao Tse-tung«, a. a. O.)

Negation der Form theoretisch zu formulieren, verliert er sich in der »schlechten Unendlichkeit« des endlosen Negierens, der Zweiteilungen, Unterteilungen etc. Hegelianisch gesprochen bleibt Maos Dialektik auf der Ebene des Verstandes und der festen begrifflichen Gegensätze; sie ist unfähig, die wirklich dialektische Selbstbezüglichkeit begrifflicher Bestimmungen zu formulieren. Dieser »große Fehler« (um einen stalinistischen Begriff zu verwenden) ließ Mao, als er mutig genug war, alle Konsequenzen aus seiner Haltung zu ziehen, zu dem vollkommen unsinnigen Schluss kommen, um den Klassenkampf zu stärken, müsse man das Feld für den Gegner öffnen:

»Man kann sich auch ein bißchen mit dem Kapitalismus befassen. Die Gesellschaft ist sehr komplex. Wäre es da nicht zu eintönig, sich nur mit dem Sozialismus und nicht mit dem Kapitalismus zu befassen? Wären wir da nicht, ohne die Einheit der Gegensätze, nur einseitig? Laßt sie sich damit befassen. Sollen sie wahnwitzige Angriffe führen, auf den Straßen demonstrieren und mit dem Gewehr in der Hand rebellieren, mir ist es recht. Die Gesellschaft ist sehr komplex, es gibt keine Kommune, keinen Kreis und keine Abteilung im Zentralkomitee, wo man nicht eins in zwei teilen könnte.«[54]

Diese Auffassung von Dialektik liefert die Grundmatrix für Maos Politik, sein wiederholtes Schwanken zwischen »liberaler« Offenheit und der »harten Linie« der Säuberungsaktionen: zuerst das sprichwörtliche »Lasst hundert Blumen blühen«, damit die Gegner ihre versteckten reaktionären Neigungen offen an den Tag legen; und dann, sobald alle ihre wahre Position offenbart haben, folgt ihre erbarmungslose Bekämpfung. Auch hier versäumt es Mao, den Schritt zur echten Hegel'schen »Identität der Gegensätze« zu vollziehen und in der Kraft, welche die Revolution bekämpft und zu vernichten versucht, *ihr eigenes Wesen* zu erkennen, ganz wie in G. K. Chestertons Roman *Der Mann, der Donnerstag war*, in dem der Chef der Geheimpolizei und der Anarchistenführer, nach dem jener fahndet, am Ende ein und dieselbe Person zu sein

[54] Mao, »Rede über Fragen der Philosophie«, a. a. O.

scheinen (Gott selbst). Und spielte Mao nicht letztlich eine ganz ähnliche Rolle, die eines weltlichen Gottes, der gleichzeitig der größte Aufrührer gegen sich selbst ist? Die Chesterton'sche Gleichsetzung des lieben Gottes mit dem anarchistischen Aufrührer treibt die Logik des sozialen Karnevals zur extremen Selbstreflexion: Anarchistische Ausbrüche sind kein Verstoß gegen Recht und Ordnung; in unseren Gesellschaften *ist* der Anarchismus hinter der Maske von Recht und Ordnung schon an der Macht – unsere Justiz spricht der Gerechtigkeit Hohn, das Schauspiel von Recht und Ordnung ist ein obszöner Karneval –, wie das wohl größte politische Gedicht in englischer Sprache deutlich macht, Percy Shelleys »Die Maske der Anarchie«, in dem die obszöne Parade der Gestalten an der Macht beschrieben wird:

»Des Verderbens mancherlei
In dem Zuge kam vorbei;
Doch gehüllt in Prunk und Staat
Von Bischof, Pair und Advokat.

Zuletzt die Anarchie, sie sitzt
Auf weißem Rosse, blutbespritzt;
Ihr Angesicht, ihre Lippe bleich,
Dem Tod, den St. Johann sah, gleich.

Eine Krone ihre Stirn umspannt,
Ein Scepter glänzt in ihrer Hand,
Auf der Stirne steht: Ich bin euch,
Gott, König und Gesetz zugleich.«[55]

Diese Gleichsetzung ist schwierig umzusetzen, selbst im Spielfilm. Der Film *V wie Vendetta* wurde zwar für seine »radikale« – ja: proterroristische – Haltung gelobt (unter anderem von keinem Geringeren als Toni Negri) und noch viel häufiger kritisiert, aber dennoch geht er nicht weit genug. Er drückt

[55] Percy Bysshe Shelley, *Poetische Werke in einem Bande*, Leipzig: Engelmann 1844, S. 288.

sich davor, die Konsequenzen aus den Parallelen zwischen Sutler, dem totalitären Diktator, und V, dem anarchistisch-terroristischen Rebellen zu ziehen. Die Norsefire-Partei, so erfahren wir, ist selbst die Anstifterin des Terrors, den sie bekämpft – aber was ist mit der darüber hinausgehenden Identität von Sutler und V? Von beiden sieht man nie das wahre Gesicht (mit Ausnahme des verängstigten Sutler ganz am Ende, als er stirbt): Sutler wird immer nur auf Fernsehbildschirmen gezeigt, und V ist Spezialist darin, den Bildschirm zu manipulieren. Außerdem wird Vs Leichnam auf einen Zug mit Sprengstoff gelegt, was an ein Wikingerbegräbnis erinnert und auf merkwürdige Weise den Namen der herrschenden Partei, Norsefire evoziert. Tut nicht V seiner Mitstreiterin Evey, indem er sie einsperrt und foltert, damit sie lernt, ihre Furcht zu überwinden und frei zu sein, genau dasselbe an wie Sutler dem gesamten englischen Volk, das er terrorisiert, damit es frei wird und sich auflehnt? Der Film versäumt es am Ende, die Chesterton'sche Lektion zu übernehmen: die letztliche *Identität* von V und Sutler.[56]

Kulturrevolution und Macht

Wird diese hegelianisch-Chesterton'sche Verschiebung vom kriminellen Verstoß gegen Recht und Ordnung zu dem Zustand, dass Recht und Ordnung selbst der schlimmste kriminelle Verstoß sind, nicht von Mao selbst unmittelbar vollzogen? Deshalb blieb er auch, während er das selbstzerstörerische Treiben eigens in Gang setzte und im Hintergrund die Fäden zog, von dessen Auswirkungen unbehelligt. Zu keinem Zeitpunkt bestand eine ernsthafte Gefahr, dass Mao (oder Stalin) ritualistisch entthront werden könnten, nach dem Motto: »ges-

[56] Es gibt einen kurzen Hinweis in diese Richtung in der Mitte des Films, der aber nicht weiterverfolgt wird.

tern König, heute Bettelmann« – er war nicht der traditionelle Herr, sondern der »Herr der Misswirtschaft«:

»Im mittelalterlichen Europa war es in großen Haushalten üblich, einen ›Herrn der Misswirtschaft‹ zu ernennen. Er war, in Umkehrung oder Parodie der realen sozialen und wirtschaftlichen Hierarchien, für die Dauer der Feierlichkeiten der Herr im Hause. [...] Nach Ablauf dieser Zeit wurde die gewöhnliche Ordnung wiederhergestellt: Der Herr der Misswirtschaft nahm seine niederen Arbeiten wieder auf, und die sozial Privilegierten erhielten ihre gewohnte Stellung zurück. [...]

Manchmal [...] sprang die Idee vom Herrn der Misswirtschaft vom Festtagstreiben auf die Realpolitik über. [...] Lehrlinge führten anstelle ihrer Meister für ein, zwei unsinnige Tage die Gilden, oder Frauen übernahmen zeitweilig ausschließlich Männern vorbehaltene Positionen und Attitüden.

Unter anderem schätzten chinesische Philosophen das Paradox der Umkehrung und die Art, in der Witz oder Scham der Anmaßung die Maske herunterreißen und so zu plötzlicher Einsicht verhelfen. [...]

Es war Maos fatales Verdienst, diese Einsicht von den frühen Philosophen Chinas übernommen und mit Elementen eines westlichen Sozialismus verknüpft zu haben. Auf diese Weise verlängerte er das wohlbegrenzte Konzept der Misswirtschaft in ein ausgedehntes Abenteuer des Aufruhrs. Bei Mao sollten die ehemaligen Herren und Meister nie wieder ihre frühere Position einnehmen dürfen, er erkannte ihre Vorrangstellung nicht an und meinte, ihre Absetzung bedeute eine Befreiung für die Gesellschaft. Seiner Ansicht nach sollte die gewohnte Ordnung nicht wiederhergestellt werden [...].«[57]

Aber ist ein solch »fatales Verdienst« nicht die Grundgeste jedes wahren Revolutionärs? Welchen Sinn hätte eine Revolution, wenn wir nicht der Meinung wären, dass »die gewohnte Ordnung nicht wiederhergestellt werden« sollte? Mao nimmt dem Verstoß seinen ritualisierten, spielerischen Charakter, indem er ihn ernst nimmt: Revolution ist für ihn kein zeitweiliges Sicherheitsventil, keine karnevaleske Entladung, auf die unweigerlich ein ernüchternder Morgen danach folgt. Sein Problem war genau das Fehlen der »Negation der Negation«, das Scheitern der Versuche, revolutionäre Negativität in eine

[57] Jonathan Spence, *Mao*, München: Claassen 2003, S. 13 f.

wahrhaft neue positive Ordnung zu überführen. Jede zeitweise Stabilisierung der Revolution lief immer nur auf eine Wiederherstellung der alten Ordnung hinaus, so dass die einzige Möglichkeit, die Revolution am Leben zu halten, in der »schlechten Unendlichkeit« der endlos wiederholten Negation bestand, die ihren Höhepunkt dann in der Kulturrevolution fand. In seinem Buch *Logiken der Welten* arbeitet Badiou zwei subjektive Einstellungen, die sich gegen ein Ereignis richten, heraus: das »reaktive« und das »dunkle Subjekt«.[58] Wenn man bereit ist, das Risiko einzugehen, die Wiedereinführung des Kapitalismus in China obszönerweise als eine Art von Ereignis zu bezeichnen, dann kann man sagen, dass die Kulturrevolution und der mit dem Namen Deng Xiaoping verbundene Revisionismus jeweils für das dunkle beziehungsweise das reaktive Subjekt stehen: Deng orchestrierte die Reintegration des Kapitalismus in das neue kommunistische China, während die Kulturrevolution dessen totale Vernichtung zum Ziel hatte und somit exakt dem entspricht, was Badiou *un desastre obscur* nennt. Badiou selbst räumt ein, dass das Endergebnis der Kulturrevolution negativ war:

»Alles begann […], als die roten Schüler- und Studentengarden und dann die Arbeiter von Shanghai durch eine Sättigung der früheren Hypothesen für die kommenden Jahrzehnte *im Realen* die *affirmative Realisierung* dieses Beginns vorschrieben – eines Beginns, von dem sie nur die Seite der reinen Negation erforscht haben, so sehr war ihre Wut noch in dem gefangen, wogegen sie sich erhoben.«[59]

Man sollte noch einen Schritt weiter gehen: Was ist, wenn die Kulturrevolution nicht nur »negativ« in dem Sinne war, dass sie den Raum und die Möglichkeit für einen Neuanfang eröffnete, sondern *negativ an sich*, negativ als Zeichen der *Unfähigkeit*, das Neue zu schaffen? Dies führt uns zurück zur zentralen Schwäche in Maos Denken und Politik. Es gibt eine

58 Badiou, *Logiken der Welten*, a. a. O., S. 72 – 81.
59 Ebd., S. 549.

Vielzahl ironischer Kommentare über die offenkundige stilistische Unbeholfenheit der Titel vieler sowjetkommunistischer Bücher und Artikel, etwa über deren tautologischen Charakter durch die wiederholte Verwendung einzelner Wörter (à la »Die revolutionäre Dynamik in der Frühphase der Russischen Revolution« oder »Ökonomische Widersprüche in der Entwicklung der sowjetischen Ökonomie«). Aber was ist, wenn diese Tautologie von einem Bewusstsein für die Logik des Verrats zeugt, wie sie am besten in dem klassischen Vorwurf Robespierres an die opportunistischen Dantonisten zum Ausdruck kommt: »Was ihr wolltet, ist eine Revolution ohne Revolution«?

In einem wunderbaren Essay über Andrei Platonows großartige Bauern-Utopie *Tschewengur* von 1927 – 28 (kurz vor der Zwangskollektivierung) beschreibt Fredric Jameson die zwei Stadien des revolutionären Prozesses. Er beginnt mit der Geste der radikalen Negativität:

»Dieses erste Stadium der Weltreduktion, der Zerstörung der Idole und des Hinwegfegens einer alten Welt mit Gewalt und Schmerz ist die Voraussetzung für die Rekonstruktion von etwas anderem. Ein erstes Stadium der absoluten Immanenz ist notwendig, die Tabula rasa absoluter bäuerlicher Immanenz oder Ignoranz, ehe neue und ungeahnte Empfindungen und Gefühle entstehen können.«[60]

Dann folgt die zweite Phase, die Erfindung eines neuen Lebens – nicht nur die Konstruktion der neuen gesellschaftlichen Wirklichkeit, in der unsere utopischen Träume verwirklicht werden, sondern die (Re-)Konstruktion dieser Träume selbst:

»Ein Prozess, den Rekonstruktion oder utopische Konstruktion zu nennen zu einfach und irreführend wäre, denn er bedeutet praktisch den Versuch, nach einer anfänglichen Möglichkeit zu suchen, sich die Utopie überhaupt vorstellen zu können. In einer westlicheren Art der psychoanalytischen Sprache […] könnte man sich den Neuanfang des

[60] Fredric Jameson, *The Seeds of Time*, New York: Columbia University Press 1994, S. 89.

utopischen Prozesses vielleicht als eine Art Begehren zu begehren vorstellen, als Lernen zu begehren, als die ursprüngliche Erfindung des Begehrens namens Utopie zusammen mit neuen Regeln für die Phantasien oder Tagträume darüber – eine Reihe von narrativen Protokollen ohne Beispiel in unseren bisherigen literarischen Institutionen.«[61]

Der Verweis auf die Psychoanalyse ist hier entscheidend und sehr präzise: Bei einer radikalen Revolution ist es nicht nur so, dass die Menschen »ihre alten (emanzipatorischen usw.) Träume verwirklichen«, sie müssen auch ihre Art zu träumen neu erfinden. Entspricht das nicht genau der Formel der Verbindung zwischen Todestrieb und Sublimierung? Mao hat die Notwendigkeit der Kulturrevolution klar erfasst: Wie Herbert Marcuse in einer wunderbar zirkulären Formulierung aus der gleichen Zeit erklärt, ist die *Freiheit* (von ideologischen Beschränkungen, von der herrschenden Art zu träumen) *die Bedingung der Befreiung*; das heißt, wenn wir nur die Realität verändern, um unsere Träume zu verwirklichen, ohne auch diese Träume selbst zu verändern, werden wir früher oder später zur alten Realität zurückkehren. Hier findet ein »Setzen von Voraussetzungen« im Sinne Hegels statt: Die harte Arbeit der Befreiung schafft rückwirkend ihre eigene Voraussetzung.

Nur durch diesen Hinweis auf das, was *nach* der Revolution geschieht, auf den »Morgen danach« ist es möglich, zwischen libertären, kläglichen Ausbrüchen und echten revolutionären Umwälzungen zu unterscheiden. Diese verlieren an Energie, sobald es an die prosaische Arbeit der sozialen Rekonstruktion geht – an dieser Stelle setzt die Lethargie ein. Denken wir im Unterschied dazu an die enorme Kreativität der Jakobiner unmittelbar vor ihrem Untergang, an die zahlreichen Vorschläge bezüglich der neuen Staatsreligion, der Bewahrung der Würde im Alter und so weiter. Das macht auch die Lektüre von Berichten über den Alltag in der Sowjetunion der frühen 1920er Jahre so spannend, aus denen ein enthusiastischer Drang zur

[61] Ebd., S. 90.

Erfindung neuer Regeln für das alltägliche Dasein spricht: Wie soll man heiraten? Wie sehen die neuen Regeln für Liebespaare aus? Wie feiert man einen Geburtstag? Wie wird man bestattet? …[62]

An diesem Punkt ist die Kulturrevolution kläglich gescheitert. Es entbehrt nicht einer gewissen Ironie, dass Badiou zwar unerbittlich allen Deutungen des Aktes als negativ widerspricht, zugleich aber die historische Bedeutung der maoistischen Kulturrevolution ausgerechnet darin sieht, dass sie »das Ende des Parteistaates als zentrale Produktion revolutionärer politischer Aktivität« anzeige – hier hätte er konsequent sein und der Kulturrevolution ihre Ereignishaftigkeit absprechen sollen. Diese war keineswegs ein Ereignis, sondern vielmehr ein überragendes Beispiel dessen, was Badiou gerne als »morbiden Todestrieb« bezeichnet. Die Zerstörung alter Denkmäler war keine echte Negation der Vergangenheit, sondern ein ohnmächtiger *passage à l'acte*, der von dem gescheiterten Versuch zeugt, sich von der Vergangenheit zu befreien.

Es bedeutet also eine gewisse ausgleichende Gerechtigkeit, dass Maos Kulturrevolution im Endeffekt zu einer beispiellosen Explosion der kapitalistischen Dynamik im heutigen China geführt hat. Will sagen: Im Zuge der vollständigen Verwirklichung des Kapitalismus, besonders des heutigen »Spätkapitalismus« mit seiner permanenten Selbstrevolutionierung, seinen Umschwüngen, Krisen und Neuerfindungen wird gewissermaßen das vorherrschende »normale« Leben selbst »karnevalisiert«. Brian Massumi hat dieses Dilemma, das darauf beruht, dass der heutige Kapitalismus die Logik der totali-

[62] Als Che Guevara 1965 alle öffentlichen Ämter und sogar die kubanische Staatsbürgerschaft ablegte, um sich ganz der Weltrevolution zu widmen – war diese suizidale Geste des Abschneidens sämtlicher Verbindungen zur institutionellen Welt wirklich ein *Akt*? Oder war es eine Flucht vor der unmöglichen Aufgabe des positiven Aufbaus des Sozialismus, davor, den *Konsequenzen* der Revolution treu zu bleiben und somit ein implizites Eingeständnis des Scheiterns?

sierenden Normalität bereits überwunden und die Logik des unkontrollierten Exzesses angenommen hat, klar formuliert:

»Je vielfältiger, ja sogar unkontrollierter, desto besser. Die Normalität ist dabei, ihren Halt zu verlieren. Die Ordnungen beginnen sich zu lockern. Diese Lockerung der Normalität ist Teil der kapitalistischen Dynamik. Sie ist nicht einfach eine Befreiung. Sie ist eine spezifisch kapitalistische Machtform. Die alles definierende Macht ist nicht mehr die disziplinarische Macht der Institutionen, sondern die Macht des Kapitalismus, Vielfalt zu erzeugen – denn Märkte werden gesättigt. Wer Vielfalt erzeugt, erzeugt Marktnischen. Die merkwürdigsten affektiven Tendenzen sind okay – solange sie sich rentieren. Der Kapitalismus intensiviert oder diversifiziert Affekte, aber nur um daraus einen Mehrwert zu ziehen. Er entführt den Affekt, um das Gewinnpotential zu steigern. Der Affekt wird im wahrsten Sinne des Wortes verwertet. Die kapitalistische Logik der Mehrwertproduktion übernimmt langsam das Beziehungsfeld, das auch das Gebiet der politischen Ökologie ist, das ethische Feld des Widerstands gegen Identität und vorhersehbare Pfade. Das ist sehr beunruhigend und verwirrend, denn mir scheint, dass eine gewisse Konvergenz zwischen der Dynamik der kapitalistischen Macht und der Dynamik des Widerstands stattgefunden hat.«[63]

Es besteht also jenseits aller oberflächlichen Übereinstimmungen und Analogien tatsächlich eine tiefe strukturelle Homologie zwischen der beständigen maoistischen Selbstrevolutionierung, dem ständigen Kampf gegen die Verknöcherung staatlicher Strukturen und der inneren Dynamik des Kapitalismus. Man ist versucht, einmal mehr die Brecht'sche Frage »Was ist ein Einbruch in eine Bank gegen die Gründung einer Bank?« zu paraphrasieren: Was sind die gewaltsamen und zerstörerischen Ausbrüche eines in der Kulturrevolution gefangenen Rotgardisten gegen die wahre Kulturrevolution, die beständige Auflösung sämtlicher Lebensformen, welche die kapitalistische Reproduktion erforderlich macht? Die Tragödie

[63] Brian Massumi, »Navigating Movements«, in: Mary Zournazi (Hg.), *Hope. New Philosophies for Change,* New York: Routledge 2002, S. 210–242, hier S. 224.

von Maos »Großem Sprung nach vorn« wiederholt sich heute als Farce des turbokapitalistischen Großen Sprungs nach vorn in die Modernisierung, und der alte Slogan »eine Eisengießerei in jedes Dorf« taucht als »ein Wolkenkratzer in jede Straße« wieder auf.

Der wahre Herr der Misswirtschaft ist heute der globale Kapitalismus. So ist es kein Wunder, dass die chinesischen Behörden, um die Auswüchse des durch die eruptive Entwicklung des chinesischen Kapitalismus verursachten gesellschaftlichen Zerfalls einzudämmen, nun Religionen und traditionelle Ideologien befürworten, die der sozialen Stabilität dienen, vom Buddhismus bis zum Konfuzianismus – genau die Ideologien also, welche die Zielscheibe der Kulturrevolution waren. Im April 2006 äußerte Ye Xiaowen, der höchste Religionsvertreter Chinas, gegenüber der Nachrichtenagentur Xinhua, dass »Religion eine der wichtigen Kräfte ist, aus der China seine Stärke bezieht«, und hob den Buddhismus wegen seiner »einzigartigen Rolle beim Aufbau einer harmonischen Gesellschaft« hervor (so wird die Kombination aus wirtschaftlicher Expansion und gesellschaftlicher Entwicklung und Fürsorge offiziell genannt). In derselben Woche war China Gastgeber des Buddhistischen Weltforums.[64] Die Rolle der Religion als stabilisierende Kraft gegen die kapitalistische Dynamik wird also offiziell bestätigt – was den chinesischen Behörden bei Sekten wir Falun Gong Sorgen macht, ist lediglich deren Unabhängigkeit von staatlicher Kontrolle. (Man sollte daher auch das Argument zurückweisen, die Kulturrevolution habe den Sozialismus im Volk gestärkt und dadurch die schlimmsten durch die kapitalistische Entwicklung hervorgerufenen Zerfallserscheinungen abgemildert – ganz im Gegenteil: Indem sie traditionelle stabilisierende Ideologien wie den Konfuzianismus unterminierte, machte sie das Volk nur umso verwundbarer für die destabilisierende Wirkung des Kapitalismus.)

64 Vgl. den Artikel »Renewed Faith«, in: *Time*, 8. Mai 2006, S. 34 f.

Die jüngste große Kampagne zur Wiederbelebung des Marxismus als Staatsideologie in China muss genau vor diesem Hintergrund gesehen werden (in dieses Unterfangen werden buchstäblich Hunderte Millionen US-Dollar investiert). Wer in diesem Vorgehen eine Bedrohung der kapitalistischen Liberalisierung sieht und ein Zeichen für den Versuch der Hardliner, ihre Hegemonie zu bekräftigen, übersieht völlig, worum es eigentlich geht. Die Rückkehr des Marxismus ist, so paradox es klingen mag, das Zeichen des endgültigen Triumphs des Kapitalismus, das Zeichen für seine vollständige *Institutionalisierung*. (Diese Rückkehr stellt mitnichten einen Widerspruch dar zu den jüngsten gesetzlichen Maßnahmen zur Sicherstellung des Privateigentums, die vom Westen als wichtiger Schritt zu rechtlicher Stabilität gepriesen wurden.) Die Frage ist, welche Art von Marxismus für das heutige China als geeignet angesehen wird, wobei wir in diesem Zusammenhang deutlich zwischen »Marxismus« und »linker Politik« unterscheiden müssen: »Marxistisch« ist mit Blick auf China keineswegs dasselbe wie »links«, ein Begriff, der sich gemeinhin auf alles bezieht, was mit der Befreiung von Arbeitern zu tun hat, von freien Gewerkschaften bis zur Überwindung des Kapitalismus. Auf der Grundlage der marxistischen These der Entwicklung der Produktionskräfte als entscheidender Faktor des gesellschaftlichen Fortschritts besteht die Hauptaufgabe der progressiven Kräfte darin, die Bedingungen für eine beständige schnelle »Modernisierung« zu schaffen und gleichzeitig Instabilität in jeder Form zu vermeiden, ob sie von »links« oder von »rechts« (Mehrparteiendemokratie usw.) kommt, da diese ins Chaos führen und eine schnelle Modernisierung verhindern würde. Die Schlussfolgerung liegt auf der Hand: Nur die Führungsrolle der Kommunistischen Partei kann im heutigen China eine rasche Modernisierung unter der Bedingung sozialer Stabilität gewährleisten – die offizielle (konfuzianische) Bezeichnung dafür ist, dass China eine »harmonische Gesellschaft« werden soll. (Die Religion als eine

Kraft, die zu dieser Harmonie beiträgt, wird nun vollständig rehabilitiert.)

Obwohl es also so aussieht, als sei der Hauptgegner die »bourgeoise« Bedrohung, um die alte maoistische Begrifflichkeit zu verwenden, ist der »Hauptwiderspruch« in den Augen der herrschenden Elite der zwischen der bestehenden »harmonischen« Ordnung (der ungehinderten, von der herrschenden kommunistischen Partei gestützten, kapitalistischen Entwicklung) und der Bedrohung durch Arbeiter- und Bauernaufstände – und aus diesem Grund ist die aktuelle Verstärkung des repressiven Apparates (die Bildung von Spezialeinheiten der Bereitschaftspolizei zur Niederschlagung von Volksunruhen usw.) der gesellschaftliche Ausdruck dessen, was in der Ideologie als Wiederbelebung des Marxismus erscheint. Das Problem an dieser Wiederbelebung ist, dass sie den Marxismus vollkommen dem »Privatgebrauch der Vernunft« unterstellt, um es mit Kant zu sagen. Für diesen bezeichnet der öffentliche Raum der »Weltbürgergesellschaft« das Paradox der universalen Singularität, das eines einzelnen Subjekts, welches die Vermittlung durch das Besondere in einer Art Kurzschluss umgeht und direkt am Allgemeinen teilhat. Das meint Kant in dem berühmten Passus aus »Was ist Aufklärung?« mit der Unterscheidung von »öffentlich« und »privat«: »Privat« meint nicht das Individuelle im Unterschied zu den gemeinschaftlichen Bindungen, die man unterhält, sondern gerade die gemeinschaftlich-institutionelle Ordnung meiner besonderen Identifikation, während »öffentlich« die transnationale Universalität meines Vernunftgebrauchs ist.

»[D]er *öffentliche* Gebrauch seiner Vernunft muß jederzeit frei sein, und der allein kann Aufklärung unter Menschen zu Stande bringen; der *Privatgebrauch* derselben aber darf öfters sehr enge eingeschränkt sein, ohne doch darum den Fortschritt der Aufklärung sonderlich zu hindern. Ich verstehe aber unter dem öffentlichen Gebrauche seiner eigenen Vernunft denjenigen, den jemand *als Gelehrter* von ihr vor dem ganzen Publikum der *Leserwelt* macht. Den Privatgebrauch nenne ich denjenigen, den er in einem gewissen ihm anvertrauten *bürgerlichen Posten*, oder Amte, von seiner Vernunft machen darf.«[65]

Das Paradox von Kants Formel »Denke frei, aber gehorche!« besteht demnach darin, dass man an der allgemeinen Dimension der »öffentlichen« Sphäre eben gerade als ein singuläres, der festen kommunalen Identifikation entzogenes oder ihr sogar entgegengesetztes Individuum teilhat. Wirklich universal ist man nur als radikal Singulärer, also in den Zwischenräumen kommunaler Identitäten. Die angesprochene künstliche Wiederbelebung des Marxismus im heutigen China steht beispielhaft für den *Privat*gebrauch der Vernunft: Der Marxismus wird nicht wegen seiner universellen Wahrheit mobilisiert, sondern um das Interesse des chinesischen Staates zu legitimieren, die Macht der Kommunistischen Partei aufrechtzuerhalten und dadurch angesichts der schnellen wirtschaftlichen Entwicklung für Stabilität zu sorgen – eine solche Anwendung des Marxismus ist »objektiv zynisch« und ohne jeden Erkenntniswert. Das Tragische ist, dass der chinesische Staat mit seiner Formel »Kapitalismus mit konfuzianischen Werten« früher oder später an die Grenzen stoßen wird, und an diesem Punkt wird es nur mit einem uneingeschränkten »öffentlichen Gebrauch der Vernunft« gelingen, neue Lösungen zu finden. Kein Wunder, dass die beiden Begriffe »öffentlicher Intellektueller« und »Zivilgesellschaft« im heutigen China von offizieller Seite sehr schlecht angesehen sind. Sie sind zwar nicht ausdrücklich verboten, aber jeder Intellektuelle weiß, dass man sie besser vermeidet, wenn man es sich mit den Machthabern nicht verscherzen möchte. (Fast) alles ist erlaubt – in geschlossenen akademischen Debatten, das heißt, wenn es nicht an die Öffentlichkeit gelangt.

Der paradoxe Status des chinesischen Marxismus ist da-

65 Immanuel Kant, »Beantwortung der Frage: Was ist Aufklärung?«, in: *Werke in zwölf Bänden, Bd. 11*, hg. v. Wilhelm Weischedel, Frankfurt a. M.: Suhrkamp 1977, S. 55.

durch bedingt, dass China im 21. Jahrhundert im Grunde kein totalitärer Staat mehr ist, sondern eher das, was von manchen als autoritärer Staat bezeichnet wird. Es finden leidenschaftlich geführte öffentliche Debatten statt, und unterschiedliche Meinungen zu Schlüsselfragen werden öffentlich diskutiert, allerdings innerhalb genau festgelegter Grenzen (das Monopol der Kommunistischen Partei darf nicht direkt in Frage gestellt werden; man darf zwar auf Umweltprobleme aufmerksam machen, allerdings nur mit großer Zurückhaltung und ohne kritische Themen wie die gigantische Talsperre am Gelben Fluss zu erwähnen; man darf zwar über die schrecklichen Bedingungen der einfachen Arbeiter schreiben, sollte sie allerdings jeweils nur als lokale Besonderheit darstellen und auf keinen Fall irgendwelche Formen von Arbeiterverbänden wie etwa unabhängige Gewerkschaften erwähnen; darüber hinaus ist man häufig gezwungen, Äußerungen zu verschlüsseln und etwa eine Kritik am Sozialismus als Eintreten für eine sozialistische Richtung gegen eine andere zu formulieren).

Wie nun reagieren führende kommunistische Denker, wenn man sie mit dem mehr als offensichtlichen Widerspruch einer kommunistischen Partei konfrontiert, die sich immer noch marxistisch legitimiert, sich aber von der Grundprämisse des Marxismus – der Selbstorganisation der Arbeiter als revolutionäre Kraft zur Überwindung des Kapitalismus – distanziert? Man kann sich kaum des Eindrucks erwehren, dass hier alle Register der legendären chinesischen Höflichkeit gezogen werden: Es gilt als unhöflich, diese Fragen direkt (oder wiederholt) zu stellen. Die Zuflucht zur Höflichkeit ist notwendig, denn nur so lässt sich kombinieren, was eigentlich nicht kombiniert werden kann: Den Marxismus als offizielle Ideologie durchzudrücken und gleichzeitig dessen zentrale Grundsätze offen zu verbieten, würde das gesamte ideologische Gebäude sinnlos machen und zu dessen Zusammenbruch führen. So kommt es, dass einige Dinge zwar eindeutig verboten sind, dieses Verbot aber nicht öffentlich ausgesprochen werden darf, sondern selbst verboten ist: Es ist nicht nur verboten, die Frage nach dem marxistischen Grundsatz der Selbstorganisation der Arbeiter gegen die kapitalistische Ausbeutung zu stellen, es ist auch verboten, öffentlich zu behaupten, es sei verboten, die Frage zu stellen. (Was man von den angesprochenen Denkern meist zu hören bekommt, ist ein privates Zugeständnis, dass dies natürlich widersprüchlich sei, dass dieses widersprüchliche Ideologiegebäude aber immerhin trotzdem *funktioniere* und das überaus eindrucksvoll; es sei die einzige Möglichkeit, das rasche ökonomische Wachstum und die Stabilität in China sicherzustellen. Es erübrigt sich zu erwähnen, dass dies der »Privatgebrauch der Vernunft« in Reinform ist.)

Das Paradox wird treffend in der Überschrift eines Zeitungsberichts über China zum Ausdruck gebracht: »Selbst was geheim ist, ist in China ein Geheimnis«.[66] Viele lästige Intellektuelle, die über politische Schikanen, Umweltkatastrophen, ländliche Armut usw. berichten (zum Beispiel auch eine Chinesin, die ihrem im Ausland lebenden Mann Ausschnitte aus einer chinesischen Lokalzeitung schickte), werden wegen Verrats von Staatsgeheimnissen für Jahre ins Gefängnis gesteckt. Viele der Gesetze und Regulierungen, die das System der Staatsgeheimnisse ausmachen, sind allerdings selbst so geheim, dass der Einzelne oft nicht wissen kann, ob er gerade gegen sie verstößt oder nicht. Diese Geheimhaltung des Verbots dient zwei verschiedenen Zwecken, die man nicht verwechseln sollte. Ihre allgemein zugegebene Aufgabe ist es, universelle Schuld und Angst zu erzeugen: Wenn man nicht weiß, was verboten ist, kann man auch nie wissen, wann man gegen ein Verbot verstößt, und ist somit potentiell immer schuldig.

Ganz so ist es aber natürlich doch nicht: Außer auf dem Höhepunkt der stalinistischen Säuberungen, als im Grunde

66 »Even what's secret is a secret in China«, in: *The Japan Times*, 16. Juni 2007, S. 17.

jeder für schuldig erklärt werden konnte, wissen die Menschen eigentlich sehr gut, ob sie etwas getan haben, das die Mächtigen ärgert. Die Funktion des Verbots von Verboten liegt daher nicht darin, »irrationale« Angst zu schüren, sondern darin, die potentiellen Dissidenten (die glauben, mit ihrer Kritik ungestraft davonzukommen, weil sie gegen kein Gesetz verstoßen, sondern nur ausüben, was ihnen gesetzlich garantiert ist – Pressefreiheit usw.) wissen zu lassen, dass sie, wenn sie die Mächtigen zu sehr ärgern, nach deren Gutdünken bestraft werden können: »Provoziert uns nicht, wir können mit euch machen, was wir wollen, Gesetze schützen euch hier nicht!« Im früheren Jugoslawien konnte jederzeit der berüchtigte Artikel 133 des Strafgesetzbuchs herangezogen werden, um Schriftsteller und Journalisten zu verfolgen. Er stellte jeden Text unter Strafe, der die Errungenschaften der sozialistischen Revolution falsch darstellte oder aufgrund seiner Behandlung politischer, sozialer oder anderer Themen *Spannungen und Unzufriedenheit in der Bevölkerung erregen könnte*. Diese letzte Kategorie ist natürlich nicht nur unendlich dehnbar, sondern auch noch selbstbezüglich: Ist nicht der Umstand, dass man von den Mächtigen angeklagt wird, automatisch gleichbedeutend damit, dass man *Spannungen und Unzufriedenheit in der Bevölkerung erregt hat*? Ich erinnere mich, dass ich damals einen slowenischen Politiker fragte, wie er dieses Gesetz rechtfertige. Er lächelte nur und sagte augenzwinkernd: »Nun ja, irgendetwas müssen wir ja in der Hand haben, um nach Belieben diejenigen zu disziplinieren, die uns ärgern ...«

Nun gibt es aber noch eine andere Funktion des Verbots von Verboten, und die ist nicht weniger wichtig: das *Wahren des Scheins*. Man weiß ja, wie ungeheuer wichtig der Schein im Stalinismus war. Das Regime reagierte jedes Mal absolut panisch, wenn der Schein zerstört zu werden drohte (wenn etwa die Gefahr bestand, dass die Medien über einen Unfall berichteten, der das Scheitern des Regimes offenbart hätte; es gab in den sowjetischen Medien keine Schwarzbücher, keine Berichte über Verbrechen oder Prostitution, ganz zu schweigen von Arbeiterprotesten oder Demonstrationen). Aus diesem Grund sind Verbote von Verboten auch keineswegs auf kommunistische Regimes beschränkt: Im heutigen »permissiven« Kapitalismus sind sie ebenso wirksam. Ein »postmoderner« Chef besteht darauf, dass er kein Herr sei, sondern nur ein Koordinator unserer gemeinsamen kreativen Bemühungen, der Erste unter Gleichen; bei uns sollte es keine Förmlichkeiten geben, er möchte bei seinem Spitznamen genannt werden und manchmal erzählt er einen unanständigen Witz ... doch bei alldem *bleibt er dennoch unser Herr.* In solchen sozialen Bindungen funktionieren Herrschaftsbeziehungen durch ihre Leugnung: Damit sie wirksam sein können, muss man sie ignorieren. Wir sind nicht nur verpflichtet, unseren Herren zu gehorchen, wir müssen dabei auch so tun, als seien wir frei und gleichberechtigt und als gäbe es keine Herrschaft – was die ganze Situation natürlich umso demütigender macht. Der erste Schritt zur Befreiung besteht dann paradoxerweise darin, von dem Herrn zu verlangen, sich wie ein solcher zu benehmen. Falsche Kollegialität seinerseits sollte man zurückweisen und darauf bestehen, dass er mit kühler Distanz, als Herr agiert. (Dasselbe gilt für die patriarchale Dominanz über Frauen: Moderne Gesellschaften lassen diese nicht mehr als solche gelten – weswegen eine subversive Taktik des weiblichen Widerstands darin besteht, sich spöttisch als untergeordnet zu verhalten ...)

Das Ganze geht sogar noch weiter. Letztlich steckt hinter dem Paradox der mit dem Aufkommen des Kapitalismus verbundene Wandel der Sozialbeziehungen. Man sollte hier Marx' alte Formel des Warenfetischismus anwenden, nach der Beziehungen zwischen Menschen wie dingliche Beziehungen erscheinen. Aus diesem Grund sind wir im Kapitalismus *als Menschen*, als Personen, alle gleich und besitzen dieselbe Würde und Freiheit – die hierarchischen Herrschaftsbeziehungen, welche in früheren Gesellschaften direkte zwischenmenschliche Beziehungen waren, werden jetzt zu hierarchischen Beziehungen zwischen »Dingen« (Waren) umgewandelt. Die Logik der Herrschaft, welche sich als Herrschaft notwendigerweise leugnen muss, ist ins Innerste der kapitalistischen Beziehungen eingeschrieben.

Jedes Gesellschaftsgefüge beruht natürlich auf bestimmten Ausschlüssen und Verboten, doch gilt diese Exklusionslogik stets in doppelter Weise: Nicht nur wird der untergeordnete Andere (Homosexuelle, Nichtweiße etc.) ausgeschlossen / unterdrückt; auch die exkludierende und repressive Macht selbst beruht auf einem jeweils eigenen ausgeschlossenen / unterdrückten »obszönen« Inhalt (die Ausübung der Macht, die sich selbst als legal, tolerant, christlich usw. legitimiert, beruht beispielsweise auf einer Reihe von öffentlich verleugneten obszönen Ritualen der gewaltsamen Demütigung der Untergeordneten). Wir haben es hier, allgemeiner gesagt, mit etwas zu tun, das man versucht ist, als ideologische Praxis der Desidentifikation zu bezeichnen. Wir sollten, mit anderen Worten, die Standardauffassung umkehren, der zufolge die Ideologie dem Subjekt eine feste Identifikation bietet und es auf seine »sozialen Rollen« beschränkt; was ist, wenn die Ideologie auf einer anderen – aber ebenso unwiderruflichen und strukturell notwendigen – Ebene genau dadurch wirkt, dass sie einen Raum der falschen Desidentifikation schafft, einen Raum der falschen Distanz zu den wirklichen Koordinaten der sozialen Existenz des Subjekts? Ist diese Logik der Desidentifikation nicht in solch grundlegenden Haltungen erkennbar wie: »Ich bin nicht nur Amerikaner (Ehemann, Arbeiter, Demokrat, Schwuler …), sondern hinter all diesen Rollen und Masken auch ein Mensch, eine komplexe, einzigartige Persönlichkeit« (wobei gerade die Distanz zu der symbolischen Eigenschaft, die meinen Platz in der Gesellschaft bestimmt, die Wirksamkeit ebendieser Bestimmung garantiert) bis hin zu dem komplexeren Fall des Spielens mit multiplen Identitäten im Cyberspace? Der perversen Behauptung, Letzteres sei »nur ein Spiel«, wohnt somit eine doppelte Täuschung inne: Die Cyberspace-Spiele sind nicht nur ernster als wir gemeinhin annehmen (ist es nicht so, dass das Subjekt unter dem Deckmantel der Fiktion und des »Es ist ja nur ein Spiel« – sadistische, perverse etc. – Eigenschaften seiner symbolischen Identität zum Ausdruck bringen und ausleben kann, die es bei seinen »realen« intersubjektiven Kontakten niemals zugeben könnte?), das Gegenteil trifft ebenso zu: Das vielgepriesene Spiel mit multiplen, wechselnden Personae (frei konstruierten Identitäten) verschleiert leicht die Zwänge des sozialen Raums (und befreit uns so scheinbar von ihnen), in dem unser Dasein gefangen ist.

Am Ende dieses langen Umwegs sind wir wieder beim Paradox des Marxismus im heutigen China angelangt. Aus Sicht des libertären westlichen Marxismus ist es leicht, sich über den chinesischen Marxismus lustig zu machen, der auf die zentrale Prämisse des Marxismus, die Befreiung der Arbeiter, verzichtet (ein wahrhaft entkoffeinierter Marxismus, der seines subversiven Kerns vollkommen beraubt wurde). Jede direkte ironische Kritik dieser Staatsideologie geht allerdings am Eigentlichen vorbei. Es geht nämlich gar nicht um einen Verrat am Marxismus, sondern buchstäblich um dessen Symptom, eine Formel zur Auflösung seiner Widersprüchlichkeit. Tatsächlich hat es schon im »ursprünglichen« Marxismus eine Dimension gegeben, die potentiell zur sklavischen Abhängigkeit der Arbeiter vom »Fortschritt« (der schnellen Entwicklung der Produktionskräfte) führte; während dieser »Fortschritt« im Stalinismus noch im Rahmen der zentralisierten Staatswirtschaft organisiert wurde, zieht das heutige China die logische Konsequenz (der effizienteste Entwicklungsmotor sind kapitalistische Verhältnisse). Die Prämisse des klassischen Marxismus (bis zu Toni Negri) war: »Die Geschichte ist auf unserer Seite«; der Widerstand der Arbeiter gegen den Kapitalismus sorge »objektiv« für eine noch schnellere Entwicklung der Produktionskräfte, er sei selbst ein Zeichen dafür, dass der Kapitalismus nicht länger ein Motor, sondern ein immer größeres Hindernis für diese Entwicklung sei. Was also tun, wenn sich der Kapitalismus de facto als der effizienteste Motor der sozialen Beziehungen erweist? Die chinesische Lösung liefert die Antwort: Es wird offen zugegeben, dass es in der gegenwärtigen weltgeschichtlichen Situation das Beste ist, den Kapitalismus vollkommen anzunehmen. Der Marxismus kommt an der Stelle ins Spiel, wo behauptet wird, die Führungsrolle der Kommunistischen Partei sei unverzichtbar, um eine solche Modernisierung zu stemmen und gleichzeitig die »harmonische Gesellschaft« aufrechtzuerhalten, das heißt, den Zerfall der Gesellschaft zu verhindern, wie er für den liberalen Kapitalismus des Westens charakteristisch sei.

Die kapitalistische Wiederaneignung der revolutionären Dynamik hat auch ihre komischen Seiten. Vor kurzem wurde bekannt, dass sich die Militärakademien der israelischen Streitkräfte systematisch auf das Werk von Deleuze und Guattari beziehen, insbesondere auf *Tausend Plateaus*, welches sie als »operationale Theorie« im Häuserkampf gegen die Palästinenser nutzen; zu den verwendeten Begriffen gehören »formlose rivalisierende Entitäten«, »fraktales Manöver«, »Geschwindigkeit vs. Rhythmus«, »wahhabitische Kriegsmaschine«, »postmoderne Anarchisten« und »nomadische Terroristen«. Eine zentrale Unterscheidung ist dabei die zwischen »glattem« und »gekerbtem« Raum, welche die organisatorischen Konzepte der »Kriegsmaschine« und des »Staatsapparats« widerspiegeln. Die israelischen Streitkräfte verwenden nun häufig den Ausdruck »den Raum glätten«, wenn sie sich auf Operationen im Raum beziehen, die diesen behandeln, als hätte er keine Grenzen. Palästinensergebiete werden als »gekerbt« gedacht, insofern sie von Zäunen, Mauern, Gräben, Straßensperren usw. eingeschlossen sind.

»Der von Einheiten der israelischen Armee durchgeführte Angriff auf die Stadt Nablus im April 2002 wurde vom dortigen Befehlshaber, Brigadegeneral Aviv Kochavi, als ›inverse Geometrie‹ beschrieben. Es handele sich dabei um ›die Reorganisation der urbanen Syntax mit

Hilfe einer Reihe mikrotaktischer Aktionen‹. Während des Angriffs bewegten sich die Soldaten innerhalb der Stadt durch Hunderte Meter lange oberirdische Tunnel, die durch die dichte und enge urbane Struktur getrieben wurden. Sie wurden von dem urbanen Gewebe so ›aufgesogen‹, dass nur wenige von ihnen aus der Luft zu erkennen gewesen wären, obwohl sich zeitgleich mehrere Tausend Soldaten und palästinensische Guerillakämpfer durch die Stadt bewegten. Darüber hinaus benutzten die Soldaten weder die Straßen, Wege, Gassen oder Innenhöfe der Stadt noch irgendwelche Türen, Treppenhäuser oder Fenster, sondern bewegten sich horizontal durch die Wände und vertikal durch Löcher, die sie in Decken und Böden sprengten. Mit dieser Form der Bewegung, welche das Militär als ›Befall‹ beschreibt, sollen innen und außen vertauscht und heimische Wohnbereiche zu Durchgangsstraßen gemacht werden. Die israelische Militärstrategie des ›Durch-Wände-Gehens‹ begreift die Stadt nicht mehr nur als Ort, sondern als das Medium der Kriegsführung selbst – ›als flexibles, fast flüssiges Medium, welches immer kontingent und im Fluss ist‹.«[67]

Was folgt nun aus alldem? Natürlich wäre es Unsinn, Deleuze und Guattari als Theoretiker der militaristischen Kolonisierung anzuklagen; es zeigt sich aber, dass der von ihnen ausgearbeitete Begriffsapparat keineswegs einfach nur »subversiv« ist, sondern sich auch für die (militärische, ökonomische und ideologisch-politische) Operationsweise des heutigen Kapitalismus eignet. Wie soll man eine Ordnung revolutionieren, deren eigener Grundsatz die ständige Selbstrevolutionierung ist?

Trotz ihres Scheiterns war die »Große Proletarische Kulturrevolution« in einem Punkt einzigartig: Es ging bei ihr nicht nur um die Übernahme der staatlichen Macht, sondern auch um die ökonomische Organisation und Neuorganisation des Alltags. Ihr Versäumnis war, keine neue Form des Alltagslebens geschaffen zu haben; sie blieb nur ein karnevalesker Exzess, in dem der Staatsapparat (unter der Führung von Zhou Enlai) die Fortsetzung des Alltags und der Produktion sicher-

67 Eyal Weizman, »The Art of War«, www.frieze.com/issue/article/the_art_of_war/.

stellte. Es entbehrt sicher nicht einer gewissen Grundlage, dass Mao die Kulturrevolution auch ausgelöst hat, um seine Macht wieder vollständig zurückzugewinnen (die in den frühen 1960er Jahren nach dem spektakulären Scheitern des »Großen Sprungs nach vorn« stark eingeschränkt war, als die Mehrheit der Nomenklatura einen heimlichen innerparteilichen Putschversuch gegen ihn unternahm); es ist natürlich wahr, dass die Kulturrevolution unermessliches Leid gebracht und tiefe Wunden im sozialen Gefüge hinterlassen hat und dass man sie als Geschichte der fanatisierten, Parolen schreienden Masse sehen kann, aber das ist einfach nicht die ganze Wahrheit. Trotz (oder vielmehr *wegen*) all ihrer Schrecken enthielt die Kulturrevolution zweifellos Elemente einer dargestellten Utopie. Ganz am Ende, bevor die Agitation von Mao selbst verhindert wurde (weil er sein Ziel, seine Macht wiederherzustellen und seine innerparteilichen Konkurrenten auszuschalten, bereits erreicht hatte), gab es die »Shanghaier Kommune«: eine Million Arbeiter, welche die offiziellen Parolen tatsächlich ernst nahmen und die Abschaffung des Staates, ja sogar der Partei sowie die Einführung der kommunalen Selbstorganisation forderten. Es ist bedeutsam, dass Mao genau an diesem Punkt der Armee den Befehl zum Eingreifen und zur Wiederherstellung der Ordnung gab. Dadurch entsteht das paradoxe Bild eines Führers, der einen unkontrollierten Aufruhr auslöst und gleichzeitig vollkommene persönliche Macht ausüben will – die Überschneidung von extremer Diktatur und extremer Emanzipation der Massen. Das Argument, Mao habe die Kulturrevolution ausgelöst, um seine innerparteilichen Konkurrenten loszuwerden und seine Autorität zurückzugewinnen, und dann eingegriffen, als sie außer Kontrolle zu geraten drohte (die »Shanghaier Kommune«), ist an dieser Stelle irrelevant, selbst wenn es stimmt. Es bestätigt nur, dass die Ereignisse eine Eigendynamik entwickelten. Dieser genuin revolutionäre Aspekt der Kulturrevolution wird zuweilen sogar von konservativen Kritikern eingeräumt, die gezwungen sind, das »Paradox« des »totalitären« Führers zur Kenntnis zu nehmen, der die Menschen gelehrt hat, »selbständig zu denken und zu handeln«, sich gegen den Apparat der »totalitären Herrschaft« selbst aufzulehnen und ihn zu zerstören – Gordon Chang schrieb unlängst in dem konservativen Magazin *Commentary*:

»Paradoxerweise war es Mao selbst, der große Versklaver, der auf seine Weise das chinesische Volk lehrte, selbständig zu denken und zu handeln. In der Kulturrevolution trieb er zig Millionen radikale Jugendliche dazu [...], in jedem Winkel des Landes antike Tempel niederzureißen, kulturelle Relikte zu zerstören und Erwachsene zu denunzieren, nicht nur ihre eigenen Mütter und Väter, sondern auch Regierungsvertreter und Mitglieder der Kommunistischen Partei. [...] Auch wenn hinter der Kulturrevolution Maos Idee steckte, seine Feinde zu ruinieren, so entwickelte sie sich zur wilden Raserei, die das Gefüge der Gesellschaft zerstörte. Als die Regierung zusammenbrach und ihre Funktionen von Revolutionskomitees und ›Volkskommunen‹ übernommen wurden, lösten sich die strikten Beschränkungen und Unterdrückungsmechanismen des Staates auf. Das Volk musste nicht länger auf jemanden warten, der ihm sagte, was es zu tun hatte – Mao hatte ihm ›das Recht zu rebellieren‹ gegeben. Für die radikale Jugend war dies im Grunde eine Zeit uneingeschränkter Leidenschaft. Mit einem großartigen Streich hatte der große Steuermann nahezu alle Formen von Autorität delegitimiert.«[68]

Wir können die Kulturrevolution demnach auf zwei verschiedenen Ebenen interpretieren. Wenn wir sie als Teil der historischen Wirklichkeit (des Seins) sehen, können wir sie leicht einer »dialektischen« Analyse unterziehen, welche das Endresultat des historischen Prozesses als dessen »Wahrheit« begreift. Das letztliche Scheitern der Kulturrevolution beweist demnach die innere Widersprüchlichkeit des Projekts (»Begriffs«) der Kulturrevolution schlechthin, es ist die Ausführung / Verwirklichung / Aktualisierung dieser Widersprüchlichkeiten (in derselben Weise wie für Marx das vulgäre, unheroische,

[68] Gordon G. Chang, »China in Revolt«, in: *Commentary*, Dezember 2006, im Internet unter www.commentarymagazine.com/article/china-in-revolt/.

kapitalistische, alltägliche Profitstreben die »Wahrheit« des jakobinischen edlen revolutionären Heldentums war). Interpretieren wir sie jedoch als Ereignis, als Umsetzung der ewigen Idee der egalitären Gerechtigkeit, dann ist mit dem tatsächlichen Endresultat der Kulturrevolution, ihrem katastrophalen Scheitern und ihrem Umschwung in die jüngste Explosion des Kapitalismus das Reale der Kulturrevolution noch nicht erschöpft: Die ewige Idee der Kulturrevolution überlebt die Niederlage in der soziohistorischen Wirklichkeit, sie wird das geisterhafte Untergrunddasein gescheiterter Utopien führen, die in zukünftigen Generationen herumspuken und geduldig ihrer nächsten Wiederbelebung harren. Dies führt uns zurück zu Robespierre, der in ergreifender Weise dem schlichten Glauben an die ewige Idee der Freiheit Ausdruck verliehen hat, die durch alle Niederlagen hindurch bestehen bleibt und ohne die, das war Robespierre klar, eine Revolution »bloß ein lärmendes Verbrechen wäre, das ein anderes Verbrechen zunichtemacht«. In seiner allerletzten Rede am 8. Thermidor des Jahres II, dem Tag vor seiner Verhaftung und Hinrichtung, erklärt er dazu:

»Aber ich versichere euch, dass es sie gibt, die fühlenden und reinen Seelen; sie existiert, jene zarte, gebieterische und unwiderstehliche Leidenschaft, die Qual und Freude großmütiger Herzen; jener tiefe Abscheu vor der Tyrannei, der mitfühlende Eifer für die Unterdrückten, die heilige Liebe zum Heimatland, die sogar noch erhabenere und heiligere Liebe zur Menschheit, ohne die eine große Revolution bloß ein lärmendes Verbrechen wäre, das ein anderes Verbrechen zunichtemacht; es gibt ihn, jenen hochherzigen Ehrgeiz, hier auf Erden die erste Republik der Welt zu begründen.«[69]

Gilt dies nicht umso mehr für die letzte große Fortsetzungsfolge im Leben dieser Idee, die maoistische Kulturrevolution – ohne diese Idee, welche der revolutionären Begeisterung zugrunde lag, wäre die Kulturrevolution sogar in noch höherem Maße »bloß ein lärmendes Verbrechen [...], das ein anderes

[69] Robespierre, *Virtue and Terror*, a. a. O., S. 129.

Verbrechen zunichtemacht«. Man sollte hier an die großartigen Worte denken, die Hegel über die Französische Revolution in seinen *Vorlesungen über die Philosophie der Geschichte* fand:

»Man hat gesagt, die Französische Revolution sei von der Philosophie ausgegangen, und nicht ohne Grund hat man die Philosophie Weltweisheit genannt, denn sie ist nicht nur die Wahrheit an und für sich, als reine Wesenheit, sondern auch die Wahrheit, insofern sie in der Weltlichkeit lebendig wird. Man muß sich also nicht dagegen erklären, wenn gesagt wird, daß die Revolution von der Philosophie ihre erste Anregung erhalten habe. [...]

Solange die Sonne am Firmamente steht und die Planeten um sie herumkreisen, war das nicht gesehen worden, daß der Mensch sich auf den Kopf, d. i. auf den Gedanken stellt und die Wirklichkeit nach diesem erbaut. [...] [N]un aber erst ist der Mensch dazu gekommen, zu erkennen, daß der Gedanke die geistige Wirklichkeit regieren solle. Es war dieses somit ein herrlicher Sonnenaufgang. Alle denkenden Wesen haben diese Epoche mitgefeiert. Eine erhabene Rührung hat in jener Zeit geherrscht, ein Enthusiasmus des Geistes hat die Welt durchschauert, als sei es zur wirklichen Versöhnung des Göttlichen mit der Welt nun erst gekommen.«[70]

Dies hielt Hegel freilich nicht davon ab, die innere Notwendigkeit zu analysieren, mit der diese Explosion abstrakter Freiheit in ihr Gegenteil umschlagen musste, den selbstzerstörerischen Schrecken der Revolution; vergessen wir jedoch nicht, dass Hegels Kritik immanent ist und das Grundprinzip der Französischen Revolution (und deren entscheidende Ergänzung, die Haitianische Revolution) akzeptiert. Exakt dasselbe sollten wir auch in Bezug auf die Oktoberrevolution (und die nachfolgende chinesische Revolution) tun: Jene stellt, wie Badiou betont hat, den ersten Fall eines erfolgreichen Aufstands der ausgebeuteten Armen in der Geschichte der Menschheit dar – sie waren der Nullpunkt der neuen Gesellschaft, sie setzten die Standards. Die Revolution verfestigte sich zu einer

[70] G. W. F. Hegel, *Werke in 20 Bänden. Band 12,* Frankfurt a. M.: Suhrkamp 1970, S. 527–529.

neuen Gesellschaftsordnung, eine neue Welt wurde geschaffen und überlebte wie durch ein Wunder jahrzehntelang trotz Isolation und eines unglaublichen ökonomischen und militärischen Drucks. Dies war tatsächlich »ein herrlicher Sonnenaufgang. Alle denkenden Wesen haben diese Epoche mitgefeiert.« Gegen alle hierarchischen Ordnungen kam hier die egalitäre Universalität direkt an die Macht.

Hinter dieser Alternative steckt ein grundsätzliches philosophisches Dilemma: Die einzig konsequente hegelianische Sicht scheint hier die zu sein, den Begriff am Gelingen beziehungsweise Scheitern seiner Verwirklichung zu messen, so dass aus der Perspektive der totalen Vermittlung des Wesens durch seine Erscheinung jede Transzendenz der Idee über deren Verwirklichung unglaubwürdig ist. Wenn wir folglich an der ewigen Idee festhalten, die ihre Niederlage übersteht, dann bringt dies – hegelianisch gesprochen – notwendigerweise einen Rückschritt von der Ebene des Begriffs als vollkommen verwirklichter Einheit von Wesen und Erscheinung zu der des Wesens, welches sein Erscheinen transzendieren soll, mit sich. Aber ist das wirklich so? Wir können auch sagen, dass der Exzess der utopischen Idee, der die historische Niederlage überlebt, der totalen Vermittlung von Idee und Erscheinung nicht widerspricht; die grundlegende hegelianische Einsicht, dass das Scheitern der Wirklichkeit an der vollständigen Verwirklichung einer Idee gleichzeitig das Scheitern (die Beschränkung) der Idee selbst bedeutet, bleibt weiterhin bestehen. Was man nur hinzufügen sollte, ist, dass die Lücke, welche die Idee von ihrer Verwirklichung trennt, auf eine Lücke innerhalb der Idee selbst hinweist. Aus diesem Grund ist die gespenstische Idee, die nicht aufhört, in der historischen Wirklichkeit herumzuspuken, *ein Zeichen für die Falschheit der neuen historischen Wirklichkeit selbst und deren Unzulänglichkeit gegenüber dem eigenen Begriff* – das Scheitern der jakobinischen Utopie, ihre Verwirklichung in der utilitaristischen bürgerlichen Wirklichkeit ist zugleich die Beschränkung dieser utilitaristischen Wirklichkeit selbst.

Das wahre Grauen ist keine Orgie im Sinne des Marquis de Sade, sondern der reale Kern der Kantischen Ethik selbst – um noch einmal Brecht zu paraphrasieren: Was ist schon das jämmerliche Böse einer Sade'schen Gruppenorgie gegen das »diabolische Böse«, das zu einem reinen ethischen Akt gehört? – Dasselbe gilt mutatis mutandis auch für die Kulturrevolution und die aktuelle explosionsartige Entwicklung des Kapitalismus als deren »Wahrheit«. Diese Entwicklung ist auch ein Zeichen dafür, dass Mao nicht alle Konsequenzen aus der Kulturrevolution gezogen hat, das heißt, der Raum für die kapitalistische Explosion konnte sich erst durch seinen Kompromiss öffnen, durch seine Nichtbereitschaft, bis zum Ende zu gehen und der Idee der Kulturrevolution treu zu bleiben. Und in beiden Fällen, bei Mao wie bei Kant, ist die Lektion dieselbe – Becketts Devise aus *Worstward Ho*: »Wieder versuchen. Wieder scheitern. Besser scheitern.«[71]

[71] Samuel Beckett, *Worstward Ho. Aufs Schlimmste zu*, Frankfurt a. M.: Suhrkamp 1989, S. 7.

3 Eine Neubetrachtung des Stalinismus oder: Wie Stalin die Menschlichkeit des Menschen rettete

Die stalinistische Gegen-Kulturrevolution

Es ließen sich gute konservative Gründe dafür finden, dass der Stalinismus nicht etwa die größte Katastrophe war, die Russland je widerfahren konnte, sondern eigentlich das bewahrt hat, was man die Menschlichkeit des Menschen nennt. Entscheidend ist hier die große Wende Anfang bis Mitte der 1930er Jahre vom proletarischen Egalitarismus zur vollständigen Annahme des russischen Erbes. Im Bereich der Kultur wurden Figuren wie Puschkin oder Tschaikowski weit höher bewertet als die Künstler der Moderne, es galten wieder althergebrachte ästhetische Schönheitsnormen, Homosexualität wurde für ungesetzlich erklärt, sexuelle Promiskuität verdammt, die Ehe zur elementaren Zelle der neuen Gesellschaft erklärt und so weiter. Es war das Ende der kurzen Vernunftehe zwischen der Sowjetmacht und der künstlerischen und wissenschaftlichen Moderne. Im Bereich des Films lässt sich dieser Wandel deutlich im Übergang von Eisensteins Stummfilmen mit ihrer Attraktionsmontage zu seinen »organizistischen« Tonfilmen erkennen, in der Musik in Schostakowitschs Entwicklung von den gewaltsam-parodistischen Klängen der 1920er Jahre mit Elementen von Zirkusmusik und Jazz zu seiner Rückkehr zu traditionelleren Formen in den späten 1930er Jahren.

Normalerweise wird dieser Wandel als »kultureller Thermidor«, als Verrat an der echten Revolution gesehen. Bevor wir uns diesem Urteil anschließen, sollten wir uns jedoch die ideologische Sichtweise etwas genauer anschauen, die diesem radikalen Egalitarismus zugrundelag, den bereits oben kurz erwähnten »Biokosmismus«. Exemplarisch ist hier die Sicht Trotzkis:

»Was ist der Mensch? Er ist keineswegs ein fertiges oder harmonisches Wesen. Nein, er ist immer noch ein äußerst unbeholfenes Geschöpf. Der Mensch als Tier hat sich nicht planmäßig, sondern spontan entwickelt und sich viele Widersprüche aufgeladen. Die Frage, wie der Mensch auszubilden und zu kontrollieren sei, wie man seine physische und geistige Konstruktion verbessern und vervollständigen könne, ist ein riesiges Problem, das nur auf der Grundlage des Sozialismus verstanden werden kann. [...] Eine neue, ›verbesserte Version‹ des Menschen zu produzieren – das ist die künftige Aufgabe des Kommunismus. Und dafür müssen wir zuerst alles über den Menschen, seine Anatomie, seine Physiologie und jenen Teil seiner Physiologie, der als seine Psyche bezeichnet wird, herausfinden. Der Mensch muss sich selbst anschauen, sich als Rohstoff – oder bestenfalls als halb fertiges Produkt – betrachten und sagen: ›Endlich, mein lieber *Homo sapiens*, werde ich an dir arbeiten.‹«[1]

Es handelt sich hier nicht einfach um idiosynkratische theoretische Prinzipien, sondern um eine wahre Massenbewegung in Kunst, Architektur, Psychologie, Pädagogik und Organisationsforschung, die Hunderttausende Menschen umfasste. Der offiziell unterstützte Kult des Taylorismus, dessen radikalster Vertreter der bolschewistische Ingenieur und Dichter Alexej Gastew war, der schon 1922 den Begriff »Biomechanik« verwendete, ging der Vision einer Gesellschaft nach, in der Mensch und Maschine miteinander verschmelzen sollten. Gastew leitete das Zentralinstitut für Arbeit und führte dort Experimente durch, in denen Arbeiter lernen sollten, wie Maschinen zu funktionieren. Er betrachtete die Mechanisierung des Menschen als nächsten Schritt der Evolution und erträumte

»ein Utopia, in dem ›Menschen‹ durch ›proletarische Einheiten‹ ersetzt und durch Ziffern wie ›A, B, C oder 325, 075, 0 und so weiter‹ gekennzeichnet werden sollten. [...] Ein ›mechanisierter Kollektivismus‹ würde ›den Platz der individuellen Persönlichkeit in der Psyche des Proletariats einnehmen‹. Emotionen wären dann überflüssig, und die menschliche Seele würde nicht mehr ›durch einen Ruf oder ein Lächeln,

[1] Zitiert nach Orlando Figes, *Nataschas Tanz. Eine Kulturgeschichte Russlands*, Berlin: Berlin Verlag 2003, S. 466.

sondern mit Hilfe eines Druckmessers oder eines Geschwindigkeitsmessers‹ beschrieben werden.«[2]

Finden wir in diesem Traum nicht eine radikale Formulierung dessen, was man heute üblicherweise als Biopolitik bezeichnet? Auch wenn es verrückt erscheinen mag, so könnte man argumentieren, dass diese Vision, wäre sie wirklich umgesetzt worden, noch viel schrecklicher als der wirkliche Stalinismus gewesen wäre. Die stalinistische Kulturpolitik ist als Reaktion auf diese Bedrohung der vollkommenen modernistischen Mechanisierung zu sehen; sie forderte nicht nur die Rückkehr zu Kunstformen, die für große Massen attraktiv waren, sondern auch – so zynisch es klingen mag – die Rückkehr zu traditionellen Formen der Moral. Die Opfer der stalinistischen Schauprozesse wurden dort zur Verantwortung gezogen, für schuldig erklärt, zu Geständnissen gezwungen … kurz, auch wenn es obszön klingt (und auch war): Sie wurden als autonome ethische Subjekte behandelt, nicht als Objekte der Biopolitik. Gegen die Utopie des »mechanisierten Kollektivismus« stand der Hochstalinismus der 1930er Jahre für die Rückkehr der Ethik in ihrer gewaltsamsten Form, als extreme Maßnahme, um der Bedrohung des »mechanisierten Kollektivismus« entgegenzuwirken, in dem traditionelle moralische Kategorien bedeutungslos geworden wären und untragbares Verhalten nicht mit der Schuld des Subjekts in Verbindung gebracht, sondern als Fehlfunktion erklärt worden wäre, die mit speziellen Druck- oder Geschwindigkeitsmessern hätte kontrolliert werden können.

Das ist auch der Grund, warum die Durchsetzung des »sozialistischen Realismus« von der großen Mehrheit des Volkes aufrichtig begrüßt wurde. Sie zeigte nämlich, dass »das Regime völlig von der radikalen Idee ab[ließ], eine ›proletarische‹ oder ›sowjetische‹ Form der Kultur zu begründen, die sich von jener der Vergangenheit unterschied. […] Zeitgenös-

2 Ebd., S. 483 f.

sische Schriftsteller wie Achmatowa konnten keinen Verlag finden, doch die vollständigen Werke von Puschkin und Turgenjew, Tschechow und Tolstoi (allerdings nicht von Dostojewski) wurden einer neuen Leserschaft in millionenfacher Auflage präsentiert.«[3] Diese Rückkehr zur klassischen Kultur erreichte ihren Höhepunkt an Puschkins hundertstem Todestag 1937:

»Das ganze Land nahm an den Feierlichkeiten teil: Kleine Provinztheater führten Stücke auf; Schulen organisierten spezielle Veranstaltungen; Junge Kommunisten unternahmen Pilgerfahrten zu Orten, die im Leben des Dichters eine Rolle gespielt hatten; Fabriken organisierten Studiengruppen und Clubs von ›Puschkinisten‹; Kolchosen hielten Puschkin-Paraden ab, bei denen die Teilnehmer als Personen aus den Märchen des Schriftstellers kostümiert waren.«[4]

Diese Tatsachen sind erwähnenswert, weil sie uns zu einem weiteren Paradox führen, denn auch der Widerstand gegen den Stalinismus, so marginal und unterdrückt er auch war, folgte diesem kulturellen Trend. Das heißt, die massive Wiedereinführung des klassischen Erbes der russischen Kultur, wie heuchlerisch und zensiert sie auch gewesen sein mag, war mehr als nur eine Maßnahme zur Aufklärung der ungebildeten Massen. Die Welt der großen Klassiker wie Puschkin und Tolstoi enthielt eine umfassende Vision der Kultur mit einer eigenen Ethik der sozialen Verantwortung und der Solidarität mit den Unterdrückten gegen die autokratische Macht:

»Dissidententum stand in der UdSSR für Wahrhaftigkeit, für unzensierte Wirklichkeit und ethische Werte – und damit gegen die Phantasiewirklichkeit des sozialistischen Realismus und die alles durchdringende Falschheit des öffentlichen sowjetischen Diskurses mit seiner konzertierten Negation der traditionellen Moral (ein explizit erklärtes und tatsächlich fundamentales Element des Sowjetregimes zur Förderung der ›revolutionären Entwicklung‹).«[5]

[3] Ebd., S. 499 f.
[4] Ebd., S. 501.
[5] Ian MacDonald, *The New Shostakovich*, London: Pimlico 2006, S. 299.

In diesem Sinne ist selbst Solschenizyn ein Sohn der stalinistischen Kulturpolitik der 1930er Jahre. Und deshalb sind auch die von Melancholie, Verzweiflung und persönlichen Ängsten gekennzeichneten »privaten« Werke Schostakowitschs (hauptsächlich die Streichquartette) ein ebenso organischer Teil der stalinistischen Kultur wie seine großen »öffentlichen« Werke (hauptsächlich seine offiziell bejubelten Sinfonien Nr. 5, 7 und 11). Und die Tatsache, dass es so viele echte Freundschaften in der ehemaligen DDR gab, gehört ebenso zu deren Kultur wie die Stasi.

Dies führt uns zu einem dritten Paradoxon. Wilhelm Furtwängler sagte über Strawinskis *Le sacre du printemps*, es offenbare die Grenzen der russischen Spiritualität: Es strotze vor brillanten mechanischen rhythmischen Entladungen, erreiche aber nicht die organische lebendige Einheit, welche die deutsche Geistigkeit ausmache. Die erste Ironie dabei ist, dass genau die Komponisten, auf die sich Furtwängler bezog, von den Traditionalisten in Russland als westliche Modernisierer wahrgenommen wurden, die das organische russische Erbe gefährdeten. Dennoch hatte Furtwängler in gewisser Weise recht. Viele Reisende aus dem Westen kamen im 18. und 19. Jahrhundert nach Russland, um dort eine organische Gesellschaft zu finden, ein lebendiges soziales Ganzes im Gegensatz zu den individualistischen Gesellschaften des Westens, die nur vom äußeren Gesetzesdruck zusammengehalten wurden; sie mussten bald feststellen, dass Russland in Wirklichkeit ein riesiges chaotisches Reich war, dem es genau an der inneren organischen Form mangelte und das daher von der eisernen Hand einer brutalen Autokratie regiert wurde. Mit anderen Worten: Das organische »alte Russland«, dessen harmonisches Gleichgewicht von der westlichen Moderne zerstört wurde, hat es nie gegeben. Der gewaltsame »Modernismus« und die brutale Durchsetzung einer zentralen Ordnung im chaotischen Sozialleben sind vielmehr Schlüsselmerkmale der traditionellen russischen sozialen Identität selbst – Stalin hatte recht, als er Iwan den Schrecklichen als seinen Vorgänger feierte.

Müssen wir den Stalinismus – mit Bedauern – also gutheißen, weil er uns vor einer noch größeren Bedrohung bewahrt hat? Vielleicht sollte man hier einmal mehr Lacans Motto »le père ou pire« anwenden und *die Wahl des Schlimmeren* riskieren. Was wäre, wenn die Entscheidung für die konsequente Verwirklichung des biopolitischen Traums zu etwas Unvorhersehbarem geführt hätte, das letztlich die Grundkoordinaten des Traums selbst erschüttert hätte?

Ein Brief, der seinen Adressaten nie erreichte (und dadurch vielleicht die Welt rettete)

Der stalinistische Terror der 1930er Jahre war ein humanistischer Terror. Sein Festhalten am »humanistischen« Kern schränkte den Terror nicht ein, es war seine Grundlage, die inhärente Bedingung seiner Möglichkeit. Was wäre, wenn die Wiederbelebung der humanistischen Tradition im Hochstalinismus nicht nur die ideologischen Voraussetzungen für den Widerstand der Dissidenten schuf, sondern auch im ganz wörtlichen Sinn »die Welt rettete« – indem sie nämlich während der Kubakrise eine globale nukleare Katastrophe verhinderte?

Soweit man die Ereignisse heute rekonstruieren kann, sorgten zwei Dinge für das glückliche Ende. Das erste war taktvolle Höflichkeit, die Rituale der höflichen Vortäuschung von Unkenntnis – wenn man jüngsten Enthüllungen Glauben schenken darf. Kennedys Geniestreich, der für die Überwindung der Kubakrise entscheidend war, bestand darin, so zu tun, als sei ein wichtiger Brief *nicht* an seinem Bestimmungsort angekommen, als gebe es diesen Brief gar nicht – ein Schachzug, der natürlich nur funktionierte, weil der Absender (Chruschtschow) mitspielte. Am Freitag, dem 26. Oktober 1962, bestätigt Chruschtschow in einem Brief an Kennedy ein vorher von Vermittlern unterbreitetes Angebot: Die Raketen werden abgezogen, wenn die USA sich verpflichten, von einer Invasion in Kuba abzusehen. Am Samstag, dem 27. Oktober, noch vor einer Antwort der USA, trifft ein weiterer, schärfer formulierter Brief ein, der auf einen möglichen Staatsstreich in der Sowjetunion hindeutet und in dem Chruschtschow als zusätzliche Bedingung den Abzug amerikanischer Raketen aus der Türkei fordert. Um 20:05 Uhr desselben Tages sendet Kennedy seine Antwort an Chruschtschow, in der er ihm mitteilt, dass er sein Angebot vom 26. Oktober akzeptiert. Er tut also so, *als ob der Brief vom 27. Oktober nicht existierte.* Am Sonntag, dem 28. Oktober, erhält Kennedy wieder einen Brief von Chruschtschow, in dem dieser der Vereinbarung zustimmt ... Die Lehre daraus ist, dass es in solchen Augenblicken der Krise, in denen alles auf dem Spiel steht, mehr denn je darauf ankommt, den Schein zu wahren, höflich zu sein und das Bewusstsein zu haben, »ein Spiel zu spielen«. Der Auslöser der Krise war übrigens, so lässt sich behaupten, ein vergleichbarer Umstand: ein Brief, der seinen Adressaten nicht erreichte, nur diesmal war der Grund, dass er gar nicht erst abgeschickt wurde. Die Stationierung sowjetischer Raketen auf Kuba war das Ergebnis eines geheimen beiderseitigen Sicherheitsabkommens zwischen Kuba und der UdSSR; viele Beobachter (darunter vor allem Ted Sorensen) legten nahe, dass die Reaktion der USA weit weniger offensiv ausgefallen wäre, wenn das Sicherheitsabkommen von vornherein öffentlich gemacht worden wäre (was Castro übrigens wollte). Diese Heimlichkeit, auf der die Sowjets bestanden, ließ die Amerikaner glauben, dass die Raketenstationierung keinem anderen Zweck dienen könne als einem Angriff auf die USA. Wäre der gesamte Vorgang der Unterzeichnung des Abkommens und der Aufstellung der Raketen publik und transparent gewesen, wäre er weit weniger als Bedrohung wahrgenommen worden. Man hätte ihn dann nicht für die Vorbereitung eines realen Angriffs gehalten, sondern für eine demonstrative Pose ohne echte militärische Gefahr.

Das US-Militär zog diese Lehre nicht, es interpretierte die friedliche Beilegung der Kubakrise auf andere Weise.[6] Am besten gibt diese Meinung der damalige Geheimdienstanalytiker im Außenministerium, Raymond Garthoff, wieder: »Wenn wir irgendetwas aus dieser Erfahrung gelernt haben, dann, dass Schwäche, auch wenn es sich nur um scheinbare Schwäche handelt, sowjetische Übergriffe herausfordert. Gleichzeitig wird Entschlossenheit die Sowjets letzten Endes dazu zwingen, von überstürzten Schritten abzusehen.«[7] Hier wird die Krise also als Auseinandersetzung zweier Spieler gesehen, die sich Auge in Auge gegenüberstehen, eine machohafte Mutprobe, bei der der Härtere, Unbeweglichere und Entschlossenere gewinnt. (Diese Sicht entspricht natürlich nicht der Realität. Eine ganze Reihe von Einzelheiten beweist Kennedys Flexibilität und sein Verständnis für das Bedürfnis der Sowjetunion, ihr Gesicht zu wahren, indem sie etwas Positives aus der Krise ziehen konnte. Um etwas Zeit zu gewinnen und eine direkte Konfrontation zu vermeiden, gestattet er am 25. Oktober einem sowjetischen Tanker die Weiterfahrt trotz der Quarantäne genannten Seeblockade; am 28. Oktober ordnet er an, dass keine Interviews oder Erklärungen abgegeben werden dürfen, in denen von einem Sieg die Rede ist; des Weiteren bietet er im Austausch für den Abzug der sowjetischen Raketen aus Kuba die Entfernung der US-Raketen aus der Türkei an sowie die Garantie, dass die USA nicht in Kuba einmarschieren werden.)

Die Wahrnehmung in der UdSSR war eine andere. Für die sowjetische Führung war nicht die Gewaltandrohung der Grund für das Ende der Krise, sondern die Einsicht auf beiden Seiten, dass man kurz vor dem Abgrund stand und dass die Krise die Menschheit zu vernichten drohte. Die Sowjets fürchteten nicht

[6] Vgl. James G. Blight und Philip Brenner, *Sad and Luminous Days. Cuba's Struggle with the Superpowers after the Missile Crisis*, New York: Rowman & Littlefield 2002.

[7] Zitiert nach ebd., S. 23.

nur um ihre unmittelbare Sicherheit und machten sich nicht nur Sorgen darüber, in Kuba eine Schlacht zu verlieren. Ihre Furcht war, über das Schicksal von Millionen Menschen, ja sogar der Zivilisation selbst entscheiden zu müssen. Diese Furcht, die auf dem Höhepunkt der Krise von beiden Seiten erlebt wurde, ermöglichte es ihnen, zu einer friedlichen Lösung zu gelangen, und sie bildet auch den Kern des berühmten Briefwechsels zwischen Chruschtschow und Fidel Castro auf dem Höhepunkt der Krise. In einem Brief an Chruschtschow vom 26. Oktober schreibt Castro:

»Sollte[n] […] die Imperialisten Kuba mit dem Ziel überfallen, das Land zu besetzen, dann ist die Gefahr, die von dieser aggressiven Politik für die Menschheit ausgeht, so groß, dass die Sowjetunion niemals Umstände zulassen darf, unter denen die Vereinigten Staaten einen nuklearen Erstschlag gegen sie ausführen können.

Ich sage Ihnen dies, weil ich glaube, dass die Aggressivität der Imperialisten äußerst gefährlich ist, und wenn sie eine so brutale und Gesetz und universale Moral verletzende Handlung wie die Invasion in Kuba begehen, dann wäre dies der Moment – als Akt legitimer Selbstverteidigung –, eine solche Gefahr für immer zu beseitigen. So hart und schrecklich diese Lösung auch wäre, ich sehe keine andere.«[8]

Chruschtschow antwortet am 30. Oktober:

»In Ihrem Telegramm vom 27. Oktober schlugen Sie uns einen atomaren Erstschlag gegen den Feind vor. Sie wissen ja sicher, was das bedeuten würde. Es wäre kein einfacher Schlag, sondern der Beginn eines nuklearen Weltkrieges.

Werter Genosse Fidel Castro, ich halte diesen Vorschlag für nicht korrekt, obwohl ich Ihre Motive verstehe.

Wir haben den bisher ernsthaftesten Augenblick erlebt, an dem die Welt kurz vor einem Atomkrieg stand. Sicher würden die Vereinigten Staaten in einem solchen Fall große Verluste erleiden, aber das Gleiche gilt für die Sowjetunion, und das gesamte sozialistische Lager würde auch sehr leiden. In Bezug auf Kuba, auf das kubanische Volk ist es schwer, generell zu sagen, wie es ausgegangen wäre. An erster Stelle wäre in diesem Kriegsfeuer Kuba verbrannt. Zweifellos hätte das kubanische

[8] Ignacio Ramonet, *Fidel Castro. Mein Leben*, Berlin: Rotbuch 2008, S. 307.

Volk tapfer gekämpft, aber ebenso heldenhaft wäre es zugrunde gegangen, auch daran besteht kein Zweifel. Wir kämpfen aber nicht gegen den Imperialismus, um zu sterben, sondern um alle unsere Möglichkeiten zu nutzen, um im Kampf weniger zu verlieren und mehr zu gewinnen, auf dass wir erfolgreich sind und dem Kommunismus zum Sieg verhelfen.«[9]

Im Kern entspricht Chruschtschows Antwort dem Antikriegsargument von Neil Kinnock, dem ehemaligen Spitzenkandidaten der britischen Labour-Partei: »Ich bin bereit, für mein Land zu sterben, aber ich bin nicht bereit, mein Land für mich sterben zu lassen.« Es ist bemerkenswert, dass *diese* Angst in der sowjetischen Führung, trotz ihres »totalitären« Charakters, viel größer war als bei den Amerikanern – vielleicht ist es daher an der Zeit, Chruschtschow und nicht Kennedy als den wahren Helden der Kubakrise zu rehabilitieren. Castro antwortet Chruschtschow am 31. Oktober:

»Es ist mir während des Schreibens nicht entgangen, dass die Worte in meinem Brief von Ihnen fehlinterpretiert werden könnten, und genau so ist es gekommen; vielleicht haben Sie sie nicht aufmerksam genug gelesen, vielleicht lag es an der Übersetzung, vielleicht wollte ich zu viel in zu wenigen Zeilen sagen. Aber ich habe nicht gezögert, es zu tun. Glauben Sie, Genosse Chruschtschow, wir hätten egoistisch an uns gedacht, an unser edelmütiges Volk, das bereit war, sich zu opfern, und wären uns nicht, natürlich in gewisser Weise unbewusst, über das Risiko, das wir eingehen würden, völlig im Klaren? [...]

Es war uns klar – nehmen Sie bitte nicht an, dass wir das ignoriert hätten –, dass wir ausgelöscht werden würden, wie Sie in Ihrem Brief andeuten, wenn es zu einem Atomschlag gekommen wäre. Wir haben Sie deshalb aber nicht darum gebeten, die Raketen abzuziehen, und wir hätten Sie auch deshalb nicht darum gebeten, nachzugeben. Glauben Sie wirklich, wir hätten diesen Krieg gewollt? Aber wie hätten wir ihn im Fall einer Invasion verhindern können? [...]

Und wenn es passiert wäre, was hätten wir mit den Wahnsinnigen gemacht, die diesen Krieg vom Zaun gebrochen hätten? Sie haben selbst

[9] Ebd., S. 310. Der letzte Satz ist dort nicht übersetzt. Der vollständige Briefwechsel in englischer Sprache ist online unter www.cubanet.org/ref/dis/10110201.htm zugänglich.

davon gesprochen, dass sich unter den bestehenden Bedingungen der Krieg unvermeidbar schnell in einen Atomkrieg verwandeln könnte.

Ich bin der Meinung, dass man im Fall einer vom Feind ausgehenden Aggression diesem nicht auch noch die Entscheidung überlassen darf, wann die nukleare Waffe zum Einsatz kommt. Die Zerstörungskraft dieser Waffe ist so unendlich groß, und die Schnelligkeit der Transportmittel des Angreifers würde ihm von Anfang an einen unschätzbaren Vorteil einbringen.

Und ich habe Ihnen nicht vorgeschlagen, Genosse Chruschtschow, dass die Sowjetunion angreifen soll, denn das wäre inkorrekt, unmoralisch und niederträchtig von mir, sondern dass man in dem Augenblick, da die Imperialisten Kuba angreifen und in Kuba die Streitkräfte der UdSSR – dazu bestimmt, unsere Verteidigung im Fall eines Angriffs von außen zu unterstützen – und sich die Imperialisten durch diese Tatsache in Aggressoren gegen Kuba und gegen die UdSSR verwandeln würden, ihnen mit einem vernichtenden Gegenschlag antwortet. [...]

Ich habe Ihnen nicht vorgeschlagen, Genosse Chruschtschow, dass die UdSSR inmitten der Krise angreifen solle. So scheint es, wenn ich Ihren Brief richtig interpretiere, von Ihnen verstanden worden zu sein. Vielmehr müsse im Fall eines Angriffs auf Kuba die UdSSR, ohne zu zögern, handeln und nicht den Fehler machen, dem Feind den atomaren Erstschlag zuzugestehen. Und in diesem Sinne, Genosse Chruschtschow, bleibe ich bei meinem Standpunkt, denn ich bin der Meinung, dass es die richtige Einschätzung einer Situation zu einem gegebenen Augenblick war. Sie können mich davon überzeugen, dass ich mich irre, aber Sie können mir nicht sagen, dass ich mich irre, ohne mich davon zu überzeugen.«[10]

Offenbar hat Castro selbst Chruschtschow hier (absichtlich) missverstanden. Dieser begriff sehr wohl, was Castro von der UdSSR wollte: Sie sollte die USA nicht »aus heiterem Himmel« angreifen, sondern einen *nuklearen* Vergeltungsschlag führen, falls die US-Armee in Kuba einmarschiert wäre (was immer noch ein Akt der *konventionellen* Kriegsführung gewesen wäre, außerdem wäre nicht die UdSSR selbst, sondern »nur« ein neuer Verbündeter angegriffen worden). Mit der Warnung, die UdSSR dürfe »nicht den Fehler machen, dem Feind den atomaren Erstschlag zuzugestehen«, kann nur gemeint sein, dass die

[10] Ebd., S. 312 f.

UdSSR als Erste diesen entscheidenden Schlag ausführen sollte – »im Fall einer vom Feind ausgehenden Aggression [darf man] diesem nicht auch noch die Entscheidung überlassen [...], wann die nukleare Waffe zum Einsatz kommt.« Castro verlangt mit anderen Worten von Chruschtschow, dass er das Ende der gesamten zivilisierten Welt dem Verlust Kubas vorzieht ... (Castros Prämisse, der zufolge »[d]ie Zerstörungskraft dieser Waffe [...] so unendlich groß [ist], und die Schnelligkeit der Transportmittel des Angreifers [...] ihm von Anfang an einen unschätzbaren Vorteil einbringen [würde]«, ist äußerst problematisch. Es ist sicher – und davon geht die *irrsinnige* Logik aus –, dass der überraschende nukleare Erstschlag einer der Supermächte nicht alle Atomwaffen des Gegners zerstören kann, das heißt, dieser wird in jedem Fall noch genügend Waffen für einen Vergeltungsschlag haben.)[11]

Auch hier ging es also um die Auseinandersetzung zwischen Chruschtschows humanistischen Überlegungen (und damit letztlich um das im Hochstalinismus wiederbelebte Erbe der traditionellen Kultur) und Castros unerbittlicher und bedingungsloser Wette, die an Mao Zedongs Gedanken über eine mögliche Vernichtung der Menschheit erinnert. Ganz ähnlich dachte auch Che Guevara, als er sich auf dem Höhepunkt der Spannung der Kubakrise dafür aussprach, den nächsten Weltkrieg in Kauf zu nehmen, der (mindestens) die totale Vernichtung des kubanischen Volkes bedeutet hätte – er rühmte die heldenhafte Bereitschaft des kubanischen Volkes, sein eigenes Aussterben zu riskieren.

[11] Man könnte Castros Forderung dennoch als »rationale« strategische Überlegung sehen, wenn man von einer grausamen und zynischen Kalkulation ausgeht und sich folgendes Szenario vorstellt: Die US-Armee marschiert mit konventionellen Waffen in Kuba ein, dann vernichten sich die USA und die UdSSR gegenseitig (und vielleicht auch Europa), so dass die Besetzung Kubas durch die USA bedeutungslos wird und Kuba (zusammen mit dem Großteil der Dritten Welt) als Sieger überlebt ...

Kreml-Astrologie

Die Rettung der »Menschlichkeit des Menschen« durch die Stalinisten zeigt sich auf der elementarsten Ebene der Sprache. Wenn man sich die Sprache des posthumanen Menschen als eine Signalsprache ohne wirkliche Repräsentation des Subjekts vorzustellen hat, dann ist es nicht verwunderlich, dass die Sprache des Stalinismus das krasseste Gegenteil dazu darstellt, das man sich denken kann. Was die menschliche Sprache ausmacht und von den komplexen Zeichen der Bienen unterscheidet, ist das, was Lacan die »leere Rede« nennt, deren denotativer Wert (expliziter Inhalt) ausgesetzt wird, um als Index der zwischenmenschlichen Beziehungen von Sprecher und Hörer zu fungieren, und diese Aussetzung ist das Schlüsselmerkmal des stalinistischen Jargons und der Gegenstand der Wissenschaft der »Kreml-Astrologie«.

»Als die Archive der Sowjetära noch nicht jedermann offenstanden, mussten sich ausländische Gelehrte, die wissen wollten, was passiert war und was passieren könnte, beschimpfen lassen, sie verließen sich nur aufs Hörensagen: Der und der hatte etwas von dem und dem gehört, der wiederum von dem und dem in den Lagern gehört hatte, er sei ganz sicher, dass … [hier bitte phantastische Einzelheiten einfügen]. Die Kritiker dieser Gerüchte-Forschung hatten nicht ganz unrecht. Aber was selbst heute nur wenigen aufzufallen scheint, ist, dass der springende Punkt möglicherweise nicht die Verlässlichkeit der Mund-zu-Mund-Propaganda und der politischen Wahrsagerei in Stalins Sowjetunion war, sondern deren allgemeine Verbreitung. Die Kreml-Astrologie wurde nicht in Harvard erfunden, sondern im und um den Kreml. […] Das gesamte Regime funktionierte so, und jeder in der Sowjetunion beteiligte sich in gewissem Maße daran, je hochrangiger desto mehr. Inmitten der interministeriellen Kriege und möbiusbandartigen Intrigen blieben Leben und Tod im Stalinismus undurchsichtig, egal wo man stand oder wen man kannte. Es war zugleich formelhaft und unbestimmt.

Im April 1939 macht sich [der nominelle Leiter der Komintern Georgi] Dimitrow Sorgen darüber, dass er in der Berichterstattung der *Prawda* über ein Ehrenpräsidium und in der *Iswestija* über ein anderes plötzlich ausgelassen wird. Seine Aufregung legt sich, als er erfährt, dass sein Porträt bei der Mai-Parade hochgehalten wurde, was den unguten Tratsch über ihn verstummen lässt. Aber dann geschieht es wieder. ›Zum ersten Mal wurde ich am internationalen Frauentag *nicht* ins Ehrenpräsidium gewählt‹, notiert er am 8. März 1941. ›Das ist natürlich kein Zufall.‹ Soso, aber *was* bedeutete es nur? Dimitrow – der dem Kreml kaum näher hätte stehen können – war ein eingefleischter Kreml-Astrologe, der sich mit Mausoleumschoreographie beschäftigte, Omen deutete und in Gerüchten ertrank.«[12]

Ein weiteres komisches Detail in diesem Zusammenhang: Im Juli 1936 gab Stalin ein geheimes Rundschreiben des Inhalts heraus, ein »Vereintes Trotzkistisch-Sinowiewistisches Zentrum« habe Mordanschläge auf ihn, Kirow, Schdanow und andere geplant. »Die Aufnahme in solche Listen potentieller Opfer wurde später sogar zu einer bizarren Ehrenbezeugung, da sie Nähe zu Stalin signalisierte.«[13] Obwohl Molotow sich mit Stalin persönlich gut verstand, musste er schockiert feststellen, dass er nicht auf dieser Liste stand. Was hatte dieses Zeichen zu bedeuten? War es nur eine Warnung Stalins oder ein Hinweis darauf, dass auch er bald verhaftet würde? Tatsächlich waren die Rätsel der Ägypter ebensolche Rätsel für die Ägypter selbst. Die stalinistische Sowjetunion war das wahre »Reich der Zeichen«.

Eine Anekdote des sowjetischen Linguisten Eric Han-Pira liefert ein perfektes Beispiel für die vollkommene semantische Sättigung dieses »Reichs der Zeichen«, das sich erst aus der Entleerung der direkten denotativen Bedeutung ergibt: Wenn die sowjetischen Medien über die Trauerfeierlichkeiten eines hohen Mitglieds der Nomenklatura zu berichten hatten, benutzten sie jahrelang die Floskel »auf dem Roten Platz an der Kremlmauer beigesetzt«. Als dann in den 1960er Jahren der Platz knapp zu werden begann, wurden die frisch verstorbenen Würdenträger eingeäschert und ihre Urnen in Nischen in der

12 Stephen Kotkin, »A Conspiracy So Immense«, in: *The New Republic Online*, 13. 02. 2006.
13 Simon Sebag Montefiore, *Stalin. Am Hof des roten Zaren*, Frankfurt a. M.: Fischer 2005, S. 217.

Mauer selbst bestattet – dennoch wurde in Presseerklärungen immer noch dieselbe alte Formulierung benutzt. Diese Ungereimtheit veranlasste 15 Mitglieder des Instituts für Russische Sprache an der sowjetischen Akademie der Wissenschaften dazu, einen Brief an das Zentralkomitee der Kommunistischen Partei zu schreiben, in dem sie vorschlugen, den Satz entsprechend den aktuellen Gegebenheiten zu ändern: »Die Urne mit der Asche wurde in der Kremlmauer beigesetzt.« Ein paar Wochen später erhielt das Institut einen Anruf eines Vertreters des Zentralkomitees, der den Wissenschaftlern mitteilte, das ZK habe den Vorschlag diskutiert und beschlossen, die alte Formulierung beizubehalten; Gründe für die Entscheidung gab er nicht an.[14] Gemäß der Regeln, die das sowjetische »Reich der Zeichen« beherrschten, hatte das ZK recht: Die Änderung wäre nicht einfach als Anerkennung der Tatsache wahrgenommen worden, dass Würdenträger von nun an eingeäschert und ihre Urnen in der Mauer beigesetzt werden; jede Abweichung von der Standardformulierung wäre als Zeichen gedeutet worden und hätte wilde Interpretationsbemühungen ausgelöst. Warum also etwas ändern, wenn es keine Botschaft zu übermitteln galt? Man könnte dieser Schlussfolgerung die Möglichkeit einer schlicht »vernünftigen« Lösung entgegenhalten: Warum kann man nicht die Formulierung ändern und einen Hinweis hinzufügen, dass dies nichts zu bedeuten hat und lediglich die veränderten Gegebenheiten zur Kenntnis nimmt? Ein solcher »vernünftiger« Ansatz verkennt die Logik des sowjetischen »Reichs der Zeichen« vollkommen. Da darin *alles* eine Bedeutung hat, auch und *besonders* das Leugnen von Bedeutung, würde eine solche Erklärung erst recht zu wilden Spekulationen Anlass geben – sie würde nicht nur als bedeutungsvolles Zeichen innerhalb eines gegebenen, fest etablierten semioti-

[14] Siehe Alexei Yurchaks wundervolles Buch *Everything Was Forever, Until It Was No More. The Last Soviet Generation*, Princeton: Princeton University Press 2006, S. 52.

schen Raums gedeutet, sondern als weitaus stärkeres metasemantisches Anzeichen dafür, dass die Grundregeln ebendieses semiotischen Raums im Begriff sind, sich zu verändern, und hätte dadurch völlige Verwirrung, ja sogar Panik ausgelöst. Einige sowjetische Führungskräfte bewahrten hinsichtlich dieser vollkommenen Plastizität der Fakten eine gewisse Ironie und zeigten einen düsteren Sinn für Humor; als Anastas Mikojan Anfang des Jahres 1956 nach Budapest flog, um den ultrastalinistischen ungarischen Führer Mátyás Rákosi über den Beschluss Moskaus, ihn abzusetzen, zu informieren, tat er dies mit den Worten: »Die sowjetische Führung hat entschieden, dass Sie krank sind. Sie werden sich in Moskau behandeln lassen müssen.«[15]

Es wäre interessant, aus dieser Perspektive das sowjetische Vorzeige-Lehrbuch der Nachkriegszeit über den dialektischen Materialismus, Mark M. Rosentals *Die marxistische dialektische Methode*, noch einmal neu zu lesen, dessen Erstausgabe 1951 in Moskau erschien. In späteren Auflagen wurden lange Passagen weggelassen oder umgeschrieben; allerdings hatten diese Änderungen nichts mit neueren Erkenntnissen des Autors über immanente philosophische Probleme zu tun – sie sind vollkommen im Rahmen der Kreml-Astrologie zu deuten: als Anzeichen von Veränderungen der ideologisch-politischen Linie. Das Buch fußt natürlich auf Stalins »Systematisierung« der vier »Grundzüge« der dialektischen Methode (die Einheit aller Erscheinungen; das dynamische Wesen der Natur; die ständige Entwicklung der Natur; das »revolutionäre« Wesen dieser Entwicklung, welche sich nicht nur durch kontinuierlichen allmählichen Wandel, sondern auch in plötzlichen Sprüngen vollzieht), bei denen bezeichnenderweise das »Gesetz« der »Negation der Negation« fehlt.[16] In den folgenden Ausga-

[15] Zitiert nach Victor Sebestyen, *Twelve Days. The Story of the 1956 Hungarian Revolution*, New York: Pantheon 2006, S. 92.

[16] Siehe Josif V. Stalin, *Über dialektischen und historischen Materialismus*, Frankfurt a. M. u. a.: Diesterweg 1956.

ben von Rosentals Buch ändert sich die Beschreibung dieser vier Grundzüge jeweils leicht; irgendwann wird die »Negation der Negation« stillschweigend wiederaufgenommen usw. Für Kreml-Astrologen bedeuten diese Veränderungen Hinweise auf ideologisch-politische Konstellationsverschiebungen, auf die Umbrüche der Entstalinisierung, die paradoxerweise unter Stalin selbst und auf seine Veranlassung hin begannen (man denke an seine beiden späten Aufsätze über Linguistik und Ökonomie, die den Weg für die Anerkennung der relativen Autonomie und Unabhängigkeit vom Klassenkampf zumindest einiger Wissenschaften ebneten). Die Tatsache, dass die »Negation der Negation« zu einem ontologischen Grundzug der Wirklichkeit erklärt wird, hat also, obwohl sie wie eine Aussage über die Grundstruktur der Wirklichkeit wirkt, damit gar nichts zu tun, sondern nur mit Veränderungen der ideologisch-politischen Konstellation.

Ist die Kreml-Astrologie damit nicht eine Art obszönes Double der Sowjetologie? Die Letztere erforscht das Sowjetregime objektiv anhand von soziologischen Daten, Statistiken, Machtverschiebungen etc., die Erstere dagegen als ein obskures semiotisches System.[17]

[17] Bis vor kurzem existierten noch Spuren eines solchen semantisch vollkommen gesättigten Raums im offiziellen Diskurs Chinas; auch die Philosophie unterlag der strengen Organisation und Planung, was einige komische Effekte zur Folge hatte. Ein Freund berichtete mir nach dem Besuch des philosophischen Instituts in einer der (für uns Europäer) anonymen chinesischen Millionenstädte, in der Eingangshalle habe zu seiner Überraschung eine große Anzeigetafel gehangen, auf der die Errungenschaften des letzten Fünfjahresplans der philosophischen Forschung nachzulesen waren – welche ontologischen, epistemologischen, ästhetischen und sonstigen Fragen geklärt worden waren. Man kann sich also ein Gespräch mit einem Mitglied dieses Instituts vorstellen, der auf die Frage, ob der Tisch vor ihm außerhalb seines Geistes existiere, schlagfertig erwidert: »Tut mir leid, ich kann Ihnen darauf noch keine endgültige Antwort geben; gemäß unserem Fünfjahresplan wird dieses Thema erst 2012 behandelt.«

Von der objektiven zur subjektiven Schuld

Wie ist die Position des Subjekts in einem solchen Universum? Nehmen wir als Ausgangspunkt Brechts »Lehrstück« *Die Maßnahme*, in dem ein junger Revolutionär, der zu einer Gruppe kommunistischer Agitatoren gehört, die nach China geschickt wurden, um dort Revolutionspropaganda zu betreiben, von seinen Genossen getötet wird, weil sie ihn für ein Sicherheitsrisiko halten (und der seiner Tötung pflichtbewusst zustimmt). Auch wenn das Stück immer wieder als Rechtfertigung der stalinistischen Schauprozesse dargestellt wird, besteht ein entscheidender Unterschied zwischen beiden:

»[W]as Brechts fiktionale Agitatoren von Stalins sehr realen Anklägern wie Wyschinski oder Polizisten wie Beria unterschied, war das banale Beharren der Letzteren darauf, dass die Angeklagten diese oder jene böse, bluttriefende, verschwörerische Tat wirklich begangen hatten – statt der Idee einer paradoxen, ›objektiven‹, den wirklichen Sachverhalt transzendierenden Schuld nachzugehen. [...] So wie Brecht die Karten verteilt, müssen wir, die Zuschauer, den hingerichteten Helden in die Arme schließen. [Der kritische Brecht-Kenner Herbert] Lüthy gab zu, dass das Stück nie von einem kommunistischen Land oder Verband aufgeführt worden ist[18] – ›Die Partei mag so viel Offenheit nicht‹ – vergaß aber,

[18] Das ist so nicht ganz richtig: Anfang der 1930er Jahre wurde *Die Maßnahme* häufig als Teil der Propaganda und des Kulturprogramms der Deutschen Kommunistischen Partei vor großen Massen von Arbeitern aufgeführt; Hanns Eisler hatte dazu eine Musik für großes Orchester und großen Chor komponiert. Wahr ist, dass das Stück viele kritische Reaktionen in der offiziellen Parteipresse hervorrief. Man war zwar vorsichtig darauf bedacht, Brecht nicht vor den Kopf zu stoßen – schließlich war er ein sehr populärer und renommierter Autor, der erst kürzlich begonnen hatte, die Kommunisten zu unterstützen –, äußerte aber dennoch ein gewisses Unbehagen über die »falsche politische Linie« des Stücks. Das Stück verschwand dann quasi für über ein halbes Jahrhundert von der Bühne; abgesehen von einer kurzen Wiederaufnahme am Berliner Ensemble Anfang der 1950er Jahre fand seine erste öffentliche Aufführung (ebenfalls am Berliner Ensemble) erst Ende der 1990er Jahre statt – Brecht selbst und seine Rechtsnachfolger (seine Ehefrau Helene Weigel und seine Tochter Barbara) lehnten sämtliche Aufführungsanfragen ab.

darauf hinzuweisen, dass Brechts ›Offenheit‹ der Darstellung der Unbarmherzigkeit der Parteilinie unvereinbar mit deren Billigung ist. Die wahren Gläubigen behielten ihr Wissen ausnahmslos für sich.«[19]

Das Problem mit dieser Lesart ist, dass sie Brechts Position in zwei wesentlichen Punkten falsch darstellt: (1) Brecht rechtfertigt die Tötung des jungen Genossen *nicht* im Sinne einer »objektiven Schuld«, sondern im Sinne der pragmatischen Zweckmäßigkeit (er hat seine Maske abgenommen und sein Gesicht gezeigt, somit hat er die ganze Gruppe kompromittiert) – seine Tötung ist keine Bestrafung. (2) Für Brecht ist die offene Darstellung des Mechanismus *nicht* unvereinbar mit dessen Billigung – die große dramatische Spannung des Stücks liegt darin, dass die Härte der »Maßnahme« und die Art, wie das Leben des jungen Genossen schonungslos geopfert wird, einerseits offen gezeigt wird, dieser sich aber dennoch einverstanden erklärt. (Man könnte argumentieren, Brecht billige den Mechanismus, der einen politisch begründeten Mord verlangt, nur scheinbar, und dahinter stecke die dialektische Strategie, den Zuschauer zu eigenständigem Denken anzuregen und dazu zu bringen, die explizite These des Stücks abzulehnen und ganz mit dem getöteten Opfer zu fühlen; treibt man diese Argumentation allerdings konsequent bis zum Ende, führt sie zu dem absurden Schluss, dass Brecht jahrzehntelang den Stalinisten gegeben hat, um bei seinem Publikum Abscheu vor dem Stalinismus zu erregen … Die eigentliche Frage ist doch: Warum kann die Logik der »objektiven Schuld« nicht ausdrücklich anerkannt werden? Warum muss sie eine Art obszönes Geheimnis bleiben, das man nur in halbprivater Umgebung zugibt? Warum wäre ihre vollständige öffentliche Anerkennung selbstzerstörerisch? Wir begegnen hier dem Rätsel der Erscheinung in Reinform: »Objektive Schuld« – die Tatsache, dass man »(objektiv) umso schuldiger ist, je mehr man (im Hinblick

[19] David Caute, *The Dancer Defects. The Struggle for Cultural Supremacy During the Cold War*, Oxford: Oxford University Press 2003, S. 295.

auf sachliche Vorwürfe) subjektiv unschuldig ist« – darf nicht als solche erscheinen.

Es stellt sich außerdem die Frage: Welche Ethik erlaubt es uns, von »objektiver Schuld« zu sprechen? Ganz offensichtlich eine unmoralische Ethik. *Der* Philosoph der unmoralischen Ethik war Friedrich Nietzsche – vergessen wir nicht, dass der Titel seines Meisterwerks *Zur Genealogie der Moral* und *nicht* »der Ethik« lautet: Es handelt sich dabei um zwei verschiedene Dinge. Bei der Moral geht es um die Symmetrie meiner Beziehungen zu anderen Menschen; ihre Grundregel lautet: »Was du nicht willst, dass man dir tu', das füg' auch keinem anderen zu.«[20] Ethik hingegen betrifft meine Übereinstimmung mit mir selbst, meine Treue zu meinem eigenen Begehren. Auf der Rückseite des Deckblatts der Ausgabe von 1939 von Lenins Werk *Materialismus und Empirokritizismus* notierte Stalin mit Rotstift:

> »1) Schwäche, 2) Trägheit, 3) Dummheit. Das sind die einzigen Dinge, die man *Laster* nennen kann. Alles andere, ohne die erwähnten, ist unbestreitbar *Tugend.*
>
> NB! Wenn ein Mann 1) (geistig) stark, 2) aktiv, 3) klug (oder tüchtig) ist, dann ist er gut, gleich welche anderen ›Laster‹ er haben mag!
>
> 1) und 3) ergeben 2).«[21]

Das ist die knappste Erklärung der *unmoralischen Ethik*, die jemals abgegeben worden ist; ein Schwächling, der moralischen Regeln folgt und um seine Schuld besorgt ist, verkörpert dagegen die *unethische Moral*, welche die Zielscheibe von Nietzsches Kritik des Ressentiments ist. – Der Stalinismus hat allerdings Grenzen: nicht, dass er zu unmoralisch wäre, nein,

[20] Die beste psychoanalytische Erwiderung auf diese moralische Maxime ist daher, sich vorzustellen, was es wohl für einen *Masochisten* bedeuten mag, diesen Grundsatz zu befolgen.

[21] Die Notiz erschien erstmals in russischer Sprache in der *Prawda* vom 21. Dezember 1994. Darunter hatte Stalin noch mit blauem Stift geschrieben: »Ach herrje, was sehen wir, was sehen wir?« Die Übersetzung ist zitiert nach Donald Rayfield, *Stalin und seine Henker*, München: Blessing 2004, S. 45.

er ist insgeheim zu moralisch und ist immer noch auf die Figur des großen Anderen angewiesen. In der wohl intelligentesten Rechtfertigung des stalinistischen Terrors, Maurice Merlau-Pontys *Humanismus und Terror* aus dem Jahr 1946, wird dieser als eine Art Wette auf die Zukunft begründet, fast schon wie bei Blaise Pascal, der uns in seiner Theologie auffordert, auf Gott zu wetten: Wenn am Ende des gegenwärtigen Grauens die strahlende kommunistische Zukunft steht, dann wird dieses Ergebnis die schrecklichen Dinge im Nachhinein wettmachen, die ein Revolutionär heute tun muss. So ähnlich stellten sich auch einige Stalinisten selbst, wenn sie (meist hinter vorgehaltener Hand) zugeben sollten, dass viele Opfer der Säuberungen unschuldig waren und nur deshalb angeklagt und getötet wurden, weil »die Partei ihr Blut zur Stärkung ihrer Einheit brauchte«, den zukünftigen Moment des endgültigen Sieges vor, an dem all den unumgänglichen Opfern Gerechtigkeit widerfahren und ihre Unschuld und ihr großes Opfer anerkannt werden würde. Lacan nennt dies in seinem Seminar über die *Ethik* die »Perspektive des Jüngsten Gerichts«, die noch deutlicher in einem der Schlüsselbegriffe des stalinistischen Diskurses zu Tage tritt, nämlich dem der »objektiven Schuld« beziehungsweise der »objektiven Bedeutung« von Handlungen: Man kann ein ehrliches Individuum sein, das mit den besten Absichten handelt, und sich dennoch »objektiv schuldig« machen, wenn diese Handlungen reaktionären Kräften nützen – und es ist natürlich die Partei, die unmittelbar beurteilen kann, was eine Handlung »objektiv bedeutet«. Wir haben hier nicht nur die Perspektive des Jüngsten Gerichts (welche die »objektive Bedeutung« der Handlungen formuliert), sondern auch einen gegenwärtigen Akteur, der die einzigartige Fähigkeit besitzt, die aktuellen Ereignisse schon jetzt aus dieser Perspektive beurteilen zu können.[22]

[22] Dasselbe gilt auch für einen radikalen hedonistischen Atheisten wie Marquis de Sade. Aufmerksame Leser seiner Schriften (wie Pierre Klos-

Lacans Diktum »il n'y a pas de grand Autre« (»es gibt keinen großen Anderen«) führt uns direkt zum Kern des Ethikproblems, denn es schließt genau diese »Perspektive des Jüngsten Gerichts« aus, die Idee, dass es doch irgendwo – und wenn auch nur als vollkommen virtuellen Bezugspunkt, den wir vielleicht niemals einnehmen können, um von dort aus ein Urteil zu sprechen – einen Maßstab geben muss, an dem wir unsere Handlungen messen und deren »wahre Bedeutung«, ihren wahren ethischen Status ablesen können. Selbst Jacques Derridas Idee der »Dekonstruktion als Gerechtigkeit« scheint noch eine utopische Hoffnung zugrunde zu liegen, die das Gespenst der »unendlichen Gerechtigkeit« trägt – auf ewig aufgeschoben, immer zukünftig und dennoch hier als äußerster Horizont unseres Tuns.

Die Härte der Lacan'schen Ethik liegt darin, dass sie von uns verlangt, diesen Bezug vollständig aufzugeben; darüber hinaus geht sie die Wette ein, dass uns dieser Verzicht nicht nur nicht in die ethische Unsicherheit und einen ethischen Relativismus treiben oder sogar unserem ethischen Handeln komplett die Grundlage entziehen wird, sondern dass es sogar die Voraussetzung einer wahrhaft autonomen Ethik ist, auf die Garantie eines großen Anderen zu verzichten. Denken wir daran, dass es in dem Traum von Irmas Injektion, den Freud als Beispiel für seine Methode der Traumdeutung anführt, um Verantwortung geht (Freuds eigene Verantwortung dafür, dass Irmas Behandlung scheiterte) – allein das zeigt schon, dass Verantwortung für Freud von zentraler Bedeutung ist. Aber wie sollen wir das verstehen? Wie sollen wir dem gängigen Missverständnis entgehen, die grundlegende ethische Botschaft der Psychoanalyse liege gerade in der Befreiung von der Verantwortung und darin,

sowski) haben schon seit langem den Verdacht, dass der Genusszwang, welcher den Sade'schen Libertin antreibt, einen versteckten Verweis auf eine verborgene Gottheit enthält, die Lacan als »höchstes Wesen des Bösen« bezeichnet: ein obskurer Gott, der mit dem Leid Unschuldiger gefüttert werden will.

dem Anderen die Schuld zu geben – »Weil das Unbewusste der Diskurs des Anderen ist, bin ich für seine Bildungen nicht verantwortlich; es ist der große Andere, der durch mich spricht, ich bin nur sein Werkzeug«? Lacan hat mit seinem Verweis auf die Philosophie Kants als entscheidendem Vorläufer der psychoanalytischen Ethik selbst den Weg aus dieser Sackgasse gewiesen.

Die Standardkritik an Kants universalistischer Ethik des »kategorischen Imperativs« (des bedingungslosen Gebots, unsere Pflicht zu tun) lautet, ihre Beschränkung liege in ihrer formalen Unbestimmtheit. Das moralische Gesetz sagt mir nicht, *was* meine Pflicht ist, es sagt mir nur, *dass* ich meine Pflicht erfüllen soll, und lässt somit Raum für einen leeren Voluntarismus (was auch immer ich zu meiner Pflicht erkläre, *ist* meine Pflicht). Das ist nun aber keineswegs eine Beschränkung, sondern führt uns vielmehr zum Kern der sittlichen Autonomie Kants: Es ist gar nicht möglich, die konkreten Normen, denen ich in meiner spezifischen Situation folgen muss, aus dem moralischen Gesetz selbst abzuleiten – das Subjekt muss demnach selbst die Verantwortung übernehmen, das abstrakte Gebot des moralischen Gesetzes in eine Reihe konkreter Pflichten zu übersetzen. Wenn wir dieses Paradox vollständig akzeptieren, können wir uns nicht mehr mit dem Hinweis auf unsere Pflicht herausreden: »Ich weiß, es ist hart und kann schmerzlich sein, aber was soll ich machen, es ist meine Pflicht …« Kants Ethik der bedingungslosen Pflicht wird oft als Rechtfertigung einer solchen Haltung herangezogen – kein Wunder, dass sich sogar Adolf Eichmann auf Kant berief, als er seine Rolle bei der Planung und Durchführung des Holocaust zu rechtfertigen versuchte: Er habe schließlich nur seine Pflicht getan und Führerbefehle befolgt. Der Sinn von Kants Betonung der vollständigen moralischen Autonomie des Subjekts ist aber gerade, genau solche Manöver zu verhindern, in denen die Schuld auf eine Figur des großen Anderen geschoben wird.

Zurück zu Stalin; zu seiner Verurteilung gehören üblicherweise zwei Aussagen: (1) Er war ein Zyniker, der sehr wohl wusste, wie die Dinge standen (dass die Angeklagten in den Schauprozessen in Wirklichkeit unschuldig waren usw.); (2) er wusste, was er tat, das heißt, er hatte die volle Kontrolle über die Ereignisse. Dokumente aus den neuerdings zugänglichen Archiven weisen allerdings in eine andere Richtung. Stalin *glaubte* wohl tatsächlich (an die offizielle Ideologie, an seine Rolle als redlicher Führer, an die Schuld der Angeklagten usw.) und er hatte *keine* wirkliche Kontrolle über die Ereignisse (die Folgen seiner eigenen Maßnahmen und Interventionen schockierten ihn oft).[23] Lars T. Lih wagt eine erschütternde Schlussfolgerung: »Den Menschen in der Sowjetunion wäre es wahrscheinlich besser gegangen, wäre Stalin zynischer gewesen als er es war.«[24] Man kann Stalins »Glauben« freilich auch anders interpretieren: Er glaubte nicht »persönlich« – *er wollte, dass der große Andere glaubt.* Lih deutet diese Möglichkeit selbst an, wenn er Robert Tuckers Erstaunen darüber entschuldigt,

> »wie viel Schmerz und Leid in die Massenproduktion von Geständnissen im Lauf des Jahres 1937 einging. Diese Geständnisse dienten keinem irdischen Zweck; sie wurden auf der Stelle zu den Akten gelegt und vergessen. Tucker spekuliert, dass Stalin auf diesen Geständnissen bestanden habe, um der Nachwelt zu beweisen, dass seine Sicht einer Welt voller Feinde im Wesentlichen korrekt war.«[25]

Aber was wäre, wenn wir die Aussage, dass die erpressten Geständnisse »keinem irdischen Zweck [dienten]«, etwas wörtlicher nähmen? Sie wurden von wirklichen Menschen »zu den Akten gelegt und vergessen«, weil ihr eigentlicher Adressat nicht diese wirklichen Menschen waren, sondern der virtuelle »große Andere«, derselbe »große Andere«, der auch die einzige Erklärung für den bekannten Vorfall im Zusammenhang mit

[23] Siehe die vorzügliche Einleitung von Lars T. Lih in: Ders. u. a. (Hg.), *Stalin's Letters to Molotov. 1925–1936*, New Haven: Yale University Press 1995, S. 60–64.
[24] Ebd., S. 48.
[25] Ebd.

der Großen Sowjetischen Enzyklopädie ist, der sich 1954, kurz nach dem Sturz Berias ereignete. Die Sowjetenzyklopädie enthielt natürlich in ihrem Band mit dem Buchstaben B einen doppelseitigen Artikel über Beria, in dem er als großer Held der Sowjetunion gerühmt wurde; nach seinem Sturz und seiner Verurteilung als Verräter und Spion erhielten alle Abonnenten der Enzyklopädie einen Brief des Verlags, in dem sie gebeten wurden, die Seiten über Beria herauszuschneiden und zurückzuschicken; im Austausch erhielten sie umgehend einen doppelseitigen Artikel (mit Fotos) über das Lemma Beringstraße, den sie einkleben konnten, so dass der Band wieder vollständig war und keine Leerstelle von der plötzlichen Neuschreibung der Geschichte zeugte … Die Frage ist dabei: *Für wen* wurde diese (scheinbare) Vollständigkeit aufrechterhalten, wenn doch jeder Abonnent von der Manipulation *wusste* (da er sie ja *selbst* vornehmen musste)? Die einzig mögliche Antwort ist natürlich: für den unschuldigen Blick des großen Anderen. Aus diesem Grund ist die Struktur des Stalinismus grundsätzlich theologisch; und dies ist auch der Grund für die verzweifelten Versuche des Stalinismus, den rechten Schein zu wahren. Mit der Lösung dieses Rätsels können wir nun auch die Frage »War Stalin ein Gläubiger oder ein Zyniker« als falsches Dilemma zurückweisen. Er war beides gleichzeitig. Persönlich war ihm die Lüge im offiziellen Diskurs natürlich häufig bewusst, da war er also ein Zyniker; zugleich war er aber auch sehr ernsthaft bemüht, die Unschuld und Aufrichtigkeit des »großen Anderen« zu schützen. Die moderne Bezeichnung für diesen Anderen, der an unserer Stelle »glauben soll«, lautet »Volk«. Als Golda Meir gefragt wurde, ob sie an Gott glaube, antwortete sie: »Ich glaube an das jüdische Volk und das jüdische Volk glaubt an Gott.« Man sollte diese Aussage sehr genau lesen: Sie impliziert nicht, dass die Mehrheit der Juden an Gott glaubt (tatsächlich ist der Staat Israel das vielleicht atheistischste Land der Welt und das einzige, in dem eine deutliche Mehrheit der Bürger nicht an Gott glaubt). Was sie dagegen impliziert, ist eine gewisse Fetischisierung des »Volkes«. Selbst wenn nicht ein einziger Bürger Israels glauben sollte, so unterstellt doch jeder von ihnen, dass das »Volk« glaubt, und diese Unterstellung reicht aus, damit der Einzelne so tut, als ob er glaubt …

Ein Stalinist handelt nicht für reale Individuen, sondern für das »Volk«, diesen virtuellen großen Anderen, der glaubt, auch wenn kein empirisches Individuum glaubt. Auf diese Weise kann er seinen individuellen Zynismus mit seiner »objektiven« Aufrichtigkeit kombinieren: Er muss nicht an eine Sache glauben, er glaubt nur an das »Volk«, das glauben soll … Dies bringt uns zur grundlegenden subjektiven Position des stalinistischen Kommunisten – es ist die Position eines Perversen. Ein wahrer stalinistischer Politiker liebt die Menschheit, führt aber dennoch grausame Säuberungen und Hinrichtungen durch – es bricht ihm das Herz, aber was soll er machen, er ist schließlich dem Fortschritt der Menschheit verpflichtet. Dies ist die perverse Haltung, in der sich das Subjekt ganz in die Position des Werkzeugs des Willens des großen Anderen begibt: Es liegt nicht in meiner Verantwortung, ich bin im Grunde gar nicht der Handelnde, ich bin nur ein Instrument der höheren geschichtlichen Notwendigkeit. Hinsichtlich der Entstehung dieser perversen Subjektposition wäre es höchst interessant, sich einmal das Verhältnis der bolschewistischen Bewegung zur Medizin und zu den behandelnden Ärzten der Führer genauer anzuschauen; drei Dokumente sind in diesem Zusammenhang besonders wichtig:

(1) Lenins Briefe an Maxim Gorki aus dem Herbst 1913,[26] in denen Lenin, zutiefst verstört von Gorkis Eintreten für die humanistische Ideologie des »Gotterbauertums«, andeutet, diese Verirrung sei wohl auf Gorkis schwache Nerven zurückzuführen, und diesem rät, in die Schweiz zu fahren und sich der besten medizinischen Behandlung zu unterziehen. In ei-

[26] W. I. Lenin, *Briefe. Band III. November 1910–Juli 1914*, Berlin (Ost): Dietz 1967.

nem der Briefe zeigt sich Lenin besonders schockiert von Gorkis Ideen:

»Lieber A. M.! Was machen Sie bloß für Sachen? Einfach entsetzlich, wahrhaftig! […] Wozu tun Sie das? Es ist verdammt ärgerlich. Ihr W. I.«[27]

Es folgt ein merkwürdiges Postskriptum:

»PPS. *Kurieren Sie sich* ernsthaft, wirklich, damit Sie im Winter reisen können, *ohne sich zu erkälten* (im Winter ist es gefährlich).«[28]

Lenin ist offensichtlich besorgt, dass sich Gorki nicht nur eine Erkältung, sondern eine viel schlimmere, ideologische Krankheit zuzieht, wie aus dem folgenden Brief deutlich wird (der gleichzeitig mit dem vorherigen abgeschickt wurde):

»Womöglich habe ich Sie *nicht richtig* verstanden? Vielleicht war das ›eine Zeitlang‹ *ein Scherz*? Und das, was Sie über die Gottbildnerei geschrieben haben, war vielleicht auch nicht ernst gemeint?? Lassen Sie sich um Gottes willen möglichst gut kurieren. Ihr *Lenin*.«[29]

Das Überraschende ist, dass die Quelle der ideologischen Abweichung hier in einem körperlichen Zustand gesucht wird (überreizte Nerven), der medizinisch behandelt werden muss. Ist es nicht eine besondere Ironie, dass Trotzki, dem der tote Lenin 1935 im Traum erscheint, genau denselben Rat erhält?

»Er fragte mich ärgerlich über meine Erkrankung aus. ›Anscheinend leiden Sie an einer nervösen Übermüdung, die sich langsam angespeichert hat. Sie müssen sich erholen …‹ Ich antwortete ihm, daß ich mich dank meiner ›Schwungkraft‹ von der Müdigkeit immer schnell erholen konnte, daß es sich aber diesmal um tiefere Erkrankungsprozesse handelte … ›Dann müssen Sie die Ärzte ernstlich (er sagte es mit Betonung) konsultieren (einige Familiennamen) …«[30]

[27] Ebd., S. 231 ff.

[28] Ebd., S. 234.

[29] Ebd., S. 235.

[30] Leo Trotzki, *Tagebuch im Exil*, Köln: Kiepenheuer & Witsch 1979, S. 189.

Man ist also, um diese Logik zu Ende zu führen, versucht, sich eine Szene zwischen Stalin und Lenin in dessen letzten Lebensjahren, nach seinem Schlaganfall und Zusammenbruch vorzustellen, wie er Stalin mit letzter Kraft grimmig attackiert und dieser gönnerhaft erwidert: »Um Gottes willen Genosse Lenin, Sie leiden anscheinend an einer nervösen Übermüdung, die sich langsam angespeichert hat. Sie müssen sich erholen! Sie sollten wirklich ernstlich die Ärzte konsultieren!« ... Damit hätte Lenin seine eigene Botschaft in umgekehrter/wahrer Form zurückerhalten – eine angemessene Strafe für seinen Fehler.

(2) Stalins Rede zur Beisetzung Lenins (»Zum Tode Lenins«) vom 26. Januar 1924, die mit den Worten beginnt:

»Genossen! Wir Kommunisten sind Menschen von besonderem Schlag. Wir sind aus besonderem Material geformt. Wir sind diejenigen, die die Armee des großen proletarischen Strategen bilden, die Armee des Genossen Lenin. Es gibt nichts Höheres als die Ehre, dieser Armee anzugehören. Es gibt nichts Höheres als den Namen eines Mitglieds der Partei, deren Gründer und Führer Genosse Lenin ist. Nicht jedem ist es gegeben, Mitglied dieser Partei zu sein. Nicht jedem ist es gegeben, die Unbilden und Stürme zu bestehen, die mit der Mitgliedschaft in dieser Partei verbunden sind.«[31]

Lenins idiosynkratische Obsession mit dem Körper des Revolutionärs wird hier sozusagen zum Begriff erhoben. Ein bolschewistischer »Kader« ist jemand, der einen besonderen Körper besitzt, der sich von dem der anderen unterscheidet und deshalb auch besonders sorgsam behandelt werden sollte (und der es schließlich verdient, in einem Mausoleum konserviert zu werden).

(3) Die Tatsache, dass Stalins letzte paranoide Obsession die sogenannte »Ärzteverschwörung« betraf: Alle Ärzte, die ihn oder die sowjetische Führungsspitze behandelten, wurden verhaftet und gefoltert; sie sollten gestehen, Teil einer in-

[31] Im Internet abrufbar unter www.stalinwerke.de/band06/b06-006.html.

ternationalen amerikanisch-jüdischen Verschwörung zur Ermordung der sowjetischen Führung zu sein.[32] Der Zusammenhang zu den beiden vorangegangenen Punkten liegt auf der Hand: Das Verbrechen der Ärzte bestand nicht einfach darin, ihre normalen menschlichen Patienten umgebracht zu haben, sondern die heiligen Körper der revolutionären Kader.

Was ist nun eigentlich ein Kader? Spielen wir einmal für einen kurzen Moment das Heidegger-Spiel: Wir sollten in »Kader« das alte griechische Wort *tetragonos* erkennen, erscheint doch dieses Wort am Anfang eines Gedichts von Simonides aus dem 5. Jahrhundert v. Chr.: »Ein wahrhaft guter Mann zu werden ist schwer, nämlich an Händen und Füßen und Geist viereckig [tetragonos] ohne Tadel gebaut ...« (Das Bindeglied zwischen diesem griechischen und dem kommunistischen Begriff ist nichts Geringeres als Kasimir Malewitschs »Schwarzes Quadrat auf weißem Grund«, die viereckige Figur vor unbestimmtem Hintergrund.) Das Wesen des Kaders ist somit, heideggerianisch gesprochen, einen Kader (Viereck, Rahmen) für das Wesen selbst bereitzustellen.

Die Vorstellung des besonderen Körpers des Kaders ist weit mehr als eine bloße »Metapher«, sie hat vielmehr ihren Grund in der Lenin und Stalin gemeinsamen Logik der »objektiven Bedeutung«. Das gewöhnliche Individuum ist gefangen in historischen Ereignissen, die seinen Verstand übersteigen, blind für deren wahre Bedeutung, so dass sein Bewusstsein »falsch« ist, der revolutionäre Kader dagegen hat Zugang zur wahren (»objektiven«) Bedeutung der Ereignisse, das heißt, sein Bewusstsein entspricht direkt dem Selbstbewusstsein der historischen Notwendigkeit selbst. (Diese besondere Stellung erlaubt es ihm, andere in der bekannten Manier

32 Siehe Jonathan Brent und Vladimir P. Naumov, *Stalin's Last Crime. The Plot Against the Jewish Doctors, 1948 – 1953*, New York: HarperCollins 2003.

zu kritisieren: »Mag sein, dass deine Absichten gut und dein Wunsch, anderen zu helfen, aufrichtig sind, aber objektiv bedeutet das, was du sagst, in diesem Stadium des Kampfes eine Unterstützung der reaktionären Kräfte ...« – was diese Position übersieht, ist, hegelianisch gesprochen, dass diese »objektive« Bedeutung bereits subjektiv vermittelt ist. Wenn die Partei zum Beispiel einen Politikwechsel beschließt, kann dieselbe Politik plötzlich einen radikalen Wandel ihrer »objektiven« Bedeutung erfahren. Bis zum Hitler-Stalin-Pakt 1939 war der Faschismus der Hauptfeind, wenn man aber nach diesem Pakt noch den antifaschistischen Kampf in den Mittelpunkt stellte, half man »objektiv« der imperialistischen Reaktion.) Der erhabene Körper des Kaders ist die ätherische Stütze dieses direkten Selbstbewusstseins des historischen absoluten Subjekts.

Es gibt allerdings einen entscheidenden Schnitt zwischen Lenin und Stalin: Während Lenin nämlich auf dieser Stufe blieb und den Zugang zur »objektiven Bedeutung« der Ereignisse beanspruchte, geht Stalin einen verhängnisvollen Schritt weiter, indem er die objektive Bedeutung *resubjektiviert*. In der Welt des Stalinismus gibt es paradoxerweise keine Dummen, jeder kennt die »objektive Bedeutung« seiner Handlungen, so dass wir es hier statt mit illusorischem Bewusstsein mit direkter Heuchelei und Täuschung zu tun haben: Die »objektive Bedeutung« deiner Handlungen ist das, was du wirklich wolltest, und deine guten Absichten sind nur eine heuchlerische Maske. Man kann Lenin auch nicht einfach auf diese subjektive Position des privilegierten Zugangs zur »objektiven Bedeutung« reduzieren; in seinen Schriften kommt noch eine andere, viel »offenere« Subjektposition zum Ausdruck: die der totalen Preisgabe an die historische Kontingenz. Von dieser Position aus gibt es keine »wahre« Parteilinie, die darauf wartet, entdeckt zu werden und keine »objektiven« Kriterien zu ihrer Bestimmung. Die Partei »macht alle möglichen Fehler« und die »wahre« Linie entwickelt sich aus dem Zickzackkurs, das heißt, »Notwendigkeit«

entsteht in der Praxis, sie ergibt sich aus den Wechselwirkungen subjektiver Entscheidungen.

Wenn Historiker die Kontinuität zwischen der Politik Lenins und dem Stalinismus demonstrieren wollen, verweisen sie gerne auf Felix Dserschinski, den Gründer der Tscheka (später GPU, NKWD, KGB ...), der bolschewistischen Geheimpolizei. Im Regelfall wird er dabei als das dargestellt, was Deleuze einen »dunklen Vorläufer« des Stalinismus nennen würde; Ian Buchanan definiert diesen Begriff wie folgt: »Dunkle Vorläufer sind die Momente in einem Text, welche man umgekehrt lesen muss, will man nicht Wirkungen mit Ursachen verwechseln.«[33] In der Textur der vorstalinistischen Entwicklung der Sowjetunion in den ersten zehn Jahren nach der Oktoberrevolution muss man Dserschinski »umgekehrt lesen«, als Zeitreisenden, der aus der stalinistischen Zukunft des nächsten Jahrzehnts zurückgekommen war. Eine solche Lesart nimmt oft regelrecht phantasmatische Züge an, wenn etwa Historiker Dserschinskis kalten, ausdruckslosen Blick betonen, angeblich ein körperlicher Ausdruck seines unbarmherzigen Geistes, ohne menschliche Wärme und ohne jedes Mitgefühl. So verwundert es nicht, dass der Westen mit Befremden reagierte, als die Putin-Regierung in Russland beschloss, die Dserschinski-Statue wieder auf dem Lubjanka-Platz vor dem gleichnamigen berüchtigten Gebäude, dem Sitz des gefürchteten KGB, aufzustellen. Wer sich an dieses allgemein anerkannte Bild klammert, kann allerdings einige Überraschungen erleben. Lesley Chamberlains Buch *The Philosophy Steamer* über die Deportation der Gruppe der exponiertesten nichtmarxistischen Intellektuellen aus der Sowjetunion im Jahr 1921 ist ein Werk, das ebenjene Ansicht einer direkten Verbindung (wenn nicht Kontinuität) zwischen Leninismus und Stalinismus nachdrücklich vertritt; im Anhang gibt es kurze biogra-

[33] Ian Buchanan, *Deleuzism. A Metacommentary*, Durham: Duke University Press 2000, S. 5.

phische Hinweise zu den beteiligten Personen – hier der Eintrag über Dserschinski:

»FELIX DSERSCHINSKI (1877 – 1926) in Polen geborener Leiter der Tscheka, später der GPU, überwachte die Vertreibungen. Dserschinski verbrachte ein Viertel seines Lebens – elf Jahre – in zaristischen Gefängnissen und im sibirischen Exil, darunter auch drei Jahre Zwangsarbeit. ›Seine Identifikation mit den und sein Engagement für die Benachteiligten und Unterdrückten‹ (Leggett[34]) war unzweifelhaft. Dserschinski bleibt eine rätselhafte Figur.«[35]

Es gibt noch zahlreiche weitere Details, die ein unerwartetes Licht auf diese rätselhafte Figur werfen. Es geht aber nicht in erster Linie darum, zu zeigen, wie viel »weicher«, »menschlicher« die ersten Bolschewiki waren. Die Härte ihrer Herrschaft soll auf keinen Fall bemäntelt werden; es geht um etwas anderes: Wenn sie zu terroristischen Mitteln griffen (und das war oft der Fall und wurde auch offen beim Namen genannt: »Roter Terror«), dann war dieser Terror von einer anderen Art als der stalinistische Terror. Mancher Historiker würde nun zwar möglicherweise diesem Punkt zustimmen, aber dennoch darauf bestehen, dass es eine tiefere Notwendigkeit gab, die vom ersten zum zweiten geführt hat. Ist der Wechsel von der schonungslosen revolutionären Reinheit zum korrupten Terror nicht ein Gemeinplatz in der Geschichte der Revolutionen? Die frühen Bolschewiki wären zweifellos schockiert darüber gewesen, was aus der Sowjetunion nach 1930 wurde (viele von ihnen waren es ja auch und fielen ebenso schonungslos den großen Säuberungen zum Opfer). Ihre Tragik ist jedoch, dass sie nicht in der Lage waren, den stalinistischen Terror letztlich als Frucht ihres eigenen Handelns zu erkennen. Was sie bräuchten, wäre eine eigene Version des alten Sanskrit-Satzes »tat tvam asi« (»das bist du«) … Dennoch ist es notwendig, diese anerkannte

34 Gemeint ist George Leggett, *The Cheka: Lenin's Political Police*, Oxford: Oxford University Press 1981.

35 Lesley Chamberlain, *The Philosophy Steamer. Lenin and the Exile of the Intelligentsia*, London: Atlantic 2006, S. 315 f.

Weisheit – die man, das möchte ich deutlich sagen, nicht als billigen Antikommunismus abtun kann: Sie hat ihre eigene stimmige Logik und sie erkennt die tragische Größe der alten bolschewistischen Garde an – zu problematisieren. Hier müsste die Linke eine eigene Alternative zu den inzwischen modern gewordenen rechten Was-wäre-wenn-Geschichten anbieten. Die Antwort auf die ewige Frage der Linken, »Was wäre gewesen, wenn Lenin zehn Jahre länger gelebt hätte, seine Gesundheit intakt geblieben wäre und es ihm gelungen wäre, Stalin abzusetzen?«, ist nicht so eindeutig, wie es scheinen mag (im Grunde *nichts*, dass heißt, nichts wirklich anderes: der gleiche Stalinismus, nur vielleicht ohne seine schlimmsten Exzesse; sah nicht sogar schon Rosa Luxemburg 1918 den Aufstieg des bürokratischen Stalinismus voraus?).

Obwohl also klar ist, dass der Stalinismus aus den Anfangsbedingungen der Oktoberrevolution und deren unmittelbaren Folgen hervorgegangen ist, sollte man nicht von vornherein die Möglichkeit außer Acht lassen, dass sich etwas völlig anderes entwickelt haben könnte, wenn Lenin noch ein paar Jahre gesund geblieben wäre und Stalin abgesetzt hätte – natürlich nicht die Utopie des »demokratischen Sozialismus«, aber trotzdem etwas, das sich wesentlich von Stalins »Sozialismus in einem Land« unterschieden hätte und das Ergebnis einer Reihe weitaus »pragmatischerer« und improvisatorischer politischer und ökonomischer, im vollen Bewusstsein der eigenen Grenzen getroffener Entscheidungen gewesen wäre. (Lenins verzweifelter letzter Kampf gegen den wiedererwachten russischen Nationalismus, seine Unterstützung der georgischen »Nationalisten«, seine Vision einer weitaus dezentraleren Föderation usw. waren nicht nur taktische Kompromisse. Sie implizierten ein Bild von Staat und Gesellschaft, das mit dem Stalins vollkommen unvereinbar war.)

Darin liegt die Bedeutung Trotzkis. Obwohl der Trotzkismus oft eine Art politisch-theoretisches Hindernis darstellt, das der radikalen, selbstkritischen Analyse, welche die Linke heute braucht, im Weg steht, bleibt Trotzki dennoch eine entscheidende Figur, steht er doch für ein störendes Element hinsichtlich der Alternative »(sozial-)demokratischer Sozialismus oder stalinistischer Totalitarismus«. Auch bei Trotzki finden wir revolutionären Terror, in seinen Schriften wie in seiner revolutionären Praxis in den frühen Jahren der Sowjetunion, aber er ist *andersartig* als der des Stalinismus. Um Trotzkis wahren Leistungen gerecht zu werden, sollte man daher den populären Mythos des warmherzigen, demokratischen Trotzki, der der Psychoanalyse zugetan war, mit surrealistischen Künstlern verkehrte und ein Verhältnis mit Frida Kahlo hatte, zerstreuen. Würde man nun sagen: »Auch wenn Trotzki gewonnen hätte, wäre das Ergebnis am Ende im Grunde dasselbe gewesen« (oder sogar behaupten, Trotzki sei der Ursprung des Stalinismus, Stalin habe also ab dem Ende der 1920er Jahre lediglich Maßnahmen angewandt und entwickelt, die Trotzki schon in den Jahren des Kriegskommunismus vorausgesehen habe),[36] wäre auch das wieder eine falsche Schlussfolgerung. Die Geschichte ist offen, man kann nicht sagen, was geschehen wäre, wenn Trotzki erfolgreich gewesen wäre. Das Problem liegt woanders, nämlich in der Tatsache, dass Trotzkis Haltung es *unmöglich* machte, im Kampf um die staatliche Macht zu siegen.

Der Wechsel vom Leninismus der 1920er zum Stalinismus der 1930er Jahre ist sogar auf der Ebene des Humors in den innerparteilichen Debatten erkennbar.[37] Ein gewisser Humor gehörte schon immer zu den bolschewistischen Debatten – Lenin selbst sagte auf dem elften Parteitag 1922, »ein Scherz ist eine sehr gute Sache: Wir können keine Reden halten, ohne ab und zu einen Witz zu reißen.«[38] Dieser Humor war zuweilen

[36] Bekanntlich fand man nach Stalins Tod in seiner Bibliothek ein Exemplar von Trotzkis *Terrorismus und Kommunismus*, voll mit Notizen, die Stalins Zustimmung zu erkennen geben.
[37] Siehe Igal Halfin, »The Bolsheviks' Gallows Laughter«, in: *Journal of Political Ideologies*, Oktober 2006, S. 247 – 268.
[38] Ebd., S. 247.

schroff, sarkastisch, voll beißender Ironie, aber er war immerhin noch Teil des Dialogs zwischen Parteigenossen – wie Hamlet auf dem Weg zu seiner Mutter im dritten Akt sagt: »Nur reden will ich Dolche, keine brauchen.« Außerdem waren Humor und Sarkasmus in den polemischen Auseinandersetzungen gleichmäßig verteilt; in der Debatte zwischen der leninistischen Mehrheit und der Arbeiteropposition im Jahr 1921 machten beispielsweise nicht nur beide Seiten Gebrauch von sarkastischen und ironischen Bemerkungen, sie antworteten auch in der gleichen Weise auf die jeweiligen Bemerkungen des Gegners, indem sie diese verdrehten, der Lächerlichkeit preisgaben und so weiter. In den 1930er Jahren herrschte dagegen eine viel grausamere Form des Sarkasmus, die sogar die sowjetische Presse selbst als »Lachen der Sieger« bezeichnete. Hier wurde sich über die hilflosen Versuche der ohnmächtigen und gedemütigten Opfer lustig gemacht, andere von ihrer Ehrlichkeit zu überzeugen. Beispiele gibt es in Hülle und Fülle – der Generalstaatsanwalt Wyschinski brüllte Kamenew und Sinowjew während des berühmten Schauprozesses an: »Hör auf mit dieser albernen Farce!« Und als Smirnow, ein Angeklagter in demselben Prozess, bestritt, ein Terrorist zu sein, bekam er zu hören: »Der jämmerliche Versuch, sich herauszuwinden, ist ziemlich komisch.«

Es ist unschwer zu erkennen, dass diese Verschiebung des Humors mit dem Übergang der leninistischen »objektiven Bedeutung« bestimmter Handlungen zu deren stalinistischer Resubjektivierung zusammenhängt. Da es im stalinistischen Universum letztlich keine Dummen gibt und jeder die »objektive Bedeutung« seiner Handlungen kennt, kann die Abweichung von der offiziellen Parteilinie nur die Folge von direkter Heuchelei und Täuschung sein. Erstaunlicher ist die Bereitschaft kommunistischer Beobachter aus dem Westen, darin ein wirkliches psychologisches Merkmal des Angeklagten zu sehen. In einem Brief an Walter Benjamin aus dem Jahr 1938 berichtet Adorno von einem Gespräch mit Hanns Eisler in New York:

»Mit großer Ruhe habe ich mir seine armselige Verteidigung der Moskauer Prozesse angehört; mit heftigstem Ekel die Witze, die er über die Ermordung von Bucharin riß. Er gibt vor, diesen in Moskau gekannt zu haben; aber Bucharins Gewissen sei schon damals so schlecht gewesen, daß er ihm, Eisler, nicht in die treuen Augen habe blicken können.«[39]

Eislers psychologische Blindheit an dieser Stelle ist erschütternd. Bucharin hat panische Angst vor Kontakten mit Fremden, weil er weiß, dass er unter Beobachtung und kurz vor einer Verhaftung steht, und Eisler missdeutet dieses Entsetzen als inneres Schuldgefühl.

Schostakowitsch in Casablanca

Obwohl die perverse Position eines Werkzeugs des großen Anderen natürlich den Mitgliedern der Nomenklatura vorbehalten war, wurden auch normale Sowjetbürger nicht einfach auf die Alternative gläubig oder ungläubig reduziert; die Spaltung, die ihre vorherrschende subjektive Position ausmachte, war anderer Natur. Erinnern wir uns an die Debatte über die wahre Bedeutung des Werks von Dmitri Schostakowitsch, die bis vor kurzem in musikwissenschaftlichen Kreisen tobte: Wo steht der Komponist wirklich in Bezug auf sein (offenbar gequältes) Verhältnis zum Kommunismus? Die eine der beiden entgegengesetzten Positionen: Er war, trotz aller (offenkundigen) Zweifel und Schwankungen, ein loyaler sowjetischer Komponist; und die andere: Er war ein verkappter Dissident, in dessen Musik »verschleierte oder kodierte Angriffe gegen das politische System, das zu unterstützen er nur vorgab«, stecken. Der zweite Fall führt zu dem interpretatorischen Irrsinn, dass jedes Merkmal als Zeichen seines Gegenteils gedeutet wer-

[39] Theodor W. Adorno, *Briefe und Briefwechsel. Band 1: Theodor W. Adorno / Walter Benjamin. Briefwechsel 1928 – 1940*, Frankfurt a. M.: Suhrkamp 1994, S. 328.

den kann: »Beklagen Sie, dass das ›triumphale‹ Ende der Leningrader Sinfonie banal sei, dann bekommen Sie möglicherweise zur Antwort: ›Ach, aber es *soll* ja banal sein!‹ Die übermittelte Botschaft war das, worauf es ankam.«[40] Die beiden Lesarten werden nur durch einen ganz schmalen Grat der Reflexivität getrennt. Wenn Banalität selbstdeklaratorisch ist, wenn sie als solche gemeint ist, dann hebt sie sich selbst auf und verwandelt sich in Ironie ... Wo liegt nun die Wahrheit in diesem Fall? Ich schlage eine Hegel'sche »Synthese« der gegensätzlichen Ansichten vor, allerdings mit einer unerwarteten Wendung: Ist vielleicht das, was Schostakowitschs Musik »stalinistisch« und zum Teil des sowjetischen Universums macht, *gerade seine Distanz zu diesem*? Was wäre, wenn die Distanz zum offiziellen ideologischen Universum dieses gar nicht untergräbt, sondern in Wirklichkeit *eine Schlüsselkomponente für dessen Funktionieren ist*? Schostakowitschs spontane Haltung gegenüber der Politik kommt vermutlich am besten in der Frage an einen Freund zum Ausdruck: »Glaubst du, dass die Geschichte wirklich eine Hure ist?«[41] Dieses verallgemeinerte Misstrauen gegen alles Politische (welches auch seiner Distanz gegenüber Dissidenten wie Solschenizyn zugrunde lag) erleichterte ihm das Überleben. (Auf der anderen Seite ist das Fehlen einer solchen Distanz für das tragische Schicksal des wohl begabtesten marxistischen Philosophen der Sowjetunion, Ewald Iljenkow, verantwortlich. Er nahm den Marxismus ernst und betrachtete ihn als zutiefst persönliche Verpflichtung; der Preis, den er dafür zahlte, war, dass er 1979 aus Verzweiflung Selbstmord beging.)[42] Diese Erkenntnis zwingt uns, dem in dem folgenden Zitat zum Ausdruck gebrachten Standardargument für

[40] Stephen Johnson, »The Eighth Wonder«, in: *The Grammophone*, Juli 2006, S. 28.

[41] Zitiert nach MacDonald, *The New Shostakovich*, a. a. O., S. 1.

[42] Iljenkow war übrigens auch ein leidenschaftlicher Wagnerianer, für den »*Der Ring des Nibelungen* eine Vertonung von Karl Marx' *Das Kapital*« darstellte.

Schostakowitschs »Dissidententum« etwas genauer nachzugehen:

»[S]elbst die ›offiziellsten‹ Schriftsteller [...] standen dem Sowjetregime privat meistens skeptisch gegenüber, was innerhalb der Dissidentenszene auch bekannt war. Tatsächlich dürfte es schwierig sein, einen russischen Schriftsteller unter sowjetischer Herrschaft zu finden – und wenn er noch so sehr von offizieller Seite unterstützt wurde und noch so konformistisch erschien –, der sich nicht irgendwann einmal kritisch über die ›sowjetische Realität‹ geäußert hätte. [...] [Schostakowitsch] war auch [...] sehr aktiv bemüht, in seinem Werk regimekritische Werte voranzubringen (ein Unterfangen, das wesentlich durch die der nonverbalen Dissidenz inhärente Bestreitbarkeit abgesichert wurde). Aber er war keinesfalls der Einzige, der privat eine abweichende Auffassung vom sowjetischen Leben hegte und dabei notwendigerweise nach außen hin den gegenteiligen Eindruck des Konformismus vermittelte.«[43]

Man beachte die seltsame Kategorie der »nonverbalen Dissidenz« – sie kann zum Beispiel in der Stimmung der Musik enthalten sein und folglich verbal abgestritten werden, so dass dasselbe Werk, das offiziell den Sozialismus feiert, wie Schostakowitschs Fünfte oder Siebte Sinfonie, »in Wirklichkeit« dessen kritische Ablehnung bedeutet! Was aber war nun der Grund dafür, dass Stalin Schostakowitsch (und viele andere führende Persönlichkeiten mit »offensichtlich« regimekritischen Ansichten von Achmatowa bis Pasternak) nicht liquidieren ließ? »Bei den Dichtern scheint Stalins Aberglaube eine Rolle gespielt zu haben, aber der Hauptgrund ist, dass wichtige Persönlichkeiten nicht ›liquidiert‹ werden konnten, ohne im Ausland für Aufruhr zu sorgen ...«[44] – eine Argumentation, die sogar Stalins Aberglauben ins Spiel bringen muss, wirkt nicht besonders überzeugend ... Ist es nicht viel einfacher und logischer, zuzugeben, dass *die Diskrepanz zwischen »öffentlicher« Regimetreue und »privater« Dissidenz wesentlich zur Identität des stalinis-*

43 MacDonald, *The New Shostakovich*, a. a. O., S. 300.
44 Ebd., S. 304.

tischen Subjekts dazugehörte? Wenn es eine Lehre gibt, die sich aus der Wirkungsweise der stalinistischen Ideologie ziehen lässt, dann dass der (öffentliche) *Schein wichtig ist*; daher sollte man den Begriff der »Dissidenz« auch *ausschließlich* für den öffentlichen Diskurs verwenden. »Dissidenten« waren *nur* diejenigen, welche den reibungslosen Ablauf des öffentlichen Diskurses störten und – auf die eine oder andere Weise – öffentlich erklärten, was im Privaten jeder schon wusste.

War eine solche subjektive Position die einzig mögliche (vorausgesetzt natürlich, dass man überleben wollte ...)? Das Schicksal des anderen großen Sowjet-Komponisten, Sergei Prokofjew, zeigt einen radikal anderen Weg. Schostakowitsch wirft seinem großen Konkurrenten Prokofjew in seinen (in ihrer Echtheit umstrittenen) Memoiren vor, er weigere sich, historische Gräuel ernst zu nehmen und spiele immer nur den »Besserwisser«. Allerdings zeigt Prokofjews Erste Violinsonate (op. 80), um nur ein besonders hervorstechendes Beispiel zu nennen, deutlich die Kehrseite seiner berühmt berüchtigten »Ironie«:

»Durch die vier Sätze hindurch [...] spürt man den starken Sog eines Ringens. Es handelt sich jedoch nicht um das Ringen eines Werks mit etwas äußerlichem, sondern vielmehr um ein Ringen innerhalb des Werks mit etwas Unmanifestiertem, das verzweifelt versucht, auszubrechen, dessen Hervortreten aber durch die bestehende äußere Form und Sprache des Stücks ständig ›blockiert‹ wird. Diese Blockade von ›etwas Innerem‹ [...] hat mit der Nichterfüllung einer Sehnsucht nach kathartischer Erlösung in einen äußerst positiven Seinszustand zu tun, wo Bedeutung – musikalische oder übermusikalische – transparent und nicht ironisierbar ist, kurz: ein Reich der geistigen ›Reinheit‹.«[45]

Hier zahlt Prokofjew den Preis für seine ironische Haltung, und es sind solche Stellen, die von seiner künstlerischen Integrität zeugen. Hinter seiner Haltung steckt keine eitle intellek-

[45] Ronald Woodley im CD-Begleitheft der Aufnahme der Violinsonaten mit Martha Argerich und Gidon Kremer (Deutsche Grammophon 431 803 – 2).

tuelle Überheblichkeit, sie ist nur die fälschlich leuchtende Kehrseite von *Prokofjews Scheitern im ständigen Ringen, jenes »Ding, das von innen kam« (das »innere Etwas«) hervorzubringen.* Die oberflächliche »Verspieltheit« einiger seiner Werke (wie seiner beliebten Ersten Sinfonie) ist lediglich ein – negatives – Zeichen dafür, dass Prokofjew der ultimative Anti-Mozart war, eine Art Beethoven, dessen »titanisches Ringen« in der Katastrophe endete. Wenn Mozart *das* überragende musikalische Genie war, der vielleicht letzte Komponist, bei dem sich das musikalische *Ding* in einen spontanen Notenfluss verwandelte, und wenn bei Beethoven ein Stück seine endgültige Form nur nach zähem, heroischen Kampf mit dem musikalischen Material erreichen konnte, so sind Prokofjews größte Stücke Denkmäler der Niederlage in diesem Kampf.[46]

Schostakowitsch hat nie diesen Grad des immanenten Scheiterns erreicht. Das Stück, das aufgrund seiner außergewöhnlichen subjektiven Intensität am ehesten mit Prokofjews Erster Violinsonate vergleichbar ist, ist natürlich sein Streichquartett Nr. 8, und der Unterschied zwischen den beiden ist dennoch gewaltig. Welche subjektiven Qualen in dem Quartett auch erkennbar sein mögen, es fließt musikalisch ohne Hindernisse dahin und verströmt und erzeugt dabei eine leicht erkennbare emotionale Wirkung; auch wenn Schostakowitschs Leben und seine subjektive Erfahrung von Depressionen und schreck-

46 Schostakowitsch ist hier traditioneller als Prokofjew. Das beste Beispiel für die »Explosion des *Dings*« in seinem Werk ist zweifellos der zweite Satz seiner Zehnten Sinfonie, ein kurzes, aber heftiges und energisches Scherzo mit peitschenden Akkorden, welches meist als »Stalin-Porträt« bezeichnet wird (man fragt sich allerdings warum – warum spricht man nicht einfach von einem Ausbruch überbordender Lebenskraft?). Es ist interessant, dass dieser mit gut vier Minuten kürzeste der vier Sätze (der erste dauert 23, der dritte und vierte jeweils zwölf Minuten) dennoch das energetische Zentrum der gesamten Sinfonie bildet; sein wildes Motiv klingt in den anderen Sätzen wider, seine überschäumende Energie breitet sich aus – so als würden wir hier in diesem zweiten Satz mit der Gefahr spielen, »von der Sonne verbrannt« zu werden …

lichen, entwürdigenden Kompromissen geprägt gewesen sein mag, so wirkt sich diese Blockade nicht auf seinen musikalischen Ausdruck aus. In Prokofjews Violinsonate haben wir es dagegen mit einer weitaus radikaleren inneren Blockade des musikalischen Ausdrucks selbst zu tun; die Tragödie, das tragische Scheitern, ist hier das Scheitern der Form selbst, und dieses Scheitern macht die innere Wahrheit aus, die bei Schostakowitsch fehlt.

In den letzten anderthalb Jahrzehnten seines Lebens war Prokofjew im reinsten Sinne im stalinistischen Über-Ich gefangen: Alles, was er machte, war falsch. Blieb er bei seinen modernistischen Wurzeln, wurde er »volksfremder, formalistischer Tendenzen« und bürgerlicher Dekadenz bezichtigt. Als er daraufhin versuchte, sich mit der *Kantate zum 20. Jahrestag der Oktoberrevolution*, in der er Texte von Marx, Lenin und Stalin verarbeitete, dem Druck so gut er konnte zu beugen, kritisierte man ihn wegen »linksradikaler Abweichung und Vulgarität« (also dafür, Marx und Lenin hineingezogen zu haben). Weil er unbedingt etwas zum 20. Jahrestag beitragen wollte – egal was –, schusterte er rasch ein Gemisch aus Volksweisen und Parteiliedchen zum Mitsingen zusammen; auch dieses Werk mit dem Titel *Lieder unserer Tage* wurde abgelehnt, weil es »blass und zu wenig individuell« sei – was natürlich stimmte. »Prokofjew muss inzwischen völlig verwirrt gewesen sein. Schrieb er wie ein Einfaltspinsel, war er ein entpersönlichter linker Abweichler; schrieb er wie Prokofjew, war er ein gewinnsüchtiger Formalist. Individuell, nichtindividuell ... das Ganze schien ohne Sinn und Verstand abzulaufen – und so war es natürlich auch.«[47] Tatsächlich hatte die Sache aber *doch* »Sinn und Verstand«, nämlich die des stalinistischen Über-Ichs, in dessen Augen man immer schuldig ist ... Das Problem liegt hier freilich tiefer: Die Paradoxie an Prokofjews Spätstil

47 Ian MacDonald, »Prokofiev, Prisoner of the State«, im Internet abrufbar unter www.siue.edu/~aho/musov/proko/prokofiev2.html.

ist, dass die innere Logik seiner musikalischen Entwicklung, die ihn vom expressionistischen Pathos weg und hin zur »neuen Einfachheit« führte, auf seltsame Weise in den offiziellen Forderungen nach einer eingängigen Musik, die der normale Sowjetbürger verstehen kann, widerklingt.

Der Grund, warum die Kritiker bei Prokofjew wie auch bei Schostakowitsch so verzweifelt nach einem endgültigen Beweis ihres heimlichen Dissidententums suchen, ist, dass man damit einer äußerst peinlichen Wahrheit aus dem Wege gehen will: der Tatsache, dass die aktuell beliebtesten Werke im Westen in überraschend hohem Maße identisch mit denen sind, welche nicht nur im sowjetischen Volk am populärsten waren, sondern auch die größte offizielle Unterstützung seitens des Regimes genossen: Schostakowitschs Fünfte, Siebte und Elfte Sinfonie, Prokofjews *Peter und der Wolf* sowie das Ballett *Romeo und Julia*. Selbst was Schostakowitschs Kammermusik angeht, ist das beliebteste Stück das Klavierquintett, das 1941 den Stalinpreis erhielt. Wie kann das sein? Hier eilt sogleich die Hermeneutik des Dissidententums zu Hilfe und zeigt den Ausweg: Schostakowitschs Fünfte Sinfonie ist auch im Westen das am häufigsten aufgeführte Stück des 20. Jahrhunderts? Da muss natürlich festgestellt werden, dass das triumphale Finale in Wahrheit ironisch gemeint ist und die Leere des stalinistischen Triumphalismus verhöhnt. Was ist mit der anhaltenden Popularität der Siebten (Leningrader) Sinfonie? Es kann nicht anders sein, als dass die unerbittliche brutal marschierende Entwicklung des ersten Satzes gar nicht »wirklich« den Einmarsch der Deutschen 1941, sondern die kommunistische Eroberung Russlands wiedergibt! Schostakowitschs Elfte Sinfonie (»1905«) ist ein Hit? Da muss man schnell bekräftigen, dass 1905 nur ein Vorwand ist und sich die revolutionäre Entladung »in Wirklichkeit« auf Ungarn 1956 bezieht! … Was aber ist mit den Sinfonien, die für die Machthaber tatsächlich nicht akzeptabel waren, wie die 13. (»Babi Jar«) oder die letzte, die 15. Sinfonie? Die Antwort liegt auf der Hand: In einer unübertroffenen ironischen Verdrehung löste die 13. bei ihrer Uraufführung einzig und allein wegen der politischen Umstände solche Tumulte aus – sie wirkte als politische Widerstandsgeste – *nicht* wegen ihrer künstlerischen Kraft. Man respektiert und lobt diese Werke heute, hat aber keine wahre Freude an ihnen.

Im Werbetext für Leila Josefowicz' Neueinspielung von Schostakowitschs Erstem Violinkonzert heißt es, diese sei »eine Hommage an die Kämpfe, denen Schostakowitsch im Stalin-Regime ausgesetzt war« – die offenkundige Absurdität dieser Behauptung bestätigt Michael Tanners These, dass »es fast keinen anderen Komponisten gibt, bei dem die Mischung von Leben und Werk einen solch orthodoxen Status erlangt hat«.[48] Tanner macht vollkommen zu Recht darauf aufmerksam, dass die endlosen Debatten darum, wie die Sätze einzelner Sinfonien zu interpretieren seien, ob mit ernstgemeintem Pathos oder als ironische Subversion, und mit welchen der Sieg verheißenden Finalsätze eigentlich Pyrrhussiege gemeint seien, »uns genau genommen sagen, was die Musik selbst nicht zu leisten vermag«. Es gibt kein größeres Monument für Schostakowitschs künstlerisches Scheitern als die zwanghafte Suche nach irgendeinem privaten (nichtkünstlerischen) Dokument, das seine antikommunistische Haltung endlich eindeutig beweisen würde. In den Mehrdeutigkeiten, in denen dieser politische Hintergrund nicht mehr mitschwingt, ist seine Musik deshalb nur noch »uninteressant rätselhaft« wie die Anspielungen auf Rossini und Wagner in seiner letzten Sinfonie – da gibt es keinen tieferen Sinn zu entdecken, das »Rätsel« ist musikalisch flach. Die Ironie dabei ist, dass die Suche nach dem außermusikalischen eindeutigen Beweis zeigt, dass die stalinistische Anklage bezüglich des »formalistischen« Charakters von Schostakowitschs Musik gerechtfertigt war – natürlich nicht wie von Schdanow und Konsorten intendiert, sondern in

[48] Michael Tanner, »A dissenting view«, in: *The Grammophone*, Juli 2006, S. 23.

dem Sinn, dass seine Musik in Bezug auf gesellschaftliches Engagement neutral ist (weswegen man versuchen muss, außermusikalische Zeichen dafür zu finden).

Wie wäre es, wenn wir bei der Deutung von Schostakowitschs populären Sinfonien ebenso verfahren wie bei den großen Hollywood-Klassikern? In *Casablanca* gibt es nach drei Vierteln des Films eine berühmte kurze Szene,[49] in der Ilsa Lund (Ingrid Bergman) in Rick Blaines (Humphrey Bogart) Zimmer kommt, um ihn um die Transitvisa zu bitten, die es ihr und ihrem Gatten, dem Widerstandskämpfer Victor Laszlo ermöglichen würden, aus Casablanca zu entkommen und über Portugal nach Amerika zu fliehen. Als Rick sich weigert, ihr die Papiere auszuhändigen, bedroht sie ihn mit einem Revolver. Er sagt zu ihr: »Na los, schieß schon, du tust mir damit einen Gefallen«, worauf sie in Tränen ausbricht und anfängt zu erzählen, warum sie ihn damals in Paris verlassen hat. Bei dem Satz »Wenn du wüsstest, wie ich dich geliebt habe, wie ich dich noch immer liebe« küssen sie sich in Großaufnahme. Es folgt eine Überblendung auf den Flughafentower bei Nacht mit seinem kreisenden Scheinwerfer, der für 3½ Sekunden im Bild ist; nach einer weiteren Überblendung sieht man Rick von außen am Fenster seines Zimmers stehen. Er schaut nach draußen und raucht eine Zigarette. Dann geht er zurück ins Zimmer und fragt Ilsa: »Und dann?« Sie fährt mit ihrer Geschichte fort …

Hier stellt sich natürlich unwillkürlich die Frage: Was passierte *dazwischen*, während der 3½ Sekunden, in denen der Tower zu sehen war? Haben sie *es getan* oder nicht? Maltby betont zu Recht, dass der Film an dieser Stelle nicht einfach doppeldeutig ist; er erzeugt vielmehr zwei eindeutige, aber einander ausschließende Bedeutungen: Sie haben es getan und sie haben es nicht getan. Der Film liefert eindeutige Hinweise

[49] Vgl. Richard Maltby, »›A Brief Romantic Interlude‹: Dick and Jane go to 3½ Seconds of the Classic Hollywood Cinema«, in: David Bordwell und Noel Carroll (Hg.), *Post-Theory. Reconstructing Film Studies*, Madison: University of Wisconsin Press 1996, S. 434–459.

darauf, dass sie es getan haben, und ebenso eindeutige Hinweise, dass sie es nicht getan haben können. Einerseits gibt es eine Reihe kodifizierter Merkmale, die anzeigen, dass sie es getan haben, das heißt, dass die 3½ Sekunden für einen längeren Zeitraum stehen (die Überblendung eines sich leidenschaftlich umarmenden Paares symbolisiert üblicherweise den darauffolgenden Akt; die Zigarette danach ist ebenfalls ein Standardsymbol für die postkoitale Entspannung); andererseits gibt es eine ebensolche Reihe von Merkmalen, die anzeigen, dass sie es *nicht* getan haben, dass also die 3½ Sekunden dauernde Einstellung des Flughafentowers der realen diegetischen Zeit entspricht (das Bett im Hintergrund ist unzerwühlt; das gleiche Gespräch wird anscheinend ohne Pause fortgesetzt usw.). Sogar als in der letzten Unterhaltung zwischen Rick und Laszlo am Flughafen die Ereignisse jener Nacht direkt angesprochen werden, kann man ihre Worte in beide Richtungen auslegen.

RICK: Sie sagen, Sie wissen Bescheid über Ilsa und mich?
VICTOR: Ja.
RICK: Aber Sie wissen nicht, dass sie gestern Abend bei mir war, als Sie dort waren. Sie kam wegen der Transitvisa. Stimmt das nicht, Ilsa?
ILSA: Ja.
RICK: Sie hat mit allen Mitteln versucht, sie von mir zu bekommen. Sie wollte mich unbedingt davon überzeugen, dass sie mich immer noch liebt. Aber das war mal, das ist längst vorbei. Um Ihretwillen hat sie mir das vorgespielt, und ich ließ sie gewähren.
VICTOR: Ja. Ich verstehe.

Nun, ich verstehe es leider überhaupt nicht – sagt Rick zu Victor, dass er mit seiner Frau geschlafen hat, oder nicht? Maltbys Lösungsvorschlag ist, dass die Szene ein exemplarischer Fall dafür ist, wie der Film *Casablanca* »sich bewusst so aufbaut, dass er zwei im selben Kino nebeneinandersitzenden Menschen jeweils getrennte und verschiedene Quellen des Vergnügens bietet«, das heißt, er »könnte sowohl ›unschuldigen‹ als auch ›aufgeklärten‹ Zuschauern vorgeführt werden«.[50] Auf der

[50] Ebd., S. 443.

oberflächlichen Erzählebene lässt sich der Film vom Zuschauer so konstruieren, dass er die striktesten Sittenkodizes einhält, während er dem, der »Bescheid weiß«, genügend Hinweise liefert, um eine alternative, sexuell weitaus gewagtere Erzähllinie zu konstruieren. Diese Strategie ist komplexer als es zunächst scheinen mag. Gerade *weil* wir wissen, dass wir durch die offizielle Handlung sozusagen »geschützt« oder »von Schuldgefühlen freigesprochen«[51] werden, dürfen wir unseren schmutzigen Phantasien nachgehen – wir wissen, dass diese Phantasien nicht »ernst gemeint« sind, dass sie in den Augen des großen Anderen nicht zählen ... Unsere einzige Ergänzung zu Maltby wäre demnach, dass man nicht zwei nebeneinandersitzende Zuschauer braucht: *Ein und derselbe* innerlich gespaltene Zuschauer reicht völlig aus.

Um es in den Begriffen Lacans zu formulieren: Für den großen Anderen, die Ordnung des öffentlichen Scheins, haben Ilsa und Rick es während der ominösen 3½ Sekunden nicht getan, für unsere schmutzige phantasmatische Vorstellung aber haben sie es getan – dies ist die Struktur der inhärenten Transgression in Reinform: Damit Hollywood funktionieren kann, sind *beide* Ebenen nötig. In den Begriffen der von Oswald Ducrot entwickelten Diskurstheorie haben wir es hier mit dem Gegensatz von Voraussetzung und Vermutung zu tun: Die Voraussetzung einer Aussage wird unmittelbar durch den großen Anderen gebilligt, wir sind nicht für sie verantwortlich, die Verantwortung für die Vermutung einer Aussage ruht dagegen allein auf den Schultern des Lesers (oder Zuschauers) – der Autor kann immer behaupten: »Ich bin nicht dafür verantwortlich, wenn die Zuschauer solche unanständigen Schlüsse aus der Textur des Films ziehen!« In der Sprache der Psychoanalyse entspricht diese Unterscheidung natürlich der zwischen symbolischem Gesetz (Ich-Ideal) und obszönem Über-Ich: Auf der Ebene des öffentlichen symbolischen Gesetzes passiert nichts,

[51] Ebd., S. 441.

der Text ist sauber, auf einer anderen Ebene bombardiert er den Leser jedoch mit der Injunktion des Über-Ichs: »Genieße!«, das heißt: »Gib dich deinen schmutzigen Phantasien hin.« Wir können auch sagen, dass dies ein klarer Fall einer fetischistischen Spaltung ist, welche der Verleugnungsstruktur *»je sais bien, mais quand même …«* folgt. Das Bewusstsein, dass sie es nicht getan haben, lässt unserer schmutzigen Phantasie freien Lauf – wir können in ihr schwelgen, weil uns die Tatsache, dass sie es für den großen Anderen definitiv *nicht* getan haben, von unserer Schuld entbindet … Diese doppelte Deutung ist auch nicht einfach ein Kompromiss seitens des Gesetzes in dem Sinne, dass es dem symbolischen Gesetz lediglich darum geht, dass der Schein gewahrt bleibt, und es sich nicht um unsere schmutzigen Phantasien kümmert, solange sie nicht in den Bereich der Öffentlichkeit vordringen. Vielmehr braucht das Gesetz sein obszönes Supplement, es wird von ihm gestützt und erzeugt es daher selbst.

Maltby betont deshalb zu Recht, dass der berüchtigte Hollywood Production Code der 1930er und 40er Jahre nicht einfach ein negativer Zensurkodex war, sondern auch eine positive (produktive, wie Foucault gesagt hätte) Kodifizierung und Regulierung, die den Exzess, dessen direkte Darstellung sie verhinderte, dadurch erst hervorbrachte. Bezeichnend ist hier ein Gespräch zwischen dem Regisseur Josef von Sternberg und dem Vorsitzenden der Production Code Administration (PCA), Joseph Breen, das Maltby wiedergibt. Sternberg spricht von einem »kurzen romantischen Zwischenspiel« der beiden Hauptdarsteller, als Breen ihn unterbricht: »Sie wollen mir sagen, dass die beiden ins Stroh gehüpft sind. Sie haben gevögelt.« Sternberg erwidert empört: »Mr. Breen, sie beleidigen mich.« Breen: »Ach hören Sie doch um Himmels willen mit dem Schwachsinn auf und stellen sich den Tatsachen. Wir können Ihnen bei einer Geschichte über Ehebruch helfen, wenn Sie wollen, aber nicht, wenn Sie einen anständigen Fick weiter als ›romantisches Zwischenspiel‹ bezeichnen. Also was tun diese zwei Menschen?

Sich küssen und dann nach Hause gehen?« »Nein«, sagt Sternberg, »sie vögeln.« »Gut«, jault Breen und donnert auf seinen Schreibtisch, »jetzt kann ich Ihre Geschichte verstehen.« Der Regisseur stellt sein Konzept weiter vor und Breen erklärt ihm, wie er es bearbeiten muss, um dem Kodex zu entsprechen.[52] Um richtig wirksam sein zu können, ist das Verbot auf die eindeutige Kenntnis dessen angewiesen, was auf der Ebene des verbotenen Erzählstrangs wirklich geschehen ist. Der Produktionskodex verbot nicht einfach bestimmte Inhalte, er kodifizierte vielmehr deren chiffrierte Artikulation.

Und trifft nicht dasselbe möglicherweise auch auf Schostakowitschs populäre Sinfonien zu? Operieren sie nicht ebenfalls auf zwei Ebenen gleichzeitig, einer öffentlichen, die für den Blick der herrschenden Ideologie bestimmt ist, und einer zweiten, welche die öffentlichen Regeln überschreitet, genau dadurch aber deren inhärentes Supplement bleibt? Man kann daher die Ambiguität der folgenden Zeilen einschätzen:

»Seit dem stalinistischen Angriff auf seine Musik im Jahr 1936 hatte Schostakowitsch eine zweideutige musikalische Sprache entwickelt, wobei er ein Idiom benutzte, um seine Gebieter im Kreml zufriedenzustellen, und ein anderes, um seinem eigenen Gewissen als Künstler und Bürger gerecht zu werden. Nach außen hin sprach er mit einer triumphierenden Stimme, doch unter den rituellen Klängen des sowjetischen Frohlockens verbargen sich leisere, melancholischere Töne der Satire und des Protests, hörbar nur für jene, die das in seiner Musik ausgedrückte Leid nachvollziehen konnten. Diese beiden Stimmen sind deutlich in Schostakowitschs Fünfter Sinfonie zu vernehmen [...]. Als die Sinfonie [...] zum ersten Mal [...] aufgeführt wurde, erhielt sie eine halbstündige Ovation, die geradezu elektrisierend wirkte. Hinter den endlosen Fanfaren, die im Finale den Triumph des Sowjetstaats verkündeten, hatte das Publikum ein fernes Echo des Trauermarsches aus Mahlers Erster Sinfonie gehört. Ob sie ihn erkannten oder nicht, sie müssen seine Betrübnis empfunden haben [...], und sie deuteten die Musik als Signal der geistigen Befreiung.«[53]

[52] Vgl. ebd., S. 445.

[53] Figes, *Nataschas Tanz*, a. a. O., S. 511 f.

Wahrlich eine seltsame Hermeneutik – »leisere Töne«, die sich in der Sinfonie »verbargen«, aber dennoch von Tausenden deutlich verstanden wurden? Waren die offiziellen Zensoren wirklich so dumm, dass sie nichts bemerkten? Müssen wir vielleicht das fragile Nebeneinander dieser beiden Idiome in der gleichen Weise interpretieren wie die Doppeldeutigkeit, welche der nächtlichen Szene aus *Casablanca* eingeschrieben ist? Was wäre, wenn die stalinistische Ablehnung sowohl der propagandistischen als auch der intimen Werke Prokofjews in gewissem Sinne berechtigt war? Wenn das, was sie von ihm wollten, exakt jenes gleichzeitige Nebeneinander der zwei Ebenen, der propagandistischen und der intimen, war, während er ihnen entweder die eine oder die andere anbot? Nach dem Zweiten Weltkrieg zog sich Prokofjew mehr und mehr in den intimen Bereich der Kammermusik zurück, wo er seine private Trauer ausdrücken konnte – war dies ein Akt des stummen Protests, ein Komponieren »für die Schublade«, wie Schostakowitsch gesagt hätte? Wie kann es dann aber sein, dass das bewegendste und verzweifeltste dieser Werke, die Violinsonate in D-Dur, deren quälender Eröffnungssatz »wie der Wind auf einem Friedhof« klingen sollte, 1947 den Stalinpreis bekam? Orlando Figes behauptet, diese Auszeichnung sei ihm »ironischerweise«[54] verliehen worden – aber was für eine merkwürdige Art von Ironie ist das? Und können wir, was Schostakowitsch angeht, wirklich sicher sein, dass der öffentliche musikalische Bombast ironisch, die intime, bekennerische Stimmung aber ernst gemeint ist? Was, wenn die Ironie objektiv wäre und wir diese Musik so zu deuten hätten wie Marx die Haltung der *Partei der Ordnung* im französischen Parlament nach der Februarrevolution 1848 deutete? Marx hat bekanntlich in seiner brillanten Analyse herausgearbeitet, wie diese konservativ-republikanische Partei als Koalition zweier royalistischer Fraktionen (Orleanisten und Legitimisten) im »na-

[54] Ebd., S. 595.

menlose[n] Reich der Republik«[55] funktionierte. Die Deputierten der Ordnungspartei empfanden ihren Republikanismus als Hohn; in Parlamentsdebatten unterliefen ihnen royalistische Versprecher, sie machten sich über die Republik lustig und ließen keinen Zweifel daran, dass ihr wahres Ziel die Restauration der Monarchie war. Dabei war ihnen nicht bewusst, dass sie sich bezüglich der gesellschaftlichen Wirkung ihrer Herrschaft selbst täuschten. Sie schufen unwissentlich die Voraussetzungen der bürgerlich-republikanischen Ordnung, welche sie so sehr verachteten (indem sie zum Beispiel die Sicherheit des Privateigentums garantierten). Sie waren also nicht einfach Royalisten, die sich republikanische Masken aufgesetzt hatten; zwar empfanden sie sich als solche, in Wirklichkeit war aber ihre »innere« royalistische Überzeugung die trügerische Fassade, welche ihre wahre soziale Rolle maskierte. Kurz: Ihr aufrichtiger Royalismus war keineswegs die verborgene Wahrheit ihres öffentlichen Republikanismus, sondern vielmehr die phantasmatische Stütze ihres tatsächlichen Republikanismus – er sorgte für die Leidenschaft bei ihrem Tun. Ist es also nicht so, dass die Deputierten der Partei der Ordnung vortäuschten, vorzutäuschen, Republikaner zu sein, zu sein, was sie wirklich waren – in derselben Weise wie Schostakowitsch vortäuschte, vorzutäuschen, ein treuer Kommunist zu sein?

Dennoch unterscheidet sich die subjektive Position Prokofjews radikal von der Schostakowitschs. Man kann die These vertreten, dass Prokofjew im Gegensatz zu diesem im Grunde *kein* »Sowjetkomponist« war, auch wenn sein Anteil an offiziellen Kantaten zum Lob Stalins und seines Regimes größer war als der von Schostakowitsch. Prokofjew nahm eine Art protopsychotische Position des inneren Ausschlusses gegenüber dem Stalinismus ein; er wurde innerlich nicht davon berührt oder gestört, das heißt, er behandelte ihn wie ein rein

55 Karl Marx, »Die Klassenkämpfe in Frankreich 1848 bis 1850«, in: Karl Marx und Friedrich Engels, *Werke, Band 7*, Berlin: Dietz 1969, S. 59.

äußerliches Ärgernis. Prokofjews Art hat etwas Infantiles an sich, sie erinnert an die Weigerung eines verwöhnten Kindes, seinen Platz in der gesellschaftlichen Ordnung einzunehmen – 1936, auf dem Höhepunkt der stalinistischen Säuberungen, kehrt er in die Sowjetunion zurück, fährt in seinem amerikanischen Auto umher, kleidet sich exzentrisch und lässt seine ausgefallene Garderobe aus Paris kommen, bestellt Bücher und Nahrungsmittel aus dem Westen und ignoriert den Wahnsinn und die Armut um ihn herum. Aus diesem Grund geriet er, anders als Schostakowitsch, nie wirklich in die doppeldeutige stalinistische Über-Ich-Falle, äußerliches Entgegenkommen mit innerlicher Bitterkeit und Trauer verbinden zu müssen. Selbst die Melancholie und Verzweiflung seiner späten Violinsonate ist keine Reaktion auf stalinistische Schikanen. Derselbe Stil und dieselbe Stimmung finden sich bereits in seinen vorrevolutionären Werken. Die unterschiedliche Reaktion der beiden Komponisten auf Schdanows Attacken in den Jahren 1946–47 ist hier exemplarisch: Prokofjew verstand einfach nicht, worum es bei den Beschuldigungen ging, er verinnerlichte die Spannung nicht. Als er 1947 gedrängt wurde, an einem Treffen des sowjetischen Komponistenverbands teilzunehmen und Schdanows Rede anhören musste, in der er und andere sowjetische Komponisten attackiert wurden, erschien er betrunken, unterbrach den Redner durch laute, rüde Kommentare und schlief schließlich mitten in der Rede auf seinem Stuhl ein – wundersamerweise passierte ihm nichts, so sehr war seine Exzentrizität akzeptiert.

Und Schostakowitsch? Seine Beliebtheit und die öffentliche Resonanz auf seine Musik erlebten einen bizarren Wandel. Noch vor wenigen Jahrzehnten wurde er von den meisten Kritikern als »sozialistischer Realist« abgetan, der den Bezug zur eigentlichen Entwicklung der modernen Musik verloren habe; heute dagegen werden die großen Vertreter der Neuen Musik wie Schönberg oder Webern als gestrig empfunden und respektvoll ignoriert, während Schostakowitsch zum wohl populärsten »ernsten« Komponisten des 20. Jahrhunderts aufgestiegen ist. Dutzende Werke wurden nicht nur über seine Musik, sondern auch über sein heimliches Dissidententum verfasst. Aber was wäre, wenn Schostakowitschs Popularität das Zeichen für ein Nicht-Ereignis, für die Okkultation des wahren Ereignisses der Neuen Musik ist – allgemein gesprochen ein Moment der ungeheuren kulturellen Konterrevolution, deren politischer Ausdruck der Rückzug von der radikal emanzipatorischen Politik und die Rückbesinnung auf Menschenrechte und die Verhinderung von Leiden ist?

Der stalinistische Karneval…

Wie hat sich das Trauma von 1935 (die durch den *Prawda*-Artikel »Chaos statt Musik« ausgelöste öffentliche Kampagne gegen die Oper »Lady Macbeth von Mzensk«) auf Schostakowitschs Musik ausgewirkt? Das deutlichste Anzeichen für einen Bruch ist vielleicht die Veränderung der Funktion des Scherzos in seinem Werk ab den 1940er und frühen 1950er Jahren. Vor 1935 kann man seine Scherzi noch immer als explosiven Ausdruck einer neuen aggressiven und grotesken Vitalität und Lebensfreude betrachten – es wohnt ihnen so etwas wie die befreiende Kraft des Karnevals inne, der Verrücktheit einer schöpferischen Kraft, die alle Hindernisse fröhlich hinwegfegt und alle festen Regeln und Hierarchien ignoriert. Nach 1935 haben seine Scherzi dann eindeutig »ihre Unschuld verloren«. Ihre explosive Energie nimmt brutal-bedrohliche Züge an und hat etwas Mechanisches, wie die gezwungenen Bewegungen einer Marionette. Sie geben entweder die rohe Energie sozialer Gewalt wieder, von Pogromen gegen hilflose Opfer, oder, wenn man in ihnen explodierende »Lebensfreude« erkennen soll, sie sind eindeutig sarkastisch gemeint beziehungsweise als ohnmächtiger, irrer Ausbruch der Aggressivität des hilflosen Opfers. Der »Karneval« ist hier kein befreiendes Erlebnis mehr, sondern ein Ausbruch verhinderter und unterdrückter Aggressivität – es ist der »Karneval« rassistischer Pogrome und betrunkener Gruppenvergewaltigungen … (Herausragend sind hier die Sätze zwei und drei der Achten Sinfonie, der berühmte zweite Satz der Zehnten (»Stalin-Porträt«) sowie bei den Streichquartetten der dritte Satz des Quartetts Nr. 3 (der aus heutiger Sicht beinahe klingt wie Bernard Herrmanns Filmmusik zu *Psycho*) und das mit *furioso* überschriebene Scherzo des Quartetts Nr. 10.[56]

Hat das traumatische Erlebnis der stalinistischen Missbilligung demnach in verstörender Weise Schostakowitsch dabei geholfen, zu seiner bitteren Reife zu gelangen? Wäre er sonst bloß ein Komponist der neuen sowjetischen Lebensfreude geblieben, der Jazz mit aggressiv rhythmischem Modernismus vermischt? Was ist, wenn die Mischung aus melancholisch-bedrückendem Drama und destruktiven Scherzo-Ausbrüchen nicht die einzig mögliche Reaktion auf die Erfahrung des stalinistischen Terrors ist, sondern vielmehr in den stalinistischen Humanismus und seine Reaffirmation der alten russischen Tradition passt? Was, wenn es noch einen anderen Weg gibt, der ebenfalls von einer alten russischen Tradition vorgezeichnet wurde, nämlich die Überschneidung von Grauen und Humor als besonderes Unterscheidungsmerkmal der russischen Groteske, deren erster großer Vertreter Nikolai Gogol war? Was ist *Die Nase*, seine berühmteste Erzählung über einen niederen Beamten, dessen Nase abhandenkommt und ein Eigenleben zu führen beginnt – groteske Komödie oder Horrorgeschichte? Bezeichnend ist hier die Rezeption von Schostakowitschs gleichnamiger »absurdistischer« Kurzoper (1930), die auf Gogols Geschichte basiert. Sie wird zwar meistens als Satire oder sogar als frenetische Farce aufgeführt, aber der Komponist

56 Vgl. Bernd Feuchtner, *»Und Kunst geknebelt von der groben Macht« – Dimitri Schostakowitsch. Künstlerische Identität und staatliche Repression*, Frankfurt a. M.: Sendler 1986, S. 149 f.

selbst nannte sie »eine Horrorgeschichte«: »Ich versuchte, in *Die Nase* keine Witze zu machen. [...] Es ist zu grausam.« Wenn also die Macher einer aktuellen Produktion des Stückes im Programmheft von der »lustigsten Oper aller Zeiten, *Monty Python* in Opernform« sprechen, sollten wir an die alptraumhafte Dimension denken, die auch der Monty-Python-Komik zugrunde liegt. Eine derartige Vermischung von Horror und Humor ist auch ein Kennzeichen der Welt der Konzentrationslager. In seinem autobiographischen Bericht *Ist das ein Mensch?* schreibt Primo Levi über die schreckliche »Selekcja«, die Auswahlentscheidung über Leben und Tod im Lager:

»Der Blockälteste hat die Tür zwischen Tagesraum und Schlafraum abgeschlossen und statt dessen die Außentüren des Tagesraums und des Schlafraums geöffnet. Dort, vor den beiden Türen, steht der Richter unseres Schicksals, ein SS-Scharführer. Zu seiner Rechten der Blockälteste, zu seiner Linken der Blockschreiber. Jeder, der aus dem Tagesraum nackt in die Oktoberkälte tritt, muß die wenigen Schritte zwischen den Türen laufend vor diesen dreien zurücklegen, muß dem SS-Mann den Zettel überreichen und dann durch die Tür des Schlafraums wieder in die Baracke gehen. In dem Sekundenbruchteil zwischen zwei aufeinanderfolgenden Vorbeiläufen entscheidet der SS-Mann mit einem Blick von vorn und hinten über das Geschick eines jeden, reicht seinerseits den Zettel dem zu seiner Rechten oder dem zu seiner Linken, und das heißt für jeden von uns Leben oder Tod. Binnen drei, vier Minuten ist eine Baracke mit zweihundert Mann ›gemacht‹ und im Verlauf des Nachmittags das ganze Lager mit zwölftausend Menschen.«[57]

Rechts hieß Überleben, links hieß Gaskammer. Bei aller Grausamkeit liegt etwas genuin *Komisches* in diesem lächerlichen Schauspiel, stark und gesund zu erscheinen und für einen kurzen Augenblick den gleichgültigen Blick des SS-Manns auf sich zu ziehen, der über Leben und Tod herrscht – Komik und Horror fallen hier zusammen. Man kann sich vorstellen, wie die Häftlinge ihren Auftritt proben, wie sie versuchen, den

[57] Primo Levi, *Ist das ein Mensch? Die Atempause*, München, Wien: Hanser 1991, S. 123.

Kopf nach oben und die Brust nach vorn zu strecken, mit raschem Schritt zu gehen, sich in die Lippen kneifen, damit sie weniger blass aussehen, Ratschläge austauschen, wie man den SS-Mann beeindrucken kann; eine einfache Verwechslung der Zettel oder mangelnde Aufmerksamkeit des SS-Mannes kann über mein Schicksal entscheiden … Kein Wunder, dass obszöner Humor auch ein Schlüsselmerkmal der karnevalesken Dimension des stalinistischen Terrors ist. Erinnern wir uns an das Abenteuer von Schostakowitschs Verhör durch den KGB 1937[58]:

»Ich erhielt einen [Sicherheits-]Ausweis und ging zum Büro [des NKWD]. Der Untersuchungsbeamte erhob sich, als ich hereinkam, und begrüßte mich. Er war sehr freundlich und bat mich, Platz zu nehmen. Er stellte mir Fragen über meine Gesundheit, meine Familie, meine derzeitige Arbeit – über alles Mögliche. Er redete auf eine sehr freundliche, einladende und höfliche Art. Dann fragte er mich plötzlich: ›Nun sagen Sie mir: Kennen Sie Tuchatschewski?‹ Ich bejahte und er fragte: ›Woher?‹ Also sagte ich: ›Von einem meiner Konzerte. Nach dem Konzert kam Tuchatschewski hinter die Bühne, um mich zu beglückwünschen. Er sagte, er möge meine Musik und dass er ein Bewunderer sei. Er sagte, er würde mich gerne treffen, wenn er nach Leningrad käme, um sich mit mir über Musik zu unterhalten. Er sagte, es wäre ihm ein Vergnügen, mit mir über Musik zu diskutieren. Er sagte, wenn ich nach Moskau käme, würde er sich freuen, mich zu treffen.‹ ›Und wie oft trafen Sie sich?‹ ›Nur wenn Tuchatschewski hierherkam. Er lud mich für gewöhnlich zum Essen ein.‹ – ›Wer saß sonst noch mit am Tisch?‹ ›Nur seine Familie. Seine Familie und Verwandte.‹ – ›Und worüber diskutierten Sie?‹ ›Hauptsächlich über Musik.‹ – ›Nicht über Politik?‹ ›Nein, wir sprachen nie über Politik. Ich wusste Bescheid.‹ – ›Dmitri Dmitrijewitsch, das ist sehr ernst. Sie müssen sich *erinnern*. Heute ist Samstag. Ich unterschreibe Ihren Passierschein und Sie können nach Hause gehen. Aber am Montagmittag müssen Sie wieder hier sein. Vergessen Sie das nicht. Das ist sehr ernst, sehr wichtig.‹ Ich dachte, das sei das Ende. Die zwei Tage bis Montag waren ein Albtraum. Ich sagte zu meiner Frau, dass ich wahrscheinlich nicht wiederkommen würde. Sie packte sogar eine Tasche für mich – wie für jemanden, der weggebracht wird.

58 In englischer Sprache im Internet abrufbar unter www.siue.edu/~aho/musov/basner/basner.html.

Sie packte warme Unterwäsche ein. Sie wusste, ich würde nicht zurückkommen. Ich ging [am Montag] mittags wieder dorthin und meldete mich am Empfang. Es war ein Soldat dort. Ich gab ihm meinen [Inlands-] Pass. Ich sagte ihm, ich sei einbestellt worden. Er suchte nach meinem Namen: erste, zweite, dritte Liste. Er sagte: ›Wer hat Sie einbestellt?‹ Ich sagte: ›Inspektor Zakowski.‹ Er sagte: ›Er wird Sie heute nicht empfangen können. Gehen Sie nach Hause. Wir werden Sie benachrichtigen.‹ Er gab mir meinen Pass zurück und ich ging nach Hause. Erst später am Abend erfuhr ich, dass der Inspektor verhaftet worden war.«

Wenn es je einen Karneval gegeben hat, in dem man heute ein König und morgen ein Bettelmann war, dann war es dieser![59] Es drängt sich hier jedoch ein vernünftiger Einwand auf: Gibt es nicht einen ganz offensichtlichen und fundamentalen Unterschied zwischen dem richtigen Karneval und den stalinistischen Säuberungen? Im ersten Fall wird die gesamte Gesellschaftshierarchie vorübergehend aufgehoben, wer oben war, ist unten und umgekehrt, während der unerwartete und »irrationale« Schicksalswandel im Fall des Stalinismus nur diejenigen trifft, die der Macht unterworfen sind – die kommunistische Nomenklatura ist nicht im Geringsten bedroht, nicht einmal symbolisch ist ihre Macht in Gefahr; sie benutzt die »irrationalen« Wendungen des willkürlichen Terrors zur Festigung ihrer Herrschaft … Es gibt freilich paroxystische Momente, in denen der revolutionäre Terror tatsächlich karnevaleske Züge annimmt, das heißt, in denen die herrschende Partei sich wie die sprichwörtliche Schlange vom Schwanz her langsam selbst verschlingt. Die überraschende Tatsache, dass der gefährlichste Ort, an dem man sich aufhalten konnte, in der Nähe der Machtzentren war, unterscheidet den Stalinismus deutlich von faschistischen Regimen – hier die Ergebnisse der nur zwei Jahre dauernden Jeschowschtschina: »Fünf von Stalins Kollegen im Politbüro und 98 von 139 Mitgliedern des Zentralkomitees wurden erschossen. Vom Zentralkomitee der Ukrai-

59 Vgl. Boris Groys, »Totalitarizm karnavala«, in: Vitalij Machlin (Hg.), *Bachtinskij sbornik III*, Moskau: Labirint 1997, S. 76 – 80.

nischen SSR überlebten nur drei von 200 Mitgliedern; von den 93 Mitgliedern des Zentralkomitees des Komsomols kamen 72 um. 1108 der 1996 Delegierten des XVII. Parteitags 1934 landeten im Gefängnis oder wurden erschossen. In den Provinzen waren 319 von 385 Gebietssekretären und 2210 von 2750 Distriktsekretären des Komsomols betroffen.«[60] Diese sich selbst verschlingende Raserei lässt die Theorie der stalinistischen Nomenklatura als der Neuen Klasse fraglich erscheinen.

Die Über-Ich-Dimension dieser Ereignisse lässt sich sehr präzise bestimmen. Die Gewalt der kommunistischen Macht gegen die eigenen Leute zeugt von dem radikalen Selbstwiderspruch des Regimes, von der Tatsache also, dass es am Ursprung des Regimes ein »authentisches« revolutionäres Projekt gegeben hat – die unaufhörlichen Säuberungen waren nicht nur notwendig, um die Spuren der eigenen Wurzeln auszulöschen, sondern auch als eine Art »Wiederkehr des Verdrängten«, eine Erinnerung an die radikale Negativität im Herzen des Regimes. Die stalinistischen Säuberungen in den höheren Rängen der Partei beruhten auf einem grundlegenden Verrat: Die Angeklagten waren wirklich schuldig insofern, als sie, als Mitglieder der neuen Nomenklatura, die Revolution verrieten. Stalinistischer Terror ist also nicht einfach der Verrat an der Revolution, also der Versuch, die Spuren der authentischen revolutionären Vergangenheit auszulöschen; er lässt vielmehr auf eine Art »Alb der Perversheit« schließen, der die nachrevolutionäre neue Ordnung zwingt, ihren Verrat an der Revolution in sich selbst (wieder) einzuschreiben, ihn zu »reflektieren« oder in Gestalt willkürlicher Verhaftungen und Ermordungen, die sämtlichen Mitgliedern der Nomenklatura drohten, zu »re-markieren« – wie in der Psychoanalyse verbirgt das stalinistische Schuldgeständnis die wahre Schuld. (Stalin berief bekanntermaßen vorzugsweise Personen mit niedriger sozialer

60 Richard Overy, *Die Diktatoren. Hitlers Deutschland, Stalins Rußland*, München: Deutsche Verlags-Anstalt 2005, S. 274.

Herkunft in das NKWD, die ihren Hass auf die Nomenklatura durch das Festnehmen und Foltern hoher Apparatschiks auslassen konnten.) Diese innere Spannung zwischen der Stabilität der Herrschaft der neuen Nomenklatura und der pervertierten »Wiederkehr des Verdrängten« in Gestalt der wiederholten Säuberungsaktionen gegen hochrangige Parteimitglieder bildet den Kern des stalinistischen Phänomens. Die Säuberungen sind nichts anderes als die Form, in der das verratene revolutionäre Erbe überlebt und das Regime verfolgt ... Man sollte hier noch einmal auf die Rolle des Führers eingehen: Er blieb von diesen Schicksalswenden ausgeschlossen, weil er nicht der traditionelle Herr, sondern der »Herr der Misswirtschaft« war: die treibende Kraft der karnevalesken Subversion selbst.

Wegen dieser karnevalesken selbstzerstörerischen Dynamik kann die stalinistische Nomenklatura noch nicht als die »neue Klasse« charakterisiert werden – wie Andrzej Walicki bemerkt, ist die Verfestigung der Nomenklatura zu einer neuen Klasse paradoxerweise nicht mit dem echten stalinistischen »Totalitarismus« vereinbar. Erst in der Breschnew-Ära kam es zu einer

»Konsolidierung der sowjetischen Nomenklatura, der es zum ersten Mal in der Geschichte der Sowjetunion ›gelang, sich aus der Abhängigkeit von höheren Autoritäten zu befreien‹ und sich als stabile privilegierte Schicht zu konstituieren, die nicht nur physische Sicherheit genoss (welche sie unter Chruschtschow erlangt hatte), sondern auch Arbeitsplatzsicherheit unabhängig von ihrer Leistung – ein Status, der im Prinzip dem der neuen herrschenden Klasse glich. [...] Der Höhepunkt des Totalitarismus war die Periode der permanenten Säuberungen, welche auf die vollständige Eliminierung nicht nur aller möglichen Abweichungen, sondern auch stabiler Interessengruppen zielten, deren bloße Existenz eine potentielle Gefährdung der ideologischen Reinheit darstellte und die monolithische Machtstruktur zu unterminieren drohte.«[61]

[61] Andrzej Walicki, *Marxism and the Leap to the Kingdom of Freedom. The Rise and Fall of the Communist Utopia*, Stanford: Stanford University Press 1995, S. 522.

Zwei weitere paradoxe Schlussfolgerungen gilt es hier zu ziehen: Aufgrund der spezifischen ideologischen Natur des stalinistischen Regimes (seines nominellen Einsatzes für eine egalitäre und gerechte kommunistische Gesellschaft) waren der Terror und die Säuberungen der Nomenklatura nicht nur in deren Wesen selbst eingeschrieben (die bloße Existenz einer Nomenklatura stellte einen Verrat an den erklärten Zielen dar), sie waren auch die Rache der Ideologie des Regimes an der eigenen Nomenklatura, die ja *tatsächlich* des »Verrats am Sozialismus« schuldig war. Hier liegt auch der Grund, warum die vollständige Verfestigung der Nomenklatura zu einer neuen Klasse erst möglich war, als deren Mitglieder die ideologischen Ziele des Regimes nicht mehr ernst nahmen. Der Begriff »real existierender Sozialismus«, welcher in der Breschnew-Ära aufkam, erhält hier seine Bedeutung: Er signalisiert, dass das Regime seine kommunistische Vision aufgegeben hat und sich auf eine pragmatische Machtpolitik beschränkt. Und er ist ein Beleg für die (häufig erwähnte) Tatsache, dass die herrschende Elite der Sowjetunion in der Chruschtschow-Ära zum letzten Mal echte historische (wenn nicht revolutionäre) Begeisterung über die eigene Mission aufbrachte; so etwas wie Chruschtschows trotzige Botschaft an die Amerikaner – »Wir werden euch begraben. Eure Enkel werden Kommunisten sein!« – war danach nicht mehr vorstellbar.

… in den Filmen Sergej Eisensteins

Neben Orson Welles' *Der Glanz des Hauses Amberson* gehören Eisensteins Filme *Die Beshin-Wiese* sowie der dritte Teil von *Iwan der Schreckliche* zu den verlorenen Meisterwerken der Filmgeschichte.

Die besondere Ironie von *Die Beshin-Wiese* steckt in seinem Titel: Er entstammt einer Erzählung aus Iwan Turgenjews *Aufzeichnungen eines Jägers*, in der Bauernjungen über übernatürliche Todeszeichen diskutieren. Was hat dies mit der Filmhandlung zu tun, die auf der berühmt-berüchtigten Geschichte des Pawel Morosow basiert, eines Bauernjungen, der in der Zeit der Entkulakisierung von seinem reaktionären Vater erschlagen worden sein soll, weil er sich für die Kollektivierung einsetzte? Es drängt sich hier die Frage auf, die der verdutzte Tourist beim Anblick eines Gemäldes mit dem Titel »Lenin in Warschau« stellt, auf dem Lenins Frau Nadeschda Krupskaja es in ihrem Büro mit einem jungen Komsomolzen treibt: »Wo ist Lenin?« (Die lässige Antwort des Fremdenführers: »Lenin ist in Warschau.«) Wo ist also die Beshin-Wiese? Es gibt Anklänge an Turgenjews Geschichte, aber nicht auf der expliziten Erzählebene; sie betreffen vielmehr die darunter liegende phantasmatische »virtuelle« Ebene. Auch im Film gibt es eine Gruppe von Bauernjungen, die sich mit der Vertreterin des Übersinnlichen auf Erden, der Kirche, beschäftigen, allerdings »diskutieren« sie die übersinnlichen Todeszeichen dadurch, dass sie sie in einer karnevalesken Orgie zerstören.[62]

Die einzigartige Größe Eisensteins liegt darin, dass er es schafft, in seinen Filmen die Verschiebung der libidinösen Ökonomie von der leninistischen revolutionären Glut zum stalinistischen »Thermidor« wiederzugeben. Denken wir an die archetypische Eisenstein'sche Filmszene, welche die überschwängliche Orgie destruktiver Gewalt wiedergibt (von Eisenstein selbst als »reines Bacchanal der Zerstörung« bezeichnet): Als die siegreichen Revolutionäre in seinem Film *Oktober* in die Weinkeller des Winterpalais eindringen, ergehen sie sich dort in einer ekstatischen Orgie der Zerstörung Tausender kostbarer Weinflaschen; in *Die Beshin-Wiese* dringen die Dorfpioniere gewaltsam in die örtliche Kirche ein, entweihen sie, stehlen ihre Reliquien, zanken sich um eine Ikone, probieren

[62] Die andere atemraubende Ironie ist, dass das Studio, als die erste Version des Films abgelehnt wurde, weil sie das sowjetische Dorfleben nicht im richtigen optimistischen sozialistisch-realistischen Geist zeigte, ausgerechnet Isaak Babel engagierte, um das Drehbuch umzuschreiben.

frevlerisch Messgewänder an, machen sich ketzerisch über die Statuen lustig … In dieser Aufhebung des zielorientierten instrumentellen Handelns liegt eine Art von Bataille'scher »unbeschränkter Verausgabung« – der fromme Wunsch, die Revolution dieses Exzesses zu entledigen, ist schlicht der Wunsch nach einer Revolution ohne Revolution. Dieser Szene sollte man Eisensteins Vorgehen im zweiten Teil von *Iwan der Schreckliche* gegenüberstellen. Iwans paradigmatische Geste ist die folgende: Er mimt Entsetzen und Reue über das Blutvergießen, das er befehlen musste, um dann in einer plötzlichen Reflexionsbewegung seiner Grausamkeit freien Lauf zu lassen und sogar noch mehr zu fordern. Ein typischer Moment ereignet sich in Teil II, als er die Leichen der Bojaren betrachtet, die seine Opritschniki getötet haben, und sich demütig bekreuzigt. Plötzlich hält er inne, deutet auf den Boden und sagt mit vor Wut funkelnden Augen und heiserer Stimme: »Zu wenige!« Dieser plötzliche Umschwung zeigt sich auch in einem anderen, immer wiederkehrenden Verhaltensmuster Iwans: Wir sehen ihn häufig, wie er mit pathetischem Gesichtsausdruck nach vorne blickt, so als sei er ganz in seine noble Aufgabe vertieft, um dann unvermittelt seinen Kopf zu wenden und sich mit einem an Wahnsinn grenzenden Argwohn umzublicken. Eine Variation dieses Wandels ist die berühmte Szene im ersten Teil, in der die Priester während seiner Krankheit schon allzu eifrig damit beginnen, die Sterberituale zu vollziehen. Sie bedecken seinen Kopf mit einer riesigen Bibel; Iwan beteiligt sich an dem Ritual, er hält eine brennende Kerze über seine Brust und murmelt Gebete; dann aber streckt er plötzlich den Kopf unter der Bibel hervor, blickt im Raum umher, als ob er verzweifelt versuchte, sich einen Überblick zu verschaffen, und sinkt dann erschöpft wieder zurück auf sein Kissen.

Dies führt uns zu einer Szene, die Eisenstein als *donnée* (dramatischer und emotionaler Dreh- und Angelpunkt) der gesamten Trilogie bezeichnete: In der Mitte des dritten Teils, nach der Belagerung und Zerstörung der Stadt Nowgorod, die sich gegen seine Herrschaft aufgelehnt hatte, fragt Iwan, von inneren Zweifeln und Skrupeln zerrissen, nach einem Priester, um zu beichten. Wir sehen eine lang anhaltende Großaufnahme von Iwans Kopf, der die Hälfte der Leinwand bedeckt; die andere Hälfte wird vom Kreuz des Beichtvaters Eustace ausgefüllt, das neben ihm hängt, während Iwan die schrecklichen Taten aufzählt, die er für sein Mutterland zu begehen gezwungen war. Mit einem Mal steigt das Interesse des Beichtvaters für die Namen der Getöteten übermäßig an (was sehr schön durch das Zittern seines Kreuzes signalisiert wird) und er fragt begierig, ob auch andere unter den Toten waren: »Philipp? Und … Timotheus? Und Michael?« Iwan versichert es ihm (»Wir werden ihn fangen!«) und hält dann plötzlich bestürzt inne. Er greift nach Eustaces Kreuz und zieht ihn daran zu sich hinab, bis sie auf Augenhöhe sind. Dann fährt er mit der Hand an der Kette entlang zum Hals des Beichtvaters und fängt an, ihm zu drohen und ihn zu beschuldigen: »Kann es sein, dass du auch in diese unselige Reihe gehörst?« Schließlich platzt es aus ihm heraus: »Verhaftet ihn! Verhört ihn! Bringt ihn zum Reden!«[63]

An einem weiteren Höhepunkt des dritten Teils bezieht Iwan sogar Gott selbst in diese Dialektik mit ein. Während ein Mönch in der Kirche langsam alle Namen der in Nowgorod Getöteten vorliest, liegt Iwan ausgestreckt im Staub unter dem großen Gemälde des Jüngsten Gerichts, auf dem Funken aus den Augen des himmlischen Richters sprühen, dessen Gesicht grimmig und voller Zorn ist. Iwan denkt über seine blutrünstigen Taten nach und versucht, sie zu entschuldigen: »Es ist keine Bosheit. Keine Wut. Keine Grausamkeit. Es geschieht, um den Verrat zu bestrafen. Den Verrat an der gemeinsamen Sache.« Unter Qualen wendet er sich dann direkt an Gott:

[63] Sergei Eisenstein, *Ivan the Terrible*, London: Faber & Faber 1989, S. 240 f.

»›Du sagst nichts, himmlischer Zar?‹

Er wartet. Es kommt keine Antwort. Verärgert, im Tonfall einer Kampfansage fragt der irdische Zar den himmlischen Zaren noch einmal drohend:

›Du sagst nichts, himmlischer Zar?‹

Mit einer plötzlichen heftigen Geste schleudert der irdische Zar dem himmlischen Zaren sein mit Edelsteinen geschmücktes Zepter entgegen. Das Zepter zerspringt an der flachen Mauer.«[64]

Worin genau besteht die libidinöse Ökonomie dieser seltsamen Verschiebung? Es ist nicht etwa so, dass Iwan einfach vom inneren Konflikt zwischen den eigenen ethischen Bedenken und der Pflicht des Herrschers, der seinem Land zuliebe grausame Taten begehen muss, zerrissen wäre; es ist auch nicht so, dass er einfach bluffen und seine moralischen Qualen scheinheilig vortäuschen würde. Sein Wille zur Reue ist *absolut aufrichtig*, aber subjektiv identifiziert er sich nicht damit. Er steckt in der durch die symbolische Ordnung eingeführten subjektiven Spaltung fest. Er möchte das Ritual der Beichte als ordentliches externalisiertes Ritual abhalten und spielt das Spiel ganz aufrichtig mit, bleibt aber gleichzeitig die ganze Zeit in der Position eines misstrauischen externen Beobachters des ganzen Schauspiels, der ständig auf der Hut ist und auf einen plötzlichen Dolchstoß wartet. Alles, was er will, ist, dass die Kraft, an die er sich wendet und von der er Vergebung erwartet, ihre Aufgabe ordentlich erledigt und sich aus der Politik heraushält. Iwans Paranoia besteht kurz gesagt darin, dass er der Kraft, der er seine Sünden zu beichten bereit ist, nicht vertrauen kann – er befürchtet, diese Kraft (letzten Endes Gott selbst) könnte auch eigene politische Absichten hegen, die denen Iwans zuwiderlaufen. Stalin lag daher auch nicht richtig, als er in dem berühmten Nachtgespräch mit Eisenstein Iwans Religiosität auf ein moralisches Hindernis reduzierte, welches ihn davon abgehalten habe, seine Aufgabe zu Ende zu bringen und seine Feinde zu vernichten:

64 Ebd., S. 237.

»Iwan der Schreckliche war extrem grausam. Es ist möglich zu zeigen, warum er grausam sein musste. Einer der Fehler Iwans des Schrecklichen war, die fünf großen Feudalfamilien nicht vollständig erledigt zu haben. Hätte er diese fünf Familien vernichtet, dann hätte es die Zeit der Wirren nicht gegeben. Wenn Iwan jemanden hinrichten ließ, dann bereute und betete er lange. Gott hat ihn bei diesen Dingen gestört … Es war notwendig, entschlossen zu sein.«[65]

Was Stalin trotz seiner Genialität nicht begriff, war, dass das Schauspiel der Reue kein Hindernis war, das der rücksichtslosen Ermordung der Feinde im Weg stand, sondern gemeinsam mit diesem die sich selbst antreibende Spirale des endlosen Schwankens zwischen Töten und Reue in Gang setzte. Diese Spirale hätte im dritten Teil von *Iwan der Schreckliche* seinen unerträglichen Höhepunkt erreicht. Im Drehbuch gibt es eine Szene im Großen Gerichtssaal, in der Iwan eine protostalinistische Säuberung unter seinen eigenen Opritschniki durchführt. Seine Ansprache an die anwesenden Opritschniki lässt nichts Gutes ahnen: »Einige unter uns haben die Sache der Opritschniki gegen Gold eingetauscht.« Ohne Namen zu nennen, fährt er fort: »Es gibt einen unter euch, der sowohl ehrwürdig ist als auch das größte Vertrauen genießt … Und dieser Schuft hat mein Vertrauen missbraucht.« Aller Augen folgen Iwans Blick und richten sich auf seinen Getreuen Alexej Basmanow, auch die von Alexejs gramgebeugtem Sohn Fjodor. Dann fragt Iwan: »Wer ist würdig genug, einen solch klugen Kopf abzuschneiden?« Sein Blick ruht auf Fjodor, der den Kopf gesenkt hält. Fjodor spürt nun Iwans Blick, hebt den Kopf und schaut ihm direkt in die Augen. In einer kaum wahrnehmbaren Bewegung nickt Iwan mit dem Kopf; Fjodor verlässt den Tisch, geht zu seinem Vater und geleitet ihn hinaus.

An einem dunklen Ort außerhalb des Saals gesteht Alexej seinem Sohn seine Schuld, sagt ihm aber auch, dass er Berge von Gold für ihn und seine Familie angehäuft habe, so dass

65 In englischer Sprache im Internet abrufbar unter revolutionarydemocracy.org/rdv3n2/ivant.htm.

»unser Geschlecht fortbesteht«; darauf fleht er seinen Sohn an, ihm zu versprechen, nach der Ermordung des Vaters das Gold für ihre Nachkommen aufzubewahren; Fjodor schwört den Eid, Vater und Sohn küssen sich, und dann schneidet der Sohn dem Vater rasch die Kehle durch. Die nächste Szene spielt wieder im Großen Saal, wo Iwan im Zustand wachsender Anspannung und voller Qual zur Tür schaut. Endlich öffnet sich diese und Fjodor kommt zurück; sein Kopf ist gesenkt und seine Haare kleben ihm an der Stirn. Er hebt den Kopf; Iwan blickt ihm direkt in die Augen. »Doch schon Fjodors Blick ist unrein; er kann dem Iwans nicht standhalten. Iwans Lippen zucken, als er mit dumpfer Stimme sagt: ›Du hast kein Mitleid mit deinem Vater gezeigt, Fjodor. Warum solltest du Mitleid mit mir haben oder mich schützen?‹ Fjodor begreift, dass der Zar die heimliche Unterhaltung zwischen ihm und seinem Vater erahnt hat.« Iwan befiehlt: »Nehmt ihn fest!« Wie ein Wahnsinniger stürzt sich Fjodor auf Iwan, doch Staden (ein deutscher Opritschnik) durchbohrt ihn mit seinem Dolch. »Eine einzelne Träne rinnt am grauen Bart des Zaren hinab. Sie bleibt an der Spitze hängen wie ein Regentropfen an einem Trauerkranz. IWAN: ›Hab Mitleid mit mir, o Herr, hab Mitleid ...‹« Mit allerletzter Kraft warnt der sterbende Fjodor Iwan: »Trau dem Deutschen nicht, o Zar! ...« Iwan hebt seine schweren Lider; er lässt seinen Blick auf Staden ruhen: »Wie schnell der ausländische Gast zur Verteidigung des Zaren gegen seine eigenen Opritschniki eilt!« Sofort legt der treue Maljuta seine schwere Hand auf Stadens Schulter ...[66] Auch hier geht die Kette aus Verrat und Verdächtigungen immer weiter: von Alexej zu Fjodor, von Fjodor zu Staden ... In beiden Fällen fällt Iwans Verdacht jeweils ausgerechnet auf den, der gerade einen Mord begangen hat, um den Zaren zu schützen.

Wem kann Iwan noch trauen, wenn selbst seine wenigen Getreuen, Alexej Basmanow und sein Sohn Fjodor, ihn verraten

[66] Eisenstein, *Ivan the Terrible*, a. a. O., S. 249 – 253.

(indem sie zum Wohl und Ruhm ihrer eigenen Familie Schätze stehlen und anhäufen)? Maljuta Skuratow, seinem Henker, dem er am meisten vertraut und der ihm hündisch ergeben ist, begegnete er zum ersten Mal, als dieser den Mob anführte, der im Verlauf von Iwans Krönung in die Kirche eindrang und ihn töten wollte. Am Ende des dritten Teils ernennt der sterbende Maljuta sozusagen seinen Nachfolger (denjenigen, dem Iwan absolut vertrauen kann): Es ist Peter Wolinetz, der junge Mann, der am Ende von Teil II Wladimir ersticht, weil er ihn für Iwan hält – es scheint wirklich so, als könne Iwan nur ehemaligen Verrätern wirklich vertrauen.

Die minimale Differenz

Man kann sich eine typische stalinistische Tragödie vorstellen, in der ein Angeklagter in einem Schauprozess (ein ehemaliges Mitglied der Nomenklatura) gezwungen ist, zuzugeben, dass die ungerechte Behandlung, die ihm widerfährt, eine Folge seiner eigenen früheren politischen Tätigkeit und insofern ein Zeichen von ausgleichender Gerechtigkeit ist, er also mit anderen Worten in diesem Fall wirklich »objektiv schuldig« *ist*. Aber kann man sich auch vorstellen, dass Stalin selbst etwas Derartiges erlebt und im Wahnsinn der konterrevolutionären Verschwörungen, die überall um ihn herum auftauchen, die Folgen seines eigenen Wahnsinns erkennt? Nein, aus strukturellen Gründen ist dies unvorstellbar. Was man sich vorstellen könnte, ist ein gelungener Staatsstreich der Führungsspitze gegen Stalin (etwa in dessen letzten Lebensjahren, als jeder von Stalins antisemitischer Paranoia bedroht war); ein Schauprozess gegen Stalin, in dem er hätte gestehen müssen, Anführer einer Verschwörung gegen den wahren Sozialismus zu sein, wäre hingegen strukturell unmöglich gewesen. Das Äußerste, was man hätte tun können, wäre gewesen, ihn diskret zu ermorden und gleichzeitig in den Rang eines unantastbaren toten Herrn zu erheben. In gewisser Weise geschah dies wirklich und zwar schon in den späten 1930er Jahren. Man sollte in diesem Zusammenhang daran erinnern, dass die Idee der Unfehlbarkeit des Papstes im späten 19. Jahrhundert nicht erfunden wurde, um dessen Macht zu vergrößern, sondern um sie einzudämmen. Ein Papst kann die Entscheidungen seiner Vorgänger nicht aufheben, da sie per definitionem unfehlbar sind. Und ein ähnliches Paradox gilt für Stalin: Seine Apotheose, die Erhebung zum unantastbaren höchsten Führer bedeutet gleichzeitig eine Beschränkung seiner »realen« Macht. Auf dem Höhepunkt der Großen Säuberung, als die Spirale der karnevalesken Selbstzerstörung die Führungsspitze selbst mit in den Abgrund zu reißen droht, erhebt sich das Politbüro gegen Stalin und zwingt ihn, seine Autorität mit ihm zu teilen.

Eines der Argumente derer, welche behaupten, die wahre ethisch-politische Katastrophe des 20. Jahrhunderts sei nicht der Faschismus, sondern der Kommunismus gewesen, lautet, dass es im gesamten Nazideutschland nur rund 25 000 Gestapo-Beamte gab, welche die Bevölkerung kontrollierten, während die viel kleinere DDR dafür 100 000 Stasi-Mitarbeiter beschäftigte – ein scheinbar klarer Beweis dafür, dass das kommunistische Regime viel repressiver war. Aber lässt sich diese Tatsache nicht auch anders interpretieren? Es wurden nur 25 000 Gestapo-Spitzel benötigt, weil die Bevölkerung im Nationalsozialismus moralisch viel korrumpierter war (und daher mit dem Regime kollaborierte) als die Bevölkerung der DDR. Aber warum? Warum leistete die DDR-Bevölkerung größeren Widerstand? Die Antwort ist paradox: Es ist nicht so, dass sich die Bürger einfach ihre ethische Unabhängigkeit bewahrten und das Regime von der »substantiellen Sittlichkeit« der Mehrheit entfremdet war; ihr Widerstand war im Gegenteil eher ein Zeichen für den Erfolg der herrschenden Ideologie. In seinem Widerstand gegen das kommunistische Regime stützte sich das Volk auf die offizielle Ideologie, die der Realität oft eklatant widersprach: wirkliche Freiheit, gesellschaftliche Solidarität, wahre Demokratie … Man darf nicht vergessen, dass der dissidentische Widerstand der offiziellen Ideologie viel verdankte.

Aus genau diesem Grund darf man behaupten, dass das heutige Nordkorea kein kommunistisches Land mehr ist, nicht einmal im stalinistischen Sinne. Es hat die Verbindungen zum Erbe der Aufklärung gekappt, deren Idee der Allgemeinheit jedes Regime dazu zwingt, *alle* seine Bürger in die offizielle Propaganda mit einzubeziehen. Shin Dong-hyuk, dem es gelang, aus einer »totalen Kontrollzone« in Nordkorea zu entkommen und über China nach Südkorea zu fliehen, berichtet, dass die Gefangenen, die in solche Zonen gebracht werden, normalerweise niemals wieder herauskommen. Sie müssen Zwangsarbeit in Minen oder als Holzfäller verrichten, bis sie sterben. Die Behörden machen sich nicht einmal die Mühe, sie ideologisch zu indoktrinieren. Den Kindern, die in diesen Zonen zur Welt kommen (und den Rest ihres Lebens dort verbringen müssen), wird nur das Nötigste beigebracht, das man für Bergbau und Landwirtschaft braucht. In der Schule von Tal Nr. 2, dem Teil des Lagers, in dem Shin lebte, gab es bis zu 1000 Kinder, aber kein einziges Schulbuch. In ganz Nordkorea sind die Dörfer mit kommunistischen Parolen und Bildnissen von Kim Jong-il dekoriert. In Tal Nr. 2 gab es nur eine Parole, die in eine Holztafel geritzt war: »Jeder hat sich an die Vorschriften zu halten!«[67] Das ist Disziplinierung in Reinform, die auf jegliche ideologische Rechtfertigung verzichtet. Von jedem Nordkoreaner wird erwartet, dass er zu seinem geliebten Führer aufschaut (als blinde Patienten von westlichen Journalisten gefragt wurden, warum sie sich wünschten, sehen zu können, erklärten sie einmütig, sie wollten so gerne Kim Jong-il erblicken, dem sie alles verdankten) – nur nicht von diesen Ge-

[67] Siehe Choe Sang-Hun, »Born and raised in a North Korean gulag«, in: *International Herald Tribune*, 9. Juli 2007, im Internet abrufbar unter www.iht.com/articles/2007/07/09/news/korea.php.

fangenen, die somit buchstäblich auf den Status von Untermenschen reduziert und aus der sozialen Gemeinschaft ausgeschlossen werden.

Es lohnt sich, an dieser Stelle noch einmal das Buch von Ernst Nolte über Heidegger in Erinnerung zu rufen. Noltes Verdienst besteht darin, dass er ernsthaft versucht, den Nationalsozialismus als gangbares politisches Projekt zu begreifen und damit »die Geschichte, welche die Nazis sich selbst über sich erzählten« zu rekonstruieren, was die Grundvoraussetzung für eine wirksame Kritik ist; dasselbe gilt es für den Stalinismus zu leisten.[68] Nolte formulierte auch die Grundbegriffe und Themen des Historikerstreits, wobei es ihm im Grundsatz um einen »objektiven Vergleich« von Faschismus und Kommunismus ging: Der Faschismus und sogar der Nationalsozialismus seien letztlich eine Reaktion auf die Bedrohung des Kommunismus und eine Wiederholung von dessen schlimmsten Praktiken (Konzentrationslager, Massenhinrichtungen politischer Gegner) gewesen:

»Vollbrachten die Nationalsozialisten, vollbrachte Hitler eine ›asiatische‹ Tat [den Holocaust] vielleicht nur deshalb, weil sie sich und ihresgleichen als potentielle oder wirkliche Opfer einer [bolschewistischen] ›asiatischen‹ Tat betrachteten? War nicht der ›Archipel GULag‹ ursprünglicher als ›Auschwitz‹?«[69]

Der Nationalsozialismus, so verwerflich er auch war, sei nicht nur zeitlich auf den Kommunismus gefolgt; auch hinsichtlich seines Inhalts sei er eine exzessive *Reaktion* auf die

[68] Ein Negativ jener Ablehnung, den Nationalsozialismus als politisches Projekt zu betrachten, finden wir gewissermaßen im entscheidenden theoretischen Skandal Adornos (und der Frankfurter Schule insgesamt), in deren Werk (wie auch in dem von Habermas und anderen) eine Analyse des Stalinismus vollkommen fehlt.

[69] Ernst Nolte, »Die Vergangenheit, die nicht vergehen will. Eine Rede, die geschrieben, aber nicht gehalten werden konnte«, in: *Frankfurter Allgemeine Zeitung* vom 6. Juni 1986; online unter www.hdg.de/lemo/html/dokumente/NeueHerausforderungen_redeNolte1986/index.html.

kommunistische Bedrohung gewesen. Des Weiteren seien alle Gräueltaten der Nazis bloß Kopien der Taten gewesen, die schon von den sowjetischen Kommunisten begangen worden seien: Herrschaft der Geheimpolizei, Konzentrationslager, Völkermord, Terror … Noltes Schlussfolgerung lautet dementsprechend, dass Kommunismus und Nationalsozialismus dieselbe totalitäre Form haben und sich nur in Bezug auf die empirischen Akteure unterscheiden, welche jeweils denselben strukturellen Platz einnehmen (»Juden« anstelle von »Klassenfeinde« etc.). Das linksliberale Lager reagiert auf Nolte üblicherweise mit einem Aufschrei der Empörung: Er relativiere den Nationalsozialismus und reduziere ihn auf einen sekundären Widerhall des kommunistischen Übels – aber wie soll man überhaupt den Kommunismus, diesen vereitelten Versuch einer Befreiung, mit dem radikal Bösen des Nationalsozialismus vergleichen? Statt Nolte auf diese Weise abzutun, sollte man seiner zentralen These vielmehr absolut zustimmen: Ja, der Nationalsozialismus war tatsächlich eine Reaktion auf die kommunistische Bedrohung; er hat wirklich nur den Klassenkampf durch den Kampf zwischen Ariern und Juden ersetzt – das Problem ist freilich dieses »nur«, welches keineswegs so unschuldig ist, wie es scheint. Wir haben es hier mit einer Verschiebung im Freud'schen Sinne zu tun. Der Nationalsozialismus verschiebt den Klassen- auf den Rassenkampf und verschleiert damit seinen wahren Ort. Was sich im Übergang vom Kommunismus zum Nationalsozialismus ändert, ist die Form, und auf dieser Formänderung beruht die ideologische Mystifikation: Der politische Kampf wird zum Rassenkonflikt naturalisiert, der dem Gesellschaftsgefüge innewohnende (Klassen-)Gegensatz wird reduziert auf das Eindringen eines (jüdischen) Fremdkörpers, welcher die Harmonie der arischen Gemeinschaft stört. Die Differenz zwischen Faschismus und Kommunismus ist folglich »formal-ontologisch«. Es handelt sich nicht (wie von Nolte behauptet) in beiden Fällen um dieselbe formale antagonistische Struktur, wo lediglich die

Stelle des Feindes mit einem jeweils anderen positiven Element (Klasse, Rasse) ausgefüllt wird. Im Fall der Rasse handelt es sich um ein positives naturalisiertes Element (die vermeintliche organische Einheit der Gesellschaft wird durch das Eindringen eines Fremdkörpers gestört), während der Klassengegensatz dem sozialen Feld absolut inhärent ist und es konstituiert. Der Faschismus verschleiert also den Antagonismus, indem er ihn in einen Konflikt positiver gegensätzlicher Begriffe übersetzt. (Schon Karl Kautsky, der Haupttheoretiker der Zweiten Internationale, nahm übrigens, als er sich Anfang der 1920er Jahre gegen die bolschewistische Diktatur wandte, die Faschisten als »Nachahmungsterroristen«, als die »feindlichen Brüder« der Bolschewiki wahr und erklärte, der Bolschewismus habe dem Faschismus als Vorbild für die Technik der Unterdrückung gedient: »Der Faschismus ist [...] nichts als das Gegenstück des Bolschewismus, Mussolini nur der Affe Lenins.«)[70]

Hier muss man sich entscheiden: Die »reine« liberale Haltung, zum linken und rechten Totalitarismus die gleiche Distanz zu wahren (beide sind schlecht, weil sie auf der Intoleranz gegenüber politischen und anderen Unterschieden, der Ablehnung demokratischer und humanistischer Werte etc. beruhen), ist a priori falsch – man *muss* Partei ergreifen und eine der beiden Seiten für grundsätzlich »schlimmer« erklären als die andere. Die andauernde »Relativierung« des Faschismus, die Idee, die beiden Totalitarismen rational zu vergleichen usw. geht *immer* – explizit oder implizit – davon aus, dass der Faschismus »besser« als der Kommunismus und eine verständliche Reaktion auf die kommunistische Bedrohung war.[71]

[70] Zitiert nach Massimo L. Salvadori, *Sozialismus und Demokratie. Karl Kautsky 1880 – 1938*, Stuttgart: Klett-Cotta 1982, S. 421.

[71] Antikommunistische Autoren wie Nolte, die auf der Parallelität von Nationalsozialismus und Kommunismus bestehen, betonen gerne, dass Ersterer sich ja auch als eine Art von Sozialismus gesehen (und bezeich-

Der Unterschied zwischen Nationalsozialismus und Stalinismus lässt sich mit dem Deleuze'schen Begriff der minimalen Differenz charakterisieren. In einem Brief an Herbert Marcuse vom 20. Januar 1948 schreibt Heidegger: »Zu den schweren berechtigten Vorwürfen, die Sie aussprechen ›über ein Regime, das Millionen von Juden umgebracht hat, das den Terror zum Normalzustand gemacht hat und alles, was ja wirklich mit dem Begriff Geist und Freiheit u. Wahrheit verbunden war, in sein Gegenteil verkehrt hat‹, kann ich nur hinzufügen, daß statt ›Juden‹ ›Ostdeutsche‹ zu stehen hat und dann genauso gilt für einen der Alliierten, mit dem Unterschied, daß alles, was seit 1945 geschieht, der Weltöffentlichkeit bekannt ist, während der blutige Terror der Nazis vor dem deutschen Volk tatsächlich geheimgehalten worden ist.«[72] Marcuse antwortet vollkommen zu Recht, dass diese schmale Differenz zwischen der zwangsweisen Verpflanzung von Volksgruppen und deren Vernichtung in einem Konzentrationslager in jenem Moment genau die Grenze zwischen Menschlichkeit und Unmenschlichkeit markierte. Und wir sollten uns nicht scheuen, noch einen Schritt weiter zu gehen: Auch in der schmalen Differenz zwischen dem stalinistischen Gulag und den Vernichtungslagern der Nazis lag in jenem historischen Moment der Unterschied zwischen Menschlichkeit und Unmenschlichkeit.

Sehen wir uns eine der brutalsten Gräuel des Stalinismus an: die Entkulakisierung in den frühen 1930er Jahren. Stalins Parole war, dass »die Kulaken als Klasse liquidiert werden sollten« –

net) und nur die Klasse durch die Rasse ersetzt habe. An diesem Punkt ist es wichtig, den Unterschied zwischen Sozialismus und Kommunismus zu betonen: Man kann sich zwar einen »National-Sozialismus« vorstellen, doch hat es (ungeachtet historischer Absonderlichkeiten wie Ceausescus Rumänien oder Kambodscha unter den Roten Khmer) nie einen »National-Kommunismus« gegeben.

72 Martin Heidegger, *Gesamtausgabe, Band 16: Reden und andere Zeugnisse eines Lebensweges*, Frankfurt a. M.: Klostermann 2000, S. 430 f.

aber was bedeutete das? Es konnte vieles bedeuten – die Enteignung ihres Besitzes (Land), die Zwangsumsiedlung in andere Gebiete (etwa aus der Ukraine nach Sibirien) oder einfach in den Gulag – aber es bedeutete *nicht*, sie einfach umzubringen. Das Ziel war, sie *als Klasse* zu liquidieren, nicht als Individuen. Selbst als die Landbevölkerung absichtlich dem Hungertod ausgeliefert wurde (Millionen Tote in der Ukraine), geschah dies nicht mit dem Ziel, sie zu töten, sondern um ihnen das Rückgrat zu brechen, um sie mit Gewalt gefügig zu machen und ihnen zu zeigen, wer der Herr im Hause war. Die Differenz – minimal, aber entscheidend – bleibt auch in Bezug auf die »Entjudung« der Nazis bestehen, deren Ziel es war, die Juden als Individuen zu vernichten, sie als Rasse verschwinden zu lassen.

In diesem Sinne hat Ernst Nolte recht: Der Nationalsozialismus *war* eine Wiederholung, eine Kopie des Bolschewismus – er war, in Nietzsches Worten, ein zutiefst *reaktives* Phänomen.

4 Von Anfang beginnen

Menschliches, Allzumenschliches …

Aufgrund ihres alles durchdringenden Charakters erscheint die Ideologie als ihr eigenes Gegenteil, als Nichtideologie, als Kern unserer menschlichen Identität jenseits aller ideologischen Etikettierungen. Das macht Jonathan Littells herausragenden Roman *Les Bienveillantes*[1] so traumatisch, besonders für deutsche Leser: Er liefert eine fiktive Darstellung des Holocaust aus der Sicht eines beteiligten Deutschen, des SS-Obersturmbannführers Maximilian Aue. Das Dilemma besteht dabei genau darin, wie man die Sicht- und Denkweise von Nazi-Schergen wiedergeben soll, ohne Sympathie für sie zu wecken oder ihr Tun womöglich gar zu rechtfertigen. Oder um es etwas geschmackloser auszudrücken: Littell liefert uns eine fiktionalisierte Naziversion von Primo Levi – und erteilt uns so eine Freud'sche Schlüssellektion: Man sollte die Vorstellung ablehnen, der richtige Weg, die Dämonisierung des Anderen zu bekämpfen, bestehe darin, ihn zu subjektivieren, sich seine Geschichte anzuhören, zu verstehen, wie er die Situation wahrnimmt – oder wie es eine Friedensaktivistin formuliert hat: »Ein Feind ist jemand, dessen Geschichte man nicht gehört hat.« Diese Methode hat eine klare Grenze: Kann man sich vorstellen, einen brutalen Nazi-Verbrecher dazu einzuladen – wie Littells Maximilian Aue, der sich eher selbst einlädt –, uns seine Geschichte zu erzählen? Ist man auch bereit zu sagen, dass Hitler ein Feind war, weil seine Geschichte nicht gehört wurde? Kann diese persönliche Einzelheit die Gräueltaten »wiedergutmachen«, die unter seiner Regierung begangen wurden, macht sie ihn

[1] Jonathan Littell, *Die Wohlgesinnten*, Berlin: Berlin Verlag 2008.

»menschlicher«? Reinhard Heydrich, der Architekt des Holocaust, spielte gerne abends mit Freunden Beethovens späte Streichquartette. Unsere grundlegendste Subjektivitätserfahrung ist der »Reichtum des inneren Lebens«: Dies ist, was ich »wirklich bin«, im Gegensatz zu den symbolischen Bestimmungen und Mandaten, die ich im öffentlichen Leben übernehme (Vater, Professor ...). Die erste Lektion der Psychoanalyse ist, dass dieser »Reichtum des inneren Lebens« von Grund auf ein Schwindel ist, ein Schirm, eine falsche Distanz, deren Funktion darin besteht, sozusagen meinen Schein zu wahren und meine wahre gesellschaftlich-symbolische Identität spürbar (meinem imaginären Narzissmus zugänglich) zu machen. Eine Möglichkeit der Ideologiekritik besteht folglich darin, sich Strategien zu überlegen, wie man diese Heuchelei eines »inneren Lebens« und seiner »echten« Emotionen entlarven kann. Unser inneres Erleben, die Geschichte, die wir uns über uns selbst erzählen, um unser Handeln zu erklären, ist eine Lüge unseres Geistes – die Wahrheit liegt außerhalb, in dem, was wir tun. Die schwierige Lehre aus Littells Roman ist, dass die Person, obwohl wir ihre ganze Geschichte *kennen*, unser Feind *bleiben* sollte. Was an den Nazi-Schergen wirklich unerträglich ist, sind nicht ihre schrecklichen Taten, sondern wie »menschlich, allzumenschlich« sie blieben, während sie sie begingen. »Geschichten, die wir uns über uns selbst erzählen,« dienen dazu, die wahre ethische Dimension unseres Handelns zu verschleiern. Im ethischen Urteil sollten wir geschichtsblind sein – deshalb ist Elfriede Jelineks Rat an Theaterschriftsteller nicht nur ästhetisch korrekt, sondern auch ethisch zutiefst berechtigt: »Schauspieler auf der Bühne sollen seicht sein, wie die Kleider in einer Modenschau: Man sollte nicht mehr bekommen, als was man sieht. Psychologischer Realismus ist widerwärtig, weil er es uns ermöglicht, aus der abscheulichen Realität zu entkommen, indem wir im ›Luxus‹ der Persönlichkeit Unterschlupf finden und uns in den Tiefen des individuellen Charakters verlieren. Die Aufgabe des Schriftstellers ist es, dieses Manöver zu durchkreuzen und uns bis zu einem Punkt zu scheuchen, von dem aus wir das Grauen mit leidenschaftslosem Blick betrachten können.«[2]

Dieselbe Strategie der ideologischen »Vermenschlichung« (im Sinne der sprichwörtlichen Weisheit »Irren ist menschlich«) ist auch eine Schlüsselkomponente der ideologischen (Selbst-)Darstellung der israelischen Streitkräfte. Die israelischen Medien gehen gerne ausführlich auf die Unvollkommenheiten und psychischen Probleme der israelischen Soldaten ein und stellen sie weder als perfekte Kampfmaschinen noch als übermenschliche Helden, sondern als ganz normale Menschen dar, die, gefangen in den Traumata der Geschichte und des Krieges, Fehler begehen und die Orientierung verlieren können, wie jeder andere auch. Als etwa die israelische Armee im Januar 2003 das Haus der Familie eines mutmaßlichen »Terroristen« zerstörte, ging sie mit betonter Liebenswürdigkeit vor und half der Familie sogar noch, ihre Möbel aus dem Haus zu schaffen, bevor sie es mit dem Bulldozer planierte. Kurz zuvor hatte die israelische Presse über einen ähnlichen Vorfall berichtet: Als ein israelischer Soldat ein palästinensisches Haus nach Verdächtigen durchsuchte, rief die Mutter ihre Tochter beim Namen, um sie zu beruhigen, und der verdutzte Soldat musste feststellen, dass das verschreckte Mädchen genauso hieß wie seine eigene Tochter; in einem Anfall von Sentimentalität zückte er seine Brieftasche und zeigte ihr Bild der palästinensischen Mutter. Die Falschheit einer solchen Empathiegeste ist leicht zu erkennen: Die Vorstellung, dass wir trotz aller politischen Differenzen doch Menschen mit denselben Vorlieben und Sorgen sind, neutralisiert die Wirkung dessen, was der Soldat tatsächlich gerade tut. Die einzig richtige Antwort der Mutter müsste also lauten: »Wenn Sie wirklich ein Mensch sind wie ich, *warum tun Sie dann, was Sie gerade tun*?« Der Soldat kann

[2] Nicholas Spice, »Up from the Cellar«, in: *London Review of Books*, 5. Juni 2008, S. 6.

sich dann nur noch auf seine verdinglichte Pflicht berufen: »Es gefällt mir nicht, aber es ist meine Pflicht …« – und so der subjektiven Annahme seiner Pflicht entgehen. Vermenschlichungen dieser Art sollen die Kluft verdeutlichen, die zwischen der komplexen Realität der Person und der Rolle, die sie entgegen ihrer wahren Natur spielen muss, herrscht. »In meiner Familie liegt das Militärische nicht in den Genen«, sagt einer der interviewten Soldaten, der zu seiner eigenen Überraschung Karriereoffizier geworden ist, in Claude Lanzmanns Film *Tsahal* (1994; Tsahal ist ein hebräisches Akronym für die israelische Armee). Ironischerweise folgt Lanzmann darin demselben Hang zur Vermenschlichung wie Steven Spielberg, den er ansonsten zutiefst verachtet.

Wie schon in *Shoah* arbeitet Lanzmann in *Tsahal* nur in der Gegenwart und lehnt Kriegsszenen aus dem Archiv oder erklärende Kommentare, die das Geschehen in einen historischen Kontext einordnen würden, ab. Gleich am Anfang werden wir in medias res geworfen: Mehrere Offiziere erinnern sich an die Schrecken des Jom-Kippur-Krieges von 1973, während im Hintergrund ein Aufnahmegerät zu sehen ist, das die authentischen Mitschnitte des Moments der Panik wiedergibt, als die israelischen Einheiten auf der Ostseite des Sueskanals von ägyptischen Soldaten überrannt wurden. Diese »Klanglandschaft« dient als Auslöser, um die interviewten (ehemaligen) Soldaten in ihr traumatisches Erlebnis zurückzuversetzen. Schwitzend durchleben sie noch einmal jene Situation, in der viele ihrer Kameraden fielen, und reagieren darauf, indem sie ihre menschlichen Schwächen, Panik und Furcht vollkommen eingestehen – manche geben offen zu, dass sie nicht nur um ihr Leben, sondern um die Existenz des ganzen Staates Israel fürchteten. Ein weiterer Aspekt der Vermenschlichung ist die intime, »animistische« Beziehung zu Waffen, insbesondere Panzern – einer der Soldaten sagt im Interview über Panzer: »Sie haben Seelen. Wenn du einem Panzer deine Liebe schenkst, deine Aufmerksamkeit, wird er dir alles zurückgeben.«

Lanzmanns Fokussierung auf die Erfahrung des permanenten Ausnahmezustands und der drohenden Vernichtung, welche die israelischen Soldaten machen mussten, wird normalerweise als Rechtfertigung dafür herangezogen, dass die palästinensische Perspektive ausgeschlossen bleibt. Erst gegen Ende des Films sieht man sie anonym im Hintergrund, wie sie de facto als unterprivilegierte Klasse behandelt, militärischen und polizeilichen Kontrollen unterworfen und mit bürokratischen Verfahren schikaniert werden; die einzige ausdrückliche Kritik an der israelischen Politik im Film kommt allerdings von den interviewten Schriftstellern und Anwälten (Avigdor Feldman, David Grossman, Amos Oz). Eine wohlwollende Interpretation könnte ins Feld führen (wie es Janet Maslin in ihrer Rezension von *Tsahal* in der New York Times getan hat), dass »Lanzmann diese Gesichter für sich sprechen lässt«, dass er die Unterdrückung der Palästinenser als Hintergrundpräsenz in Erscheinung treten lässt, die durch ihr Schweigen umso überwältigender wirkt – aber ist das wirklich so? Eine Schlüsselszene gegen Ende des Films, in der Lanzmann mit einem israelischen Bauunternehmer diskutiert, beschreibt Maslin so:

»›Wenn die Araber wissen, dass es hier bis in alle Ewigkeit Juden geben wird, werden sie lernen, damit zu leben‹, behauptet dieser Mann, dessen neue Häuser auf besetztem Gebiet gebaut werden. Hinter ihm arbeiten eifrig arabische Handwerker, während er redet. Als er mit den heiklen Fragen konfrontiert wird, die der Siedlungsbau aufwirft, verstrickt sich der Mann in Widersprüche und schaltet auf stur. ›Dies ist das Land Israel‹, beharrt er immer dann, wenn Mr. Lanzmann, der es sich zur Aufgabe gemacht hat, das Verhältnis des israelischen Volks zu seinem Land zu erforschen, eine der vielen Fragen stellt, auf die es keine Antworten gibt. Schließlich gibt der Regisseur die Diskussion auf, lächelt philosophisch und umarmt den Bauunternehmer. In diesem Moment bringt er all die Wehmut und die Frustration, die in *Tsahal* zu sehen sind, zum Ausdruck, und er schafft dies in einer einzigen Geste.«[3]

[3] Janet Maslin, »*Tsahal*; Lanzmann's Meditation On Israel's Defense«, in: *New York Times*, 27. Januar 1995.

Würde Lanzmann auch den arabischen Handwerker im Hintergrund philosophisch anlächeln und umarmen, wenn dieser im Interview in wütende Raserei gegen die Israelis ausbrechen würde, die ihn zu einem bezahlten Instrument des Raubes an seinem eigenen Land degradieren? Darin liegt die ideologische Ambiguität von *Tsahal*: Die interviewten Soldaten spielen die Rolle ihres »normalen menschlichen Selbst«, sie inszenieren die Maske, die sie sich zur Vermenschlichung ihrer Taten geschaffen haben. Diese ideologische Mystifikation (bei der die ideologische Maske als »normales menschliches Inneres« präsentiert wird) erreicht ihren unübertroffenen ironischen Höhepunkt mit dem Auftritt von Ariel Sharon als friedlicher Bauer.

Ein ähnlicher Fall von »Vermenschlichung« ist interessanterweise auch in der aktuellen Erfolgswelle von Superhelden-Filmen (*Spiderman*, *Batman*, *Hancock* …) zu beobachten – die Kritiker schwärmen davon, dass diese Filme die flache Welt der Comicfiguren hinter sich ließen, und ergehen sich in detailreichen Schilderungen der Unsicherheiten, Schwächen, Zweifel, Befürchtungen und Ängste des übernatürlichen Helden, seine Kämpfe gegen die inneren Dämonen, seine Konfrontation mit der eigenen dunklen Seite usw., als ob all das die kommerzielle Superproduktion in irgendeiner Weise »künstlerischer« machen würde. (Eine Ausnahme stellt hier M. Night Shyamalans großartiger Film *Unbreakable – Unzerbrechlich* dar.) Der unzweifelhafte Höhepunkt dieser Vermenschlichung im wirklichen Leben war eine offizielle Presseerklärung Nordkoreas, in der es hieß, der geliebte Präsident Kim Jong-il habe sich bei der Eröffnung des ersten Golfplatzes des Landes dadurch hervorgetan, dass er den 18-Loch-Kurs mit 19 Schlägen beendet habe. Man kann sich die Überlegungen des zuständigen Beamten im Propagandaministerium vorstellen: Niemand würde glauben, dass Kim den Ball jedes Mal mit dem ersten Schlag ins Loch befördert hat, also geben wir, um die Sache realistischer wirken zu lassen, zu, dass er einmal zwei Schläge benötigte … Dieselbe Art der »Vermenschlichung« ruiniert leider den Film *Der Baader Meinhof Komplex* (2008), eine ansonsten interessante Schilderung des Schicksals der ersten RAF-Generation (Ulrike Meinhof, Gudrun Ensslin, Andreas Baader) in Deutschland. Der subjektive Standpunkt des Films, der dem Zuschauer implizit als Identifikationspunkt offeriert wird, ist der von Meinhof, einer »Terroristin«, die dennoch »menschlich« bleibt, Ängste und Zweifel hat und sich ständig über ihre Situation Gedanken macht, während Ensslin und Baader als brutal und unmenschlich in ihrer »engelhaften« Perfektion präsentiert werden. Die Kluft, die sie trennt, offenbart sich am deutlichsten in ihren jeweils unterschiedlichen Selbstmorden: Meinhof erhängt sich aus Verzweiflung, als ihr gesamtes ethisch-politisches Universum auseinanderbricht, Ensslin und Baader dagegen nehmen sich das Leben als kühl geplantes politisches Statement. (In dieser Beziehung bildet Meinhof das Pendant zu dem von Bruno Ganz gespielten BKA-Chef, der die Jagd nach den Terroristen koordiniert. Anders als seine Kollegen, welche die Terroristen einfach nur auslöschen wollen, macht er sich Gedanken über die Ursachen des Terrors und versucht ihn in einen größeren ideologisch-politischen Kontext einzuordnen.)

Wir sollten uns nicht scheuen, diese Einsicht auf die grundlegende kollektive Form des »Erzählens von Geschichten über uns selbst«, die symbolische Textur, welche die Grundlage von (ethnischen, lebensstilbezogenen, sexuellen, religiösen ...) Gemeinschaften bildet, auszudehnen. Kants Unterscheidung zwischen öffentlichem und privatem Gebrauch der Vernunft kann uns dabei sehr hilfreich sein. Das entscheidende Manko der sogenannten »Identitätspolitik« ist, dass sie sich auf »private« Identitäten konzentriert – ihr äußerster Horizont ist die Toleranz und die Vermischung »privater« Identitäten; jede Universalität dagegen, jede Eigenschaft, die das gesamte Feld durchkreuzt, wird als repressiv abgelehnt. Die paulinische Universalität ist eine kämpfende – wenn Paulus sagt: »Es gibt nicht mehr Juden und Griechen, nicht Mann und Frau ...«, dann bedeutet dies nicht, dass wir alle eine große, glückliche Familie der Menschen sind, sondern dass es eine große Scheidelinie gibt, die durch alle besonderen Identitäten läuft und diese letztlich bedeutungslos macht: »Es gibt nicht mehr Juden und Griechen, nicht Mann und Frau … *nur noch Christen und die Feinde des Christentums!*« Oder wie wir heute sagen würden: nur noch Kämpfer für die Emanzipation und ihre reaktionären Gegner, nur das Volk und die Feinde des Volkes.

Es ist nicht verwunderlich, dass das Thema der »toxischen Subjekte« in letzter Zeit mehr und mehr um sich greift. Lillian Glass identifiziert in ihrem Buch *Mit mir nie wieder!*[4] 29 Typen toxischer Menschen mit teilweise lustigen Bezeichnungen wie »nervtötender Witzbold« oder »feiges Wiesel«. Das Buch enthält ein Quiz, um dem Leser zu helfen, einen verdächtigen »toxischen Terror-Typen« in die richtige Kategorie einzusortieren, und schlägt zehn Techniken vor, um mit ihnen umzugehen: Atemtechnik zur Spannungslösung, Humor, Gedankenstopp, Toxisches Verhalten widerspiegeln, Direkte Konfrontation, Genaues Nachfragen, Laut werden, Freundlich bleiben, Rachephantasien und Abschalten. Da wir, wie Glass einräumt, zu einem gewissen Grad alle toxisch sind, bietet sie noch ein Inventar toxischer Bilder an, um unsere eigenen toxischen Verhaltensweisen zu erkennen. Albert J. Bernstein[5] geht (rhetorisch) noch einen Schritt weiter, indem er die Horror-Mythologie bemüht und direkt von emotionalen Vampiren spricht, die irgendwo da draußen, als ganz normale Menschen getarnt, auf uns lauern. Das kann im Büro sein, in der Familie, im Freundeskreis, vielleicht sogar im eigenen Bett. Sie sind geistreich, vielseitig begabt und charismatisch und gewinnen so zunächst unser Vertrauen und unsere Zuneigung, bevor sie unsere emotionale Energie aussaugen. Bernstein teilt sie in vier

4 Lillian Glass, *Mit mir nie wieder! 10 Methoden, mit Menschen umzugehen, die Ihnen das Leben schwermachen*, Zürich: Oesch 1996.

5 Albert J. Bernstein, *Emotionale Vampire. So werden Sie mit Menschen fertig, die Ihnen den letzten Nerv rauben*, Landsberg: mvg 2002.

Hauptkategorien ein, die er die antisozialen, die histrionischen, die narzisstischen und die obsessiv-impulsiven Typen nennt. Erwartungsgemäß gibt er uns auch eine Reihen von geeigneten Verteidigungsstrategien an die Hand, welche die blutsaugenden Geschöpfe der Finsternis garantiert daran hindern werden, uns leer zu saugen.

Dieses Thema der »toxischen Subjekte« geht weit über die unmittelbaren zwischenmenschlichen Beziehungen hinaus; in beispielhaft »postmoderner« Weise deckt das Prädikat »toxisch« eine ganze Reihe von Eigenschaften aus vollkommen unterschiedlichen Bereichen (Natur, Kultur, Psychologie, Politik) ab. Ein »toxisches Subjekt« kann ein Einwanderer mit einer tödlichen Krankheit sein, der unter Quarantäne gestellt werden sollte; ein Terrorist, dessen Mordpläne vereitelt werden müssen und der nach Guantanamo gehört, der leeren Zone im rechtsfreien Raum; ein fundamentalistischer Ideologe, der zum Schweigen gebracht werden sollte, weil er Hass verbreitet; Eltern, Lehrer oder Priester, die Kinder missbrauchen oder verderben. In einer Hegel'schen Universalisierungsgeste sollten wir hier den Übergang vom Prädikat zum Subjekt vollziehen: Steckt nicht aus der Sicht des autonomen, freien Subjekts grundsätzlich etwas »Toxisches« in der Idee von »Eltern«, jenen parasitären Vermittlern, die das Subjekt genau in dem Prozess, in dem sie es als frei und autonom etablieren, einer Autorität unterwerfen? So etwas wie reine, saubere, nichttoxische Eltern gibt es nicht. Irgendein libidinöser Schmutzfleck haftet der elterlichen Idealfigur immer an. Und man sollte diese Verallgemeinerung konsequent zu Ende denken: Das Toxische ist letzten Endes der Nächste als solcher, der Abgrund seines Begehrens und seines obszönen Genießens. Das oberste Ziel aller zwischenmenschlichen Beziehungsregeln ist daher, diese toxische Dimension unter Quarantäne zu stellen oder zumindest zu neutralisieren und zu bändigen und den Nächsten auf einen Mitmenschen zu reduzieren. Es reicht daher nicht, nach kontingenten toxischen Bestandteilen im (anderen)

Subjekt zu suchen, das Subjekt *an sich*, in seiner reinen Form, als Abgrund der Andersheit ist toxisch – was es toxisch macht, ist das *objet petit a*, von dem seine Konsistenz abhängt. Wenn wir einen engen Freund oder Verwandten gut zu kennen glauben, passiert es oft, dass diese nahestehende Person plötzlich etwas tut – eine unerwartete vulgäre oder gemeine Bemerkung äußert, eine obszöne Geste macht, uns gleichgültig anschaut, wo wir mit Mitgefühl gerechnet hätten –, wodurch uns bewusst wird, dass wir ihn gar nicht wirklich kennen. Wir merken plötzlich, dass da ein völlig Fremder vor uns steht. In diesem Moment wird der Mitmensch zum Nächsten.

Wie um eine Art ironische Bestätigung der Theorie Giorgio Agambens abzugeben, rief die italienische Regierung im Juli 2008 landesweit den Ausnahmezustand aus, um dem Problem des Nächsten Herr zu werden, für das heute paradigmatisch die illegalen Einwanderer aus Nordafrika und Osteuropa stehen. Anfang August ging man noch einen Schritt weiter und ließ demonstrativ 4000 bewaffnete Soldaten aufmarschieren, um sensible Punkte in Großstädten (Bahnhöfe, Geschäftszentren usw.) zu kontrollieren und dadurch die öffentliche Sicherheit zu erhöhen. Inzwischen gibt es Pläne, das Militär zum Schutz von Frauen vor Vergewaltigungen einzusetzen … Das Bemerkenswerte daran ist, dass der Ausnahmezustand ohne große Aufregung eingeführt wurde. Das Leben geht ganz normal weiter … Nähern wir uns diesem Zustand nicht mittlerweile in allen entwickelten Ländern der Welt, wo diese oder jene Form von Ausnahmezustand (gegen die terroristische Bedrohung, gegen Einwanderer usw.) einfach als notwendige Maßnahme hingenommen wird, die den normalen Lauf der Dinge sicherstellt?

Was ist nun also die Realität dieses Ausnahmezustands? Das macht ein Vorfall vom 20. September 2007 deutlich, als sich sieben tunesische Fischer in Sizilien vor Gericht für das Verbrechen verantworten mussten, 44 afrikanische Migranten vor dem sicheren Tod auf hoher See gerettet zu haben. Auf »Beihilfe zur illegalen Einwanderung« stehen ein bis 15 Jahre Gefängnis. Am 7. August waren die Männer an einem Riff 30 Meilen südlich der Insel Lampedusa in der Nähe von Sizilien vor Anker gegangen und hatten sich schlafen gelegt. Als sie durch Schreie aufgeweckt wurden, sahen sie ein Schlauchboot, vollgepackt mit völlig ausgehungerten Menschen, darunter auch Frauen und Kinder, das in der rauen See schlingerte und kurz davor war zu sinken. Der Kapitän entschied, sie zum nächsten Hafen nach Lampedusa zu bringen, wo die gesamte Besatzung festgenommen wurde. Alle Beobachter sind sich einig, dass das wahre Ziel dieses absurden Prozesses darin besteht, andere Seeleute davon abzuhalten, das Gleiche zu tun: Gegen Fischer, die Berichten zufolge in einer ähnlichen Situation Migranten mit Stöcken vertrieben und ertrinken ließen, wurden keine Maßnahmen ergriffen.[6] Der Vorfall beweist die Gültigkeit von Agambens Vorstellung des *homo sacer*, der aus der bürgerlichen Ordnung ausgeschlossen ist und ungestraft getötet werden kann, in der Mitte Europas, das sich selbst rühmt, die letzte Bastion der Menschenrechte und der humanitären Hilfe zu sein, und sich von den Auswüchsen des US-amerikanischen Kriegs gegen den Terror distanzieren will. Die Helden dieser Geschichte sind die tunesischen Fischer, deren Kapitän, Abdelkarim Bayoudh, schlicht erklärte: »Ich bin froh über das, was ich getan habe.«

Robert Brasillach, der sich selbst als »moderaten« Antisemiten verstand, erfand 1938 die Formel des »vernünftigen Antisemitismus« und erklärte dazu: »Wir erlauben uns, Charlie Chaplin, einem Halbjuden, im Kino Beifall zu spenden, Proust, einen Halbjuden, zu bewundern, Yehudi Menuhin, einen Juden, zu beklatschen; und die Stimme Hitlers wird durch Radiowellen übertragen, die nach dem Juden Hertz benannt wurden.

[6] Vgl. den Bericht von Peter Pophamin, »Tunisian fishermen face 15 years' jail in Italy for saving migrants from rough seas«, in: *The Independent*, 20. September 2007, S. 30.

[…] Wir wollen niemanden umbringen, wir wollen keine Pogrome organisieren. Aber wir glauben auch, dass der beste Weg zu Verhinderung der stets unvorhersehbaren Aktionen eines instinktmäßigen Antisemitismus in der Einrichtung eines vernünftigen Antisemitismus besteht.«[7] Finden wir dieselbe Haltung nicht auch in der Art und Weise wieder, wie unsere Regierungen mit der »Bedrohung durch Einwanderer« umgehen? Erst wird ein direkter populistischer Rassismus zu Recht als »unvernünftig« und für unsere demokratischen Standards nicht hinnehmbar zurückgewiesen, um dann »vernünftige« rassistische Schutzmaßnahmen zu ergreifen … Oder die Brasillachs von heute, darunter sogar einige Sozialdemokraten, erzählen uns: »Wir erlauben uns, afrikanischen und osteuropäischen Sportlern, asiatischen Ärzten und indischen Programmierern Beifall zu spenden. Wir wollen niemanden umbringen, wir wollen keine Pogrome organisieren. Aber wir glauben auch, dass der beste Weg zur Verhinderung der stets unvorhersehbaren gewaltsamen Abwehrmaßnahmen gegen Einwanderer in der Einrichtung eines vernünftigen Anti-Einwanderer-Schutzes besteht.« Hier sehen wir deutlich den Übergang von der direkten Barbarei zur Barbarei mit menschlichem Antlitz à la Berlusconi.

Die Figur Berlusconi als »menschlicher, allzumenschlicher Führer« ist hier von zentraler Bedeutung, denn das heutige Italien stellt eine Art Versuchslabor für unsere Zukunft dar. Angesichts der gegenwärtigen Spaltung der politischen Szene in permissiv-liberalen Technokratismus und fundamentalistischen Populismus besteht Berlusconis große Leistung darin, die beiden zu vereinen und beides gleichzeitig zu sein. Diese Kombination macht ihn wohl – zumindest in absehbarer Zukunft – unschlagbar. Die Überreste der italienischen »Linken« nehmen ihn mittlerweile resigniert als »Schicksal« hin. Diese stumme

[7] Auf Englisch nachzulesen unter www.europa-landofheroes.com/print.php?type=A&item_id=74.

Akzeptanz Berlusconis ist vielleicht der traurigste Aspekt seiner Regierungszeit. Er steht gewissermaßen für eine Demokratie der kampflosen Sieger, die durch zynische Demoralisierung regieren.

Was Berlusconi als politisches Phänomen so interessant macht, ist die Tatsache, dass er, der mächtigste Politiker seines Landes, zunehmend schamloser agiert. Nicht nur, dass er juristische Ermittlungen über seine kriminellen Machenschaften einfach ignoriert oder politisch neutralisiert, um seine privaten Geschäftsinteressen voranzutreiben, er unterminiert auch systematisch die grundsätzliche Würde des Staatsoberhaupts. Klassischerweise basiert die Würde in der Politik darauf, dass diese über das Spiel der Partikularinteressen in der bürgerlichen Gesellschaft erhoben wird. Die Politik ist von der bürgerlichen Gesellschaft »entfremdet«, sie präsentiert sich als Idealsphäre des *Citoyen* und als Gegensatz zu den egoistischen Interessenskonflikten, die den *Bourgeois* charakterisieren. Berlusconi hat diese Entfremdung praktisch abgeschafft: Im heutigen Italien wird die staatliche Macht direkt vom gemeinen Bourgeois ausgeübt, der sie rücksichtslos und unverhohlen als Mittel zum Schutz seiner wirtschaftlichen Interessen benutzt und die schmutzige Wäsche seiner privaten Ehekonflikte im Stile einer vulgären Reality-Show vor Millionen von Menschen wäscht, die auf ihren Fernsehgeräten dabei zusehen. Der letzte wirklich tragische US-Präsident war Richard Nixon – wie die beiden herausragenden Filme über ihn (Oliver Stones *Nixon* und der aktuellere *Frost/Nixon*) zeigen, war er zwar ein Betrüger, aber er fiel der Kluft zwischen seinen Idealzielen und der Wirklichkeit seiner Handlungen zum Opfer und erlebte somit einen echten tragischen Untergang. Schon mit Ronald Reagan (und Carlos Menem in Argentinien) betrat ein anderer Präsidententyp die Bühne, ein »Teflon«-Präsident, den man versucht ist als postödipal zu charakterisieren; ein »postmoderner« Präsident, von dem nicht einmal mehr erwartet wird, dass er sich konsequent an sein Wahlprogramm hält, was ihn praktisch immun gegen sachliche Kritik macht (erinnern wir uns, wie Reagans Popularität nach jedem öffentlichen Auftritt zunahm, wenn die Journalisten seine Fehler aufzählten). Dieser neue Präsidententyp vermischt (vermeintlich) spontan-naive Ausbrüche mit skrupellosester Manipulation.

Bei seinen Anstößigkeiten setzt Berlusconi natürlich darauf, dass die Menschen sich mit ihm identifizieren, insofern er das überdimensionale mythische Bild des Durchschnittsitalieners abgibt: Ich bin einer von euch, ein bisschen korrupt, habe Ärger mit dem Gesetz, kriege Probleme mit meiner Frau, weil mich andere Frauen anziehen ... Selbst seine grandiose Inszenierung eines großen, noblen Politikers, *il cavalliere*, gleicht eher dem lächerlich opernhaften Traum von Größe eines armen Mannes. Doch sollten wir uns von dieser Erscheinung eines »normalen Menschen wie jeder andere« nicht täuschen lassen: Hinter der Clownsmaske steckt eine Staatsmacht, die mit schonungsloser Effizienz operiert. Auch wenn Berlusconi ein würdeloser Clown ist, sollten wir daher nicht zu sehr über ihn lachen – vielleicht spielen wir nämlich dadurch schon sein Spiel mit. Sein Lachen ähnelt eher dem obszön-irren Lachen der Gegenspieler von Film-Superhelden wie Batman oder Spiderman – um uns ein Bild davon zu machen, wie Berlusconi regiert, sollten wir uns vorstellen, jemand wie der Joker aus *Batman* wäre an der Macht. Das Problem ist, dass die Kombination aus technokratisch-ökonomischer Verwaltung und alberner Fassade alleine nicht ausreicht. Es ist noch etwas anderes nötig: Furcht – und hier kommt Berlusconis zweiköpfiger Drache ins Spiel: Einwanderer und »Kommunisten« (Berlusconis Sammelbezeichnung für jeden, der ihn angreift, einschließlich der rechtsliberalen britischen Wochenzeitschrift *The Economist*).

Oriana Fallaci (die Berlusconi ansonsten eher wohlwollend gegenüberstand) schrieb einmal: »Wahre Macht braucht keine Arroganz, einen langen Bart oder eine bellende Stimme. Wahre Macht erwürgt einen mit Seidenbändern, Charme und Intelligenz.« Man muss dieser Reihe nur noch eine Portion dumme Selbstverspottung hinzufügen, dann ist man bei Berlusconi. *Kung Fu Panda*, die Animations-Komödie aus dem Jahr 2008, liefert die Grundkoordinaten des Funktionierens von Ideologie in der heutigen Zeit. Der dicke Pandabär träumt davon, ein ehrwürdiger Kung-Fu-Krieger zu werden, und als er durch blinden Zufall (hinter dem natürlich die Hand des Schicksals lauert) zum Helden erwählt wird, der seine Stadt retten soll, hat er tatsächlich Erfolg ... Der pseudo-orientalische Spiritualismus des Films wird allerdings permanent durch einen vulgär-zynischen Allerweltshumor unterminiert. Das Überraschende ist, dass dieses ständige Sich-selbst-durch-den-Kakao-Ziehen die Wirkung des orientalischen Spiritualismus überhaupt nicht beeinträchtigt – der Film nimmt das Ziel seiner endlosen Scherze letztlich ernst, wie in der berühmten Anekdote über Niels Bohr: Als sich ein Forscherkollege, der Bohr in seinem Landhaus besucht, überrascht über ein Hufeisen über dessen Tür zeigt und erklärt, er teile nicht den Aberglauben, dass dies böse Geister vertreibe und Glück bringe, kontert Bohr: »Ich glaube auch nicht daran; es hängt da, weil man mir gesagt hat, dass es auch wirkt, wenn man nicht daran glaubt!« Auf diese Weise wirkt Ideologie heute. Kein Mensch nimmt Demokratie oder Gerechtigkeit mehr ernst, wir alle wissen um deren Korruptheit und dennoch praktizieren wir sie, das heißt wir demonstrieren unseren Glauben daran, weil wir annehmen, dass sie auch wirken, wenn man nicht an sie glaubt. Deshalb ist Berlusconi unser großer Kung Fu Panda. Vielleicht stößt das alte Bonmot der Marx Brothers (»dieser Mann sieht aus und benimmt sich wie ein korrupter Idiot, aber lassen Sie sich nicht täuschen – er ist ein korrupter Idiot!«) hier an seine Grenzen: Berlusconi ist zwar, was er zu sein scheint, aber dennoch ist diese Erscheinung trügerisch.

Der »neue Geist« des Kapitalismus

Die Furcht vor dem »toxischen« Anderen ist also die Kehrseite (und die Wahrheit) unserer Empathie mit dem auf einen Mitmenschen reduzierten anderen – wie sind wir in diese missliche Lage geraten? Das Buch *Der neue Geist des Kapitalismus* von Luc Boltanski und Ève Chiapello geht diesem Problem, insbesondere in Bezug auf Frankreich, auf den Grund.[8] In Weber'scher Manier werden drei aufeinanderfolgende »Geister« des Kapitalismus unterschieden: Der erste, unternehmerische Geist des Kapitalismus dauerte bis zur Weltwirtschaftskrise der 1930er Jahre; der zweite Geist des Kapitalismus orientierte sich nicht mehr am Ideal des Unternehmers, sondern an dem des angestellten Firmendirektors. (Man kann unschwer die starke Parallele zur bekannten Vorstellung des Übergangs vom individualistischen Kapitalismus der protestantischen Ethik zum geschäftsführerischen Kapitalismus des »Menschen der Organisation« erkennen.) Seit den 1970er Jahren entsteht wieder ein neuer »Geist des Kapitalismus«. Der Kapitalismus verabschiedet sich von der hierarchischen fordistischen Struktur des Produktionsprozesses und entwickelt eine netzwerkbasierte Organisationsform, die auf Mitarbeiterinitiative und Autonomie am Arbeitsplatz setzt. Statt hierarchisch zentralisierter Befehlsketten gibt es nun Netzwerke mit einer Vielzahl von Teilnehmern, welche die Arbeit in Teams oder Projekten organisieren und auf Kundenzufriedenheit ausgerichtet sind sowie eine allgemeine Mobilisierung der Arbeiter dank des Weitblicks ihrer Leiter. Auf diese Weise wird der Kapitalismus zu einem egalitären Projekt umgeformt und als solches legitimiert. Durch die Akzentuierung autopoietischer Interaktion und spontaner Selbstorganisation usurpiert er sogar die linke Rhetorik der Arbeiterselbstverwaltung und ver-

[8] Vgl. die detaillierte Darstellung in Luc Boltanski und Ève Chiapello, *Der neue Geist des Kapitalismus*, Konstanz: UVK 2003.

wandelt sie von einem antikapitalistischen in einen kapitalistischen Slogan.

Insofern der Nach-68er-Kapitalismus eine spezifische ökonomische, soziale und kulturelle Einheit bildet, rechtfertigt ebendiese Einheit die Bezeichnung »Postmoderne«. Darum muss man trotz der vielen berechtigten Kritiken an der Postmoderne als neuer Ideologieform einräumen, dass Jean-François Lyotards Akt, mit dem er in seinem Werk *Das postmoderne Wissen* diesen Begriff von der Bezeichnung gewisser neuartiger künstlerischer Tendenzen (besonders in Literatur und Architektur) zum Namen für eine neue historische Epoche erhob, Elemente einer echten *Ernennung* enthielt: Der Begriff »Postmoderne« wirkte als ein neuer Herren-Signifikant, welcher eine neue Ordnung der Verständlichkeit in die verworrene Mannigfaltigkeit der historischen Erfahrung einführte.

Auf der Ebene des Konsums finden wir diesen neuen Geist im sogenannten »Kulturkapitalismus«. Wir kaufen Waren in erster Linie nicht wegen ihres Nutzens oder als Statussymbole, wir kaufen sie wegen des Erlebnisses, das sie uns verschaffen; wir konsumieren sie, um unser Leben angenehm und sinnvoll zu machen. Diese Dreiheit evoziert fast zwangsläufig die Lacan'sche Trias RSI: das Reale des unmittelbaren Nutzens (gutes, gesundes Essen, die Qualität eines Autos usw.), das Symbolische des Status (ich kaufe ein bestimmtes Auto, um meine soziale Stellung anzuzeigen – der Veblen-Effekt), das Imaginäre angenehmer und sinnvoller Erlebnisse. In Paul Verhoevens Dystopie *Die totale Erinnerung – Total Recall* bietet eine Firma an, Erinnerungen an den perfekten Urlaub direkt ins Gehirn einzupflanzen – man muss nicht einmal wegfahren, es ist viel praktischer und billiger, direkt Erinnerungen an die Reise zu erhalten. Eine andere Variante derselben Logik wäre, den ersehnten Urlaub in der virtuellen Realität zu erleben – denn was zählt, ist das Erlebnis, warum sollte man sich also nicht ausschließlich um dieses kümmern und den lästigen Umweg über die Realität weglassen? Konsumieren sollte unserer Lebensqualität zugutekommen, die Zeit des Konsums sollte »Quality Time«, eine schöne, ausgefüllte Zeit sein – keine Zeit der Entfremdung, in der man Models nachahmt, die einem die Gesellschaft vorsetzt, oder Angst davor hat, mit den Nachbarn nicht Schritt halten zu können, sondern die Zeit der authentischen Erfüllung meines wahren Selbst, des sinnlichen Spiels der Erfahrungen, des Sorgens für andere, vom Umweltschutz bis zur Nächstenliebe. Ein exemplarischer Fall von »Kulturkapitalismus« ist die Anzeigenkampagne der Kaffeehauskette Starbucks mit dem Slogan: »It's not just what you're buying. It's what you're buying into.«[9] Nachdem die Qualität des Kaffees gepriesen wird, heißt es in der Anzeige weiter:

»Wenn Sie bei Starbucks einkaufen, dann kaufen Sie sich, ob Sie es merken oder nicht, in etwas Größeres als eine Tasse Kaffee ein. Sie schließen sich einer Kaffee-Ethik an. Durch unser Starbucks Shared Planet Programm kaufen wir mehr fair gehandelten Kaffee ein als jedes andere Unternehmen auf der Welt. Damit stellen wir sicher, dass die Farmer, die die Bohnen anbauen, einen fairen Lohn für ihre harte Arbeit erhalten. Außerdem investieren wir in die Verbesserung von Anbaupraktiken und Communities auf der ganzen Welt. Das ist gutes Kaffee-Karma. […] Ach ja, ein bisschen von dem Geld für eine Tasse Starbucks Kaffee sorgt auch dafür, dass es in unseren Häusern bequeme Stühle, gute Musik und die richtige Atmosphäre zum Träumen, Arbeiten oder Plaudern gibt. Wir alle brauchen heutzutage Orte wie diesen. Wenn Sie sich für Starbucks entscheiden, kaufen Sie eine Tasse Kaffee von einem Unternehmen, das sich kümmert. Kein Wunder, dass er so gut schmeckt.«[10]

Der »kulturelle« Mehrwert wird hier offen ausgebreitet. Der Preis ist deswegen höher als anderswo, weil man in Wirklichkeit eine »Kaffee-Ethik« kauft, welche den Schutz der Umwelt und

[9] Zu Deutsch etwa: »Es geht nicht nur darum, was man kauft, sondern auch darum, in was man sich einkauft.« Damit ist allerdings nur ein Teil der Bedeutung erfasst, denn »to buy into something« bedeutet außerdem auch noch »sich auf etwas einlassen«, »von etwas überzeugt sein«, »sich einer Sache anschließen« [Anm. d. Übers.].

[10] Zitiert nach einer ganzseitigen Anzeige in *US Today*, 4. Mai 2009, S. A9.

soziale Verantwortung gegenüber den Erzeugern ebenso mit einschließt wie einen Ort, an dem man selbst am Gemeinschaftsleben teilnehmen kann (von Anfang an präsentierte Starbucks seine Lokale als Gemeinschaftsraumersatz). Und wenn Ihnen das nicht genügt, wenn Ihre ethischen Bedürfnisse noch immer nicht befriedigt sind, wenn Sie sich weiterhin über das Elend der Dritten Welt Sorgen machen, dann können Sie weitere Produkte kaufen – Starbucks' Selbstbeschreibung des eigenen »Ethos Water« Programms liest sich wie folgt:

»Ethos Water ist eine Marke mit einem gesellschaftlichen Auftrag – Kindern auf der ganzen Welt zu sauberem Wasser zu verhelfen und ein Bewusstsein für die Weltwasserkrise zu schaffen. Jedes Mal, wenn Sie eine Flasche Ethos-Wasser kaufen, werden wir 0,05 US $ (0,10 C $ in Kanada) für unser Ziel aufwenden, bis zum Jahr 2010 mindestens zehn Millionen US-Dollar zusammenzubringen. Mit Hilfe der Starbucks Foundation unterstützt Ethos Water humanitäre Wasserprogramme in Afrika, Asien und Lateinamerika. Aktuell übersteigen die zugesicherten Subventionen von Ethos Water schon 6,2 Millionen Dollar. Diese Programme werden geschätzten 420 000 Menschen den Zugang zu sicherem Wasser, sanitären Anlagen und Hygieneerziehung ermöglichen.«[11]

(Nicht erwähnt wird natürlich, dass eine Flasche Ethos-Wasser bei Starbucks weit mehr als fünf Cent teurer ist als in vergleichbaren Läden …) So hat der Kapitalismus auf der Konsumebene das Vermächtnis der 68er und ihre Kritik am entfremdeten Konsum in sich aufgenommen. Was zählt, ist die authentische Erfahrung. Die Hotelkette Hilton warb kürzlich mit dem einfachen Claim: »Reisen bringt uns nicht nur von A nach B. Es sollte auch bessere Menschen aus uns machen.« Hätte man sich eine solche Anzeige vor zehn Jahren vorstellen können? Und warum kaufen wir eigentlich Bioprodukte? Glaubt wirklich irgendjemand, die angefaulten und teuren »Bioäpfel« wären gesünder? Nein, wir kaufen sie, weil wir dadurch nicht bloß ein Produkt erwerben und konsumieren – wir tun gleich-

11 Zitiert nach www.starbucks.com/responsibility/community/ethos-water-fund.

zeitig auch etwas Sinnvolles, zeigen unsere Achtsamkeit und unser globales Bewusstsein, sind Teil eines großen, gemeinsamen Projekts ... Der jüngste Ausdruck für diesen »neuen Geist« im Bereich der Wissenschaft ist die Entstehung einer neuen Disziplin, der »Glücksforschung« – wie kommt es dann eigentlich, dass in unserer Zeit des vergeistigten Hedonismus, welche das Glück zum obersten Lebensziel erklärt, Angst und Depression um sich greifen? Dieses Rätsel der Selbstsabotage des Glücks und der Lust macht Freuds Botschaft heute aktueller denn je.

Mit Bhutan verdeutlicht wie so oft ein Entwicklungsland auf naive Weise die absurden gesellschaftspolitischen Folgen dieses Glücksbegriffs. Bereits vor einem Jahrzehnt entschied das Königreich, statt des Bruttosozialprodukts (BSP) das Bruttonationalglück (BNG) zum entscheidenden Bewertungskriterium zu erklären. Die Idee stammt vom ehemaligen König Bhutans, Jigme Singye Wangchuck, der sein Land in die moderne Welt führen und gleichzeitig dessen Einzigartigkeit bewahren wollte. Im Zuge des steigenden Drucks der Globalisierung und des Materialismus sowie der ersten Wahlen in dem winzigen Land beauftragte sein Sohn, der äußerst populäre, in Oxford ausgebildete, junge neue König Jigme Khesar Namgyel Wangchuck, eine staatliche Kommission damit, zu ermitteln, wie glücklich die 670 000 Einwohner des Königreichs seien. Die Behörden haben bereits etwa 1000 Menschen befragt und eine Liste mit Glücks-Parametern erarbeitet, die mit dem Human Development Index, dem Wohlstandsindikator der Vereinten Nationen vergleichbar ist. Als wichtigste Kriterien wurden psychisches Wohlbefinden, Gesundheit, Bildung, verantwortungsbewusste Regierungsführung, Lebensstandards, Vitalität der Gemeinschaft und ökologische Vielfalt identifiziert ... *das* ist Kulturimperialismus, wie er im Buche steht.[12]

[12] Vgl. »Bhutan tries to measure happiness«, ABC News 24. März 2008, im Internet abrufbar unter www.abc.net.au/news/stories/2008/03/24/2197797.htm.

Dadurch wird eine ganze ideologisch-historische Erzählung konstruiert, in welcher der Sozialismus konservativ, hierarchisch, verwaltungsmäßig wirkt und somit die Lehre aus 1968 wie Negris Buchtitel »Goodbye Mr. Socialism« zu lauten und die wahre Revolution die des digitalen Kapitalismus zu sein scheint – dieser Kapitalismus ist die logische Konsequenz, die »Wahrheit« der 68er Bewegung. Die Ereignisse von 1968 sind sogar in das Modethema des »Paradigmenwechsels« eingeschrieben. Bezeichnend sind hier die Parallelen zwischen dem Gehirnmodell in den Neurowissenschaften und den herrschenden ideologischen Gesellschaftsmodellen.[13] Selbst Hardt und Negri bestätigen diese Parallele: Ebenso wie es, wenn wir den Aussagen der Neurowissenschaftler glauben dürfen, im Gehirn kein zentrales Ich gibt, sondern unsere Entscheidungen aus den Wechselwirkungen eines Pandämoniums lokaler Agenten emergieren und unsere Psyche ein »autopoietischer« Prozess ohne übergeordnete zentralisierende Instanz ist (ein Modell, welches übrigens ganz explizit auf der Parallele zum gegenwärtigen »dezentralen« Kapitalismus basiert), so gleicht auch die neue Gesellschaft der sich selbst regierenden Multitude einem Pandämonium interagierender Agenten ohne zentrale Entscheidungsinstanz … Kein Wunder, dass Negris Idee des Kommunismus dem »postmodernen« digitalen Kapitalismus auf unheimliche Weise nahekommt.[14]

Ideologisch – und damit kommen wir nun zum entscheidenden Punkt – geschah dieser Wechsel als Reaktion auf die Revolten der 1960er Jahre (vom Pariser Mai in Frankreich und der deutschen Studentenbewegung bis zu den Hippies in den USA). Der damalige antikapitalistische Protest ergänzte die Standardkritik der sozioökonomischen Ausbeutung um die Themen der Kulturkritik: Entfremdung des Alltags, Verwarenförmigung

[13] Catherine Malabou, *Was tun mit unserem Gehirn?*, Zürich: diaphanes 2006.

[14] Vgl. Michael Hardt und Antonio Negri, *Multitude. Krieg und Demokratie im Empire*, Frankfurt a. M.: Campus 2004.

des Konsums, Unechtheit einer Massengesellschaft, in der wir »Masken« tragen und unter sexueller und anderer Unterdrückung leiden, etc. Der neue Geist des Kapitalismus sorgte für eine triumphale Wiederkehr der egalitaristischen und antihierarchischen Rhetorik von 1968 und präsentierte sich als gelungene libertäre Revolte gegen die repressiven gesellschaftlichen Organisationen des Unternehmerkapitalismus *und* des »real existierenden« Sozialismus. Typische Repräsentanten dieses libertären Geists sind die lässig gekleideten, »coolen« Kapitalisten à la Bill Gates oder »Ben & Jerry«, die Hersteller der gleichnamigen Eismarke.

Wir hören von allen Seiten, Che Guevara, eine der Symbolfiguren der 68er, sei zum »Inbegriff der postmodernen Ikone« geworden, die alles und nichts bezeichne und somit nach Belieben auf alles gemünzt werden könne: auf jugendliche Auflehnung gegen Autoritarismus, Solidarität mit den Armen und Ausgebeuteten, Heiligkeit und sogar auf den liberal-kommunistischen Unternehmergedanken der Arbeit zum Wohle aller. Vor ein paar Jahren erklärte gar ein hoher Vertreter des Vatikans, die Verherrlichung Ches sei als Bewunderung für einen Mann zu verstehen, der sein Leben zum Wohl anderer riskiert und geopfert habe. Wie üblich vermischt sich auch hier harmlose Beatifikation mit ihrem Gegenteil, obszöner Kommodifizierung – in Australien gab es eine Zeitlang ein Magnum-Eis namens »Cherry Guevara«; die Werbung konzentrierte sich natürlich auf das »Esserlebnis«: »Der revolutionäre Kampf der Kirschen wurde erstickt, als sie zwischen zwei Schokoladeschichten in die Falle gerieten. Möge ihr Andenken in Ihrem Mund fortleben!«[15] Es liegt freilich auch ein Hauch von Verzweiflung in dieser ständigen Betonung des Umstands, dass Che zu einem neutralen Warenlogo geworden sei – man be-

[15] Vgl. Michael Glover, »The marketing of a Marxist«, in: *The Times* 6. Juni 2006, online unter entertainment.timesonline.co.uk/tol/arts_and_entertainment/article671878.ece.

achte die Reihe jüngerer Publikationen, die uns mahnen, dass Che auch ein kaltblütiger Mörder war, der die Säuberungen in Kuba 1959 organisierte und dergleichen. Bezeichnenderweise tauchen diese Warnungen genau zu einem Zeitpunkt auf, da es überall auf der Welt Zeichen neuer antikapitalistischer Rebellionen gibt, die diese Ikone möglicherweise wieder gefährlich machen könnten … Unter der Überschrift »Polnische Ministerin will Verbot von Lenin- und Guevara-T-Shirts« berichtete *Europe News* am 23. April 2009: »Polens Gleichstellungsbeauftragte will ein Verbot faschistischer und totalitärer Propaganda auf Bücher, Kleidung und andere Gegenstände ausweiten.« »Die Ministerin Elzbieta Radziszewska will ein Gesetz ausweiten, welches die Herstellung faschistischer oder totalitärer Propaganda verbietet. Das Gesetz verböte dann auch Bilder von Che Guevara, die sich weltweiter Beliebtheit auf T-Shirts, Postern und Wänden erfreuen. ›Ich unterstütze diese Lösung‹, sagte Professor Wojciech Roszkowski der Tageszeitung *Rzeczpospolita*. ›Der Kommunismus war ein schreckliches, mörderisches System, dem Millionen von Menschen zum Opfer fielen. Er ist dem Nationalsozialismus sehr ähnlich. Es gibt keinen Grund, die Systeme – und ihre Symbole – unterschiedlich zu behandeln.‹«

Was die sexuelle Befreiung der 1960er Jahre überlebt hat, ist der tolerante Hedonismus, der sich leicht in unsere hegemoniale Ideologie eingliedern ließ, die unter der Ägide des Über-Ichs steht. Was ist eigentlich das Über-Ich? In der Informationsbroschüre eines New Yorker Hotels las ich neulich: »Verehrter Gast! Um sicherzustellen, dass Sie Ihren Aufenthalt bei uns vollkommen genießen, ist unser gesamtes Hotel rauchfrei. Jeder Verstoß gegen diese Vorschrift wird mit einer Geldbuße von 200 Dollar geahndet.« Was für eine herrliche Formulierung! Man wird bestraft, wenn man sich weigert, seinen Aufenthalt vollkommen zu genießen … Der Befehl des Über-Ichs zu genießen wirkt hier als Umkehrung von Kants »Du kannst, denn du sollst!« – er beruht auf einem »Du sollst, denn du kannst!« Das heißt, der Über-Ich-Aspekt unseres »nichtrepressiven« Hedonismus (die ständige Provokation, der wir ausgesetzt sind und die von uns verlangt, bis zum Ende zu gehen und sämtliche Formen unserer *jouissance* zu erforschen) liegt darin, dass aus erlaubter *jouissance* notwendigerweise obligatorische *jouissance* werden muss. Der Drang nach reiner autistischer *jouissance* (durch Drogen oder Trance verursachende Mittel) kam in einem präzise bestimmbaren politischen Moment auf, nämlich als das emanzipatorische Potential von 1968 erschöpft war. An diesem kritischen Punkt (Mitte der 1970er Jahre) gab es nur noch die Möglichkeit eines direkten, brutalen *passage a l'acte*, eines Vorstoßes zum Realen, welcher sich in drei Hauptformen äußerte: der Suche nach extremen Formen der sexuellen *jouissance*; linksradikalem politischem Terrorismus (RAF in Deutschland, Rote Brigaden in Italien etc.), der darauf setzte, dass die standardmäßige Ideologiekritik nicht mehr ausreichte und nur die Zuflucht zum rohen Realen der direkten Gewalt – *l'action directe* – in der Lage wäre, die Massen aus ihrem Schlummer der kapitalistischen Ideologie wiederaufzuwecken); und schließlich der Hinwendung zum Realen einer inneren Erfahrung (orientalische Mystik). Allen dreien gemeinsam ist die Flucht vom konkreten gesellschaftspolitischen Engagement hin zu einem direkten Kontakt mit dem Realen.

Diese Verlagerung vom politischen Engagement zum postpolitischen Realen zeigt sich vielleicht am besten im Filmschaffen des Erzrenegaten Bernardo Bertolucci, von seinen frühen Meisterwerken wie *Vor der Revolution* bis zu den späten ästhetizistisch-spiritualistischen Selbstbefriedigungen wie dem verabscheuungswürdigen *Little Buddha*. Der Kreis schließt sich mit *Die Träumer*, Bertoluccis Spätwerk über das Paris des Jahres 1968. Drei Studenten, ein französisches Geschwisterpaar (Bruder und Schwester) und ein amerikanischer Gaststudent, freunden sich im Trubel der Ereignisse an, trennen sich jedoch am Ende des Films wieder, weil das französische

Paar sich dem politischen Kampf anschließt, während der Amerikaner der Botschaft der Liebe und der emotionalen Befreiung treu bleibt ... Jean-Claude Milner[16] ist sich bewusst, dass das Establishment erfolgreich alle gefährlichen Konsequenzen der 68er-Bewegung zunichtemachte, indem es den sogenannten »Geist von 68« in sich aufnahm und damit den wahren Kern von 68 vergessen machte – die Forderung nach neuen Rechten (die eine wirkliche Umverteilung der Macht bedeutet hätten) wurde erfüllt, allerdings nur in Gestalt von Genehmigungen, Permissionen, und »permissive Gesellschaft« hat exakt die Bedeutung, den Rahmen des Erlaubten für den Einzelnen zu erweitern, ohne ihm zusätzliche Macht zu geben.

»Die Machthabenden kennen den Unterschied zwischen einem Recht und einer Genehmigung ganz genau. [...] Ein Recht im strengen Sinne des Wortes schafft einen Zugang zur Ausübung von Macht auf Kosten einer anderen Macht. Eine Genehmigung verringert nicht die Macht desjenigen, der sie erteilt; sie vergrößert nicht die Macht desjenigen, der sie erhält. Sie macht sein Leben einfacher, und das ist mehr als nichts.« (233)

Ob wir das Recht auf Scheidung nehmen, das Recht auf Abtreibung, Homo-Ehen und so weiter – all dies sind Genehmigungen im Gewand von Rechten, sie ändern nicht das Geringste an den Machtverhältnissen. Dies war die Wirkung des »Geists von 68«: Er »trug tatsächlich dazu bei, das Leben einfacher zu machen. Das ist viel, aber es ist nicht alles. Denn er beeinträchtigte nicht die Mächte.« (236) Darin liegt »das Geheimnis der Ruhe, die in den letzten 40 Jahren in Frankreich herrscht«: »Der Geist von 68 machte sich zum besten Verbündeten der Restauration. Das erklärt auch, warum die Gewalt sich immer mehr an den Rand der Städte verlagert: Der Geist von 68 bleibt nur bei denen, die in den Städten

16 Jean-Claude Milner, *L'arrogance du présent. Regards sur une décennie: 1965 – 1975*, Paris: Grasset 2009. Seitenzahlen im Folgenden in Klammern im Text.

wohnen. Die arme Jugend weiß nichts damit anzufangen.« (237) Der Pariser Mai zielte auf ein allumfassendes (und vollkommen politisiertes) Handeln, während der »Geist von 68« dieses Handeln in entpolitisierte Pseudoaktivität verwandelt hat (neue Lebensstile etc.), die eigentlich soziale Passivität ist. Das Resultat sind die jüngsten Gewaltausbrüche in den Vorstädten, die keinerlei utopischen oder libertären Inhalt mehr haben. Milners bittere Schlussfolgerung lautet: »Erzählen Sie mir nichts mehr von Genehmigungen, Kontrolle, Gleichheit; ich kenne nur Stärke. Hier ist meine Frage: Wie schaffen wir es angesichts der Eintracht der Honoratioren und der Solidarität der Stärksten, den Schwachen zu mehr Macht zu verhelfen?« (241)

Wenn sich also die Linke in die Intimität des sexuellen oder spirituellen Realen zurückgezogen hat, was wurde dann aus der *Form* der radikalen politischen Organisation, den halblegalen Gruppen, die sich in den Zwischenräumen der staatlichen Macht auf den apokalyptischen Endkampf vorbereiteten? Sie tauchten in bestimmten Survival-Gruppierungen in den USA wieder auf. Deren ideologische Botschaft ist zwar die eines religiösen Rassismus, aber ihre gesamte Organisationsweise (kleine, illegale Gruppen, die gegen das FBI und andere Bundesbehörden vorgehen) macht sie zu einem unheimlichen Doppelgänger der Black Panther Party aus den 1960er Jahren. Die survivalistisch-fundamentalistische CSA unterlegte ein Rekrutierungsvideo von 1982 mit folgendem, auf schräge Weise an Negri und Hardt erinnernden Bibelzitat:

»Multitudes, multitudes in the valley of decision,
For the day of the LORD is near in the valley of decision.«[17]

Die Ironie dabei ist, dass die »survivalistischen Fundamentalisten«, was die apokalyptische Organisationsform des Ausnahmezustands angeht, sogar recht haben. Falsch hingegen ist

[17] »Getöse und Getümmel herrscht im Tal der Entscheidung; denn der Tag des Herrn ist nahe im Tal der Entscheidung« (Joel 4:14).

die *populistische* Logik ihres Tuns. Dem Populismus liegen letztlich immer Wut und Enttäuschung der einfachen Menschen zugrunde, ihr frustrierter Aufschrei: »Ich weiß zwar nicht, was vor sich geht, aber ich habe einfach genug davon! Es kann so nicht weitergehen! Es muss aufhören!« Dies ist ein ungeduldiger Ausbruch, eine Weigerung, die Wut in ihrer ganzen Komplexität verstehen zu wollen, und die daraus resultierende Überzeugung, dass jemand für das ganze Durcheinander verantwortlich sein muss, weswegen ein Akteur im Hintergrund gebraucht wird, der alles erklärt. In dieser Wissensverweigerung liegt die wahrhaft *fetischistische* Dimension des Populismus. Denn der Fetisch beinhaltet zwar auf der rein formalen Ebene eine Übertragungsgeste (auf das Objekt/den Fetisch), er fungiert aber eigentlich als genaue Umkehrung der Standardformel der Übertragung (mit dem Subjekt, dem Wissen unterstellt wird). Es ist die Verleugnung des Wissens, welcher der Fetisch Gestalt verleiht, meine Weigerung, subjektiv anzunehmen, was ich weiß. Aus diesem Grund besteht die Differenz zwischen wahrer radikal-emanzipatorischer und populistischer Politik letztlich darin, dass die Erstere, um es mit den Worten Nietzsches zu sagen, die hier vollkommen angebracht sind, aktiv ist, ihre Vision durchsetzt und erzwingt, während die Letztere grundsätzlich *re-aktiv* ist, eine Reaktion auf einen störenden Eindringling. Populismus bleibt mit anderen Worten eine Variante der Politik der Furcht. Er mobilisiert die Massen, indem er die Furcht vor dem verdorbenen Eindringling schürt.

Dies führt uns zum wichtigen Thema des unklaren Verhältnisses von Macht und Wissen in modernen Gesellschaften. Im Universitätsdiskurs, wie Lacan es nennt, wird Autorität durch (Experten-)Wissen geltend gemacht. Jacques-Alain Miller weist zu Recht darauf hin, dass Lacans Originalität im Umgang mit dem Paar Wissen/Macht zu wenig Beachtung gefunden hat. Anders als Foucault, der das Thema ihrer Verbindung endlos variiert hat (Wissen ist nicht neutral, sondern selbst schon ein

Macht- und Kontrollapparat), betont Lacan »für das Zeitalter der Moderne die Disjunktion, Zerrissenheit und Disharmonie von Wissen und Macht. [...] Die Diagnose, die Lacan für die Malaise der Zivilisation stellt, lautet, dass Wissen ›im Verhältnis zu den Wirkungen der Macht ein disproportionales Wachstum‹ erreicht hat.«[18] Diese Problemkonstellation führt uns auf radikalste Weise die Verfahrenheit der gegenwärtigen »Wahlgesellschaft« vor Augen. Das Thema der Wahl ist heute zum Schauplatz ideologischer Auseinandersetzungen geworden. Hirnforscher erklären, die Wahlfreiheit sei eine Illusion – wir erleben uns einfach als »frei«, wenn wir uns so verhalten können, wie es unser Organismus vorherbestimmt, ohne Hindernisse, die unsere Neigung durchkreuzen.[19] Wirtschaftsliberale heben die Wahlfreiheit als zentralen Bestandteil der Marktwirtschaft hervor. Indem wir Dinge kaufen, wählen wir quasi ständig mit unserem Geld. »Tiefgründigere« Denker entfalten gerne Variationen des Themas der »authentischen« existentiellen Entscheidung, bei welcher das Innerste des Seins auf dem Spiel steht; bei dieser Wahl geht es nicht nur um die oberflächliche Entscheidung zwischen dieser oder jener Ware, sondern um den Einsatz unserer ganzen Existenz. Gemäß der »marxistischen« Version dieses Themas verschleiert die Vielzahl an Wahlmöglichkeiten, mit denen uns der Markt bombardiert, das Fehlen einer wirklichen radikalen Wahl in Bezug auf die grundlegende Gesellschaftsstruktur. Es fällt jedoch auf,

[18] Jacques-Alain Miller, »From an Other to the Other«, in: *lacanian ink* 30, S. 43.

[19] Die jüngsten Forschungsergebnisse gehen schon weit über Benjamin Libets klassische Experimente aus den 1980er Jahren hinaus, in denen er zeigen konnte, dass das Gehirn eine Entscheidung schon circa eine drittel Sekunde eher trifft, als es dem Besitzer des Gehirns bewusst ist. Durch Messung der Hirnaktivität während komplexer Problemlösungsvorgänge kann man bis zu acht Sekunden im Voraus feststellen, ob ein Proband einen Geistesblitz zur Lösung der Aufgabe haben wird. Vgl. den Artikel »Incognito. Evidence mounts that brains decide before their owners know about it«, in: *The Economist*, 18. April 2009, S. 78 f.

dass ein Merkmal in dieser Reihe fehlt: der Befehl zu wählen, obwohl uns die kognitiven Grundkoordinaten für eine rationale Entscheidung fehlen. Leonardo Padura schreibt in einem seiner Romane: »Es ist schrecklich, die Vergangenheit zu kennen und dennoch in der Lage zu sein, auf die Zukunft einzuwirken«[20] – gezwungen zu sein, in einer unklaren Situation Entscheidungen zu treffen, ist unsere Grundbedingung. Die Standardsituation der erzwungenen Wahl ist, dass ich frei wählen darf unter der Voraussetzung, dass ich die richtige Wahl treffe, so dass mir nur die leere Geste bleibt, so zu tun als würde ich mich frei für etwas entscheiden, was mir ohnehin aufgezwungen wurde. Was aber, wenn die Wahl wirklich frei *ist* und gerade deswegen als noch frustrierender erlebt wird? Wir sind ständig in der Situation, über Dinge entscheiden zu müssen, die fundamentale Auswirkungen auf unser Leben haben können, ohne jedoch die nötige Wissensgrundlage zu haben. Wir sind, wie John Gray schreibt,

> »in eine Zeit geworfen, in der alles provisorisch ist. Durch neue Technologien wandelt sich unser Leben tagtäglich. Die Traditionen der Vergangenheit lassen sich nicht wiederherstellen, während wir nur vermuten können, was die Zukunft bringen wird. Deshalb sind wir gezwungen, so zu leben, als seien wir frei zu entscheiden.«[21]

Der unablässige Entscheidungsdruck betrifft nicht nur die Unwissenheit über den Gegenstand der Wahl (wir werden mit Wahlaufrufen bombardiert, ohne für die angemessene Entscheidung qualifiziert zu sein), sondern in noch radikalerer Hinsicht die subjektive Unmöglichkeit, die Frage des Begehrens zu beantworten. Wenn Lacan das Objekt des Begehrens als »ursprünglich verloren« definiert, dann geht es ihm nicht einfach darum, dass wir niemals wissen, was wir begehren und auf ewig zur Suche nach dem »wahren« Objekt verurteilt sind,

[20] Leonardo Padura, *Havana Gold*, London: Bitter Lemon Press 2008, S. 233 f.

[21] John Gray, *Von Menschen und anderen Tieren. Abschied vom Humanismus*, Stuttgart: Klett-Cotta 2010, S. 125.

welches die Leere des Begehrens an sich ist, während alle positiven Objekte nur dessen metonymische Stellvertreter sind. Seine These ist weitaus radikaler: Das verlorene Objekt ist letztlich das Subjekt selbst, das Subjekt als Objekt; die Frage des Begehrens, sein eigentliches Rätsel lautet also nicht in erster Linie »Was will ich?«, sondern »Was wollen andere von mir? Welches Objekt – *objet a* – sehen sie in mir?« Deshalb weist Lacan hinsichtlich der hysterischen Frage, »Warum bin ich dieser Name?« (das heißt, woher stammt meine symbolische Identität, wodurch ist sie gerechtfertigt?) darauf hin, dass das Subjekt an sich hysterisch ist. Er definiert das Subjekt tautologisch als »dasjenige, was kein Objekt ist«, und der Punkt dabei ist, dass die Unmöglichkeit, sich selbst als Objekt zu identifizieren (das heißt, zu wissen, was man für die anderen in libidinöser Hinsicht ist), für das Subjekt konstitutiv ist. (Auf diese Weise entfaltet Lacan die ganze Vielfalt »pathologischer« Subjektpositionen, indem er sie als Vielfalt der Antworten auf die hysterische Frage interpretiert. Hysteriker und Zwanghafte stellen zwei Modalitäten der Frage dar; der Psychotiker weiß, dass er das Objekt der *jouissance* des Anderen ist, während der Perverse sich selbst als Instrument der *jouissance* des anderen setzt.)

Hier liegt die erschreckende Dimension des Entscheidungsdrucks. Sogar in der harmlosesten Erkundigung bei einer Hotelreservierung («Hartes oder weiches Kissen? Doppelbett oder zwei Einzelbetten?«) schwingt die bohrende und weitaus radikalere Frage mit: »Wer bist du? Was für ein Objekt möchtest du sein? Was würde die Lücke deines Begehrens füllen?« Daher klingt die Foucault'sche »antiessentialistische« Ansicht über »feste Identitäten«, der unablässige Drang zur »Selbstsorge« und dazu, sich ständig neu zu erfinden und zu erschaffen, auf merkwürdige Weise in der Dynamik des »postmodernen« Kapitalismus wider. Schon der gute alte Existentialismus hat natürlich behauptet, ein Mensch sei das, was er aus sich mache, und knüpfte diese radikale Freiheit an die existentielle Angst.

Für den Existentialismus lag jedoch in der Angst der Erfahrung der eigenen Freiheit und des Fehlens einer substantiellen Bestimmung der authentische Moment, an dem das Subjekt seine Integration in die Beständigkeit des ideologischen Universums zerstört sah – was sich der Existentialismus nicht vorstellen konnte, ist das, was Adorno mit dem Titel seines Buches über Heidegger, *Jargon der Eigentlichkeit*, einzufangen versuchte: dass die hegemoniale Ideologie das Fehlen einer festen Identität nicht mehr verdrängt, sondern direkt mobilisiert, um damit den endlosen Prozess der konsumentischen »Selbst-Neuschöpfung« zu unterstützen.

Zwischen den zwei Fetischismen

Wie ist es möglich, dass die Ideologie als ihr eigenes Gegenteil, als Nichtideologie erscheint? Es hängt mit einem Wechsel des vorherrschenden ideologischen Modus zusammen: In unserer angeblich »postideologischen« Zeit wirkt Ideologie mehr und mehr in *fetischistischer* und nicht mehr wie früher in *symptomaler* Weise. In diesem Modus wird die ideologische Lüge, welche unsere Wahrnehmung der Realität strukturiert, von Symptomen qua »Wiederkehr des Verdrängten« bedroht, Rissen im Gefüge der ideologischen Lüge; der Fetisch dagegen ist im Grunde eine Art *Envers* des Symptoms. Das Symptom ist mit anderen Worten die Ausnahme, welche die Oberfläche des falschen Scheins stört, der Punkt, an dem der verdrängte andere Schauplatz hervorbricht, während der Fetisch die Verkörperung der Lüge ist, welche uns die unerträgliche Wahrheit aushalten lässt. Nehmen wir das Beispiel des Todes eines geliebten Menschen. Im Fall des Symptoms »verdränge« ich diesen Tod, ich versuche, nicht daran zu denken, doch das verdrängte Trauma kehrt als Symptom zurück; im Fall des Fetischs dagegen akzeptiere ich diesen Tod »rational« vollkommen und klammere mich dennoch an den Fetisch, an irgendein Merkmal, das für mich für die Verleugnung dieses Todes steht. So gesehen kann ein Fetisch eine sehr konstruktive Rolle spielen, indem er es uns ermöglicht, mit der harten Wirklichkeit zurechtzukommen. Fetischisten sind keine Träumer, die nur in ihrer eigenen Welt leben, es sind durchaus »Realisten«, die akzeptieren können, wie die Dinge wirklich sind – weil sie ihren Fetisch haben, an den sie sich klammern können, um die volle Wucht der Realität zu bremsen. Ein Psychoanalytiker erzählte mir einmal die tragische Geschichte eines seiner Patienten, eines Ehemanns, dessen junge, schöne Frau an Brustkrebs erkrankte und drei Monate nach der Diagnose starb; der Mann lebte ohne größere Probleme weiter und konnte sogar relativ locker mit seinen Freunden über ihren Tod reden. Die Freunde fragten sich, wie dies möglich war. Hatte er sie nicht wirklich geliebt und war insgeheim erleichtert, dass sie tot war? Dann fanden sie plötzlich den Schlüssel: Immer wenn er über sie redete, streichelte er einen Hamster, das geliebte Haustier seiner Frau – dieser Hamster war sein Fetisch, eine lebende Leugnung ihres Todes, wodurch er rational akzeptieren konnte, dass sie tot war, die symbolische Wirksamkeit dieser Tatsache aber aufhob. Der Beweis: Ein Jahr nach dem Tod der Frau starb auch der Hamster, und die Wirkung dieses *zweiten* Todes war vernichtend – der Witwer erlitt auf der Stelle einen totalen Nervenzusammenbruch und musste schließlich nach mehreren Suizidversuchen in eine Klinik eingewiesen werden … In diesem präzisen Sinne ist für Marx Geld ein Fetisch: Ich tue so, als ob ich ein rationales, utilitaristisches Subjekt wäre, das genau weiß, wie die Dinge wirklich sind – aber ich bringe meinen verleugneten Glauben im Geld-Fetisch zum Ausdruck … Manchmal ist die Grenze fast nicht zu erkennen. Ein Objekt kann als Symptom (eines verdrängten Wunsches) und fast gleichzeitig auch als Fetisch dienen (und den Glauben verkörpern, von dem man sich offiziell distanziert). So kann zum Beispiel etwas, das der Toten gehört hat, etwa ein Kleidungsstück, als Fetisch dienen (in ihm lebt die Tote auf magische Weise weiter) und als Symptom fungieren (als das störende Detail, welches ihren Tod in Erinnerung ruft). Die gleiche Spannung finden wir auch zwischen dem phobischen und dem fetischistischen Objekt. Die strukturelle Rolle ist in beiden Fällen dieselbe: Wird dieses außergewöhnliche Element gestört, bricht das ganze System zusammen. Es stürzt nicht nur das falsche Universum des Subjekts ein, sobald dieses gezwungen wird, sich mit der Bedeutung seines Symptoms auseinanderzusetzen, das Gegenteil trifft ebenso zu: Das »rationale« Akzeptieren der realen Umstände durch das Subjekt endet, sobald ihm der Fetisch weggenommen wird.

Wenn wir also ständig hören, in unserer postideologischen, zynischen Zeit gebe es keine Überzeugungen und Ideale mehr, oder wenn uns jemand sagt, er sei von jeglicher Art von Glauben geheilt und akzeptiere jetzt die soziale Realität so, wie sie wirklich sei, dann sollten wir solchen Behauptungen von nun an mit der Frage begegnen: Okay, und *wo ist dein Hamster*? *Wo ist der Fetisch, der es dir ermöglicht, die Realität zu akzeptieren (oder so zu tun), »wie sie wirklich ist«*? Der »westliche Buddhismus« ist ein solcher Fetisch. Er schafft die Möglichkeit, sich vollkommen am hektischen Treiben des kapitalistischen Spiels zu beteiligen und gleichzeitig den Eindruck aufrechtzuerhalten, man sei gar nicht richtig dabei und wisse ja eigentlich, wie wertlos dieses ganze Spektakel sei – was wirklich zähle sei der innere Friede, in den man sich jederzeit zurückziehen könne … Des Weiteren ist noch festzuhalten, dass der Fetisch auf zwei entgegengesetzte Arten wirken kann: Seine Rolle bleibt entweder unbewusst – wie im Fall des bedauerlichen Ehemanns, der den Hamster nicht als Fetisch wahrnimmt – oder der Fetisch wird für das gehalten, was wirklich zählt, wie im Fall des westlichen Buddhisten, dem nicht bewusst ist, dass die »Wahrheit« seiner Existenz die soziale Beteiligung ist, die er gern als bloßes Spiel abtut.

Noch wichtiger ist die Einführung einer weiteren Unterscheidung zweier Arten von Fetischismus. Der oben beschriebene permissiv-zynische Fetischismus ist einem populistisch-faschistischen Fetischismus entgegenzusetzen. Diesen Modus können wir wieder anhand des Gegensatzes zwischen der mit ihm einhergehenden ideologischen Mystifikation und der populistisch-faschistischen Mystifikation erklären. Ersterer betrifft die falsche Allgemeinheit: Das Subjekt tritt für Freiheit und Gleichheit ein, ohne sich der impliziten Einschränkungen bewusst zu sein, welche deren Umfang allein ihrer Form wegen begrenzen (durch Bevorzugung bestimmter Gesellschaftsschichten: Reiche, Männer, Angehörige bestimmter Rassen oder Kulturen). Der zweite betrifft die falsche Identifikation von Antagonismus und Feind: Der Klassenkampf wird auf den Kampf gegen die Juden verschoben, so dass der Volkszorn über die eigene Ausbeutung von den kapitalistischen Verhältnissen als solchen auf die »jüdische Verschwörung« umgelenkt wird. Naiv hermeneutisch ausgedrückt könnte man sagen: Wenn das Subjekt im ersten Fall »Freiheit und Gleichheit« sagt, dann meint es in Wirklichkeit »Handelsfreiheit und Gleichheit vor dem Gesetz«, und wenn es im zweiten Fall sagt: »Die Juden sind an unserem Elend schuld«, dann meint es eigentlich: »Das Großkapital ist an unserem Elend schuld.« Die Asymmetrie liegt auf der Hand. Um es noch einmal naiv zu formulieren: Im ersten Fall verdeckt der »gute« Inhalt (Freiheit / Gleichheit) den »schlechten« impliziten Inhalt (klassenmäßige und andere Privilegien und Exklusionen); im zweiten dagegen verdeckt der »schlechte« explizite Inhalt (Antisemitismus) den »guten« impliziten Inhalt (Klassenkampf, Hass gegen Ausbeutung).

Die innere Struktur dieser beiden ideologischen Mystifikationen entspricht wiederum unserem Paar Symptom / Fetisch. Die impliziten Beschränkungen sind die Symptome des liberalen Egalitarismus (in denen die verdrängte Wahrheit wiederkehrt), während »Jude« der Fetisch antisemitischer Faschisten ist (das »Letzte, was das Subjekt sieht«, bevor es sich dem Klassenkampf stellt). Diese Asymmetrie wirkt sich entscheidend auf den kritisch-ideologischen Prozess der Entmystifizierung aus. Hinsichtlich des liberalen Egalitarismus reicht es nicht, das alte marxistische Argument der Kluft zwischen der ideologischen Erscheinung der allgemeinen Rechtsform und den ihr effektiv zugrundeliegenden Partikularinteressen anzuführen, wie es unter politisch korrekten Kritikern der Linken so verbreitet ist. Das von Theoretikern wie Claude Lefort[22] und Jacques Rancière[23] ins Feld geführte Gegenargument, wonach die Form niemals eine »bloße Form« ist, sondern eine eigene Dynamik entwickelt, die Spuren in der Materialität des Soziallebens hinterlässt, ist absolut stichhaltig – schließlich war es die »formale Freiheit« der Bourgeoisie, die den Prozess ganz und gar »materieller« politischer Forderungen und Praktiken in Gang setzte, von den Gewerkschaften bis zum Feminismus. Wir sollten der zynischen Versuchung widerstehen, sie auf eine bloße Illusion zu reduzieren, hinter der sich eine andere Wirklichkeit verbirgt. Damit würden wir nämlich in die gleiche Falle tappen wie die stalinistischen Heuchler, welche einst die »bloß formale« bürgerliche Freiheit verspotteten. Wenn sie doch bloß formal war und die wahren Machtverhältnisse nicht störte, warum ließ das stalinistische Regime sie dann nicht zu? Warum hatte es solche Angst davor?

Die interpretative Entmystifizierung ist hier relativ einfach, denn sie betrifft die Spannung zwischen Form und Inhalt. Ein »ehrlicher« Liberaldemokrat wird konsequenterweise zugeben müssen, dass der Inhalt seiner ideologischen Prämissen deren Form widerspricht und diese Form (das egalitäre Axiom) folglich dadurch radikalisieren, dass er sie gründlicher auf den Inhalt anwendet. (Die Alternative wäre im Grunde blanker Zynismus nach dem Motto: »Wir wissen, dass der Egalitarismus ein unmöglicher Traum ist, also tun wir einfach so, als wären wir Egalitaristen und akzeptieren stillschweigend die not-

22 Siehe Claude Lefort, *The Political Forms of Modern Society: Bureaucracy, Democracy, Totalitarianism*, Cambridge: MIT Press 1986.

23 Siehe Jacques Rancière, *Der Hass der Demokratie*, Berlin: August 2010.

wendigen Einschränkungen …«). Im Falle des »Juden« als faschistischem Fetisch ist die interpretative Entmystifizierung weitaus schwieriger (was die klinische Erkenntnis bestätigt, dass sich ein Fetischist durch die Interpretation der »Bedeutung« seines Fetischs nicht erschüttern lässt – er fühlt sich wohl mit seinem Fetisch und verspürt keinerlei Bedürfnis, ihn loszuwerden). In politisch praktischer Hinsicht heißt das, dass es fast unmöglich ist, einen ausgebeuteten Arbeiter, der »den Juden« die Schuld an seiner Misere gibt, »aufzuklären«, ihm klarzumachen, dass »der Jude« ein falsches Feindbild ist, welches von seinem wahren Feind (der herrschenden Klasse) genährt wird, um die eigentliche Kampflinie zu verwischen, und diesen Arbeiter somit dazu zu bringen, von »Juden« auf »Kapitalisten« umzuschwenken. (Auch empirisch zeigt sich, dass zwar viele deutsche Kommunisten in den 1920er und 1930er Jahren den Nationalsozialisten beigetreten und viele enttäuschte Kommunisten in Frankreich in den letzten Jahrzehnten ins Lager von Le Pens Front National übergewechselt sind, der umgekehrte Prozess aber extrem selten ist.) Vereinfacht gesagt ergibt sich das Paradox, dass, obwohl das Subjekt der ersten Mystifikation im Wesentlichen der Feind ist (der liberale »Bourgeois«, der glaubt, er kämpfe für allgemeine Gleichheit und Freiheit) und das der zweiten Mystifikation eher »die eigenen Leute«, die Unterprivilegierten sind (die dazu verführt werden, ihre Wut auf ein falsches Ziel zu richten), die tatsächliche praktische »Entmystifizierung« dennoch im ersten Fall viel einfacher ist.

Die aktuelle hegemoniale ideologische Szene spaltet sich in zwei Arten von Fetischismus, einen zynischen und einen fundamentalistischen, und an beiden prallt jede »vernünftige« argumentative Kritik wirkungslos ab. Während der Fundamentalist Argumente ohne Umschweife ignoriert (oder ihnen zumindest misstraut) und sich blindlings an seinen Fetisch klammert, tut der Zyniker so, als lasse er sich auf eine Argumentation ein, ignoriert aber deren symbolische Wirksamkeit.

Anders ausgedrückt: Während der Fundamentalist die in seinem Fetisch verkörperte Wahrheit (nicht so sehr glaubt als vielmehr) unmittelbar »kennt«, praktiziert der Zyniker die Logik der Verleugnung à la: »Ich weiß sehr wohl, dass …, aber …« Wir können somit eine Matrix aus vier Positionen (Haltungen zur Ideologie) erstellen: (1) liberal, (2) zynisch fetischistisch, (3) fundamentalistisch fetischistisch, (4) ideologiekritisch. Wie nicht anders zu erwarten, bilden sie ein Greimas'sches semiotisches Viereck, in dem sich die vier Positionen entlang zweier Achsen anordnen lassen: Symptom versus Fetisch und Identifikation versus Distanz. Der Liberale und der Ideologiekritiker bewegen sich beide auf der symptomalen Ebene: Der erste ist in ihr gefangen, der zweite unterminiert sie durch seine interpretative Analyse. Der populistische Fetischist und der Zyniker klammern sich an ihren Fetisch, der erste direkt, der zweite über den Umweg der Verleugnung. Sowohl der populistische Fetischist als auch der Liberale identifizieren sich unmittelbar mit ihrer Position (Sich-Klammern an den Fetisch bzw. Ernstnehmen der Argumentation aufgrund ihrer universellen ideologischen Behauptungen), während der Zyniker und der Ideologiekritiker ein distanziertes Verhältnis zu ihrer Position haben (fetischistische Verleugnung bzw. kritische Interpretation).

Hinsichtlich der aktuellen Situation des ideologischen Kampfes bedeutet dies, dass man zumindest massive Zweifel anmelden sollte, wenn Vertreter der Linken argumentieren, die islamistisch-populistischen Bewegungen gehörten im Prinzip zu »uns«, es handele sich um emanzipatorische, antiimperialistische Bewegungen und die Tatsache, dass sie ihr Programm in unverhohlen gegenaufklärerischer und antiuniversalistischer Weise formulieren, die manchmal dem Antisemitismus schon recht nahe kommt, sei nur eine Verwirrung, die aus ihrer Verstrickung in die Unmittelbarkeit des Kampfes resultiere (»wenn sie sagen, dass sie gegen Juden sind, dann meinen sie in Wirklichkeit nur den zionistischen Kolonialismus«). Wir sollten uns absolut davor hüten, den arabischen Antisemitismus als »natürliche« Reaktion auf die bedauernswerte Lage der Palästinenser zu »verstehen«. Dafür, dass Hitler in vielen oder sogar den meisten arabischen Ländern immer noch als Held gilt und dass die Lehrbücher für die Grundschule sämtliche althergebrachten antisemitischen Mythen kolportieren, von den gefälschten Protokollen der Weisen von Zion bis hin zu der Behauptung, Juden benutzten für ihre Opferrituale das Blut christlicher (oder arabischer) Kinder, darf es kein »Verständnis« geben. Die Erklärung, dieser Antisemitismus drücke auf verschobene Weise den Widerstand gegen den Kapitalismus aus, rechtfertigt ihn keineswegs. Die Verschiebung ist hier kein sekundärer Vorgang, sondern die fundamentale Geste der ideologischen Mystifikation. Was eine solche Erklärung allerdings beinhaltet, ist der Gedanke, dass die einzige Möglichkeit zur Bekämpfung des Antisemitismus langfristig nicht darin besteht, liberale Toleranz zu predigen etc., sondern das zugrundeliegende antikapitalistische Motiv in direkter, nicht verschobener Weise anzusprechen. Sobald wir diese Logik akzeptieren, begeben wir uns auf einen Weg, an dessen Ende die »logische« Schlussfolgerung steht, Hitler, der ja schließlich auch »eigentlich« die Kapitalisten gemeint habe, wenn er von den »Juden« sprach, solle unser strategischer Verbündeter im globalen antiimperialistischen Kampf mit dem angloamerikanischen Empire als Hauptfeind sein. (Und diese Argumentationslinie ist keine bloße rhetorische Stilübung: Die Nazis unterstützten tatsächlich den antikolonialistischen Kampf in arabischen Ländern und in Indien und viele Neonazis sympathisieren mit dem arabischen Kampf gegen den Staat Israel. Was die einzigartige Figur des Jacques Vergès, den »Anwalt des Terrors«, zu einem universellen Phänomen macht, ist genau diese Option der »Solidarität« zwischen Faschismus und Antikolonialismus.) Es wäre ein fataler Fehler, zu glauben, wir könnten die Faschisten irgendwann in ferner Zukunft davon überzeugen, dass ihr »wahrer« Feind das Kapital ist und sie die partikulare religiöse/ethnische/rassistische Form von Ideologie aufgeben und sich dem egalitären Universalismus anschließen sollten. Das gefährliche Motto »der Feind meines Feindes ist mein Freund«, das uns in fundamentalistisch islamistischen Bewegungen »fortschrittliche«, antiimperialistische Züge erkennen lässt, ist daher strikt abzulehnen. Das ideologische Universum von Bewegungen wie der Hisbollah basiert auf einem Verwischen der Unterschiede zwischen kapitalistischem Neoimperialismus und säkularer progressiver Emanzipation. Innerhalb des ideologischen Raumes der Hisbollah sind die Emanzipation der Frau, die Rechte von Homosexuellen usw. *nichts als* der »dekadente« moralische Aspekt des westlichen Imperialismus … Badiou räumt ein, dass »es eine innere Beschränkung dieser Bewegungen gibt, da sie an ihre religiöse Partikularität gebunden sind«.[24] Aber ist diese Beschränkung wirklich nur eine kurzfristige, wie Badiou anzudeuten scheint, etwas, das diese Bewegungen in der sprichwörtlichen »zweiten, höheren« Stufe ihrer Entwicklung überwinden werden (müssen), wenn sie sich universalisieren (müssen)? Badiou bemerkt zu Recht, dass das Problem nicht die Religion an sich ist, sondern deren Partikularität – und ist diese Partikularität nicht *jetzt* eine fatale Beschränkung jener Bewegungen, deren Ideologie unmittelbar gegenaufklärerisch ist?

Genau besehen ist die innere Beschränkung dieser Bewegungen, wie »fundamentalistisch« sie auch sein mögen, nicht ihr religiöser Charakter als solcher, sondern ihre praktisch-ideologische Einstellung gegenüber dem auf dem egalitären Axiom basierenden universalistisch emanzipatorischen Projekt. Erinnern wir uns, um diesen entscheidenden Punkt zu verdeutlichen, an den tragischen Fall der brasilianischen Ortschaft Canudos am Ende des 19. Jahrhunderts. Wenn es je eine »fun-

[24] Filippo Del Lucchese und Jason Smith, »›We Need a Popular Discipline‹: Contemporary Politics and the Crisis of the Negative. Interview with Alain Badiou [2. 7. 2007]«, in: *Critical Inquiry* Vol. 34, 4 (Summer 2008), S. 645 – 659, hier S. 659.

damentalistische« Gemeinschaft gegeben hat, dann dort; geleitet von einem fanatischen »Conselheiro«, der Theokratie und die Rückkehr zur Monarchie befürwortete, war sie gleichzeitig eine gelebte kommunistische Utopie, in der es weder Geld noch Gesetze, dafür aber Gemeinschaftseigentum, vollständige egalitäre Solidarität, Gleichheit von Mann und Frau, das freie Recht auf Scheidung usw. gab – diese Dimension fehlt im islamistischen »Fundamentalismus«, unabhängig davon, wie »antiimperialistisch« er vorgibt zu sein. Allerdings sollte man selbst im Fall »eindeutig« fundamentalistischer Bewegungen den Medien nicht allzu sehr trauen. Die Taliban werden in der Regel als fundamentalistisch islamistische Gruppe dargestellt, die ihre Herrschaft mit Terror erzwingt; als sie jedoch im Frühjahr 2009 den Distrikt Swat in Pakistan einnahmen, berichtete die New York Times, sie hätten »einen Klassenaufstand in die Wege geleitet, der die tiefen Risse zwischen einer kleinen Gruppe wohlhabender Grundbesitzer und deren landlosen Pächtern ausnutzt«:

»Berichte von Menschen, die aus Swat flohen, machen nun deutlich, dass die Taliban die Kontrolle an sich rissen, indem sie etwa vier Dutzend der mächtigsten Grundbesitzer verjagten. Zu diesem Zweck organisierten die Kämpfer Bauern in bewaffneten Banden, die ihre Stoßtruppen wurden. […] Die Fähigkeit der Taliban, sich die Klassenteilung zunutze zu machen, verleiht dem Aufstand eine neue Dimension und ist alarmierend hinsichtlich der Risiken für Pakistan, welches weitgehend feudalistisch bleibt.

Mahboob Mahmood, ein pakistanisch-amerikanischer Anwalt und früherer Klassenkamerad von Präsident Obama, sagte: ›Das pakistanische Volk ist psychologisch bereit für eine Revolution.‹ Die sunnitische Militanz profitiert von der tiefen Klassenteilung, die Pakistan seit langem wie ein Geschwür durchzieht. ›Die Kämpfer ihrerseits versprechen mehr als nur die Ächtung von Musik und Schulbildung‹, sagte er. ›Sie versprechen auch islamisches Recht, eine effektive Regierung und ökonomische Umverteilung.‹«[25]

[25] Jane Perlez und Pir Zubair Shah, »Taliban Exploit Class Rifts to Gain Ground in Pakistan«, in: *New York Times*, 16. April 2009.

Thomas Altizer[26] legt die Implikationen und Folgen dieser (für unsere westlichen Ohren) neuen Einzelheiten dar: »Nun wird endlich offenbar, dass die Taliban eine wirklich befreiende Kraft sind, die eine antiquierte Feudalherrschaft in Pakistan attackiert und die große Mehrheit der Bauern von dieser Herrschaft befreit. [...] Hoffentlich erfolgt jetzt eine kritische Beurteilung der Obama-Administration, die viel gefährlicher ist als die Bush-Administration, weil sie so freie Hand bekommt und auch weil sie eine viel stärkere Administration ist.« (Das ideologische Vorurteil, das aus dem New-York-Times-Artikel spricht, ist natürlich trotzdem unverkennbar, wenn von »der Fähigkeit der Taliban, sich die Klassenteilung zunutze zu machen« die Rede ist, als ob das »wahre« Ziel der Taliban ganz woanders läge – im religiösen Fundamentalismus – und sie von der Notlage der landlosen Bauern lediglich »profitieren« würden. Dem sind nur zwei Dinge hinzuzufügen: Erstens wird eine solche Unterscheidung zwischen dem »wahren« Ziel der Taliban und der instrumentellen Manipulation den Taliban von außen übergestülpt – als ob die armen, landlosen Bauern ihre erbärmliche Lage nicht »fundamentalistisch religiös« erleben würden! Zweitens: Wenn doch die Taliban dadurch, dass sie von der Notlage der Bauern »profitieren«, »alarmierend hinsichtlich der Risiken für Pakistan [sind], welches weitgehend feudalistisch bleibt«, was hält dann eigentlich die liberalen Demokraten in Pakistan oder auch den USA davon ab, ebenfalls von dieser Notlage zu »profitieren« und den landlosen Bauern zu helfen? Die traurige Folgerung aus der Tatsache, dass diese offensichtliche Frage in dem NYT-Artikel nicht gestellt wird, ist, dass die feudalistischen Kräfte in Pakistan der »natürliche Verbündete« der liberalen Demokratie sind ...)

Die politische Konsequenz aus diesem Paradox ist die wahrhaft dialektische Spannung zwischen einer Langzeitstrategie

26 Thomas Altizer, persönliche Mitteilung.

und kurzfristigen taktischen Bündnissen. Auch wenn der Erfolg des radikal-emanzipatorischen Kampfes auf lange Sicht von einer Mobilisierung der unteren Klassen abhängt, die sich heutzutage häufig in den Fängen des fundamentalistischen Populismus befinden, sollte es kein Problem sein, zur Unterstützung des Kampfes gegen Sexismus und Rassismus kurzfristige Bündnisse mit egalitären Liberalen zu schließen.

Phänomene wie die Taliban beweisen, dass Walter Benjamins alte These, dass »jedes Aufkommen des Faschismus von einer gescheiterten Revolution zeugt« nicht nur immer noch gilt, sondern vielleicht heute zutreffender ist denn je. Liberale verweisen gerne auf Ähnlichkeiten zwischen linken und rechten »Extremismen«: Der Terror und die Lager Hitlers ahmten den bolschewistischen Terror nach, die leninistische Partei ist heute in al-Qaida lebendig – ja gut, aber was heißt das alles? Es kann auch als Indiz dafür gedeutet werden, dass der Faschismus die linke Revolution buchstäblich ersetzt (ihren Platz einnimmt). Sein Aufstieg ist ihr Scheitern, aber gleichzeitig auch der Beweis, dass ein revolutionäres Potential vorhanden war, eine Unzufriedenheit, welche die Linke nicht mobilisieren konnte. Und gilt dasselbe nicht auch für das, was manche »Islamfaschismus« nennen? Korreliert der Aufstieg des radikalen Islamismus nicht exakt mit dem Verschwinden der säkularen Linken in den muslimischen Ländern? Wer erinnert sich noch, dass Afghanistan, das heute als das Land des äußersten Islamismus und Fundamentalismus dargestellt wird, noch vor 30 Jahren ein Land mit einer starken säkularen Tradition war, in dem es sogar eine einflussreiche kommunistische Partei gab, die dort unabhängig von der Sowjetunion an die Macht kam? Wo ist diese säkulare Tradition geblieben? In Europa gilt exakt dasselbe für Bosnien. In den 1970er und 80er Jahren war Bosnien und Herzegowina die (multi-)kulturell interessanteste und lebendigste aller jugoslawischen Teilrepubliken mit einer international anerkannten Filmschule und einem einzigartigen Rockmusikstil; heute gibt es in Bosnien starke fundamentalistische Kräfte (wie die muslimischen Extremisten, die im September 2008 brutal gegen Teilnehmer des Gay-Festivals in Sarajevo vorgingen). Der Hauptgrund für diese Regression ist die verzweifelte Situation muslimischer Bosnier im Krieg von 1992–1995, als die Westmächte sie im Grunde den serbischen Geschützen überließen. (Ähnliches gilt, wie Thomas Frank gezeigt hat, auch für Kansas, Amerikas eigene Version von Afghanistan: Derselbe Bundesstaat, der bis in die 1970er Jahre die Basis des radikal linken Populismus war, ist heute die Basis des christlichen Fundamentalismus[27] – finden wir nicht auch hier wieder Benjamins These bestätigt, dass hinter jedem Faschismus eine gescheiterte Revolution steckt?)

Ist die Bezeichnung »Islamfaschismus«, die (unter anderem) von Francis Fukuyama und Bernard Henri-Lévy vorgeschlagen wurde, überhaupt gerechtfertigt? Was sie fragwürdig erscheinen lässt, ist nicht nur die religiöse Spezifikation (wäre man auch bereit, unseren westlichen Faschismus als »Christentumsfaschismus« zu bezeichnen? Faschismus an sich reicht aus, er muss nicht spezifiziert werden), sondern auch die Bezeichnung der aktuellen »fundamentalistischen« islamischen Bewegungen und Staaten als »faschistisch«. Tatsächlich gibt es in diesen Bewegungen und Staaten einen (mehr oder weniger offenen) Antisemitismus und es existieren auch historische Verbindungen zwischen dem arabischen Nationalismus und dem europäischen Faschismus und Nationalsozialismus; der Antisemitismus spielt im muslimischen Fundamentalismus allerdings nicht die Rolle, die er im europäischen Faschismus innehatte – die des Eindringlings von außen, welcher für den Zerfall der eigenen (einstmals) harmonischen Gesellschaft verantwortlich ist. Es gibt einen entscheidenden Unterschied, der sofort ins Auge fällt. Gemäß dem Feindbild der Nazis waren die Juden ein nomadisches / staatenloses / entwurzeltes Volk, das die Ge-

27 Siehe Thomas Frank, *Was ist mit Kansas los? Wie die Konservativen das Herz von Amerika eroberten*, Berlin: Berlin Verlag 2005.

meinschaft, in der es lebte, von innen her zersetzte, so dass der Staat Israel eine (zumindest mögliche) Lösung darstellte – es ist somit nicht überraschend, dass die Nazis, bevor sie beschlossen, alle Juden zu ermorden, mit dem Gedanken spielten, ihnen ein Land zu geben, um einen eigenen Staat zu gründen (von Madagaskar bis selbst zu Palästina). Für die heutigen »antizionistischen« Araber ist dagegen der *Staat* Israel gerade das Problem. Ihre radikalsten Vertreter fordern die Auslöschung des Staates Israel, das heißt, die Rückkehr der Juden zu ihrem staatenlosen / nomadischen Status.

Bekanntlich hat der französische Soziologe Jules Monnerot den Kommunismus als den »Islam des 20. Jahrhunderts« bezeichnet und damit eine Säkularisierung des abstrakten Fanatismus des Islam vorgenommen. Der liberale Antisemitismusforscher Pierre-André Taguieff hat diese Charakterisierung umgedreht: Der Islam entpuppe sich als »der Marxismus des 21. Jahrhunderts«, er verlängere nach dem Niedergang des Kommunismus dessen radikalen Antikapitalismus. Wenn man Benjamins besagte Idee in Betracht zieht, dass der Faschismus als Stellvertreter einer gescheiterten Revolution dient, kann man den »vernünftigen Kern« solcher Umkehrungen als Marxist durchaus akzeptieren. Es wäre allerdings vollkommen falsch, aus dieser Gefahr den Schluss zu ziehen, die Linke könne bestenfalls hoffen, dass die Krise begrenzt ist und der Kapitalismus weiterhin den relativ hohen Lebensstandard für eine immer größer werdende Zahl von Menschen garantieren kann – was wäre das für eine radikale Politik, wenn ihre größte Hoffnung darin bestünde, dass die Umstände sie auf Dauer unwirksam machen und marginalisieren? Dies scheint die Schlussfolgerung zu sein, die Moishe Postone und einige seiner Kollegen ziehen: Da jede Krise, die der radikalen Linken einen Raum eröffnet, auch Antisemitismus hervorbringt, ist es besser, den erfolgreichen Kapitalismus zu unterstützen und zu hoffen, dass es nicht zur Krise kommt. Die Konsequenz aus dieser Argumentation ist letztlich, dass Antikapitalismus an sich schon Antisemitismus ist … Gegen diese Denkweise richtet sich Badious Motto »mieux vaut un désastre qu'un désêtre«: Wir sollten das Risiko der Treue zum Wahrheitsereignis eingehen, auch wenn dieses Ereignis in eine »dunkle Katastrophe« führt. Das beste Indiz für den Mangel an Selbstvertrauen der heutigen Linken ist ihre Furcht vor einer Krise – diese Linke bangt um ihre eigene komfortable Position als kritische Instanz, die vollständig in das System integriert und zu keinerlei Risiko bereit ist. Mehr denn je gilt daher heute Mao Zedongs altes Motto: »Es herrscht große Unruhe unter dem Himmel; die Lage ist ausgezeichnet.« Ein echter Linker nimmt eine Krise ernst, ohne Illusionen, als etwas Unausweichliches, eine Chance, die es zu nutzen gilt. Die Grundeinsicht der radikalen Linken ist, dass Krisen zwar schmerzhaft und gefährlich, aber auch unausweichlich sind; sie sind das Feld, auf dem Schlachten geschlagen und gewonnen werden müssen.

Der Unterschied zwischen dem Liberalismus und der radikalen Linken besteht darin, dass sie sich zwar auf dieselben drei Elemente beziehen (liberale Mitte, populistische Rechte, radikale Linke), diese aber in einer vollkommen verschiedenen Topologie verorten. Für die liberale Mitte sind radikale Linke und Rechte zwei Erscheinungsformen desselben »totalitären« Exzesses; für die Linke dagegen gibt es eigentlich nur die Alternative zwischen der eigenen Position und dem liberalen Mainstream, während die populistischen »radikalen« Rechten lediglich das *Symptom* der Unfähigkeit der Liberalen sind, mit der linken Bedrohung fertig zu werden. Wenn uns heute ein Politiker oder Ideologe vor die Wahl zwischen liberaler Freiheit und fundamentalistischer Unterdrückung stellt und dazu triumphierend (und rein rhetorisch) fragt: »Wollen Sie etwa, dass Frauen vom öffentlichen Leben ausgeschlossen und ihrer Grundrechte beraubt werden? Wollen Sie, dass jede kritische oder spöttische Äußerung gegen die Religion mit dem Tod bestraft wird?«, dann sollte uns die Offensichtlichkeit der Antwort stutzig machen – wer sollte *das* wollen? Das Problem ist, dass ein derart simpler liberaler Universalismus schon lange seine Unschuld verloren hat. Der Konflikt zwischen liberaler Permissivität und Fundamentalismus ist daher für einen echten Linken letztlich ein *falscher* Konflikt – ein Teufelskreis mit zwei sich gegenseitig erzeugenden und voraussetzenden Polen. Man sollte hier in hegelianischer Manier einen Schritt zurücktreten und das Maß hinterfragen, von dem aus der Fundamentalismus in all seinem Schrecken erscheint. Die Liberalen haben ihr Recht zu urteilen schon vor langer Zeit verloren. Es gilt hier in abgewandelter Form, was schon Horkheimer sagte: Wer nicht (kritisch) über die liberale Demokratie und ihre edlen Grundsätze reden will, der soll über den religiösen Fundamentalismus schweigen. Und um es noch pointierter auszudrücken: Der Nahostkonflikt zwischen dem Staat Israel und den Arabern ist ein entschieden falscher Konflikt; selbst wenn wir alle daran zugrundegehen sollten, so bleibt es dennoch ein Konflikt, der die wahren Probleme mystifiziert.

Wie sollen wir diese Umkehrung eines emanzipatorischen Schubs zum fundamentalistischen Populismus verstehen? Im echten Marxismus ist Totalität kein Ideal, sondern ein kritischer Begriff – ein Phänomen in seiner Totalität zu verorten, bedeutet nicht, die verborgene Harmonie des Ganzen zu sehen, sondern all seine »Symptome«, Antagonismen und Inkonsistenzen als integrale Bestandteile in ein System einzubeziehen. In diesem Sinne bilden Liberalismus und Fundamentalismus eine »Totalität«. Das Gegensatzpaar ist so strukturiert, dass der Liberalismus selbst sein Gegenteil generiert. Und was die Grundwerte des Liberalismus (Freiheit, Gleichheit etc.) angeht, so ist der Liberalismus selbst nicht stark genug, sie – und damit seinen eigenen Kern – vor dem fundamentalistischen Angriff zu schützen. Warum? Das Problem des Liberalismus ist, dass er nicht auf eigenen Beinen stehen kann. Es fehlt etwas in seinem Gebäude, er ist schon von seiner Idee her »parasitär« und auf ein bestehendes Netzwerk gemeinschaftlicher Werte angewiesen, die er durch seine eigene Entwicklung selbst untergräbt.

Der Fundamentalismus ist eine Reaktion – eine falsche, mystifizierende natürlich – auf einen wirklichen Fehler des Liberalismus, und deshalb wird er von diesem auch immer wieder aufs Neue hervorgebracht. Würde er sich selbst überlassen, würde sich der Liberalismus langsam selbst unterminieren – das Einzige, was seinen Kern retten kann, ist eine erneuerte Linke. Oder um es in der bekannten Terminologie von 1968 zu formulieren: Damit sein wichtiges Erbe erhalten bleibt, braucht er die Bruderhilfe der radikalen Linken.

Kommunismus, noch einmal!

Die ideologische Naturalisierung des globalen Kapitalismus hat ein noch nie dagewesenes Ausmaß erreicht. Mittlerweile gibt es kaum noch jemanden, der utopische Träume über mögliche Alternativen auch nur zu träumen wagt. Einer nach dem anderen erfinden sich die wenigen noch existierenden kommunistischen Staaten neu als autoritäre Hüter eines noch dynamischeren und effizienteren »Kapitalismus mit asiatischen Werten«. Diese unangefochtene Hegemonie des Kapitalismus beweist keineswegs, dass das Zeitalter der Utopien vorbei ist, sie stützt sich vielmehr auf den wahrhaft utopischen Kern der kapitalistischen Ideologie. Utopien alternativer Welten sind verschwunden, sie wurden von der amtierenden Utopie vertrieben, welche sich selbst als Verkörperung eines pragmatischen Realismus maskiert. Utopisch ist nicht nur der konservative Traum, irgendeine idealisierte Vergangenheit vor dem Sündenfall wiederzuerlangen, nicht nur das Bild einer strahlenden Zukunft als gegenwärtige Allgemeinheit abzüglich ihres konstitutiven Hindernisses; nicht weniger utopisch ist die liberal-pragmatische Idee, man könne Probleme schrittweise lösen, eines nach dem anderen (»in Ruanda sterben gerade Menschen, also vergesst den antiimperialistischen Kampf, lasst uns einfach das Gemetzel verhindern«; oder: »Armut und Rassismus müssen hier und jetzt bekämpft werden, wir können nicht auf den Zusammenbruch der kapitalistischen Weltordnung warten«).

Diese Beschränkung der Reformpolitik der kleinen Schritte konfrontiert uns auch mit den Grenzen des politischen Zynismus. In Bezug auf Henry Kissinger, den zynischen Realpolitiker schlechthin, muss jedem Beobachter eine Sache sofort ins Auge fallen, nämlich wie vollkommen falsch alle seine Voraussagen waren. Als 1991 die Nachricht vom Militärputsch gegen Gorbatschow den Westen erreichte, nahm Kissinger beispielsweise das neue Regime (das drei Jahre später wieder schmachvoll zusammenbrach) sofort als gegeben hin usw. – kurz: Als die sozialistischen Regime nur noch lebende Tote waren, setzte er noch auf einen langfristigen Pakt mit ihnen. Das Beispiel zeigt perfekt die Beschränkung der zynischen Haltung. Zyniker sind jene Lacan'schen *non-dupes* (die sich nichts vormachen lassen), welche *errent* (umherirren); was sie nicht erkennen, ist die symbolische Wirksamkeit von Illusionen und die Art, wie diese Handeln steuern, welches dann soziale Realität erzeugt. Die zynische Haltung ist die der Weisheit – der paradigmatische Zyniker raunt einem beispielsweise unter vier Augen in vertraulichem Ton zu: »Begreifst du denn nicht, dass es in Wirklichkeit immer nur um … [Geld, Macht, Sex] geht, dass alle hehren Grundsätze und Werte nur hohle Phrasen sind, die überhaupt nichts gelten?« In diesem Sinne »glauben« Philosophen tatsächlich an die »Macht der Idee« und dass »Ideen die Welt regieren«; dieser Sünde bezichtigen sie die Zyniker vollkommen zu Recht – was diese aber nicht sehen, ist ihre eigene Naivität, die Naivität ihrer zynischen Weisheit. Die wahren Realisten sind die Philosophen: Sie wissen ganz genau, dass die zynische Position unmöglich und widersprüchlich ist, dass der Zyniker effektiv dem Prinzip folgt, welches er öffentlich verspottet. Stalin war ein Zyniker wie er im Buche steht – aber genau darum glaubte er an den Kommunismus usw.

Nachdem nun alle »üblichen Utopie-Verdächtigen« denunziert sind, ist es vielleicht an der Zeit, sich auf die liberale

Utopie selbst zu konzentrieren. Denjenigen, die jeglichen Versuch, die Fundamente der liberal-demokratisch-kapitalistischen Ordnung in Frage zu stellen, als gefährliche Utopie ablehnen, sollte man antworten: Was uns in der gegenwärtigen Krise begegnet, sind die Folgen des utopischen Kerns dieser Ordnung selbst. Joseph Brodsky war es, der eine passende Antwort auf die Frage nach dem »fünften Element« lieferte, dem wesentlichen Bestandteil unserer Realität: »Neben Luft, Erde, Wasser und Feuer ist Geld die fünfte Naturgewalt, mit der ein Mensch am häufigsten rechnen muss.«[28] Sollte man irgendwelche Zweifel daran haben, würde ein Blick auf die Finanzkrise von 2008 mehr als genügen.

Gegen Ende des Jahres 2008 veröffentlichte ein Forscherteam der Universitäten Yale und Cambridge die Hauptergebnisse einer Studie über Verläufe von Tuberkuloseepidemien der letzten Jahrzehnte in Osteuropa. Nach Auswertung der Daten aus über 20 Ländern stellten sie eine deutliche Korrelation zwischen der Vergabe von Krediten des Internationalen Währungsfonds für diese Staaten und dem Anstieg von Tuberkulosefällen fest; hörten die IWF-Programme auf, sank die Tuberkuloserate wieder. Die Erklärung für diese merkwürdige Korrelation ist einfach: Als Bedingung für die Vergabe der Kredite fordert der IWF von den betreffenden Staaten die Einführung einer strikten »Haushaltsdisziplin« (Kürzung der Staatsausgaben) und das erste Opfer solcher Maßnahmen, die zu »finanzieller Gesundheit« führen sollen, ist die Gesundheit selbst, das heißt die öffentlichen Gesundheitsausgaben. Auf diese Weise können dann die Gutmenschen aus dem Westen auf den Plan treten, um die katastrophale medizinische Versorgung in diesen Ländern zu beklagen und Almosen anzubieten.

In den letzten Jahren ist diese Strategie gang und gäbe geworden und hat sich explosionsartig ausgedehnt: Interna-

[28] Joseph Brodsky, *Less Than One. Selected Essays*, New York: Farrar, Straus and Giroux 1986, S. 157.

tionale Großunternehmen und Regierungen versuchen den Mangel an Ackerflächen im eigenen Land durch den Aufbau gewaltiger industrieller Landwirtschaftsbetriebe im Ausland zu kompensieren.[29] So meldete beispielsweise der südkoreanische Konzern Daewoo Logistics im November 2008, er habe einen Pachtvertrag über 99 Jahre und 13 000 Quadratkilometer Land auf Madagaskar ausgehandelt – was fast der Hälfte der fruchtbaren Fläche der Insel entspricht; Daewoo plant, ungefähr drei Viertel davon mit Mais zu bebauen und den Rest für die Herstellung von Palmöl zu verwenden, einem Schlüsselprodukt für den globalen Biokraftstoffmarkt. Aber das ist nur die Spitze des Eisbergs: Mehrere europäische Firmen haben in den letzten zwei Jahren Land für den Anbau von Pflanzen zur Nahrungsmittel- und Biotreibstoffherstellung gepachtet, wie etwa das britische Unternehmen Sun Biofuels, das sich zu diesem Zweck Gelände in Äthiopien, Mosambik und Tansania gesichert hat. Der fruchtbare Boden Afrikas zieht auch die ölreichen Länder am Persischen Golf an, die aufgrund ihrer ausgedehnten Wüsten gezwungen sind, das Gros ihrer Nahrungsmittel zu importieren. Obwohl diese wohlhabenden Staaten mühelos in der Lage sind, ihre Lebensmittelimporte zu bezahlen, hat die zugespitzte Lage auf den globalen Nahrungsmittelmärkten den Anreiz erhöht, die eigenen Versorgungsquellen zu sichern.

Worin besteht eigentlich der Anreiz für die andere Seite, die afrikanischen Länder, wo es vielerorts Hungersnöte gibt oder Unterernährung herrscht und den Bauern das Geld für Düngemittel, elementare Arbeitsgeräte, Treibstoff und eine Verkehrsinfrastruktur fehlt, um Getreide effizient anzubauen und auf den Markt zu bringen? Die Vertreter von Daewoo versichern, das Geschäft werde auch Madagaskar zugutekommen; nicht nur sei das von ihnen gepachtete Land bislang ungenutzt ge-

[29] Siehe Vivienne Walt, »The Breadbasket of South Korea: Madagascar«, in: *Time*, 23. November 2008.

wesen, sondern das Unternehmen plane auch, »obwohl es vorhat, die Ernten des auf Madagaskar gepachteten Landes zu exportieren, innerhalb der nächsten 20 Jahre circa sechs Milliarden Dollar für den Bau von Hafenanlagen, Straßen, Kraftwerken und Bewässerungssystemen zu investieren, die für die Entwicklung seiner Agroindustrie notwendig sind, was wiederum Tausende von Jobs für die Arbeitslosen Madagaskars schafft. Durch diese Jobs sollen die Bewohner der Insel Geld verdienen, um sich ihre Lebensmittel selbst kaufen zu können – auch wenn sie importiert sind.«[30] Damit ist der Kreis der postkolonialen Abhängigkeit wieder geschlossen – und die Nahrungsmittelabhängigkeit nimmt zu.

Bewegen wir uns somit nicht allmählich weltweit auf einen Zustand zu, an dem der potentielle Mangel an drei Rohstoffquellen (Energie [Öl], Wasser, Nahrung) zum entscheidenden Aspekt der internationalen Politik wird? Ist die Nahrungsmittelknappheit, die sich (vorerst) hier und da in sporadischen Ausbrüchen zeigt, eines der Zeichen der bevorstehenden Apokalypse? Ihr Auftreten wird zwar von einer Vielzahl von Faktoren überdeterminiert (der wachsenden Nachfrage in sich schnell entwickelnden Staaten wie Indien und China; Ernteausfällen aufgrund ökologischer Störungen; der Nutzung großer Teile des Ackerlandes in Drittweltländern, aus denen die heimische Bevölkerung vertrieben wird, für Exportprodukte; der marktbestimmten Verwendung von Getreide für andere Zwecke wie Biokraftstoffe), jedoch scheint klar zu sein, dass es sich nicht um eine kurzfristige Krise handelt, die sich durch entsprechende Marktordnungen schnell überwinden lässt, sondern um eine dauerhafte Sackgasse, aus der es mit rein marktwirtschaftlichen Mitteln keinen Ausweg gibt. (Einige Apologeten der neuen Weltordnung weisen darauf hin, dass die Nahrungsmittelknappheit selbst ein Indiz für den materiellen Fortschritt sei: Die Menschen in den sich rasch entwickelnden Drittweltlän-

30 Ebd.

dern verdienten mehr und könnten es sich daher auch leisten, mehr zu essen. Dennoch bleibt das Problem bestehen, dass dieser neue Bedarf an Lebensmitteln Millionen Menschen in der Dritten Welt, die nicht an dieser Entwicklung partizipieren, unter das Überlebensniveau stößt und dem Hungertod aussetzt.) Und Gleiches gilt auch für die bevorstehenden Energie- und Wasserkrisen. Um sie in den Griff zu bekommen, sind ganz neue Formen großangelegter Gemeinschaftsaktionen nötig. Weder mit den gängigen staatlichen Interventionen noch den vielgepriesenen lokalen Selbstorganisationen lässt sich diese Aufgabe bewältigen. Wenn wir dieses Problem nicht lösen, werden wir uns auf ein neues Zeitalter der Apartheid zubewegen, in dem sich Teile der Welt mit einem Überfluss an Nahrung und Energie von anderen abschotten, in denen dauerhaft Chaos, Hunger und Krieg herrschen. Wie sollen sich die Menschen in Haiti und anderen Gebieten, in denen Lebensmittelknappheit herrscht, verhalten? Ist es nicht ihr gutes Recht, sich gewaltsam aufzulehnen? Der Kommunismus steht wieder vor der Tür.

Die neue Eingrenzung der Commons

Als sich die Bolschewiki 1922, nach dem gegen alle Widerstände gewonnenen Bürgerkrieg auf die NEP zurückzogen (die »Neue Ökonomische Politik«, die in größerem Umfang Marktwirtschaft und Privateigentum zuließ), verfasste Lenin einen kurzen Text mit dem Titel »Über das Besteigen hoher Berge«. Anhand des Bildes eines Bergsteigers, der sich nach seinem ersten Versuch, den Gipfel zu erreichen, zunächst wieder ins Tal zurückziehen muss, beschreibt er darin, was ein Rückzug im revolutionären Prozess bedeutet, das heißt, wie ein solcher möglich ist, ohne die Sache und die eigene Treue zu ihr opportunistisch zu verraten. Nach einer Aufzählung der Errungenschaften und Fehlschläge des Sowjetstaats kommt Lenin zu dem Schluss: »Diejenigen Kommunisten aber, die weder in Illusionen noch in Verzagtheit verfallen, die sich die Kraft und Geschmeidigkeit des Organismus bewahren, um beim Herangehen an diese überaus schwierige Aufgabe wiederholt ›von Anfang zu beginnen‹, sind nicht verloren (und werden es aller Wahrscheinlichkeit auch nie sein).«[31] Hier erleben wir Lenin in bester Beckett-Manier, die an das bekannte Motto aus *Worstward Ho* erinnert: »Wieder versuchen. Wieder scheitern. Besser scheitern.« Seine Schlussfolgerung – »wiederholt ›von Anfang zu beginnen‹« – macht deutlich, dass es hier nicht um eine Verlangsamung des Fortschritts oder eine Bekräftigung des bereits Erreichten geht, sondern wirklich um eine *Rückkehr zum Ausgangspunkt*. Er fordert, »von Anfang zu beginnen«, nicht etwa von dem Punkt, den man beim vorherigen Versuch bereits erreicht hat. In der Terminologie Kierkegaards läuft der revolutionäre Prozess nicht stufenweise ab, sondern ist eine Wiederholungsbewegung, eine Bewegung, die wieder und wieder *den Anfang wiederholt* … genau an diesem Punkt befinden wir uns heute nach der »dunklen Katastrophe« von 1989, dem endgültigen Ende jener Epoche, die mit der Oktoberrevolution begann. Die Kontinuität dessen, was in den letzten zwei Jahrhunderten »links« bedeutete, ist daher abzulehnen. Zwar werden einzelne erhabene Augenblicke, wie der jakobinische Höhepunkt der Französischen Revolution oder die Oktoberrevolution, für immer ein wesentlicher Teil unserer Erinnerung bleiben, aber diese Geschichte ist vorbei, alles sollte neu überdacht werden, wir sollten wieder bei null anfangen. Dieser Anfang ist natürlich das, was Badiou »die kommunistische Hypothese« nennt:

Die kommunistische Hypothese bleibt richtig, ich sagte es, ich sehe keine andere. Wenn diese Hypothese aufgegeben werden muß, lohnt es in der Ordnung der kollektiven Aktion nicht der Mühe, irgendetwas zu tun. Ohne den Horizont des Kommunismus, ohne diese Idee, braucht im historischen und philosophischen Werden nichts den Philosophen zu interessieren. Jeder kümmere sich um seine Geschäfte, und damit Schluß. Geben wir dem Rattenmann Recht, wie es übrigens auch einige

[31] W. I. Lenin, *Werke. Band 33*, Berlin: Dietz 1966, S. 191.

frühere Kommunisten tun, sei es aus Gier nach Pfründen, sei es aus Mutlosigkeit. Aber an der Idee, an der Existenz der Hypothese festzuhalten heißt nicht, daß auch ihre erste Präsentationsform, die um das Eigentum und den Staat zentriert war, als solche festgehalten werden muß. Was uns als Aufgabe, ja sogar, könnte man sagen, als philosophisches Werden zugewiesen ist, ist dabei zu helfen, daß sich *ein neuer Existenzmodus der Hypothese herausbildet* [...].[32]

Wir sollten uns freilich davor hüten, diese Zeilen allzu »kantianisch« zu lesen, den Kommunismus als »regulative Idee« aufzufassen und somit das Gespenst des »ethischen Sozialismus« wiederzubeleben, dessen apriorische Norm die Gleichheit ist ... Stattdessen müssen wir den präzisen Bezug zu einer Reihe von gesellschaftlichen Antagonismen herstellen, welche den Kommunismus nötig machen – die gute alte Marx'sche Vorstellung des Kommunismus nicht als Ideal, sondern als Bewegung, die auf aktuelle gesellschaftliche Antagonismen reagiert, behält nach wie vor ihre Gültigkeit. Die Auffassung des Kommunismus als »ewige Idee« impliziert, dass die Situation, die ihn hervorbringt, nicht minder ewig ist und dass der Antagonismus, auf den der Kommunismus reagiert, immer bestehen wird – von da aus ist es dann nur noch ein kleiner Schritt zu einer »dekonstruktivistischen« Interpretation des Kommunismus als Traum der Präsenz, der Abschaffung jeglicher entfremdenden Repräsentanz – ein Traum, der von seiner eigenen Unmöglichkeit zehrt. Wie können wir aus diesem Formalismus ausbrechen und Antagonismen formulieren, die weiterhin die kommunistische Idee erzeugen? Wo sollen wir nach der neuen Erscheinungsform dieser Idee suchen?

Hier stellt sich die einfache, aber angemessene Frage: Wenn doch der liberaldemokratische Kapitalismus ganz offensichtlich besser funktioniert als alle bekannten Alternativen und wenn er doch – vielleicht nicht die beste, aber doch immerhin –

[32] Alain Badiou, *Wofür steht der Name Sarkozy?*, Zürich, Berlin: diaphanes 2008, S. 122.

die am wenigsten schlechte Gesellschaftsform ist, warum sollen wir uns dann eigentlich nicht in reifer Weise damit abfinden oder ihn gar rückhaltlos akzeptieren? Warum sollen wir wider jede Hoffnung auf der kommunistischen Idee beharren? Ist dieses Beharren nicht ein Musterbeispiel für den Narzissmus der verlorenen Sache? Liegt ein solcher Narzissmus nicht der vorherrschenden Haltung akademischer Linker zugrunde, die von einem Theoretiker erwarten, dass er ihnen sagt, was sie tun sollen – sie wollen sich unbedingt engagieren, wissen aber nicht, wie sie das praktisch umsetzen sollen, und erwarten die Antwort von einem Theoretiker … Eine solche Haltung ist natürlich von vornherein eine Lüge: als ob der Theoretiker die Zauberformel wüsste, um die praktische Blockade zu lösen. Die einzig richtige Antwort darauf ist: Wenn du nicht weißt, was zu tun ist, dann kann es dir auch niemand sagen, dann ist die Sache unwiederbringlich verloren.

Die Blockade ist nicht neu – das große (Definitions-)Problem des westlichen Marxismus ist das Fehlen des revolutionären Subjekts: Warum vollzieht die Arbeiterklasse nicht den Übergang vom Ansich zum Fürsich und konstituiert sich als revolutionäres Agens? Dieses Problem lieferte für die linke Theorie den Hauptgrund für den Bezug zur Psychoanalyse, der genau deshalb hergestellt wurde, um die unbewussten libidinösen Mechanismen erklären zu können, die das Entstehen des in das Sein (die soziale Situation) der Arbeiterklasse eingeschriebenen Klassenbewusstseins verhinderten. Auf diese Weise musste die Wahrheit der marxistischen sozioökonomischen Analyse nicht aufgegeben werden und es gab keinen Grund, den »revisionistischen« Theorien über den Aufstieg der Mittelklasse usw. nachzugeben. Aus demselben Grund war der westliche Marxismus ständig auf der Suche nach anderen gesellschaftlichen Akteuren, welche die Rolle des revolutionären Agens als Zweitbesetzung für die indisponierte Arbeiterklasse übernehmen sollten: Dritte-Welt-Bauern, Studenten und Intellektuelle, die Ausgeschlossenen …

Das Scheitern der Arbeiterklasse als revolutionäres Subjekt steckt schon im Kern der bolschewistischen Revolution. Lenins Kunst bestand darin, das »Zornpotential« der enttäuschten Bauern zu erkennen. Der Grund für den Erfolg der Oktoberrevolution war der Wahlspruch »Land und Frieden«, der sich an die große Mehrheit der Bauern richtete und den kurzen Augenblick ihrer radikalen Unzufriedenheit ausnutzte. Lenin hatte diese Idee bereits seit einem Jahrzehnt und war daher entsetzt über die Erfolgsaussichten der Stolypin'schen Agrarreform von 1906, die darauf abzielte, eine neue, starke Klasse unabhängiger Bauern zu schaffen; Lenin schrieb, wenn Stolypin Erfolg habe, sei die Chance für eine Revolution auf Jahrzehnte dahin.

Alle erfolgreichen sozialistischen Revolutionen, von Kuba bis Jugoslawien, folgten diesem Vorbild, sie nutzten die Gunst der Stunde in einer äußerst kritischen Lage und kooptierten die nationale Befreiung oder andere Arten von »Zorn-Kapital«. Ein Anhänger der Logik der Hegemonie würde hier natürlich darauf hinweisen, dass dies die ganz »normale« Logik der Revolution sei, dass die »kritische Masse« immer nur durch eine Reihe von Äquivalenzen zwischen vielfältigen Forderungen erreicht werde und dass dies grundsätzlich kontingent und von ganz spezifischen, ja einmaligen Umständen abhängig sei. Eine Revolution finde nicht dann statt, wenn alle Antagonismen in das große Eins zusammenfielen, sondern wenn sie ihre Kräfte synergetisch kombinierten … Die Sache ist allerdings komplexer. Es geht nicht nur darum, dass die Revolution nicht mehr mit dem Zug der Geschichte fährt und ihren Gesetzen folgt, weil es *die* Geschichte nicht gibt, weil Geschichte ein offener, kontingenter Prozess ist; vielmehr ist es so, als *gäbe* es ein Gesetz der Geschichte, eine mehr oder weniger klare vorherrschende historische Entwicklungslinie, und als könne die Revolution nur in deren Zwischenräumen, »gegen den Strom«, stattfinden. Revolutionäre müssen geduldig auf den (meist sehr kurzen) Moment warten, in dem das System offensichtlich versagt oder zusammenbricht; dieses kleine Zeitfenster müssen sie nutzen, die Macht an sich reißen, die in diesem Moment sozusagen auf der Straße liegt und greifbar *ist*, und diese Macht dann festigen, repressive Apparate aufbauen usw., so dass es, wenn die Verwirrung vorüber und die Mehrheit ernüchtert und vom neuen Regime enttäuscht ist, zu spät sein wird, um es wieder loszuwerden, weil es bereits fest verankert ist. Das kommunistische Exjugoslawien ist hier ein typisches Beispiel: Während des Zweiten Weltkrieges hegemonialisierten die Kommunisten den Widerstand gegen die deutschen Besatzer und monopolisierten ihre Rolle im antifaschistischen Kampf, indem sie aktiv versuchten, alle anderen (»bourgeoisen«) Widerstandskräfte zu beseitigen und dabei das kommunistische Wesen ihres Kampfes strikt leugneten (wer den Verdacht äußerte, dass sie planten, nach dem Krieg die Macht zu ergreifen und die kommunistische Revolution zu initiieren, wurde umgehend der Verbreitung von Feindpropaganda bezichtigt). Als sie dann nach dem Krieg die Macht innehatten, änderten sich die Dinge sehr schnell und das Regime machte kein Hehl mehr aus seiner kommunistischen Natur. Obwohl die Kommunisten bis etwa 1946 wirklich populär waren, manipulierten sie relativ unverhohlen die Parlamentswahlen von 1946; später dazu befragt, warum sie dies getan hätten, wo sie doch auch freie Wahlen leicht hätten gewinnen können, antworteten sie (natürlich nur unter vier Augen), dass dies zwar zutreffe, sie aber die *nächsten* Wahlen vier Jahre später verloren hätten, weswegen es besser sei, gleich klarzumachen, welche Art von Wahlen sie dulden würden – kurz: Sie waren sich der einmaligen Gelegenheit, die sie an die Macht brachte, vollkommen bewusst. Ebenso war ihnen klar, dass es ihnen nicht gelingen würde, eine echte, langfristige, vom Volk ausgehende Hegemonie aufzubauen und aufrechtzuerhalten.

Es reicht daher nicht, um es noch einmal zu betonen, der kommunistischen Idee treu zu bleiben – man muss in der historischen Wirklichkeit nach Antagonismen suchen, welche diese Idee zu einer praktischen Dringlichkeit machen. Die einzig *wahre* Frage ist heute: Lassen wir die vorherrschende Naturalisierung des Kapitalismus zu oder beinhaltet der heutige globale Kapitalismus Antagonismen, die stark genug sind, um seine unendliche Reproduktion zu verhindern? Es gibt vier solcher Antagonismen: die sich abzeichnende Gefahr einer *ökologischen* Katastrophe; die Unangemessenheit der Idee des *Privateigentums* für das sogenannte »geistige Eigentum«; die sozialethischen Implikationen *neuer technologisch-wissenschaftlicher Entwicklungen* (insbesondere in der Biogenetik); und, last but not least, *neue Formen der Apartheid*, neue Mauern und Slums. Es besteht ein qualitativer Unterschied zwischen der Kluft, welche die Ausgeschlossenen von den Eingeschlossenen trennt, und den anderen drei Antagonismen, welche die gemeinsame Substanz unseres gesellschaftlichen Seins markieren: Hardt und Negri bezeichnen sie als »Commons«, ihre Privatisierung ist ein Akt der Gewalt, gegen den man sich nötigenfalls auch mit gewaltsamen Mitteln zur Wehr setzen sollte. Es gibt die *Commons der Kultur*, das unmittelbar sozialisierte »kognitive« Kapital, besonders die Sprache, unsere Kommunikations- und Erziehungsmedien (hätte Bill Gates das Monopol, wären wir in der absurden Situation, dass eine Privatperson buchstäblich die Softwarestruktur unseres grundlegenden Kommunikationsnetzes besäße), aber auch die gemeinsame Infrastruktur des öffentlichen Verkehrs, der Elektrizität, der Post usw.; *die Commons der äußeren Natur*, die von Verschmutzung und Ausbeutung (von Öl und Wäldern bis zum natürlichen Lebensraum selbst) bedroht sind; *die Commons der inneren Natur* (das biogenetische Erbe der Menschheit) – im Zuge der neuen Gentechnologie wird die Erschaffung eines neuen Menschen im buchstäblichen Sinn einer Veränderung der menschlichen Natur zu einer realistischen Aussicht. Gemein ist all diesen Anstrengungen zur Verteidigung der Commons das Bewusstsein des zerstörerischen Potentials, das bis zur Selbstvernichtung der gesamten Menschheit reicht, für den Fall, dass sich die kapitalistische Logik der Beschränkung jener Commons frei entfalten kann. Nicholas Stern hat den Klimawandel zu Recht als »das größte Marktversagen der Menschheitsgeschichte«[33] bezeichnet. Wenn also der UN-Beauftragte Kishan Khoday, wie jüngst geschehen, schreibt: »Es entsteht ein zunehmendes Bewusstsein der globalen ›Environmental Citizenship‹, der Wunsch, den Klimawandel als Aufgabe zu betrachten, die im gemeinsamen Interesse der ganzen Menschheit liegt«,[34] dann sollten wir dabei besonders auf die Formulierungen »globale Bürgerschaft« und »gemeinsames Interesse« achten – die darin zum Ausdruck kommende Notwendigkeit eines globalen politischen Handelns und der Etablierung einer globalen politischen Organisation, die in der Lage ist, Marktmechanismen zu neutralisieren und zu kanalisieren, ist ein genuin kommunistischer Standpunkt.

Der Verweis auf die Commons rechtfertigt die Wiederbelebung der Idee des Kommunismus; er lässt uns die fortschreitende »Eingrenzung« der Commons als Prozess der Proletarisierung derer erkennen, die dadurch von ihrer eigenen Substanz entfernt werden. Die aktuelle historische Lage zwingt uns nicht nur nicht, den Begriff des Proletariats und der proletarischen Position fallenzulassen; sie zwingt uns im Gegenteil dazu, ihn bis auf eine existentielle Stufe zu radikalisieren, die weit außerhalb von Marx' Vorstellungskraft liegt. Wir brauchen einen radikaleren Begriff des proletarischen Subjekts, eines auf den flüchtigen Punkt des Cartesischen Cogito reduzierten, seines substantiellen Inhalt beraubten Subjekts.

Eine neue emanzipatorische Politik wird daher nicht mehr an einen einzelnen sozialen Akteur geknüpft sein, sondern muss von einer möglichst unkalkulierbaren Mischung verschiedener Akteure getragen werden. Uns vereint, dass wir im Gegensatz zu den Proletariern von einst, die »nichts zu verlieren

[33] Im Nachrichtenmagazin *Time* vom 24. Dezember 2007, S. 2.

[34] Ebd.

haben als ihre Ketten«, Gefahr laufen, *alles* zu verlieren. Die Gefahr ist, dass wir auf abstrakte, leere cartesianische Subjekte ohne jeden Substanzgehalt reduziert werden, dass wir unserer symbolischen Substanz beraubt werden, dass unsere genetische Basis manipuliert wird und wir in einer lebensabweisenden Umwelt dahinvegetieren müssen. Diese dreifache Bedrohung unseres gesamten Seins macht uns gewissermaßen alle zu Proletariern, die auf eine »substanzlose Subjektivität« reduziert sind, wie Marx in den *Grundrissen* schreibt. Die ethisch-politische Herausforderung besteht darin, uns selbst in dieser Figur zu erkennen – wir sind sozusagen alle ausgeschlossen, von der Natur ebenso wie von unserer symbolischen Substanz. Potentiell ist heute jeder von uns ein *homo sacer* und die einzige Möglichkeit, zu verhindern, dass man wirklich einer wird, ist vorbeugendes Handeln.

Wem dies zu apokalyptisch klingt, dem sei gesagt, dass wir tatsächlich in apokalyptischen Zeiten leben – es ist leicht festzustellen, dass jeder der drei Prozesse der Proletarisierung auf einen apokalyptischen Punkt verweist: Umweltzerstörung, biogenetische Reduktion des Menschen auf manipulierbare Maschinen, totale digitale Kontrolle über unser Leben … Auf allen diesen Ebenen nähern sich die Dinge einem Nullpunkt, »das Ende der Zeit ist nah« – der Publizist Ed Ayres beschreibt es folgendermaßen: »Wir werden mit etwas konfrontiert, das so sehr außerhalb unserer kollektiven Erfahrung liegt, dass wir es gar nicht richtig sehen, obwohl die Beweise erdrückend sind. Dieses ›Etwas‹ ist für uns ein Blitzangriff biologischer und physikalischer Veränderungen in der Welt, die uns getragen hat.«[35] Auf der geologischen und der biologischen Ebene zählt Ayres vier »Spitzen« (beschleunigte Entwicklungen) auf, die sich asymptotisch einem Nullpunkt nähern, an dem ihre quantitative Ausdehnung ihren Erschöpfungspunkt erreichen wird

[35] Ed Ayres, »Why Are We Not Astonished?«, in: *World Watch Magazine*, Mai/Juni 1999, Bd. 12, Nr. 3, S. 25–29, hier S. 26.

und sich in eine neue Qualität verwandeln muss: Bevölkerungswachstum, Ressourcenverbrauch, Kohlendioxidemissionen und Artensterben. Um mit der Bedrohung fertig zu werden, aktiviert unsere kollektive Ideologie Dissimulations- und Selbsttäuschungsmechanismen bis hin zum direkten Ignoranzwillen: »Es ist ein allgemeines Verhaltensmuster in bedrohten menschlichen Gesellschaften, mit zunehmendem Scheitern immer blinder in Bezug auf die Krise zu werden, statt sich immer mehr darauf zu konzentrieren.« Dasselbe gilt für die anhaltende Wirtschaftskrise: Im Frühjahr 2009 war sie erfolgreich »renormalisiert« worden – die Panik ist vorbei, die Lage »erholt sich« oder zumindest ist der Schaden unter Kontrolle (der Preis, den die Länder der Dritten Welt für diese »Genesung« zu zahlen haben, wird natürlich selten erwähnt) – die unheilvolle Warnung, welche die eigentliche Botschaft der Krise war, wird ignoriert und so können wir uns wieder entspannen und unseren langen Marsch in Richtung Apokalypse fortsetzen.

Diese Haltung des schlichten Ignorierens der Gefahr ist nicht so irrational wie es scheinen mag – es lassen sich gute Argumente dafür finden, dass sie unter normalen Umständen die wirkungsvollste Strategie ist. Wenn die große Mehrheit der Akteure in einer Wirtschaftskrise beschließt, auf die Zusicherungen zu vertrauen, der Aufschwung stehe kurz bevor, und sich entsprechend verhält, wird die Krise tatsächlich schnell beendet sein. Bis zu einem gewissen Grad gilt dies sogar für eine Öko-Krise: Bis jetzt hat die Natur mit großer Anpassungsfähigkeit auf die Verschmutzungen durch den Menschen reagiert und noch immer einen Weg gefunden, ein gewisses Gleichgewicht wiederherzustellen; die beste Strategie war also bislang im Grunde, die ernsten Warnungen zu ignorieren und normal weiterzuleben. (Erinnern wir uns an die große Obsession mit dem Waldsterben vor zwei oder drei Jahrzehnten – jetzt gibt es mehr Bäume auf der Erde als zu irgendeinem Zeitpunkt in den letzten 50 Jahren. Oder denken wir an die Einführung der Jumbo-Jets und die damit verbundene Angst, sie würden bald den Sauerstoff in unserer Luft verbraucht haben ...) Man könnte sogar sagen, dass der Mensch nicht trotz, sondern gerade *wegen* seiner Fähigkeit zum Ignorieren der Bedrohung so lange überlebt hat.

Der Haken an der Sache ist natürlich, dass wir nicht genau wissen, bis zu *welchem* Grad diese Strategie noch angebracht ist. Die Theorie komplexer Systeme versucht, solche gegensätzlichen Systemeigenschaften – die Robustheit und Stabilität einerseits und die extreme Anfälligkeit andererseits – zu erklären. Solche Systeme können sich auf große Störungen einstellen, diese integrieren, ein neues Gleichgewicht herstellen und sich stabilisieren – bis zu einer bestimmten Grenze (dem »Tipping-Point«); oberhalb dieser kann schon eine kleine Störung eine Katastrophe auslösen und zur Etablierung einer vollkommen neuen Ordnung führen. Jahrhundertelang brauchte sich die Menschheit keine Gedanken über die Auswirkungen ihres Tuns auf die Umwelt zu machen, weil die Natur es schaffte, sich an die Abholzung der Wälder, den Abbau von Kohle und Öl usw. anzupassen. Mittlerweile können wir allerdings nicht mehr sicher sein, ob wir nicht diese Grenze erreicht haben – es lässt sich wirklich nicht mit Sicherheit sagen, denn wir können sie erst dann deutlich erkennen, wenn es bereits zu spät ist.

Wir können nun präzise definieren, was jene »normalen« Umstände sind: Es sind die Umstände, in denen der große Andere (entweder die symbolische Substanz oder die natürliche Ordnung selbst) noch in Kraft ist und wir uns auf ihn verlassen können. Ganz gleich wie sehr wir den natürlichen Reproduktionskreislauf stören, wir *vertrauen* auf die Natur und erwarten, dass sie ihren stabilen Lauf fortsetzt. Ganz gleich wie viel wir spekulieren, wir *vertrauen* auf den Markt und erwarten, dass er sich wieder erholt. Dieses grundsätzliche Vertrauen ist mehr als nur eine psychologische Kategorie: Es konstituiert erst unseren Realitätssinn. Wenn es gestört ist, erleiden wir einen »Realitätsverlust«; die Grundkoordinaten unserer Erfahrung sind dann erschüttert. Zahlreiche Anzeichen deuten darauf hin, dass wir uns heute auf einen solchen Tipping-Point zubewegen.

Die Apokalypse zeichnet sich durch einen bestimmten Zeitmodus aus, der sich von den beiden anderen vorherrschenden Zeitauffassungen, der traditionellen zirkulären Zeit (die nach kosmischen Prinzipien geordnet und geregelt ist und die Ordnung der Natur und des Himmels widerspiegelt – die Zeitform, in der Mikro- und Makrokosmos im harmonischen Einklang sind) und der modernen linearen Zeit des allmählichen Fortschritts und der schrittweisen Entwicklung, deutlich unterscheidet: Die apokalyptische Zeit ist »die Zeit des Endes der Zeiten«, die Zeit des Notstands, des »Ausnahmezustands«, wenn das Ende naht und wir uns darauf vorbereiten. Es lassen sich heute (mindestens vier) verschiedene Versionen der Apokalyptik unterscheiden: christlich-fundamentalistisch, New Age, digital-technisch-posthuman und säkular-ökologisch. Die grundsätzliche Vorstellung, dass die Menschheit auf einen Nullpunkt der radikalen Transmutation zusteuert, ist zwar allen vieren gemeinsam, in den jeweiligen Ontologien unterscheiden sie sich jedoch radikal. Die digital-technische Apokalyptik (deren Hauptvertreter Ray Kurzweil ist) bleibt innerhalb der Grenzen des wissenschaftlichen Naturalismus und erkennt in der Evolution der Spezies Mensch die Konturen seiner Transmutation zum »posthumanen« Wesen; die New-Age-Apokalyptik interpretiert diese Transmutation als Wechsel von einem Modus des kosmischen Bewusstseins zu einem anderen (üblicherweise von der modernen dualistisch-mechanistischen Haltung zur ganzheitlichen Immersion) und gibt ihr dadurch noch einen spiritualistischen Dreh; christliche Fundamentalisten deuten die Apokalypse streng nach der Bibel, das heißt, sie suchen (und finden) in der Gegenwart Hinweise darauf, dass der Endkampf zwischen Christus und dem Antichrist bevorsteht und dass sich die Dinge auf einen kritischen Wendepunkt zubewegen; die säkular-ökologische Apokalyptik schließlich teilt die naturalistische Haltung der digital-technischen, allerdings mit einer negativen Wendung (was vor uns liegt, der »Omegapunkt«, dem wir uns nähern, ist keine Transmutation auf eine höhere, »posthumane« Stufe, sondern die katastrophale Selbstzerstörung der Menschheit). Obwohl die christlich-fundamentalistische Apokalyptik, was ihren Inhalt betrifft, als die lächerlichste, aber auch gefährlichste erscheint, kommt sie der »millenaristischen« radikal-emanzipatorischen Logik am nächsten. Die Aufgabe besteht folglich darin, sie mit der säkular-ökologischen Apokalyptik zusammenzubringen und somit die Gefahr der Vernichtung als Chance zur radikal-emanzipatorischen Erneuerung zu sehen.

Sozialismus oder Kommunismus?

Wenn wir als Kommunisten gelten wollen, reicht eine solche apokalyptische Proletarisierung freilich nicht aus. Die fortdauernde Eingrenzung der Commons betrifft die Beziehungen der Menschen zu den objektiven Bedingungen ihres Lebensprozesses ebenso wie ihre Beziehungen untereinander. Commons werden auf Kosten der proletarisierten Mehrheit privatisiert. Zwischen diesen beiden Aspekten besteht eine Diskrepanz – Commons können der kollektiven Menschheit auch ohne Kommunismus zurückgegeben werden: in einem autoritär-kommunitaristischen Regime; dem entsubstantialisierten, »heimatlosen«, seines Substanzgehalts beraubten Subjekt kann auch auf dem Wege des Kommunitarismus geholfen werden, indem es seinen Platz in einer neuen substantiellen Gemeinschaft findet. In diesem präzisen Sinn hat Negri recht mit seinem antisozialistischen Buchtitel *Goodbye Mr. Socialism*: Wir müssen den Kommunismus vom Sozialismus abgrenzen, welcher statt des egalitären Kollektivs eine solidarische organische Gemeinschaft will – der National*sozialismus* war eben kein National*kommunismus*. Ein sozialistischer Antisemitismus ist möglich, aber kein kommunistischer. (Wenn er dennoch auftritt, wie in Stalins letzten Jahren, ist das ein Zeichen für die nicht mehr vorhandene Treue zum revolutionären Ereignis.) Eric Hobsbawm veröffentlichte 2009 im Guardian einen Artikel mit dem Titel »Der Sozialismus ist gescheitert. Der Kapitalismus ist bankrott. Was kommt als nächstes?«[36] Die Antwort auf diese Frage ist: Der Kommunismus. Der Sozialismus will die ersten drei Antagonismen ohne den vierten lösen, die singuläre Allgemeinheit des Proletariats. Die einzige Möglichkeit für das globale kapitalistische System, seinen Dauerantagonismus zu überleben und gleichzeitig der kommunistischen Lösung zu entgehen, ist die Neuerfindung irgendeiner Art von Sozialismus … in Gestalt eines Kommunitarismus, Populismus, Kapitalismus mit asiatischen Werten oder was auch immer. Die Zukunft ist kommunistisch … oder sozialistisch..

Dies führt uns zu einem weiteren grundlegenden Definitionsmerkmal des Kommunismus. Im Gegensatz zum Sozialismus bezieht er sich auf die singuläre Allgemeinheit, die direkte Verbindung zwischen dem Singulären und dem Allgemeinen unter Umgehung partikularer Bestimmungen. Wenn Paulus sagt, dass es vom christlichen Standpunkt »nicht mehr Juden und Griechen, nicht Mann und Frau« gibt, dann meint er, dass ethnische Wurzeln, nationale Identität usw. *keine Kategorien der Wahrheit* darstellen oder, um es in den präzisen Kant'schen Begriffen auszudrücken: Wenn wir über unsere ethnischen Wurzeln reflektieren, üben wir *privaten Vernunftgebrauch*, der durch kontingente, dogmatische Voraussetzungen beschränkt ist, das heißt, wir handeln als »unreife« Individuen, nicht als freie Menschen, die in der Dimension der Allgemeinheit der Vernunft leben. Der Gegensatz zwischen Kant und Richard Rorty hinsichtlich dieser Unterscheidung von öffentlich und privat wird selten bemerkt, ist aber dennoch von zentraler Bedeutung: Beide trennen sehr scharf zwischen den beiden

36 Eric Hobsbawm, »Socialism has failed. Now capitalism is bankrupt. So what comes next?«, in: *The Guardian*, 10. April 2009, S. 33.

Bereichen, jedoch auf unterschiedliche Weise. Für Rorty, den zeitgenössischen Liberalen schlechthin, ist das Private der Raum unserer Eigenheiten, in dem Kreativität und ungezähmte Phantasie herrschen und moralische Überlegungen (fast) keine Rolle spielen, während die Öffentlichkeit der Raum der sozialen Interaktion ist, in dem wir uns an Regeln halten sollten, um andere nicht zu verletzen; das Private ist, mit anderen Worten, der Raum der Ironie, das Öffentliche der Raum der Solidarität. Für Kant bezeichnet der öffentliche Raum der »Weltbürgergesellschaft« freilich das Paradox der universalen Singularität, das des einzelnen Subjekts, welches die Vermittlung durch das Besondere in einer Art Kurzschluss umgeht und direkt am Allgemeinen teilhat. Wir sollten hier Kant als Kritiker Rortys lesen. Mit seinem Bild vom öffentlichen Raum des uneingeschränkten, freien Vernunftgebrauchs postuliert er die Dimension der emanzipatorischen Allgemeinheit *außerhalb* der Grenzen der eigenen sozialen Identität und der eigenen Position in der (gesellschaftlichen) Seinsordnung – die Dimension, die bei Rorty fehlt.

Der Raum der singulären Allgemeinheit ist das, was im Christentum als »Heiliger Geist« erscheint: der Raum einer Gemeinde der Gläubigen, die vom Bereich der organischen Gemeinschaften und partikularen Lebenswelten (»nicht mehr Juden und Griechen«) *subtrahiert* ist. Ist demnach Kants »Denke frei, aber gehorche!« nicht eine neue Version der Aussage von Jesus Christus: »So gebt dem Kaiser, was dem Kaiser gehört, und Gott, was Gott gehört«? »Gebt dem Kaiser, was dem Kaiser gehört« heißt: Respektiert und haltet euch an die »private« partikulare Lebenswelt eurer Gemeinschaft; und »gebt Gott, was Gott gehört« bedeutet: Habt teil am allgemeinen Raum der Gemeinschaft der Gläubigen – die paulinische Gemeinde der Gläubigen ist ein Prototyp der Kantischen »Weltbürgergesellschaft«. Der Bereich des Staates ist somit auf eigene Weise »privat«, nämlich im präzisen Kantischen Sinne des »privaten Vernunftgebrauchs« in administrativen und ideologischen Apparaten.

In seiner späten Schrift *Der Streit der Fakultäten* dehnt Kant diese Überlegungen aus und stellt eine ebenso schlichte wie schwierige Frage: Gibt es in der Geschichte einen wirklichen Fortschritt? (Er meinte damit den sittlichen Fortschritt der Freiheit, nicht einfach die materielle Entwicklung.) Kant gesteht zu, dass die Geschichte verworren ist und es keinen eindeutigen Beweis gibt; denken wir etwa daran, dass das 20. Jahrhundert, in dem ein nie dagewesenes Maß an Demokratie und Wohlstand erreicht wurde, gleichzeitig das Jahrhundert des Holocaust und der Gulags war. Obwohl sich also der Fortschritt nicht wirklich beweisen lässt, schreibt Kant, dass sich zumindest Zeichen dafür erkennen lassen, dass er möglich ist. Er interpretiert die Französische Revolution als ein solches Zeichen, welches auf die Möglichkeit der Freiheit hindeute: Das bis dahin Unmögliche geschah, ein ganzes Volk beanspruchte furchtlos seine Freiheit und Gleichheit. Noch wichtiger als die – oft blutige – Realität der Vorgänge in den Straßen von Paris war für Kant der Enthusiasmus, den die Ereignisse in Frankreich bei den mitfühlenden Beobachtern in ganz Europa auslösten:

»Die Revolution eines geistreichen Volks, die wir in unseren Tagen haben vor sich gehen sehen, mag gelingen oder scheitern; sie mag mit Elend und Greuelthaten dermaßen angefüllt sein, daß ein wohldenkender Mensch sie, wenn er sie zum zweitenmale unternehmend glücklich auszuführen hoffen könnte, doch das Experiment auf solche Kosten zu machen nie beschließen würde, – diese Revolution, sage ich, findet doch in den Gemüthern aller Zuschauer (die nicht selbst in diesem Spiele mit verwickelt sind) eine Theilnehmung dem Wunsche nach, die nahe an Enthusiasm grenzt, und deren Äußerung selbst mit Gefahr verbunden war, die also keine andere als eine moralische Anlage im Menschengeschlecht zur Ursache haben kann.«[37]

Hierzu ist anzumerken, dass die Französische Revolution nicht nur in Europa Begeisterung weckte, sondern auch an entlegenen Orten wie Haiti; der dortige Enthusiasmus ging über

[37] Immanuel Kant, *Der Streit der Fakultäten*, in: Ders.: *Kant's Werke, Band 7*, Berlin: Reimer 1917, S. 1 – 116, hier S. 85.

den des Kantischen Zuschauers hinaus und löste ein weiteres welthistorisches Ereignis aus: den ersten Aufstand schwarzer Sklaven, die ihre volle Beteiligung am emanzipatorischen Projekt der Französischen Revolution forderten. In die gleiche Reihe gehört auch Obamas Wahlsieg in den USA. Man kann und sollte über die wahren Folgen seines Erfolgs kritische Zweifel hegen. Pragmatisch-realistisch betrachtet ist es sehr gut möglich, dass Obama lediglich ein paar kleinere Schönheitsreparaturen vornimmt und sich als »Bush mit menschlichem Antlitz« erweist. Er wird im Grunde die gleiche Politik auf attraktivere Weise fortsetzen und somit die Hegemonie der USA sogar noch stärken, die durch die katastrophalen Bush-Jahre Schaden genommen hat. Dennoch hat diese Kritik etwas zutiefst Falsches an sich – ein Schlüsselelement fehlt darin, und aufgrund dieses Elements ist Obamas Sieg mehr als nur ein normaler Machtwechsel im ewigen parlamentarischen Streit um Mehrheiten mit all seinen pragmatischen Berechnungen und Manipulationen. Er ist vielmehr ein Zeichen für etwas Größeres. Ein guter Freund von mir, der Amerikaner und eigentlich ein eingefleischter Linker ohne Illusionen ist, hat stundenlang geweint, als er die Nachricht von Obamas Wahlsieg erhielt. Welche Zweifel und Befürchtungen wir auch hegen mögen, in diesem enthusiastischen Moment waren wir alle frei und hatten teil an der universellen Freiheit der Menschheit.

Die kapitalistische Ausnahme

Wie sollen wir eine Ordnung revolutionieren, welche die permanente Selbstrevolutionierung zum Prinzip erhoben hat? Statt eine Lösung für die Probleme zu sein, vor denen wir gegenwärtig stehen, bezeichnet der Kommunismus selbst ein Problem: das der schwierigen Aufgabe, aus den von Markt und Staat vorgegebenen Grenzen auszubrechen, für die es kein schnelles Rezept gibt. »Er ist das Einfache, das schwer zu machen ist«, wie Brecht in seinem »Lob des Kommunismus« formuliert. Die hegelianische Antwort lautet, dass das Problem / die Ausweglosigkeit seine / ihre eigene Lösung ist – nicht in dem simplen / direkten Sinn, dass der Kapitalismus an sich schon Kommunismus sei und nur eine rein formale Umkehrung nötig sei. Meine Vermutung ist, dass der aktuelle dynamische Kapitalismus, gerade weil er »weltlos« ist und eine permanente Störung jeder festen Ordnung darstellt, den Raum für eine Revolution eröffnen könnte, die den Teufelskreis aus Aufstand und Wiedereinschreibung durchbricht und also nicht mehr nach dem Muster abläuft, dass auf eine ereignishafte Explosion die Rückkehr zum Normalen folgt, sondern die Aufgabe übernehmen wird, *gegen die globale kapitalistische Unordnung eine neuen »Ordnung« vorzunehmen.* Wir sollten ohne Scham von der Revolte zur Durchsetzung einer neuen Ordnung übergehen. (Ist das nicht eine der Lehren aus der anhaltenden Finanzkrise?) Die Konzentration auf den Kapitalismus ist daher entscheidend, wenn wir die kommunistische Idee reaktualisieren wollen. Der »weltlose« dynamische Kapitalismus verändert die Koordinaten des kommunistischen Kampfes von Grund auf – der Feind ist nicht mehr der Staat, den es von seinem symptomalen Torsionspunkt aus zu unterminieren gilt, sondern ein Fluss der permanenten Selbstrevolutionierung.

Dementsprechend möchte ich zwei Axiome hinsichtlich der Beziehung von Staat und Politik vorschlagen: (1) Das Scheitern der kommunistischen Staats- (und) Parteipolitik ist in erster Linie ein Scheitern der antistaatlichen Politik und des Versuchs, aus den Zwängen des Staates auszubrechen und staatliche Organisationsformen durch »direkte«, nichtrepräsentative Formen der Selbstorganisation (»Räte«) zu ersetzen. (2) Wenn man nicht weiß, womit man den Staat ersetzen soll, hat man auch kein Recht, sich vom Staat zu subtrahieren / zurückzuziehen. Statt auf Distanz zum Staat zu gehen, sollte die eigentliche

Aufgabe darin bestehen, den Staat selbst auf eine nichtstaatliche Weise funktionieren zu lassen. Die Alternative »Kampf um die Staatsmacht (was uns dem Gegner, den wir bekämpfen, genau gleich werden lässt) oder Rückzug in den Widerstand in Distanz zum Staat« ist eine falsche Wahl – beide Standpunkte gehen von derselben Prämisse aus: dass die Staatsform, wie wir sie kennen, dauerhaft bestehen bleibt, so dass uns gar nichts anderes übrigbleibt, als entweder die Macht zu übernehmen oder zum Staat auf Distanz zu gehen. Wir sollten hier ohne Scheu die Lektion aus Lenins *Staat und Revolution* wiederholen: Das Ziel der revolutionären Gewalt ist nicht, den Staat zu übernehmen, sondern ihn zu transformieren und seine Funktionsweise, sein Verhältnis zur Basis etc. radikal zu verändern.[38] Darin liegt das wesentliche Element der »Diktatur des Proletariats« – Bülent Somay hat zu Recht darauf hingewiesen, dass es letztlich eine *negative* Eigenschaft ist, die das Proletariat für diese Position qualifiziert: Alle anderen Klassen sind (potentiell) in der Lage, den Status der »herrschenden Klasse« zu erlangen, das heißt, sich als die Klasse zu etablieren, welche den Staatsapparat kontrolliert:

»Was die Arbeiterklasse zu einer Handlungsmacht macht und ihr eine Bestimmung verleiht, ist weder ihre Armut noch ihre militante und pseudomilitärische Organisation noch ihre Nähe zu den (hauptsächlich industriellen) Produktionsmitteln. Ihre Bestimmung ist allein ihrer strukturellen Unfähigkeit geschuldet, sich selbst zu einer weiteren herrschenden Klasse zu organisieren. Das Proletariat ist die einzige (revolu-

[38] Badiou selbst war schon auf der richtigen Spur, als er vor Jahren schrieb: »Die Verwirklichung der Welt als globaler Markt, die ungeteilte Herrschaft großer Finanzkonglomerate usw. – all dies ist unbestreitbare Wirklichkeit und stimmt im Wesentlichen mit Marx' Analysen überein. Die Frage ist, wie die Politik mit all dem vereinbar ist. Welche Art von Politik ist wirklich heterogen gegenüber den Forderungen des Kapitals? – Das ist heute die Frage.« Folgt man diesem Gedanken, dann muss sich eine wahrhaft emanzipatorische Politik heute über ihre aktive Opposition zur Welt des Kapitals definieren – sie muss »antikapitalistisch« sein.

tionäre) Klasse in der Geschichte, die sich mit der Abschaffung ihres Gegenteils selbst abschafft.«[39]

Die einzig angemessene Schlussfolgerung aus dieser Einsicht lautet: »Diktatur des Proletariats« ist eine Art (notwendiges) Oxymoron und nicht etwa eine Staatsform, in der das Proletariat die herrschende Klasse ist. Wir erlangen sie im Grunde nur, wenn der Staat selbst radikal umgewandelt wird und auf neue Formen der Bürgerbeteiligung baut; es ist daher mehr als heuchlerisch, dass auf dem Höhepunkt des Stalinismus, als das gesamte Gesellschaftsgefüge durch Säuberungsaktionen erschüttert wurde, mit der neuen Verfassung das Ende des »Klassen«-Charakters der Sowjetunion ausgerufen wurde (Mitgliedern vorher ausgeschlossener Klassen wurde wieder das Wahlrecht zuerkannt) und die sozialistischen Regime von nun an »Volksdemokratien« genannt wurden – ein sicheres Zeichen dafür, dass es sich nicht um »Diktaturen des Proletariats« handelte ... Dennoch bleibt natürlich die Frage, wie eine solche »Diktatur des Proletariats« erreicht werden kann.

Vom Profit zur Rente

Woher kommt dieses Wiedererwachen der direkten (nichtdemokratischen) Autorität? Über alle kulturellen Unterschiede hinweg erzeugt die Logik des heutigen Kapitalismus selbst eine innere Notwendigkeit dafür. Die zentrale Frage lautet heute: In welcher Weise betrifft die spätkapitalistische Vorherrschaft (oder sogar hegemoniale Rolle) der »geistigen Arbeit« Marx' Grundschema der Loslösung der Arbeit von ihren objektiven Bedingungen wie auch der Revolution als der subjektiven Wie-

39 Bülent Somay in einem persönlichen Brief vom 28. 1. 2007 an mich. Ich zitiere diese Passage umso lieber, als er mich in seinem Brief stark kritisiert.

deraneignung der objektiven Bedingungen? In Sphären wie dem weltweiten Kommunikationsnetzwerk (World Wide Web) sind Produktion, Tausch und Konsum unentwirrbar miteinander verwoben, möglicherweise sogar identisch: Mein Produkt wird unmittelbar von einem anderen kommuniziert und konsumiert. Marx' klassische Vorstellung des Warenfetischismus, bei dem »Beziehungen zwischen Menschen« die Form von »Beziehungen zwischen Dingen« annehmen, muss somit radikal überdacht werden. Bei der »immateriellen Arbeit« sind die »Beziehungen zwischen Menschen« »nicht so sehr hinter der Fassade der Objektivität versteckt, als dass sie selbst das Material unserer täglichen Ausbeutung sind«;[40] wir können daher nicht mehr im klassischen Lukács'schen Sinne von »Verdinglichung« sprechen. Die soziale Relationalität in all ihrer Flüssigkeit ist nicht etwa unsichtbar, sondern unmittelbares Markt- und Tauschobjekt. Im »Kulturkapitalismus« verkauft (und kauft) man nicht mehr Objekte, die kulturelle oder emotionale Erfahrungen »bringen«, man verkauft (und kauft) direkt solche Erfahrungen. Negri hat diese Schlüsselfrage zwar, wie man zugeben muss, richtig erfasst, seine Antwort greift jedoch zu kurz; sein Ausgangspunkt ist Marx' These aus den *Grundrissen der Kritik der politischen Ökonomie* über die radikale Statusveränderung des fixen Kapitals:

»Die Entwicklung des capital fixe zeigt an, bis zu welchem Grade das allgemeine gesellschaftliche Wissen, knowledge zur *unmittelbaren Productivkraft* geworden ist, und daher die Bedingungen des gesellschaftlichen Lebensprocesses selbst unter die Controlle des general intellect gekommen, und ihm gemäß umgeschaffen sind. Bis zu welchem Grade die gesellschaftlichen Productivkräfte producirt sind, nicht nur in der Form des Wissens, sondern als unmittelbare Organe der gesellschaftlichen Praxis; des realen Lebensprocesses.«[41]

40 Nina Power, »Review of Axel Honneth's *Reification and Disrespect*«, in: *Radical Philosophy* 154, März/April 2009, S. 55.

41 Karl Marx, *Ökonomische Manuskripte 1857/58* (= Karl Marx und Friedrich Engels, *Gesamtausgabe (MEGA), Zweite Abteilung, Band 1*), Berlin: Dietz 1981, S. 582.

Das heißt, dass die Entwicklung des allgemeinen gesellschaftlichen Wissens »selbst wieder als die größte Productivkraft zurückwirkt auf die Productivkraft der Arbeit. Sie kann vom Standpunkt des unmittelbaren Productionsprocesses aus betrachtet werden, als Production von *capital fixe*; dieß capital fixe being man himself.«[42] Weil das Kapital seine Ausbeutung dadurch organisiert, dass es gegen die lebendige Arbeit als fixes Kapital erscheint, wird in dem Moment, in dem »man himself«, der Mensch selbst, mit seinem »allgemeinen gesellschaftlichen Wissen« zur Schlüsselkomponente des fixen Kapitals wird, die gesellschaftliche Grundlage der kapitalistischen Ausbeutung unterminiert und das Kapital wird zum reinen Parasiten. Durch die globalen interaktiven Medien ist die schöpferische Erfindungsgabe heute nicht mehr individuell, sondern unmittelbar kollektiviert und immer schon Teil von »Commons«; somit kann jeder Versuch, sie urheberrechtlich zu privatisieren, nur problematisch sein – der Satz »Eigentum ist Diebstahl« wäre hier in zunehmendem Maße wörtlich zu verstehen. Wie stünde es demnach mit einer Firma wie Microsoft, die genau das tut, indem sie die kollektive Synergie schöpferischer kollektiver Singularitäten organisiert und ausbeutet? Für Negri geht es letztlich nur noch darum, sich zu überlegen, wie die kognitiven Arbeiter »die Bosse eliminieren, denn eine industrielle Kontrolle der kognitiven Arbeit ist vollkommen überholt«.[43] Die neuen sozialen Bewegungen signalisierten, dass »das Lohnzeitalter vorbei ist und dass wir von der Konfrontation zwischen Arbeit und Kapital hinsichtlich der Löhne zu einer Konfrontation zwischen Multitude und Staat hinsichtlich der Einführung eines Bürgergeldes übergegangen sind«.[44] Dies ist das Grundmerkmal des »gegenwärtigen sozialrevolutionären Übergangs«: »Man muss das Kapital dazu bringen,

42 Ebd., S. 589.

43 Antonio Negri, *Goodbye Mister Socialism*, Paris: Seuil 2007, S. 234.

44 Ebd., S. 204.

die Wichtigkeit und Bedeutung des Gemeinguts anzuerkennen, und wenn es dazu nicht bereit ist, muss man es zwingen.«[45] Man beachte Negris Formulierung: Nicht das Kapital abschaffen, sondern es zwingen, das Gemeingut anzuerkennen – wir bleiben also im Kapitalismus; dies ist ein Musterbeispiel der utopischen Idee. Die Nähe des heutigen biopolitischen Kapitalismus zur direkten Anerkennung der Produktivität der Multitude beschreibt Negri wie folgt:

»Das Bild ist eines der Warenzirkulation, der Informationsnetze, der ständigen Bewegungen, des radikalen Arbeitsnomadentums und der heftigen Ausbeutung dieser Dynamik ... aber auch eines des konstanten und unerschöpflichen *Exzesses*, der biopolitischen Macht der Multitude und ihres Exzesses bezüglich der strukturellen Kontrollfähigkeit dominanter Institutionen. Sämtliche verfügbaren Energien werden eingesetzt, die Gesellschaft wird eingesetzt [...] In dieser ausgebeuteten Totalität und der Injunktion zu arbeiten liegt eine intransitive Freiheit, die sich nicht auf die Kontrolle reduzieren lässt, die sie zu bändigen versucht. Auch wenn sich die Freiheit gegen sich selbst richten kann, [...] eröffnen sich in dieser Ambivalenz immer noch Fluchtlinien: Leiden ist oft produktiv, aber nie revolutionär; revolutionär sind Exzess, Überfluss und Macht.«[46]

Wir treffen hier auf die übliche posthegelianische Matrix des produktiven Flusses in ständigem Exzess in Bezug auf die strukturelle Totalität, die ihn unterwerfen und kontrollieren will ... Doch was ist, wenn wir, in einer parallaktischen Verschiebung, *das kapitalistische Netzwerk selbst als den wahren Exzess über den Fluss der produktiven Multitude hinaus begreifen*? Was, wenn die Produktion der Multitude heute zwar direkt Leben, darüber hinaus aber auch weiterhin einen (funktional sogar überflüssigen) Exzess produziert, den Exzess des Kapitals? Wozu brauchen die unmittelbar produzierten Beziehungen trotzdem noch die Vermittlerrolle der kapitalistischen Ver-

45 Ebd., S. 235.

46 Antonio Negri, »On Rem Koolhaas«, in: *Radical Philosophy* 154, März/April 2009, S. 49.

hältnisse? Und die eigentliche Frage ist: Warum braucht die ständige nomadische »molekulare« Bewegung eine parasitäre »molare« Struktur, die (fälschlicherweise) als Hindernis für ihre ungehemmte Produktivität erscheint? Warum verlieren wir, sobald wir dieses Hindernis / diesen Exzess beseitigen, den produktiven Fluss selbst, den der parasitäre Exzess beschränkt hat? Auch das Thema Fetischismus, die Frage der »Beziehungen zwischen Menschen, die wie Beziehungen zwischen Dingen erscheinen«, sollten wir nun in einem neuen Licht betrachten: Was ist, wenn die von Hardt und Negri gefeierte direkte »Produktion des Lebens« nur scheinbar transparent ist, wenn in ihr die unsichtbaren »Beziehungen zwischen (immateriellen, wahren) Dingen (des Kapitals) als direkte Beziehungen zwischen Menschen erscheinen«?

Hier ist es wichtiger denn je, sich die marxistische Dialektik der Fetischisierung vor Augen zu halten: Die »Verdinglichung« der Beziehungen zwischen Menschen (die Tatsache, dass sie die Form phantasmagorischer »Beziehungen zwischen Dingen« annehmen) wird stets durch den scheinbar entgegengesetzten Vorgang verdoppelt: die falsche »Personalisierung« (»Psychologisierung«) eigentlich objektiver sozialer Prozesse. Schon in den 1930er Jahren wiesen Vertreter der ersten Generation der Frankfurter Schule darauf hin, dass – genau in dem Moment, als globale Marktbeziehungen vollkommen die Herrschaft zu übernehmen begannen und den Erfolg oder Misserfolg des einzelnen Produzenten von gänzlich unkontrollierbaren Marktzyklen abhängig machten – sich die Vorstellung des charismatischen »Geschäftsgenies« in der »spontanen kapitalistischen Ideologie« wieder Geltung verschaffte und der Erfolg oder Misserfolg eines Geschäftsmanns irgendeinem mysteriösen *je ne sais quoi* zugeschrieben wurde, einem gewissen Etwas, das er entweder besaß oder eben nicht. Und gilt dies nicht heute umso mehr, da die Abstraktion der Marktbeziehungen, die unser Leben beherrschen, zum Äußersten getrieben worden sind? Der Buchmarkt ist voll mit psychologischen Ratgebern, die uns verraten, wie wir erfolgreich werden, wie wir unsere Partner oder Konkurrenten ausstechen können – kurz, die uns erklären, dass unser Erfolg von der richtigen »Einstellung« abhängt. Man ist also in gewisser Weise versucht, Marx' berühmte Formel umzudrehen: Im gegenwärtigen Kapitalismus nehmen die objektiven »Marktbeziehungen zwischen Dingen« mehr und mehr die phantasmagorische Form von pseudopersönlichen »Beziehungen zwischen Menschen« an. Hardt und Negri scheinen in genau diese Falle zu tappen.

Bevor wir nun allerdings allzu sehr den »entfremdenden« Effekt der Tatsache beklagen, dass die »Beziehungen zwischen Menschen« durch »Beziehungen zwischen Dingen« ersetzt werden, sollten wir uns auch die gegenteilige, *befreiende* Wirkung vor Augen führen: Die Verschiebung des Fetischismus auf »Beziehungen zwischen Dingen« »entfetischisiert« die »Beziehungen zwischen Menschen« und ermöglicht es ihnen, »formale« Freiheit und Eigenständigkeit zu erlangen. Zwar bleibe ich in der Marktwirtschaft de facto abhängig, aber diese Abhängigkeit ist »zivilisiert«, sie wird in Form des »freien« Marktaustauschs zwischen mir und anderen Personen umgesetzt und nicht als direkte Knechtschaft oder gar körperlicher Zwang. Es ist leicht, sich über Ayn Rand lustig zu machen, aber es steckt dennoch ein Körnchen Wahrheit in dem »Loblied des Geldes« aus ihrem Roman *Wer ist John Galt?*:

> »Wenn Sie nicht begreifen, daß Geld die Wurzel alles Guten ist, gehen Sie Ihrer eigenen Zerstörung entgegen. Wenn nicht mehr Geld das Mittel des Gütererwerbs ist, dann werden wieder Menschen dazu gemacht. Blut, Peitschen und Gewehre – oder Geld. Treffen Sie Ihre Wahl. Es gibt nichts Drittes.«[47]

Hat Marx mit seinem berühmten Satz, dass in der Warenwirtschaft »Beziehungen zwischen Menschen die Gestalt von dinglichen Beziehungen annehmen« nicht etwas ganz Ähnliches gesagt? In der Marktwirtschaft können Beziehungen zwi-

47 Ayn Rand, *Wer ist John Galt?*, Hamburg: GEWIS 1997, S. 232.

schen Menschen als Beziehungen gegenseitig anerkannter Freiheit und Gleichheit erscheinen: Herrschaft wird nicht mehr direkt ausgeübt und ist nicht länger als solche sichtbar. Problematisch ist daran die zugrundeliegende Prämisse, dass es einzig und allein die Wahl zwischen direkten und indirekten Herrschafts- und Ausbeutungsverhältnissen gebe.

Was ist zur Standardkritik der »formalen Freiheit« zu sagen, sie sei in gewisser Weise noch schlimmer (als die direkte Knechtschaft), weil die Knechtschaft darin verschleiert und der Mensch dazu verleitet werde, zu glauben, er sei frei? Die Antwort auf diese Frage liefert Herbert Marcuses Motto »Freiheit ist die Bedingung der Befreiung«: Um »wirkliche Freiheit« fordern zu können, muss ich mich schon als grundsätzlich frei erleben, denn nur dann kann ich meine aktuelle Knechtschaft als menschenunwürdig erkennen. In exakt derselben Weise, wie in der Entwicklung des Kapitalismus die formelle Subsumtion des Produktionsprozesses unter das Kapital seiner reellen Subsumtion vorausgeht, geht auch die formelle Freiheit der wirklichen Freiheit voraus und schafft deren Bedingungen. Dieselbe Kraft der Abstraktion, die organische Lebenswelten zur Auflösung bringt, ist gleichzeitig das Mittel der emanzipatorischen Politik. Die philosophischen Folgen dieses realen Status der Abstraktion sind immens: Wir sind gezwungen, die historistische Relativierung und Kontextualisierung unterschiedlicher Arten von Subjektivität zurückzuweisen und das »abstrakte« Cartesische Subjekt (cogito) anzuerkennen, das heute von innen her die verschiedensten Formen kultureller Selbsterfahrung zerfrisst – wie sehr wir uns auch als eingebettet in eine bestimmte Kultur erleben mögen, in dem Moment, in dem wir am globalen Kapitalismus teilhaben, ist diese Kultur immer schon entnaturalisiert, sie fungiert im Grunde als eine spezifische und kontingente »Lebensweise« der abstrakten Cartesischen Subjektivität.

Wie sind wir auf diese neue Stufe der Herrschaft der Abstraktion gelangt? Die Proteste von 1968 richteten sich vor allem gegen die drei (vermeintlichen) Säulen des Kapitalismus: Fabrik, Schule und Familie. In der Folge wurde jeder der Bereiche einer postindustriellen Transformation unterzogen: Fabrikarbeit wurde zunehmend outgesourct oder, in der entwickelten Welt, als postfordistisches, nichthierarchisches, interaktives Teamwork neu organisiert; eine ständige, flexible, private Erziehung löst mehr und mehr die allgemeine staatliche Erziehung ab; und multiple Formen flexibler Sexualbeziehungen ersetzen die traditionelle Familie.[48] Der Sieg der Linken war gleichzeitig ihre Niederlage: Der Gegner war geschlagen, aber auf der Stelle durch eine neue, sogar noch direktere Form der kapitalistischen Herrschaft ersetzt worden. Im »postmodernen« Kapitalismus dringt der Markt in Sphären vor, die bis dahin als privilegierte Bereiche des Staates galten, von der Erziehung bis zu Gefängnissen und der Sicherheit. Wer die »immaterielle Arbeit« (Bildung, Umgang mit Affekten usw.) als diejenige Tätigkeit feiert, welche direkt soziale Beziehungen produziert, sollte nicht vergessen, was das innerhalb einer Warenwirtschaft bedeutet: dass nämlich immer mehr neue, bislang vom Markt ausgeschlossene Bereiche zu Waren werden – wenn wir Probleme haben, reden wir nicht mehr mit einem Freund darüber, sondern bezahlen einen Psychiater oder Psychologen dafür, sich darum zu kümmern; Kinder werden nicht von Eltern, sondern von bezahlten Babysittern und Erziehern versorgt und so weiter. Wir befinden uns mitten in einem neuen Prozess der Privatisierung des Sozialen und der Etablierung neuer Eingrenzungen.

Um diese neuen Privatisierungsformen zu verstehen, sollte man den Marx'schen Begriffsapparat kritisch abändern: Weil er die soziale Dimension des »General Intellect« vernachlässigte, hat Marx die Möglichkeit der *Privatisierung des »General Intellect« selbst* nicht vorausgesehen – darum geht es im We-

[48] Vgl. Daniel Cohen, *Trois leçons sur la société post-industrielle*, Paris: Seuil 2006.

sentlichen beim Kampf für das »geistige Eigentum«. Negri hat in diesem Punkt recht: Innerhalb dieses Rahmens ist Ausbeutung im klassisch marxistischen Sinn nicht mehr möglich – weswegen sie in zunehmendem Maße durch direkte rechtliche Schritte durchgesetzt werden muss, das heißt durch eine nichtökonomische Gewalt. Die Ausbeutung hat daher in der heutigen Zeit zunehmend die Form der ökonomischen Rente. Den postindustriellen Kapitalismus charakterisiert, wie Carlo Vercellone schreibt, das »Rente-Werden des Profits«.[49] Aus diesem Grund ist eine direkte Macht notwendig. Sie muss die (willkürlichen) rechtlichen Bedingungen dafür schaffen, eine Rente zu extrahieren, Bedingungen, die nicht mehr »spontan« durch den Markt erzeugt werden. Darin liegt vielleicht der grundlegende »Widerspruch« des heutigen »postmodernen« Kapitalismus: Seine Logik ist deregulatorisch, »antistaatlich«, nomadisch / deterritorialisierend usw., die zentrale Tendenz des »Rente-Werdens des Profits« signalisiert dagegen die stärker werdende Rolle des Staates, dessen (nicht nur) regulatorische Funktion zunehmend omnipräsent wird. Dynamische Deterritorialisierung koexistiert mit, ja hängt ab von immer autoritärer werdenden Interventionen des Staates und seiner juristischen und anderen Apparate. Am Horizont unseres geschichtlichen Werdens zeichnet sich somit eine Gesellschaft ab, in der persönlicher Libertarismus und Hedonismus mit einem komplexen Netz staatlicher Regulationsmechanismen einhergehen (und von diesem gestützt werden). Der Staat verschwindet nicht etwa, er gewinnt aktuell zunehmend an Stärke und Einfluss.

Wenn aufgrund der entscheidenden Rolle des »General Intellect« (Wissen und gesellschaftliche Zusammenarbeit) für die Erzeugung von Reichtum dieser in zunehmendem Maße »selbst wieder in keinem Verhältniß steht zur unmittelbaren Arbeits-

49 Vgl. Carlo Vercellone (Hg.), *Capitalismo cognitivo. Conoscenza e finanza nell'epoca postfordista*, Rom: Manifestolibri 2006.

zeit, die [seine] Production kostet«,[50] dann ist das Ergebnis nicht die von Marx anscheinend erwartete Selbstauflösung des Kapitalismus, sondern die schrittweise relative Transformation des durch die Ausbeutung der Arbeitszeit generierten Profits zu einer Rente, welche durch die Privatisierung des »General Intellect« appropriiert wird. Nehmen wir das Beispiel Bill Gates: Wie ist er zum reichsten Mann der Welt geworden? Sein Reichtum hat nichts mit den Herstellungskosten der Produkte zu tun, die seine Firma Microsoft verkauft (man kann sogar sagen, dass Microsoft seinen geistigen Arbeitern ein vergleichsweise hohes Gehalt zahlt); Gates' Reichtum resultiert also weder daraus, dass er gute Software zu niedrigeren Preisen produzieren kann als seine Konkurrenten, noch daraus, dass er seine geistigen Lohnarbeiter in stärkerem Maße »ausbeutet«. Wäre dies der Fall, hätte die Firma schon lange Bankrott gemacht; die Mehrzahl der Kunden hätte sich für eine Software wie Linux entschieden, die kostenlos und nach Meinung von Fachleuten auch qualitativ besser ist als Microsoft-Programme. Warum kaufen dann also Millionen Menschen immer noch Microsoft-Produkte? Weil Microsoft sich als fast universeller Standard etabliert hat und das Feld (nahezu) monopolisiert; das Unternehmen stellt somit eine Art direkte Verkörperung des »General Intellect« dar. Gates wurde dadurch binnen weniger Jahrzehnte zum reichsten Mann der Welt, dass er die Rente dafür einstrich, Millionen von geistigen Arbeitern zu gestatten, an der Form von »General Intellect« teilzuhaben, die er privatisierte und kontrolliert. Stimmt es denn, dass die geistigen Arbeiter von heute nicht mehr von ihren objektiven Arbeitsbedingungen getrennt sind (sie besitzen ihren PC usw.), was nach Marx die kapitalistische »Entfremdung« ausmacht? Ja, aber in einem grundlegenderen Sinne *nein*: Sie werden nämlich vom sozialen Feld ihrer Arbeit, vom »General Intellect« abgeschnitten – dieser wird durch privates Kapital vermittelt.

[50] Marx, *Ökonomische Manuskripte 1857/58*, a. a. O., S. 581.

Das Gleiche gilt auch für natürliche Ressourcen. Ihre Ausbeutung ist heute eine der größten Rentenquellen, und sie wird begleitet vom ständigen Kampf darum, wer diese Rente erhalten wird, die Menschen in der Dritten Welt oder westliche Firmen. (Es ist eine besondere Ironie, dass Marx zur Erklärung des Unterschieds zwischen Arbeitskraft – die durch ihre Betätigung einen Mehrwert über ihren eigenen Wert hinaus schafft – und anderen Waren – durch deren Benutzung lediglich ihr Wert verbraucht wird und die darum keine Ausbeutung beinhalten – als Beispiel einer »gewöhnlichen« Ware das Öl erwähnt, genau die Ware also, welche heute eine Quelle außerordentlicher »Profite« ist ...) Auch hier ist es sinnlos, das Sinken und Steigen des Ölpreises mit dem Sinken und Steigen der Produktionskosten oder dem Preis der ausgebeuteten Arbeit in Verbindung zu bringen – die Produktionskosten sind unerheblich, der Preis, den wir für Öl zahlen, ist eine Rente, die wir den Besitzern dieser Ressource aufgrund von deren Knappheit und Angebotseinschränkung zahlen.

Es ist, als ob die drei Bestandteile des Produktionsprozesses – geistige Planung und Vermarktung, materielle Produktion, Beschaffung materieller Ressourcen – immer autonomer würden und sich zu drei getrennten Bereichen entwickelten. In der Folge erscheint diese Trennung in Gestalt der »drei Hauptklassen« heutiger entwickelter Gesellschaften, die gerade *keine* Klassen, sondern drei Untergruppen der Arbeiterklasse sind: geistige Arbeiter, die traditionelle, handwerkliche Arbeiterklasse und die Ausgestoßenen (Arbeitslose, Bewohner von Slums und anderen Zwischenbereichen des öffentlichen Raums). Die Arbeiterklasse ist also dreigeteilt und jeder Teil hat seine jeweils eigene »Lebensweise« und Ideologie: den aufgeklärten Hedonismus und liberalen Multikulturalismus der intellektuellen Klasse, den populistischen Fundamentalismus der Arbeiterklasse und extremere Einzelformen der Klasse der Ausgestoßenen. Hegelianisch gesprochen entspricht diese Triade eindeutig der von Allgemeinheit (Intellektuelle), Besonderheit (Handarbeiter) und Einzelheit (Ausgestoßene). Das Resultat dieses Prozesses ist der allmähliche Zerfall des eigentlichen Gesellschaftslebens, eines sozialen Raums, in dem sich alle drei Gruppen treffen könnten – und die »Identitätspolitik« in all ihren Formen ist ein Ersatz für den Verlust des wirklichen sozialen Raums. Diese Identitätspolitik nimmt in den drei verschiedenen Unterklassen eine jeweils andere Form an: postmoderne multikulturelle Identitätspolitik in der intellektuellen Klasse, regressiver populistischer Fundamentalismus in der Arbeiterklasse, halblegale initiatorische Gruppen (kriminelle Banden, religiöse Sekten etc.) bei den Ausgestoßenen. Allen gemeinsam ist die partikulare Identität als Substitut für den allgemeinen öffentlichen Raum.

Das Proletariat ist also in drei Teile geteilt, die gegeneinander ausgespielt werden: Die geistigen Arbeiter sind voller kultureller Vorurteile gegen die »proletenhaften« Arbeiter, die ihren populistischen Hass auf die Intellektuellen und Ausgestoßenen zur Schau stellen, die wiederum feindselig gegenüber der Gesellschaft an sich eingestellt sind. Der alte Aufruf »Proletarier, vereinigt euch!« ist daher heute aktueller denn je: Unter den neuen Bedingungen des »postindustriellen« Kapitalismus ist die Vereinigung der drei Untergruppen der Arbeiterklasse bereits gleichbedeutend mit ihrem Sieg. Diese Einheit wird allerdings durch keine Figur des »großen Anderen« sichergestellt, der sie als »objektive Tendenz« des historischen Prozesses selbst vorschreiben würde – die Lage ist vollkommen offen und entscheidet sich zwischen den beiden Versionen des Hegelianismus.

»Wir sind diejenigen, auf die wir gewartet haben«

Die Zukunft ist hegelianisch – in weitaus radikalerem Sinne als Fukuyama meint. Die einzig wahre Alternative, die uns erwartet – die zwischen Sozialismus und Kommunismus –, ist die

Alternative zwischen den beiden »Hegels«. Es wurde bereits bemerkt, dass Hegels »konservative« Vision auf unheimliche Weise den »Kapitalismus mit asiatischen Werten« vorwegnimmt: eine kapitalistische Bürgergesellschaft, die in Ständen organisiert ist und von einem starken, autoritären Staat mit leitenden »Staatsdienern« und traditionellen Werten unter Kontrolle gehalten wird. (Das heutige Japan kommt diesem Modell nahe.) Es ist entweder dieser Hegel – oder der »Haiti-Hegel«. Es scheint, als ob die Spaltung zwischen Alt- und Junghegelianern noch einmal neu vollzogen würde.

Wie aber stehen die Chancen der hegelianischen Linken heute? Können wir auf nichts weiter zählen als vorübergehende utopische Ausbrüche wie die Pariser Kommune, die brasilianische Siedlung Canudos oder die Shanghaier Kommune, die sich aufgrund brutaler Eingriffe von außen oder aufgrund innerer Schwächen wieder auflösen und somit nur kurze Unterbrechungen im Hauptstrom der Geschichte bleiben? Ist der Kommunismus dazu verurteilt, eine utopische Idee von einer anderen Welt zu bleiben, deren Verwirklichung zwangsläufig scheitern oder sogar in selbstzerstörerischem Terror enden muss? Oder sollen wir dem Benjamin'schen Projekt der »letzten Revolution«, die alle Niederlagen der Vergangenheit durch Wiederholung wettmacht, heldenmütig treu bleiben, einem Tag der vollkommenen Abrechnung? Oder müssen wir – radikaler – das gesamte Feld verändern, weil die oben genannte Alternative eigentlich die beiden Seiten derselben Medaille, des teleologisch-erlöserischen Geschichtsbegriffs, darstellt?

Vielleicht liegt die Lösung ja in einer eschatologischen Apokalyptik, die *ohne* die Phantasie des symbolischen Jüngsten Gerichts auskommt, vor dem alle vergangenen Rechnungen beglichen werden. Die Aufgabe besteht, um eine weitere Benjamin'sche Metapher zu bemühen, »nur« darin, den Zug der Geschichte aufzuhalten, der sonst ungebremst in den Abgrund führt. (Kommunismus ist daher nicht das Licht am Ende des Tunnels, das heißt das glückliche Endergebnis eines langen und mühsamen Kampfes voller Leiden – wenn überhaupt, dann ist dieses Licht am Ende des Tunnels das eines anderen Zuges, der mit vollem Tempo auf uns zurast ...) Ein wahrer politischer Akt bestünde heute demnach nicht so sehr darin, eine neue Bewegung auszulösen, sondern die laufende vorherrschende Bewegung zu *unterbrechen*. Die »göttliche Gewalt« wäre der Akt des Ziehens der Notbremse im Zug des historischen Fortschritts. Wir müssen mit anderen Worten lernen, vollkommen zu akzeptieren, dass es den großen Anderen nicht gibt, oder wie Badiou treffend schreibt:

»[D]ie einfachste Definition von Gott und von Religion liegt in der Vorstellung, dass Wahrheit und Bedeutung ein und dasselbe seien. Der Tod Gottes bedeutet das Ende der Vorstellung, die Wahrheit und Bedeutung gleichsetzt. Und ich würde hinzufügen, dass auch der Tod des Kommunismus die Trennung von Bedeutung und Wahrheit impliziert, sofern es um Geschichte geht. ›Die Bedeutung der Geschichte‹ hat zwei Bedeutungen; die eine ist ›Orientierung‹: die Geschichte hat einen bestimmten Verlauf; und dann hat die Geschichte eine Bedeutung als Geschichte der Selbstbefreiung des Menschen durch das Proletariat usw. Die gesamte Epoche des Kommunismus war de facto eine Zeit, in der die Überzeugung herrschte, dass es möglich sei, gerechte politische Entscheidungen zu treffen; wir wurden in diesem Moment von der Bedeutung der Geschichte angetrieben. [...] Dann wird der Tod des Kommunismus zum zweiten Tod Gottes, allerdings im Bereich der Geschichte.«[51]

Jean-Pierre Dupuy argumentiert, dass wir aus der »historischen« Vorstellung von Zeitlichkeit ausbrechen müssen, wenn wir der Bedrohung einer (gesellschaftlichen oder umweltbedingten) Katastrophe angemessen begegnen wollen: Wir müssen einen neuen Zeitbegriff einführen. Dupuy nennt diese Zeit die »Zeit eines Projekts«, eines geschlossenen Kreislaufs zwischen Vergangenheit und Zukunft; unsere Handlungen in der Vergangenheit bedingen ursächlich die Zukunft, und gleich-

51 »A Conversation with Alain Badiou«, in: *lacanian ink* 23 (New York 2004), S. 100 f.

zeitig bestimmt unsere Antizipation der Zukunft und unsere Reaktion auf diese Antizipation die Art unseres Handelns.

»Das Katastrophenereignis ist sicherlich als Schicksal in die Zukunft eingeschrieben, aber auch als kontingenter Zufall: Es hätte auch nicht passieren können, selbst wenn es im futur antérieur als notwendig erscheint. [...] Wenn ein außergewöhnliches Ereignis stattfindet, beispielsweise eine Katastrophe, dann hätte sie nicht nicht passieren können; sofern sie jedoch nicht stattgefunden hat, ist sie nicht unausweichlich. Es ist also die Verwirklichung des Ereignisses – die Tatsache, dass es stattfindet –, welche rückwirkend seine Notwendigkeit erzeugt.«[52]

Dupuy nennt das Beispiel der französischen Präsidentschaftswahlen im Mai 1995; die Prognose des wichtigsten Meinungsforschungsinstituts vom Januar lautete: »Wenn Monsieur Balladur am 8. Mai gewählt wird, dann kann man sagen, dass die Präsidentschaftswahl entschieden war, bevor sie überhaupt stattgefunden hat.« Wenn ein Ereignis – zufällig – stattfindet, dann erschafft es die vorhergehende Kette, die es als unausweichlich erscheinen lässt. *Dies* – und nicht die Gemeinplätze darüber, wie sich die zugrundeliegende Notwendigkeit in und durch das zufällige Spiel der Erscheinungen ausdrücke – ist in nuce die Hegel'sche Dialektik von Zufälligkeit und Notwendigkeit. In diesem Sinne sind wir, auch wenn wir vom Schicksal bestimmt werden, dennoch *frei, unser Schicksal zu wählen*. Nach Ansicht von Dupuy sollten wir der Umweltkrise so begegnen, dass wir nicht erst »realistisch« die Möglichkeiten einer Katastrophe einschätzen, sondern diese im präzisen Hegel'schen Sinne schon als Schicksal akzeptieren. Wenn die Katastrophe geschieht, kann man wie bei der Wahl Balladurs sagen, dass ihr Auftreten schon entschieden war, bevor es überhaupt stattfand. Schicksal und freies Handeln gehen folglich Hand in Hand: Freiheit ist im radikalsten Sinne die Freiheit, sein eigenes Schicksal zu ändern.

52 Jean-Pierre Dupuy, *Petite métaphysique des tsunamis*, Paris: Seuil 2005, S. 19.

Dupuy schlägt also vor, die Katastrophe zuerst als unser Schicksal zu betrachten, als unvermeidbar, um uns dann in sie hineinzuversetzen, ihren Standpunkt zu übernehmen und rückwirkend in ihre Vergangenheit (die Vergangenheit der Zukunft) kontrafaktische Möglichkeiten einzubauen (»Hätten wir dieses oder jenes unternommen, dann wäre die Katastrophe, in der wir jetzt stecken, nie eingetreten«), nach denen wir dann unser gegenwärtiges Handeln ausrichten. Wir müssen akzeptieren, dass unsere Zukunft, was die Ebene der Möglichkeiten angeht, verloren ist, die Katastrophe wird stattfinden, es ist unser Schicksal – dann jedoch, vor dem Hintergrund dieser Akzeptanz, sollten wir uns dazu aufraffen, den Akt zu vollbringen, der das Schicksal selbst verändert, und dadurch eine neue Möglichkeit in die Vergangenheit einführen. Wir können die Katastrophe paradoxerweise nur abwenden, wenn wir sie als unausweichlich akzeptieren. Für Badiou ist die Zeitform der Treue zum Ereignis die des *futur antérieur*. Sich selbst in Richtung Zukunft überholend handelt man so, als ob die Zukunft, die man herbeiführen will, bereits da wäre. Diese zirkuläre Strategie des *futur antérieur* ist auch im Hinblick auf ein eventuell bevorstehendes Unglücksereignis (beispielsweise eines Umweltkollaps) die einzig wirksame. Statt zu sagen »die Zukunft ist noch offen, wir haben immer noch die Möglichkeit zu handeln und das Schlimmste abzuwenden«, sollten wir die Unausweichlichkeit der Katastrophe akzeptieren und dann darauf hinwirken, rückwirkend ungeschehen zu machen, was schon als unser Schicksal »in den Sternen stand«.

Wir sollten uns folglich nicht scheuen, die im »Krieg gegen den Terror« arg missbrauchte Idee der Vorbeugungsmaßnahme (des »Präventivschlags«) zu rehabilitieren. Wenn wir unser Handeln hinauszögern, bis wir vollständiges Wissen über die Katastrophe erlangt haben, wird es zu spät sein. Mit anderen Worten: Die Gewissheit, auf der eine Handlung beruht, ist keine Sache des Wissens, sondern des *Glaubens*. Ein wahrer

Akt ist niemals ein strategischer Eingriff in eine durchsichtige Situation, über die wir vollkommen Bescheid wissen, im Gegenteil: Sie füllt die Lücke des Wissens. Diese Einsicht untergräbt natürlich das Fundament des »wissenschaftlichen Sozialismus«, des durch wissenschaftliche Erkenntnis geleiteten emanzipatorischen Prozesses. Badiou erklärte neulich, die Zeit sei gekommen, Platons Verbannung der Dichter aus der Stadt aufzuheben und eine Versöhnung von Dichtung und Denken herbeizuführen. Angesichts der jüngsten Zustimmungsbekundungen einiger Dichter zu »ethnischen Säuberungen« sollte man aber vielleicht Platons Bedenken gegenüber der Dichtung beibehalten oder sogar noch verstärken und eher einen anderen Bruch mit Platon wagen, nämlich den, seine Idee der Philosophenkönige aufzugeben. Der Grund dafür sind nicht die üblichen liberalen Warnungen vor einem »totalitären« Führer, der besser weiß als die normalen Menschen selbst, was gut für sie ist; der Grund ist formeller: Der Verweis auf den großen Anderen versetzt den Führer in die Position des Subjekts, dem Wissen unterstellt wird, eines Subjekts, dessen Tun sich auf das vollkommene Wissen (der Gesetze der Geschichte usw.) gründet – damit ist dann der Weg frei für Verrücktheiten wie die, Stalin als den größten Linguisten, Wirtschaftswissenschaftler, Philosophen und dergleichen zu feiern. In dem Moment, in dem der »große Andere« fällt, kann der Führer nicht länger behaupten, ein privilegiertes Verhältnis zum Wissen zu haben – er ist dann ein Idiot wie andere.

Dies ist vielleicht die Lehre aus den Katastrophen des 20. Jahrhunderts: Das Wissen und die Funktion des Herrn müssen so weit wie möglich auseinandergehalten werden. Selbst die liberale Idee, besonders »qualifizierte« Kandidaten als Führer zu wählen, reicht hier nicht aus – wir sollten konsequent bis zum Ende gehen und die grundlegende Einsicht der antiken Demokratie anerkennen, dass die einzig wahre demokratische Wahl das *Los* ist. Kojin Karatanis Vorschlag, bei der Bestimmung, wer uns regieren wird, Wahlen mit Lotterien zu verbinden, ist daher traditioneller als es scheinen mag (er erwähnt selbst das antike Griechenland) – paradoxerweise erfüllt er dieselbe Aufgabe wie Hegels Theorie der Monarchie … Karatani nimmt hier heldenhaft das Risiko auf sich, eine verrückt klingende Definition des Unterschieds zwischen der Diktatur der Bourgeoisie und der Diktatur des Proletariats vorzuschlagen: »Wenn das allgemeine Wahlrecht mit geheimer Abstimmung, namentlich die parlamentarische Demokratie, die Diktatur der Bourgeoisie ist, sollte die Einführung der Lotterie als die Diktatur des Proletariats gelten.«[53]

Worauf können wir also zählen? In den 1950er Jahren befolgten Intellektuelle, die ebenfalls mit dem Kommunismus sympathisierten, zwei Axiome, ein explizites und ein implizites; das explizite ist am bekanntesten in Sartres Formulierung »jeder Antikommunist ist ein Hund«; das implizite war, dass ein Intellektueller niemals, unter keinen Umständen, Mitglied der Kommunistischen Partei werden durfte. Jean-Claude Milner[54] bezeichnet diese Haltung als »Zenonismus« in Anlehnung an Zenons Paradoxon von Achilles und der Schildkröte: Der Sympathisant ist Achilles, er ist dynamischer und schneller als die Schildkröte, die Kommunistische Partei, hinter der er dennoch stets zurückbleibt, das heißt, die er nie ganz wird einholen können … Mit dem Jahr 1968 hatte dieses Spiel ein Ende. 1968 stand unter dem Zeichen des »Hier und Jetzt«, man wollte die Revolution *sofort*, ohne Aufschub – man musste der Partei beitreten oder man war gegen sie (wie die Maoisten). Mit anderen Worten, 1968 stand für die Entfesselung reiner radikaler Aktivität der Vielfalt der Massen (in diesem Sinne sind die maoistischen »Massen, welche die Geschichte machen« von der passiven faschistischen Masse zu unterscheiden) – es gab keinen Anderen und kein Anderswo, auf die

[53] Kojin Karatani, *Transcritique. On Kant and Marx*, Cambridge (Ma): MIT Press 2003, S. 183.

[54] Vgl. Jean-Claude Milner, *L'arrogance du présent. Regards sur une décennie: 1965 – 1975*, Paris: Grasset 2009.

man diese Aktivität hätte übertragen können. (Wenn es einen Philosophen dieser reinen Aktivität gab, dann war es Deleuze.) Heute dagegen sind solche Fragen zunehmend bedeutungslos geworden, weil es keine substantielle Bewegung gibt, mit der man sympathisieren könnte, keine Schildkröte, für die wir ein Achilles sein könnten.

Eines der Themen von 1968, von denen wir uns verabschieden sollten, ist die irreführende Gegenüberstellung von Aktivität und Passivität und die Idee, die einzig wirklich »authentische« politische Haltung sei die des ständigen aktiven Engagements, die passive Haltung dagegen, bei der ich die Aktivität auf einen Akteur übertrage, der mich vertreten soll, sei die Urform der »Entfremdung«. (Dahinter steckt die alte linke Faszination für »direkte« partizipatorische Demokratie – »Sowjets«, Räte – im Gegensatz zur bloßen »Repräsentation«; auf dem Gebiet der Philosophie war es Sartre, der in seiner *Kritik der dialektischen Vernunft* analysierte, wie die aktive Gruppenbeteiligung in praktisch-trägen institutionellen Strukturen verknöchert.) Die Nagelprobe jeder radikal-emanzipatorischen Bewegung ist dagegen, in welchem Maß es gelingt, die praktisch-trägen institutionellen Gewohnheiten täglich zu transformieren, welche die Oberhand gewinnen, sobald die Glut des Kampfes abgekühlt ist und die Menschen wieder zur Tagesordnung übergehen. Der Erfolg der Revolution sollte nicht an der erhabenen Ehrfurcht vor ihren ekstatischen Momenten bemessen werden, sondern an den Veränderungen, die das große Ereignis am Tag danach im alltäglichen Leben hinterlässt.

Es gibt nur eine Antwort an die linken Intellektuellen, die verzweifelt auf die Ankunft eines neuen revolutionären Agens warten, das endlich die langersehnte radikale gesellschaftliche Umwandlung herbeiführen wird – den alten Hopi-Spruch mit einer wundervollen hegelianischen dialektischen Umkehrbewegung von der Substanz zum Subjekt: »Wir sind diejenigen, auf die wir gewartet haben.« (Der Spruch ist eine Variante von

Gandhis Motto »Sei selbst die Veränderung, die du in der Welt sehen willst«.) Auf einen anderen zu warten, der uns die Arbeit abnimmt, ist eine Möglichkeit, unsere Inaktivität zu rationalisieren. Es gilt hier allerdings der Falle der perversen Selbstinstrumentalisierung zu entgehen: »Wir sind diejenigen, auf die wir gewartet haben« heißt nicht, dass wir entdecken müssen, dass wir selbst das vom Schicksal vorherbestimmte Agens sind (historische Notwendigkeit), um die Aufgabe zu erfüllen. Es bedeutet, im Gegenteil, dass es keinen großen Anderen gibt, auf den wir uns stützen können. Im Gegensatz zum klassischen Marxismus, wo »die Geschichte auf unserer Seite ist« (das Proletariat erfüllt seine vorbestimmte Aufgabe der universellen Emanzipation), ist der große Andere in der gegenwärtigen Konstellation *gegen* uns. Auf sich allein gestellt führt der innere Schub unserer historischen Entwicklung in die Katastrophe, die Apokalypse; was diese Katastrophe aufhalten kann, ist daher *purer Voluntarismus*, das heißt, unsere freie Entscheidung, gegen die historische Notwendigkeit zu handeln. In gewisser Weise fanden sich die Bolschewiki am Ende des Bürgerkriegs 1921 schon in einem ähnlichen Dilemma. Zwei Jahre vor seinem Tod, als sich abzeichnete, dass es keine gesamteuropäische Revolution geben würde und dass die Idee, den Sozialismus in einem Land aufzubauen, unsinnig war, schrieb Lenin:

> »Wie aber, wenn die völlige Ausweglosigkeit der Lage, wodurch die Kräfte der Arbeiter und Bauern verzehnfacht wurden, uns die Möglichkeit eines anderen Übergangs eröffnete, um die grundlegenden Voraussetzungen der Zivilisation zu schaffen, als in allen übrigen westeuropäischen Staaten?«[55]

Ist dies nicht auch das Dilemma, in dem die Morales-Regierung in Bolivien, die Aristide-Regierung in Haiti und die maoistische Regierung in Nepal stecken? Sie kamen nicht durch Aufstände, sondern durch »faire«, demokratische Wahlen an

[55] W. I. Lenin, *Werke, Band 33: August 1921 – März 1923*, Berlin: Dietz 1971, S. 464.

die Macht; sobald sie diese aber innehatten, übten sie sie auf eine (zumindest teilweise) »nichtstaatliche« Weise aus, indem sie direkt, unter Umgehung des parteistaatlichen repräsentativen Netzwerks ihre Basisanhängerschaft mobilisierten. Ihre Lage ist »objektiv« hoffnungslos: Der gesamte Lauf der Geschichte ist im Grunde gegen sie, sie können sich nicht auf irgendwelche »objektiven Tendenzen« verlassen, die in ihre Richtung laufen; eigentlich können sie nichts weiter tun als zu improvisieren und das Beste aus ihrer verzweifelten Lage zu machen. Aber gibt ihnen dies nicht andererseits auch eine einzigartige Freiheit? Man ist versucht, hier die alte Unterscheidung zwischen »Freiheit von etwas« und »Freiheit zu etwas« anzuwenden. Ermöglicht ihre Freiheit von der Geschichte (mit ihren Gesetzen und objektiven Tendenzen) nicht ihre Freiheit zum kreativen Experimentieren? Sie können sich bei ihrem Tun nur auf den gemeinschaftlichen Willen ihrer Anhänger stützen.

Wir können in diesem Kampf auf unerwartete Verbündete zählen. Das Schicksal des sowjetischen Diplomaten Wiktor Krawtschenko, der 1944 in den USA um politisches Asyl ansuchte und anschließend sein berühmtes Buch *I Chose Freedom* (*Ich wählte die Freiheit*) schrieb, ist hier erwähnenswert.[56] Das Buch ist der erste bedeutende autobiographische Bericht über die Gräuel des Stalinismus. Er beginnt mit einer ausführlichen Schilderung der Zwangskollektivierung und der Hungerkatastrophe in der Ukraine; Krawtschenko, Anfang der 1930er Jahre noch ein treuer Anhänger des Systems, ist selbst an der gewaltsamen Kollektivierung beteiligt. Der öffentliche Teil seiner Geschichte endet 1949, als er in Paris sensationell den großen Prozess gegen seine sowjetischen Ankläger gewinnt, die sogar seine Exfrau vor Gericht geladen hatten, um seine Korruptheit, Trunksucht und Gewalttätigkeit gegenüber der Familie zu be-

[56] Siehe Mark Jonathan Harris' herausragenden Dokumentarfilm über Krawtschenko mit dem Titel *The Defector* (2008).

zeugen. Weit weniger bekannt ist, dass sich Krawtschenko unmittelbar nach seinem Sieg vor Gericht, als er rund um den Globus als Held des Kalten Krieges gefeiert wurde, große Sorgen über die antikommunistische Hexenjagd des Senators McCarthy in den USA machte und davor warnte, dass eine solche Art der Bekämpfung des Stalinismus Gefahr laufe, sich dem Gegner zunehmend anzugleichen. Er wurde sich auch mehr und mehr über die Ungerechtigkeiten der westlichen Welt bewusst und entwickelte einen fast schon zwanghaften Drang, auch die demokratischen Gesellschaften des Westens kritisch zu verändern. Nachdem er also eine weit weniger bekannte Fortsetzung seines Buches *I Chose Freedom* verfasst hatte, die bezeichnenderweise den Titel *I Chose Justice* (auf Deutsch als *Schwert und Schlange* erschienen) trug, begann er sich für neue, weniger ausbeuterische Produktionsweisen zu engagieren. Dies führte ihn nach Bolivien, wo er sein Geld in den Aufbau neuer Kollektive für arme Bauern steckte (und verlor). Niedergeschlagen vom Scheitern seiner Bemühungen zog er sich ins Privatleben zurück und erschoss sich schließlich 1966 in einem New Yorker Hotel. Der Grund für seinen Selbstmord war seine Verzweiflung, nicht irgendeine geheimnisvolle Erpressung durch den KGB – ein Beweis dafür, dass es sich bei Krawtschenkos Denunziation der Sowjetunion um einen echten Akt des Protests gegen die Ungerechtigkeit handelte.

Heute tauchen allerorten neue Krawtschenkos auf, von den USA bis Indien, China und Japan, von Lateinamerika bis Afrika, vom Nahen Osten bis West- und Osteuropa. Sie sind disparat und sprechen unterschiedliche Sprachen, aber es sind nicht so wenige, wie es scheinen mag – und die größte Furcht der immer noch Herrschenden ist, dass ihre Stimmen beginnen widerzuhallen und einander solidarisch zu verstärken. Im Bewusstsein, dass wir uns wahrscheinlich auf eine Katastrophe zubewegen, sind sie bereit, gegen alle Wahrscheinlichkeit zu handeln. Enttäuscht vom Kommunismus des 20. Jahrhunderts sind sie bereit, »von Anfang zu beginnen« und ihn noch einmal grundlegend neu zu erfinden. Von ihren Gegnern als gefährliche Utopisten beschimpft sind sie die Einzigen, die wirklich von dem utopischen Traum erwacht sind, unter dessen Einfluss die meisten von uns noch immer stehen. Sie – nicht die Nostalgiker des »real existierenden Sozialismus« des 20. Jahrhunderts – sind unsere Hoffnung.

Das Gerücht, Deleuze habe zum Zeitpunkt seines Todes an einem Buch über Marx gearbeitet, deutet auf einen umfassenderen Trend hin. In der christlichen Vergangenheit war es üblich, dass Menschen am Ende eines ausschweifenden Lebens in den sicheren Hafen der Kirche zurückkehrten, so dass sie, versöhnt mit Gott, in Ruhe sterben konnten. Etwas ganz Ähnliches geschieht zur Zeit mit vielen antikommunistischen Linken: In ihren letzten Jahren kehren sie zum Kommunismus zurück, als ob sie, nach einem Leben des ausschweifenden Verrats, versöhnt mit der kommunistischen Idee sterben wollten. Die Botschaft ihrer letztlichen Bekehrung ist: Wir haben unser ganzes Leben lang vergeblich gegen etwas rebelliert, von dem wir tief im Innern immer wussten, dass es die Wahrheit war. Wenn also selbst der große Antikommunist Krawtschenko gewissermaßen zu seinem Glauben zurückfand, dann sollte unsere Botschaft heute lauten: Habt keine Angst, kommt zurück und macht bei uns mit. Ihr habt euren antikommunistischen Spaß gehabt und er sei euch verziehen – aber jetzt ist es an der Zeit, wieder ernsthaft zu werden!